IMPOSTO SOBRE A RENDA

REQUISITOS PARA UMA TRIBUTAÇÃO CONSTITUCIONAL

Luís Cesar Souza de Queiroz

Procurador Regional da República. Professor de Direito Financeiro (Direito Tributário) na Faculdade de Direito da Universidade do Estado do Rio de Janeiro. Mestre e Doutor em Direito Tributário pela Pontifícia Universidade Católica de São Paulo. Pós-Graduado em Direito Comercial pela Fundação Getúlio Vargas. Ex-Procurador do Município do Rio de Janeiro (área tributária).

IMPOSTO SOBRE A RENDA

REQUISITOS PARA UMA TRIBUTAÇÃO CONSTITUCIONAL

- teorias sobre renda: econômica, da renda-produto, da renda-acréscimo patrimonial e legalista
- conceito constitucional de renda
- períodos mínimo e máximo de apuração
- despesas necessariamente dedutíveis
- limitação à compensação de prejuízo fiscal
- tributação de "espécies de renda e proventos" (rendimentos)
- sistemática da tributação na fonte
- o IR e os valores recebidos a título de herança e doação

4ª edição
Revista e ampliada

Prefácio de
Paulo de Barros Carvalho

GZ EDITORA

Rio de Janeiro
2021

4ª edição - 2021
3ª edição - 2018
2ª edição - 2017
1ª edição - 2003

CIP – Brasil. Catalogação-na-fonte.
Sindicato Nacional dos Editores de Livros, RJ.

Q45i
4. ed.

Queiroz, Luís Cesar Souza de
Imposto sobre a renda: requisitos para uma tributação constitucional / Luís Cesar Souza de Queiroz; prefácio Paulo de Barros Carvalho. - 4. ed., rev. e ampl. - Rio de Janeiro: GZ, 2020.
312p. ; 24 cm.

Inclui bibliografia e índice
ISBN 978-65-5813-008-6

1. Direito tributário - Brasil. 2. Imposto de renda - Brasil. I. Carvalho, Paulo de Barros. II. Título.

20-67855

CDU: 34:336.226.1(81)

contato@editoragz.com.br
www.editoragz.com.br

Av. Erasmo Braga, 299 - sala 202 - 2º andar – Centro
CEP: 20020-000 – Rio de Janeiro – RJ
Tels.: (0XX21) 2240-1406 / 2240-1416 – Fax: (0XX21) 2240-1511

Impresso no Brasil
Printed in Brazil

DEDICO

Ao meu irmão Paulo, eterno e verdadeiro amigo.

Aos meus pais Jadyr e Zuleide, por todo amor e dedicação.

À minha esposa Carla, meu *amor*, por toda a carinhosa ajuda e compreensão e, especialmente, pelos presentes preciosos, nossos Bruno e Rafael.

AGRADEÇO

Ao Professor Paulo de Barros Carvalho, célebre cultor e propagador dos estudos da escola analítica do direito tributário, pela fraterna, valiosa e determinante orientação.

Ao Professor Ricardo Lobo Torres, pelo exemplo acadêmico e pelas importantes indicações bibliográficas.

Aos Professores Alcides Jorge Costa, Roque Antonio Carrazza e Estevão Horvath, eminentes integrantes da Banca Examinadora do Doutoramento, pelas enriquecedoras observações.

Ao Professor Ricardo Cesar Pereira Lira, a quem devo meu ingresso no magistério, pelo afeto, pela confiança depositada e pela seriedade acadêmica.

Ao Professor Eurico Marcos Diniz de Santi, pela solidariedade e pelas proveitosas discussões.

ABREVIATURAS E SIGLAS USADAS

ADCT	Ato das Disposições Constitucionais Transitórias
ADIMC	Ação Direta de Inconstitucionalidade – Medida Cautelar
ADIn	Ação Direta de Inconstitucionalidade
art.	artigo
CF	Constituição Federal
CR	Constituição da República
CRFB	Constituição da República Federativa do Brasil
CTN	Código Tributário Nacional
DF	Distrito Federal
DJ	Diário de Justiça
d. do Julg.	data do Julgamento
EC	Emenda Constitucional
ECR	Emenda Constitucional de Revisão
ed.	edição
Ed.	Editora
Eg.	Egrégia
ERESP	Embargos de Divergência em Recurso Especial
Exmo.	Excelentíssimo
ICM	Imposto sobre Circulação de Mercadorias
ICMS	Imposto sobre Circulação de Mercadorias e Serviços
i.e. *id est*	(isto é)
IPI	Imposto sobre Produtos Industrializados
IPTU	Imposto sobre a Propriedade Predial e Territorial Urbana
IR	Imposto sobre a Renda
IRRF	Imposto sobre a Renda Retido na Fonte
ISS	Imposto sobre Serviços
GO	Goiás
MG	Minas Gerais
nº	número

p.	página
p. ex.	por exemplo
Plen.	Plenário
Prof.	Professor
PR	Paraná
PUC	Pontifícia Universidade Católica
RE	Recurso Extraordinário
RJ	Rio de Janeiro
REP	Representação
Resp.	Recurso Especial
RS	Rio Grande do Sul
RTJ	Revista Trimestral de Jurisprudência
segs.	seguintes
Sr.	Senhor
SP	São Paulo
STJ	Superior Tribunal de Justiça
UERJ	Universidade do Estado do Rio de Janeiro
USP	Universidade de São Paulo
vol.	volume

ÍNDICE SISTEMÁTICO

PREFÁCIO

Dentre os impostos do sistema tributário nacional, o imposto sobre a renda e proventos de qualquer natureza sempre ocupou lugar importante, independentemente do volume de receita que é capaz de produzir para os cofres públicos. Sua dimensão histórica, seus amplos recursos econômicos, políticos e jurídicos; sua potencialidade de atingir em cheio a capacidade contributiva do sujeito passivo; sua compostura tão propícia à realização de valores supremos como a "justiça tributária"; tudo isso foi criando, ao longo da tradição, um ambiente favorável ao desenvolvimento desse tributo. A princípio, mais no plano contábil; depois, no campo da política e da economia, passando a interessar fortemente os juristas. Nada obstante esse papel de crescente relevância para a Dogmática, a verdade é que somente agora surgem estudos jurídicos de maior envergadura, submetendo o gravame a uma análise mais fina, a ponto de aproveitar com profundidade a messe de informações que a experiência brasileira tem ensejado.

Nesse sentido, penso que o grande problema sempre foi a conexão entre os preceitos estatuídos no modelo da Lei Suprema e os desdobramentos infraconstitucionais que a farta legislação prevê. O domínio de certos primados, cujos conteúdos hão de manter-se presentes no longo e complexo processo de positivação, estava por reclamar outras reflexões mais aturadas, mais rigorosas, mais criativas, que a mera preocupação com aspectos econômicos e contábeis jamais poderia oferecer. E é nesse contexto novo de reconstituição, de repensamento, de recolocação de premissas para um exame mais atilado e coerente da planta fundamental do imposto que se situa a obra de Luís Cesar Souza de Queiroz – *Imposto sobre a renda: requisitos para uma tributação constitucional.*

O próprio nome do trabalho já revela as intenções do autor que busca uma associação imprescindível perante o ordenamento brasileiro e até aqui pouco observada pelo legislador infraconstitucional (tanto aquele do Legislativo quanto o do Poder Executivo), com sérios detrimentos para tudo que se pode esperar do tributo como eficaz instrumento da ação impositiva do Estado.

Com efeito, os desvios inerentes a interpretações pouco elaboradas dos comandos constitucionais têm dificultado sobremaneira a boa aplicação dos amplos recursos dessa forma de tributação, impedindo que fisco e contribuinte possam usufruir das indiscutíveis vantagens que ela oferece.

Pois bem, é dentro de uma perspectiva de exercício crítico sobre o material semântico das grandes diretrizes que o ilustre professor da UERJ, hoje doutor em direito com distinção, título obtido na PUC/SP, acresce a literatura especializada a respeito do imposto sobre a renda, fazendo-o com indiscutível toque de originalidade, num discurso consistente, onde o aprumo de linguagem e o grau de depuração a que submete as questões levantadas ressaltam logo no primeiro súbito de vista.

O estilo expositivo é o mesmo de seu livro de estréia a propósito da sujeição passiva no Direito Tributário. Creio, porém, que o tratamento outorgado à discussão dos princípios e o modo de harmonizar a implantação do tributo com seus pressupostos constitucionais, extraindo dessa concatenação resultados objetivos, constituem o ponto alto da obra, qualificando-a no plano das indagações teóricas, ao mesmo tempo em que a recomenda como texto de compreensão e aplicação prática da matéria.

São Paulo, 13 de outubro de 2002

Paulo de Barros Carvalho
Titular de Dir. Tributário da PUC e da USP

APRESENTAÇÃO

É com muita satisfação que vejo o lançamento do novo livro de Luís Cesar Souza de Queiroz, sobre o *Imposto de Renda e Proventos de Qualquer Natureza*, que resulta de tese de doutorado defendida na PUC de São Paulo. Mas não pretendo fazer a resenha ou a análise da obra, o que é objeto do Prefácio escrito pelo eminente Prof. Paulo de Barros Carvalho, orientando acadêmico do então doutorando.

Quero, apenas, trazer o meu testemunho sobre a trajetória universitária e profissional do jovem Autor, que acompanho há muitos anos.

Luís Cesar Souza de Queiroz formou-se pela Faculdade de Direito da UERJ no ano de 1987 , demostrando sempre amor ao estudo, grande curiosidade intelectual e aptidão para o exercício do magistério.

Logo que formado, fez concurso para a Procuradoria Geral do Município do Rio de Janeiro, obtendo a aprovação. Pouco tempo depois optou pela Procuradoria da República, prestando também concurso de provas e títulos. Mas não descuidou da carreira universitária e concorreu à vaga para a disciplina de Direito Civil da Faculdade de Direito da UERJ, com sucesso.

Para complementar a sua formação acadêmica escolheu a Faculdade de Direito da PUC de São Paulo. A opção não se deu simplesmente pela ausência de Curso de Pós-Graduação *stricto sensu* em Direito Público no Rio de Janeiro, senão que decorreu principalmente da sua afinidade com o programa e a linha teórica desenvolvida naquela Universidade paulista. A visão do direito financeiro solidamente apoiada em pressupostos lógicos e na análise lingüística, mas que não abandonou a perspectiva dos valores e princípios, que tanto distingue a produção teórica dos Professores e dos Mestres e Doutores formados pela PUC-SP, certamente influenciou a formação intelectual de Luís Cesar Souza de Queiroz.

A obtenção dos graus de Mestre, com a defesa da dissertação sobre *Sujeição Passiva Tributária*, já publicada pela Ed. Forense (1998), e a conquista do galardão de Doutor em Direito, ao defender a tese que ora se publica, abriram ao jovem professor e pesquisador a possibilidade de transferir-se da área de Direito Civil para a de Direito Financeiro na Faculdade de Direito da UERJ e de ascender na carreira universitária à posição de Professor Adjunto.

O meu convívio com Luís Cesar Souza de Queiroz veio se intensificando no decurso de muitos anos. Tendo sido seu professor no Curso de Bacharelado da UERJ, fui por diversas vezes seu examinador, inclusive na defesa da tese de doutorado na PUC de São Paulo. Hoje compartilho com ele e com outros colegas da UERJ a regência da disciplina de Direito Financeiro, antes exercida por Aliomar Baleeiro, Amilcar de Araujo Falcão, Flavio Bauer Novelli e Roberto Paraiso Rocha.

Nesta oportunidade em que se publica o seu novo livro, quero renovar a Luís Cesar Souza de Queiroz os votos de sucesso editorial e de felicidades no exercício do magistério.

Rio de Janeiro, 9 de outubro de 2002

Ricardo Lobo Torres
Professor Titular de Direito Financeiro da UERJ

INTRODUÇÃO

Este livro intitulado **Imposto sobre a Renda: Requisitos para uma Tributação Constitucional** tem como propósito desenvolver um dos temas mais complexos do direito tributário brasileiro.

É cediço que existem inúmeras teorias desenvolvidas sobre esse tema. Alguém mais aflito com tal situação teria toda razão em perguntar:

a) em que medida é útil para a comunidade jurídica e para a comunidade não-jurídica mais um trabalho sobre um tema tão debatido?

b) Qual seria a contribuição trazida por esse novo trabalho?

c) Como saber, ante inúmeras e divergentes teses sobre o mesmo tema, qual delas é a correta, a verdadeira?

d) Até que ponto o excesso de diferentes pontos de vista sobre uma mesma matéria auxiliaria a sua compreensão?

Tais questões são relevantes e pertinentes, pois se referem e colocam em xeque o próprio cabimento do tema escolhido.

O fato de existirem diversos e importantes trabalhos acerca do **imposto sobre a renda e proventos de qualquer natureza** não infirma a utilidade do tema eleito, mas reforça sua complexidade e a relevância que possui no cenário jurídico.[1]

Com a elaboração desse livro objetiva-se, em primeiro lugar, a apresentação de proposições que sejam efetivamente proveitosas. Além disso, pretende-se demonstrar a possibilidade e, mais, a necessidade de se construir (e a palavra "construir" é elucidativa) um discurso jurídico-científico com rigor metodológico e coerente.

Ressalta-se que cada vez mais estudiosos da teoria do conhecimento científico têm esclarecido que todo e qualquer sistema encontra-se fundado em certos axiomas e que não há mais espaço para se cogitar de verdades absolutas. Tal situação de aparente incerteza não é peculiar à Ciência do Direito, mas é encontradiça, inclusive, nas denominadas ciências exatas. À medida que se adotam modelos diferentes para compreender a realidade, haverá resultados igualmente diferentes. Em outras palavras, aquilo que chamamos de *realidade* depende do ponto de refe-

---

1 É interessante notar que o próprio Albert Einstein teve oportunidade de revelar que "A coisa mais difícil de entender no mundo é o imposto de renda." Revista Forbes Brasil, nº 7, 20-12-2000, p. 130.

rência que utilizamos para construí-la (essa dose de *subjetivismo* para a construção da realidade será objeto de apreciação no Capítulo I).

Portanto, vale insistir: a principal finalidade desse trabalho é demonstrar a total possibilidade e importância de se construir um discurso jurídico-científico útil e coerente com as premissas fundamentais assumidas. Destaca-se: **pretende-se que o discurso jurídico-científico construído tenha, se houver sucesso, a qualidade da coerência, porém sem ter a pretensão de alcançar a qualidade de *verdade absoluta*.**

Desse modo, admite-se, com todas as letras, que o resultado a ser aqui obtido não afasta nem prejudica o alcançado em outros trabalhos sobre a mesma matéria. Como KELSEN já teve oportunidade de dizer, trata-se apenas de uma entre muitas interpretações possíveis.[2]

Se é certo que o objetivo maior desse trabalho é a elaboração de um discurso que prime pela coerência, caberia perguntar como é possível atingir essa meta.

O primeiro passo a ser dado é o de precisar, com a maior clareza possível, que método será utilizado para construir e descrever o sistema jurídico positivo. Ou seja, o primeiro passo refere-se ao modo pelo qual será delimitado, construído, conhecido e descrito o objeto *Direito Positivo*.

Em função do que foi anteriormente dito, pode-se desde já firmar que o método utilizado para elaborar o discurso científico acaba por determinar o que se entende por *Direito Positivo*.

É por essa razão que o primeiro capítulo do livro terá início com os necessários esclarecimentos acerca do objeto e da metodologia adotada para a elaboração desse trabalho, com especial destaque para a importância da linguagem como fenômeno que permite a aquisição e a transmissão de conhecimentos. Ainda nesse momento inicial, será examinado um dos temas jurídicos mais árduos – a interpretação –, quando se procederá a uma análise do processo que permite, a partir de textos do Direito Positivo (como simples suportes físicos), em especial do texto da Constituição da República, construir as normas jurídicas relativas ao *imposto sobre a renda e proventos de qualquer natureza* (IR).

Também nesse primeiro capítulo serão definidos alguns conceitos fundamentais para a construção das normas do IR quais sejam, os conceitos de: Direito Positivo; norma jurídica; processo de produção do Direito; norma-origem do Direito Positivo; validade; vigência; eficácia; fato jurídico; relação jurídica; e princípio jurídico. Esses conceitos assumem especial importância, pois funcionarão como premissas do discurso jurídico a ser construído.

A identificação dos requisitos necessários para a instituição de uma tributação constitucional por meio do imposto sobre a renda e proventos de qualquer natureza (IR) passa pela consideração das normas da Constituição da República Brasileira que informam a produção das normas infraconstitucionais relativas ao

2 Hans Kelsen, *Teoria Pura do Direito*, pp. 370-371

IR (tanto da norma complementar – do CTN – relativa à norma ordinária que institui o IR, quanto da própria norma ordinária que institui o IR).

Como será demonstrado (Capítulo II), podem-se construir, a partir do texto da Constituição, duas diferentes espécies de normas igualmente importantes para a produção da norma ordinária que institui o IR: a) a norma constitucional (de produção normativa) que serve de fundamento de validade para a norma complementar (do CTN) relativa à norma ordinária que institui o IR; e b) a norma constitucional (de produção normativa) que serve (diretamente) de fundamento de validade para a norma ordinária que institui o IR. Contidos nessas normas constitucionais, encontram-se alguns aspectos especialmente relevantes para o sistema normativo do IR, são eles: os *princípios* e as *imunidades*. Serão objeto de exame os Princípios Constitucionais da Igualdade, da Capacidade Contributiva (objetiva e subjetiva), do Mínimo Existencial, da Vedação da Utilização de Tributo com efeito de Confisco, da Progressividade, da Generalidade, da Universalidade, da Irretroatividade e da Anterioridade. A imunidade, que também está contida em norma constitucional e que igualmente informa a produção das normas infraconstitucionais relativas ao IR, será definida e diferençada de conceitos tradicionalmente considerados afins – a "não-incidência" e a "isenção". Importa aduzir que esses valiosos aspectos das normas constitucionais informam o conteúdo das normas infraconstitucionais relativas ao IR.

Entre os diversos requisitos para uma tributação constitucional por intermédio do imposto sobre a renda e proventos de qualquer natureza, destaca-se o atinente ao significado do conceito constitucional "renda e proventos de qualquer natureza". A perquirição do conteúdo (e da própria existência) desse conceito tem sido objeto de inúmeras teorias ao longo de mais de 200 anos. A análise de representativas e distintas concepções doutrinárias (nacionais e estrangeiras) sobre o conceito de *Renda* (sentido amplo) como base tributável assume um importante papel para o processo de construção do conceito constitucional "renda e proventos de qualquer natureza" (Capítulo III).

O processo de construção do conceito constitucional de *Renda* será ultimado no Capítulo IV, quando haverá a oportunidade de demonstrar a necessidade lógico-jurídica de se conceber que a Constituição Brasileira prescreve um conceito constitucional de "renda e proventos de qualquer natureza". Em outros termos, quando a expressão "renda e proventos de qualquer natureza" é utilizada na Constituição Brasileira, isso já representa a adoção de um conceito que possui um certo sentido, um certo significado. Uma vez construída a definição desse conceito constitucional, será possível retomar o tema das normas constitucionais (de produção normativa) que estabelecem os requisitos para que sejam criadas as normas infraconstitucionais relativas ao IR. Será esclarecido de que modo cada uma das (duas) diferentes normas constitucionais informa a produção da norma ordinária do IR: *uma*, indiretamente – à medida que informa a produção da norma complementar do CTN relativa ao IR, a qual, por sua vez, informa a produção (dispõe sobre certos aspectos) da norma ordinária do IR; *outra*, diretamente – à medida que informa, sem a intermediação daquela norma complementar, a produção (dispõe sobre certos aspectos) da norma ordinária do IR.

Por último (Capítulo V), após ter sido construído o conceito constitucional de *Renda* e esclarecido o modo pelo qual cada uma das (duas) diferentes normas constitucionais informa a produção da norma ordinária do IR, já se tem a possibilidade de enfrentar algumas das mais polêmicas questões que envolvem a constitucionalidade da tributação por meio do *imposto sobre a renda e proventos de qualquer natureza*, quais sejam:

a) se a Constituição estabelece de alguma maneira períodos mínimo e máximo para a apuração do fato *Renda*;

b) se existem fatos-decréscimos que, por força da Constituição, necessariamente informam o conceito *renda e proventos de qualquer natureza* (ou, na linguagem de alguns, se o legislador infraconstitucional possui liberdade para estabelecer limitações para a dedutibilidade de custos, despesas e perdas de capital);

c) se é constitucional a limitação por parte do legislador infraconstitucional da "compensação" de prejuízos fiscais;

d) se a Constituição permite a tributação por meio do IR, de forma definitiva e em separado, de certas "espécies de renda e proventos" (rendimentos);

e) se é constitucional a sistemática da "tributação na fonte" (definitiva ou não) por meio do IR; e

f) se os valores recebidos a título de herança e doação podem, por força da Constituição, ser submetidos à tributação por meio do IR.

Convém, ainda, observar que o esclarecimento dessas questões acaba contribuindo para a atividade de identificação dos *requisitos para uma tributação constitucional por meio do imposto sobre a renda e proventos de qualquer natureza*.

Capítulo I

CONSIDERAÇÕES FUNDAMENTAIS

1. OBJETO E METODOLOGIA[1]

Um dos pontos mais relevantes de qualquer trabalho científico é o pertinente ao preciso esclarecimento do objeto de estudo. A partir desse fundamental esclarecimento, torna-se possível compreender e, o que é mais relevante, avaliar aquilo que está sendo dito.

Muitas vezes, atribui-se a diferentes objetos um mesmo nome. Se duas pessoas forem descrever esses objetos, apesar de o nome ser o mesmo, a descrição será distinta. Se elas não atentarem para o fato de que estão falando sobre coisas diversas, isto pode ser motivo para lamentáveis e inúteis divergências.

Em diversas ocasiões, isso ocorre com aqueles que falam sobre o objeto *direito positivo.* Verifica-se que muitas linhas são escritas, inúmeras discussões são fomentadas, problemas insolúveis são criados, lamentavelmente, sem a menor necessidade. A causa desse indesejável desperdício de energia não tem sido outra, senão a ausência de uma precisa delimitação do objeto de estudo e conhecimento, no caso, o Direito Positivo.

Dessarte, é mister salientar que a primeira tarefa de todo aquele que for iniciar a construção de um discurso científico é proceder a uma rigorosa demarcação do seu objeto de estudo.

Nesse exato instante, uma questão apresenta-se com total pertinência: é certo que, em um discurso científico, firmar o objeto de estudo representa exigência fundamental, contudo, é igualmente certo que, em um discurso científico, não se deve despender tempo com questões que são incontroversas, de conhecimento geral; portanto, perquirir **o que é** e **como demarcar** o objeto-Direito não seria uma perda de tempo ?

A pergunta, do modo como foi formulada, apresenta uma armadilha, qual seja: a de que o objeto-Direito é algo "incontroverso" .

Se tal premissa fosse aceita, a conclusão seria correta, isto é, "perder" tempo discutindo **o que é** e **como demarcar** o objeto-Direito seria uma afronta às regras que norteiam um discurso científico.

---

1 O termo metodologia está empregado no sentido de conjunto de procedimentos metódicos adotados no discurso científico. Nicola Abbagnano, *Dicionário de Filosofia*, p. 640.

Ocorre que essa premissa deve ser vigorosamente refutada. Ao contrário do que possa parecer, a questão envolvendo **o que é o Direito** suscita inúmeras e calorosas discussões.

Em geral, aqueles que falam sobre o objeto-Direito assumem um dos três posicionamentos a seguir apontados. Alguns, por possuírem uma inspiração mais zetética, tratam dessa questão – o que é o Direito – como objeto central de seus estudos (p. ex., os Filósofos do Direito). Outros, sem maiores pretensões filosóficas, mas preocupados em conferir uma maior precisão em seu discurso, abordam essa questão de forma destacada, propedeuticamente ou não. E há uma terceira categoria, que é a dos que se propõem a falar sobre a matéria jurídica, sem esclarecer quais são as premissas assumidas para construir seu discurso científico, entre elas, talvez a fundamental, – o que se entende por **Direito**.

Este trabalho enquadra-se na segunda categoria anteriormente referida, pois os temas relativos à definição de Direito, à metodologia usada para demarcar e construir o objeto-Direito, às definições de norma jurídica, processo de produção do Direito, norma-origem do Direito Positivo, validade, vigência, eficácia, fato jurídico, relação jurídica e princípio jurídico são estudados de forma propedêutica. Considera-se que, sem um adequado esclarecimento desses conceitos fundamentais, torna-se impossível avaliar um discurso que tenha pretensões jurídico-científicas.

É cediço que existem muitas divergências entre os cientistas do Direito. Por diversas vezes, temas aparentemente inconcussos são tratados de forma completamente dissonante. Normalmente, a divergência tem raízes em pontos fundamentais dos respectivos discursos. A assunção de diferentes premissas na hora de construir o sistema jurídico, por certo, terá como efeito a obtenção de diferentes objetos, mesmo que seja utilizado o mesmo nome para designar cada um deles (p. ex., *Direito*). Não se pode esperar um discurso consonante, por exemplo, entre duas pessoas que se autodenominam "Jusnaturalista" e "Juspositivista" (sem maiores considerações acerca das diversas variantes que cada um desses termos compreende). Cada um, ao construir o objeto-Direito, provavelmente o fará de uma forma peculiar. Isso explica por que, no plano da Teoria Geral do Direito, há tanta divergência no tocante a conceitos fundamentais (e são fundamentais pelo fato de serem determinantes e conformadores do sistema a ser construído).

É oportuno trazer à colação as primeiras palavras de KELSEN, em sua obra "Teoria Pura do Direito", que demonstram sua preocupação epistemológica e sua seriedade de propósitos ao construir o discurso jurídico-científico:[2]

"A Teoria Pura do Direito é uma teoria do Direito positivo – do Direito positivo em geral, não de uma ordem jurídica especial. É teoria geral do Direito, não interpretação de particulares normas jurídicas, nacionais ou internacionais. Contudo, fornece uma teoria da interpretação.

2 Hans Kelsen, *Teoria Pura do Direito*, p. 1.

Como teoria quer única e exclusivamente conhecer o seu próprio objeto. Procura responder a esta questão: o que é e como é o Direito? Mas já não lhe importa a questão de saber como deve ser o Direito, ou como deve ele ser feito. É ciência jurídica e não política do Direito.

Quando designa a si própria como 'pura' teoria do Direito, isto significa que ela se propõe garantir um conhecimento apenas dirigido ao Direito e excluir desse conhecimento tudo quanto não pertença ao seu objeto, tudo quanto não se possa, rigorosamente, determinar como Direito. Isto quer dizer que ela pretende libertar a ciência jurídica de todos os elementos que lhe são estranhos. Esse é o seu princípio metodológico fundamental."

Cumpre ressaltar que a transcrição das palavras de KELSEN não implica, nem representa, uma adoção dos postulados kelsenianos.[3] Há o exclusivo objetivo de destacar o adequado posicionamento epistemológico por ele adotado. O renomado jurista inicia sua exposição com um preciso esclarecimento do que pretende tratar em seu discurso, isto é, daquilo que será objeto de seu estudo.

A assertiva de que o discurso científico requer uma rigorosa demarcação do objeto suscita uma nova e igualmente importante questão: como demarcar o objeto *Direito*?

Observou-se anteriormente que o objeto-Direito pode ser construído de formas diversas. Isso provavelmente ocorrerá se forem utilizados procedimentos distintos para organizar o sistema jurídico. Como se disse, alguém denominado "Jusnaturalista" conceberá um sistema jurídico de um certo modo, enquanto outro denominado "Juspositivista" provavelmente ordenará o sistema de modo diverso. Resultado: dois cientistas, que têm contato com os mesmos dados do mundo, estruturam dois sistemas jurídicos díspares, dois objetos-Direito diferentes.

Urge proceder a um esclarecimento: o termo *objeto* pode ser considerado em dois sentidos: um material, outro formal.[4] **Objeto material** é o dado da realidade, o fenômeno, já concebido por alguém, que o tomou como referência no sentido da aquisição de um primeiro e preliminar conhecimento (de natureza não científica). Não se confunde com o mero dado do mundo externo, mas já se constitui no produto de uma atividade humana no sentido do conhecimento. Por outro lado, **objeto formal** é o produto de uma especial maneira de se apreciar, de se compreender, de se estudar o objeto material. É o objeto material focalizado segundo certo prisma, mediante a adoção de procedimentos específicos que permitam alcançar certo fim. Costuma-se encontrar o seguinte exemplo desses conceitos: o

---

3 Em outra oportunidade, procedeu-se a uma análise mais acurada do pensamento de KELSEN, quando, inclusive, abordou-se o tema da compatibilidade ao sistema jurídico brasileiro de sua teoria sobre validade jurídica. Luís Cesar Souza de Queiroz, *Sujeição passiva tributária*, Capítulo III.

4 Sobre a distinção entre objeto material e formal consultar entre outros: *O Problema do Objeto da Teoria Geral do Estado* e *A Teoria da Revolução* de Lourival Vilanova; *Filosofia do Direito* de Miguel Reale; e *Lançamento Tributário* de Eurico Marcos Diniz de Santi.

fenômeno jurídico (p. ex., o texto constitucional), tomado como *objeto material*, pode ser estudado de diferentes formas, procedimentos, por um Sociólogo do Direito, por um Historiador do Direito ou por um Cientista (dogmático) do Direito. Cada um deles constituirá um específico *objeto formal*, produto de um peculiar corte metodológico.[5]

Verifica-se, pelo que foi anteriormente dito, que o objeto formal de uma Ciência decorre da aplicação de um *método* sobre o objeto material. Há, portanto, uma íntima correlação entre o objeto de estudo e o método utilizado para demarcá-lo. É nesse sentido que se afirma que "o problema do método é correlato ao problema do objeto".[6] Um conceito implica o outro, pois é a partir de um método que se alcança o objeto formal.[7] Impende esclarecer que o termo ***método*** (que provém do latim *methodus* e do grego *methodos* de *meta*: por, através de; e de *hodos*: caminho) está sendo usado no sentido de procedimento ou conjunto de procedimentos ordenados, suscetíveis de repetição, cujo propósito é atingir um certo fim.[8]

Nesse passo, o **objetivo** desse trabalho é a elaboração de um discurso científico, de Dogmática Jurídica, que constrói e descreve, mediante a adoção e aplicação de um método específico, o sistema do Direito Positivo (**objeto formal**), vigente aqui e agora, com a intenção de melhor compreender e explicar o subsistema normativo constitucional relacionado ao *imposto sobre a renda e proventos de qualquer natureza*.

Durante a exposição, ficará evidenciado (e será vivenciado) o **método** utilizado para (repita-se) construir e descrever o sistema jurídico. Contudo, cabe fazer desde agora um breve escorço do procedimento adotado neste trabalho.

Como todo discurso científico, há que se ter um ponto de partida. Assim, considera-se que o objeto-Direito (Direito Positivo) tem como característica o fato de apresentar-se vertido em linguagem. Essa linguagem é criada pelo homem. O homem deposita nessa linguagem uma elevada carga de valores, com o propósito de implantá-los em uma dada sociedade. Ao criar o Direito Positivo (isto é, o conjunto de normas jurídicas existentes em determinado tempo e espaço), o homem não descreve ou retrata a realidade social, mas prescreve como deve ser a realidade social, de que modo as condutas devem realizar-se. É a partir dessa linguagem prescritiva, a qual ingressa na sociedade por meio de um processo comunicacional, que o ser humano objetiva alterar a realidade, ou melhor, conformá-la segundo certos valores. Pelo fato de se considerar que o Direito emana do próprio

---

5 Miguel Reale, *idem*, pp. 74-76.

6 Miguel Reale, *idem*, p. 76.

7 Os neokantianos avançam a tal ponto na correlação entre método e objeto, que chegam a afirmar que é o método que põe O objeto. Cf. Miguel Reale, *idem*, pp. 76-78.

8 Nicola Abbagnano, *op. cit.*, p. 640; Hilton Japiassu e Danilo Marcondes, *Dicionário básico de filosofia*, p. 166.

homem, enquanto fonte produtora da linguagem jurídico-prescritiva, que por sua vez é depositária de valores objetivados (no sentido de exteriorizados, intersubjetivados) pelo homem, é que se utiliza a expressão *Direito Positivo* (posto pelo próprio ser humano).

Já se teve a oportunidade de fazer referência aos denominados *Positivismo* e *Jusnaturalismo*, como sendo modelos bem distintos para construir o Direito. Poder-se-ia perguntar se o discurso que está sendo construído é de índole positivista ou jusnaturalista.

Uma advertência deve ser feita: a indagação aponta para um tema no mínimo rico em vaguidade. Pois, o que se quer dizer com índole "positivista" ou "jusnaturalista"? Por vezes, essas expressões são usadas com fins eminentemente retóricos. Se alguém defende que, para construir o sistema jurídico é necessário atentar para os *valores*, pode ser rotulado de "jusnaturalista". De outra parte, se esta mesma pessoa defende que o Direito somente é posto pelo homem, pode ser rotulado de "juspositivista". Como conviver com essa aparente contradição? Qual a utilidade do uso desses rótulos, muitas vezes atribuídos de forma precipitada e não criteriosa? Isso de algum modo facilita a compreensão de um determinado modelo jurídico?

Parece que a utilidade desse tipo de procedimento é muito pequena, para não dizer nenhuma. Esses rótulos (*Positivismo* e *Jusnaturalismo*) encontram-se tão desgastados e são tão plurissignificativos, que mais prejudicam do que auxiliam a compreensão de um modelo jurídico. O modo de proceder que se afigura mais adequado é o de deixar de lado o impulso de pretender rotular à primeira vista e sem maior utilidade um certo modelo jurídico. Em vez disso, seria conveniente que houvesse um esforço para compreender como um modelo jurídico realmente encontra-se estruturado, perquirindo o objeto de estudo, o método utilizado para demarcá-lo e constituí-lo e as premissas que fundamentarão e conformarão todo o discurso científico. Essas questões são as mais relevantes para que seja possível compreender e criticar uma produção científica.[9]

---

9 Para ilustrar essa diversidade de acepções acerca do Positivismo, vale trazer à colação o ensinamento de NORBERTO BOBBIO. Esse jusfilósofo defende que o Positivismo Jurídico deve ser analisado segundo três diferentes aspectos: a) como *método* para o estudo do Direito; b) como *teoria* do Direito; e c) como *ideologia* do Direito. Observa que são três acepções distintas. O exame do *método* positivista depende de um juízo de conveniência. O exame da *teoria* juspositivista baseia-se num juízo de verdade ou de falsidade. E o exame da *ideologia* juspositivista funda-se num juízo de valor. Quanto ao aspecto da ***ideologia***, alerta que se deve diferençar o positivismo ético extremista do positivismo ético moderado e que a maior parte das críticas feitas pelos antipositivistas vale apenas para a versão extremista. Assevera, ainda, que o positivismo ético extremista raramente foi sustentado de forma coerente até suas últimas consequências, além de, em termos históricos, não se encontrar um acordo permanente entre o positivismo jurídico e positivismo ético extremista. Por outro lado, o positivismo ético moderado é historicamente bastante conexo ao positivismo jurídico, sendo certo que a versão moderada não leva à estatolatria nem ao totalitarismo político. Leciona BOBBIO que as acusações feitas à versão moderada poderiam ser invertidas, pois tomar a ordem, a igualdade formal

Em suma, retomando o anteriormente dito, para construir e descrever o sistema do Direito Positivo, será adotado o seguinte **método**, que se resolve denominar ***Método Analítico-Normativo.***[10] Tomar-se-á como ponto de partida uma específica linguagem prescritiva posta (positiva, nessa acepção) pelo homem, segundo certos requisitos formais e materiais e portadora de características específicas (aspectos que serão examinados mais adiante), que funciona como um depósito dos valores que uma comunidade resolveu exteriorizar e implantar, de forma objetiva, com a finalidade de estabelecer um convívio social harmônico. Para reco-

e a certeza como os valores próprios do Direito significa um posicionamento ideológico a favor do Estado Liberal e não do Estado Totalitário. E mais que a ideologia jurídica do Nazismo era nitidamente contrária ao princípio juspositivista. Pois este sustentava que o juiz devia julgar somente com base na lei, enquanto aquela preconizava a decisão em conformidade com o interesse do Estado (BOBBIO observa que a ideologia nazista pregava, por exemplo, que deveria ser condenado como delito tudo que contrariasse o "são sentimento popular", ainda que não fosse previsto em lei). Nesse contexto, lembra que o Princípio da Legalidade era reivindicado pelos juspositivistas (por exemplo, por CALAMANDREI) não para sustentar o fascismo, mas para combater suas arbitrariedades. Para BOBBIO, o positivismo como ***teoria*** funda-se em seis concepções fundamentais, tendo havido para cada uma delas outras tanto antiteorias. Por último, afirma que o Positivismo Jurídico como ***método***, consistente na descrição avaliatória da realidade, é uma necessidade para todo aquele que deseja fazer ciência jurídica ou teoria do Direito, sob pena de se fazer filosofia ou ideologia do Direito. BOBBIO conclui sua exposição, manifestando-se nos seguintes termos: i) acolhe integralmente o positivismo jurídico como *método*; ii) como teoria, aceita o positivismo em sentido amplo e rejeita o positivismo em sentido estrito e ; iii) no atinente à ideologia, é contrário ao positivismo ético extremista, e favorável, em tempos normais, ao positivismo ético moderado. Aduz-se que, na concepção de BOBBIO, positivismo em sentido estrito é aquela teoria que reúne integralmente as seguintes seis teorias: a) coativa do Direito; b) legislativa do Direito; c) imperativa do Direito; d) da coerência do ordenamento jurídico; e) da completitude do ordenamento jurídico; e f) da interpretação lógica ou mecanicista do Direito. E positivismo em sentido amplo é aquele que se baseia apenas nas três primeiras teorias, as quais BOBBIO considera os pilares da teoria juspositivista. Norberto Bobbio, *O positivismo jurídico – lições de filosofia do direito*, pp. 233-238. A referência ao pensamento de BOBBIO sobre o Positivismo teve como finalidade demonstrar o quanto este conceito é plurissignificativo, e o grande inconveniente que existe em sua utilização simplista e pouco criteriosa. Esse mesmo alerta vale para a utilização da expressão "Jusnaturalismo", igualmente vaga, imprecisa. Parece, pois, mais adequado deixar de lado o impulso de pretender rotular à primeira vista e sem maior utilidade um certo modelo jurídico. Em vez disso, seria conveniente que houvesse um esforço para compreender como um modelo jurídico realmente se encontra estruturado, perquirindo o objeto de estudo, o método utilizado para demarcá-lo e constituí-lo e as premissas que fundamentarão e conformarão todo o discurso científico. Essas questões afiguram-se como as mais relevantes para que seja possível compreender e criticar uma produção científica.

10 O termo *analítico* decorre da importância que se atribui à linguagem na construção e descrição do Direito Positivo, método que é informado pela denominada Filosofia analítica (que utiliza a linguagem como importante instrumento para adquirir e transmitir conhecimento). O termo *normativo* é usado em função do que se considera que sejam as unidades do sistema jurídico: as normas jurídicas.

nhecer essa *específica linguagem prescritiva posta pelo homem* (Direito Positivo) e construir o correspondente sistema jurídico, adota-se a seguinte **premissa fundamental**: o conjunto de normas jurídicas construídas a partir da Constituição da República Originária (não a derivada) é a norma-origem do Direito Positivo Brasileiro[11]. Portanto, esse *Método Analítico-Normativo* permite que se cogite de um **modelo jurídico** próprio que permitirá construir, compreender e descrever, seguindo um padrão de coerência e racionalidade, o sistema do Direito Positivo Brasileiro, em especial o subsistema constitucional- tributário atinente ao *imposto sobre a renda e proventos de qualquer natureza.*

No próximo ponto, tendo como fundamento o método anteriormente exposto, e seguindo o modelo jurídico por ele constituído, serão mais bem desenvolvidos os aspectos concernentes à importância da linguagem para que se processe a construção, interpretação e descrição do Direito Positivo.

2. O PROCESSO DE CONHECIMENTO DAS NORMAS RELATIVAS AO *IMPOSTO SOBRE A RENDA E PROVENTOS DE QUALQUER NATUREZA* (IR)

2.1. A construção e a interpretação das normas relativas ao IR

O processo que se deve adotar para que seja possível conhecer o Direito tem suscitado inúmeras divergências entre os estudiosos. No que tange à atividade necessária ao conhecimento das normas constitucionais relativas ao *imposto sobre a renda e proventos de qualquer natureza* (ou simplesmente IR), emergem duas questões fundamentais, quais sejam:

a) em que consiste a atividade desenvolvida com o propósito de alcançar as normas constitucionais relativas ao *imposto sobre a renda e proventos de qualquer natureza* (ou simplesmente IR)?

b) quando se desenvolve tal atividade, apenas se descreve o Direito Positivo, que já se apresenta pronto e acabado, ou é preciso construí-lo? Em outros termos, a Ciência do Direito constrói ou simplesmente descreve o Direito Positivo?

Alguns estudiosos costumam enunciar que o Direito Positivo se manifesta por meio de linguagem, de função prescritiva; enquanto a Ciência do Direito, como toda Ciência, é um conjunto de enunciados, e, por conseguinte, manifesta-se igualmente mediante linguagem, de função descritiva. Em relação com a Ciência do Direito, aquela é uma linguagem-objeto, enquanto esta é uma metalinguagem (linguagem que toma outra linguagem como objeto). São dois planos de linguagem inconfundíveis, porém mutuamente implicados. Essa forma de encarar o fenômeno jurídico destaca a importância de se compreender o Direito como fenômeno de linguagem.

11 Esse tema relativo à *premissa fundamental* adotada neste discurso será retomado mais adiante – subitem 2.4 deste Capítulo.

É corrente a assertiva de que para conhecer o Direito (Positivo) é necessário interpretá-lo. Nesse contexto, exsurge o tema da interpretação, que tem suscitado divergentes manifestações no plano da Ciência Jurídica, pelo que se faz necessário esclarecer como esse fenômeno é aqui concebido.

Ora, **interpretação** é uma atividade intelectual (e emocional), presente em todas as áreas do conhecimento, cuja finalidade é obter e compreender o sentido a partir de signos. Nas palavras de BOBBIO[12], "interpretar significa remontar do signo (*signum*) à coisa significada (*designatum*), isto é, compreender o significado do signo, individualizando a coisa por este indicada". Dessarte, ao se conceber o Direito como fenômeno linguístico, tem-se a possibilidade de fazer uso dos instrumentos fornecidos pela Semiótica (Teoria dos Signos), o que só facilita a sua adequada compreensão.

De acordo com os estudos semióticos, toda linguagem expressa um significado por meio de signos. Signos são elementos da linguagem, que designam outros elementos. O signo é um fenômeno que nossa mente relaciona com outro fenômeno. O gênero *signo* compreende as espécies *ícone*, *índice* e *símbolo*. O *ícone* é o signo que de, algum modo, retrata o objeto a que se refere. Uma fotografia é exemplo de signo icônico. O *índice* é o signo que apresenta uma ligação física com o objeto que designa. Diz-se que a febre é índice de algum problema de saúde, que fumaça é índice de fogo. E *símbolo* é a espécie de signo construída de forma arbitrária, sem que haja necessariamente qualquer tipo de ligação com o objeto que representa, significa.

A linguagem do Direito Positivo (doravante designado simplesmente Direito) e da Ciência do Direito é normalmente simbólica, que significa dizer que é da espécie de signo construída artificialmente, arbitrariamente e tem por fim permitir a transmissão de significados entre as pessoas de uma dada comunidade, no sentido da ordenação das respectivas condutas intersubjetivas[13]. Em função dessa liberdade de construção da linguagem simbólica, encontram-se frequentemente idiomas diferentes referindo-se a um "mesmo objeto" com signos diferentes (*Direito* em inglês é *Law*, em alemão é *Recht*, em espanhol é *Derecho*, em francês é *Droit*, em italiano é *Diritto* etc.). É preciso que se confira às palavras o exato papel que possuem. Elas integram uma linguagem simbólica, arbitrariamente construída, com a função de transmitir significados num processo comunicacional.

Os signos simbólicos, elementos da linguagem, apresentam uma ligação artificialmente criada com os objetos que eles significam. Logo, a relação entre uma palavra e um objeto decorre de decisões individuais ou sociais, as quais não têm

---

12 Norberto Bobbio, *O Positivismo Jurídico* ..., p. 212.

13 Como se teve oportunidade de observar (Luís Cesar Souza de Queiroz, *Sujeição Passiva Tributária*, pp. 20 e 21), a norma do Direito Positivo está num plano diverso do plano da conduta". A norma objetiva ordena as condutas intersubjetivas, contudo, não se pode esperar que a norma afete materialmente a conduta. No mesmo sentido: Paulo de Barros Carvalho, *Direito Tributário – fundamentos jurídicos da incidência*, pp. 12 e 13; Marcelo Paulo Fortes Cerqueira, *Repetição do Indébito no Sistema Tributário*, pp. 151 e 152.

que ver, em princípio, com as características físicas ou ideais de um objeto, e se relacionam com circunstâncias várias, afetas à própria construção de um idioma.

Tem-se o hábito de dizer que as pessoas aprendem os nomes dos objetos. Em rigor, o processo é diverso: as pessoas aprendem os nomes que se atribuem aos objetos. E aprender o nome que se atribui a certos objetos, por si só, nada informa acerca dos mesmos. Com isso apenas se adquire um conhecimento sobre os costumes linguísticos de certo grupo. Com o transcurso do tempo, os costumes podem mudar, nesses casos, costuma-se falar que as coisas mudam de nome, quando, em rigor, são as pessoas que passam a atribuir nomes diversos às coisas.

O que acabou de ser dito é de fundamental importância para a atividade de ***interpretação***: **os objetos não possuem nomes verdadeiros; as pessoas normalmente aceitam ou não a atribuição de certos nomes a determinados objetos.**

Nada impede que uma pessoa resolva criar nomes, exercendo aquilo que se costuma denominar de *liberdade de estipulação*. Todavia, um cuidado é essencial: para que a comunicação de significados se torne possível, é mister que se advirtam os receptores da mensagem do novo nome criado e de seu significado[14]. Esse procedimento é relativamente comum no plano científico, onde, por intermédio da criação de novos termos, almeja-se aumentar a precisão do discurso.

Aceita-se que não cabe falar em "nomes verdadeiros" e que existe uma liberdade de estipulação no que tange à atribuição de nomes, mas outras questões merecem um adequado esclarecimento: de que modo os objetos que circundam os homens são demarcados? Como saber aquilo que pertence ou não ao objeto-Direito?

Pode-se, basicamente, adotar uma das seguintes posturas gnoseológicas: a) considerar que as coisas estão presentes no mundo com limites bem e previamente definidos, cabendo ao homem desenvolver uma atividade no sentido de descobrir quais são esses limites; e b) considerar que as coisas não se manifestam de forma organizada, com limites já definidos, mas sim que essa atividade ordenadora e demarcadora compete ao homem.

A segunda posição parece ser a mais adequada. É o homem que estabelece os limites dos objetos circundantes, adotando, para tanto, certos critérios para identificar e separar uma coisa de outra coisa. À medida que entra em contato com a realidade circundante, por meios diversos (intuição, raciocínio etc.), o homem vai adquirindo conhecimento e, assim, começa a construir ou reconstruir o (seu) mundo.

Esse processo de conhecimento e (re)construção da realidade traz consigo a atividade humana de atribuição de nomes para significar objetos. Poder-se-ia pensar que essa forma de conceber o modo pelo qual o homem constrói e conhece o mundo conduz à conclusão de que cada um vive em um mundo diferente, construído por si próprio. Não se pretende ingressar num campo mais fértil para

---

14 Ricardo A. Guibourg, Alejandro M. Ghigliani, e Ricardo V. Guarinoni, *Introduccion al Conocimiento Cientifico*, pp. 33 e segs.

discussão entre filósofos, pois isso faria com que se mudasse o objeto do presente estudo, porém é razoável admitir que o ser humano tem, em geral, semelhantes necessidades físicas, semelhantes percepções sensoriais e semelhantes reações aos estímulos externos. Por tal razão, distintas comunidades têm estabelecido limites parecidos para os objetos do mundo. Essa semelhança na atividade de demarcar o mundo não é absoluta, tende a variar em função das afinidades (culturais, morais, religiosas, ambientais etc.) apresentadas pelos homens.

STEPHEN ULLMANN[15] lembra que os Esquimós e os Lapões possuem, em sua linguagem, uma multiplicidade de termos para diferentes espécies de neve. Certamente, isso é função de necessidades específicas provocadas pelas singulares características ambientais, onde o objeto-neve assume uma especial importância para os habitantes dessas regiões. Assim, os Esquimós e os Lapões acabaram por constituir diferentes objetos, construíram uma nova e diversa realidade.

Verificou-se, em resposta à primeira questão anteriormente formulada, que a atividade de conhecimento do Direito se desenvolve por intermédio de uma adequada interpretação da linguagem jurídica; que inter- pretação é uma atividade intelectual, presente em todas as áreas do conhecimento, cuja finalidade é obter e compreender o sentido a partir de signos; que os signos, elementos da linguagem, são fenômenos que nossa mente relaciona com outros fenômenos. E notou-se ainda que a linguagem do Direito Positivo (bem como da Ciência do Direito) é normalmente simbólica, o que significa dizer que é da espécie construída artificialmente, arbitrariamente e tem por fim permitir a transmissão de significados entre as pessoas de uma dada comunidade, no sentido da ordenação das respectivas condutas intersubjetivas.

Contudo, outra questão continua merecendo um esclarecimento, qual seja: a Ciência do Direito constrói ou simplesmente descreve o Direito Positivo?

Já se assinalou que a Ciência do Direito e o objeto-Direito encontram-se numa relação de mútua implicação. A Ciência do Direito fala sobre o objeto-Direito. Logo, este implica aquela. Todavia, como se disse anteriormente, a Ciência constitui seu objeto formal, mediante a aplicação de um método. Esse método informa, inclusive, o modo pelo qual será demarcado o objeto, constituída a própria realidade. Esse processo também se estabelece entre a Ciência do Direito e o objeto Direito. A Ciência do Direito, antes de falar sobre o Direito, precisa demarcá-lo. Para demarcá-lo, o cientista precisa adotar um conjunto de procedimentos ordenados (**método**) que permitirá transformar o **objeto material** (o dado real já concebido pelo homem) em **objeto formal** (produto da especial maneira de se apreciar, de se estudar o objeto material).

Toda Ciência é uma atividade metódica. É uma atividade ordenada, orientada por um método e destinada a obter um determinado conhecimento. Entre os métodos utilizados, costuma-se atribuir certa preponderância àqueles que esta-

---

15 Stephen Ullmann, *Semântica – uma introdução à ciência do significado*, p. 251.

belecem algumas premissas ou dados, que servirão de ponto de partida, de fundamento, para que sejam extraídas conclusões.[16] Exatamente esse é o procedimento adotado no presente trabalho. Parte-se de uma premissa fundamental e, a partir dela, constrói-se o sistema jurídico.

Se o cientista, com base em um método específico, constitui o objeto formal, há que se guardar reserva para a denominada *objetividade da Ciência*. Mesmo nas Ciências Naturais (Geologia, Biologia etc.), o cientista põe algo de si na percepção do objeto, o que se reflete na hora de descrever os fenômenos observados. Essa participação do elemento subjetivo assume maiores proporções no âmbito das Ciências Sociais (História, Direito, Sociologia etc.). É certo que se requer uma posição neutra por parte do cientista. Contudo, em especial nas Ciências Sociais, essa neutralidade é de difícil consecução.

Atualmente, vem se considerando que a exigência de uma absoluta objetividade por parte do cientista, especialmente do cientista social, só se justifica por uma certa dose de ingenuidade. A verdade científica tem variado ao longo do tempo, em função do contingente consenso dos cientistas que se encontram imersos num determinado meio social, estando submetidos a influências de ordem psicológica, política, religiosa, econômica etc. Essa situação é mais evidente nas Ciências Sociais, onde o cientista, de um modo ou de outro, faz parte do próprio objeto de sua Ciência. Pretender nessas circunstâncias uma absoluta posição de neutralidade é uma utopia.[17]

Nesse mesmo sentido, MIGUEL REALE[18] chama a atenção para as restrições que são feitas, nos dias de hoje, acerca do "conceito de **objetividade** isento de pressupostos valorativos", mesmo no âmbito das denominadas Ciências Exatas:

"Quando o físico estuda um fenômeno, longe de acrescentar algo ao fato observado, empenha-se no sentido de reproduzi-lo sem deformações, tal como ele é. O ideal do físico é a completa despersonalização, a fim de que o fato se revele sem qualquer deturpação atribuível a um coeficiente pessoal. É sabido, no entanto, que, por mais que se aperfeiçoem os processos de raciocínio e que por mais que se aprimorem os instrumentos de indagação, permanece sempre um resíduo na pesquisa científica, que se subordina ao coeficiente pessoal do observador que não parte jamais de *fatos brutos*, mas sim de fatos sobre os quais já incidiram interpretações e teorias. Le Roy diz muito bem que, mesmo nas ciências chamadas exatas, existe a presença do homem de ciência, em virtude da escolha de uma perspectiva e não de outra, de uma forma e não de outra na observação do fato."

Por tudo que se disse e, retomando a questão que ficara em aberto, qual seja, se o cientista do Direito apenas descreve seu objeto ou se também o constitui, considera-se mais apropriado o segundo posicionamento.

---

16 Ricardo A. Guibourg, Alejandro M. Ghigliani, e Ricardo V. Guarinoni, *idem*, p. 147.

17 *Ibidem*, p. 147.

18 Miguel Reale, *Filosofia do Direito*, pp. 73 e 246.

O procedimento que se considera o mais adequado para fazer Ciência do Direito e que está sendo adotado nesse trabalho é o seguinte:

a) o cientista do Direito, o jurista, recebe informações do mundo circundante, simples dados do real;

b) esses dados são captados e organizados segundo certos esquemas mentais, constituindo aquilo que se denominou de objeto material;

c) com fundamento em um método, onde são assumidas certas premissas fundamentais, constitui-se um modelo científico, a partir do qual será construído o objeto formal da Ciência, no caso, o Direito (Positivo);

d) assim, não só a escolha, a determinação do método criado para constituir o objeto formal (como reconhecer, demarcar e construir o Direito), mas também a efetiva construção do objeto formal são atividades intuitivas e intelectuais informadas por valores que compõem a ideologia do cientista.

Nesse contexto, reitera-se: **o cientista do Direito não se limita a descrever algo que já lhe é apresentado pronto e acabado. Sua atividade envolve a construção e a explicação do objeto formal, por ele constituído a partir da adoção de um método.**

Esse modo de conceber o trabalho científico exige que se compreenda a atividade de *interpretação jurídica* de uma forma mais coerente, integrada e responsável. *Coerente* - pois ela requer, em primeiro lugar, uma precisa demarcação do objeto-Direito, o que, por sua vez, só pode ser feito se for adotado um certo método científico, onde haverá necessidade de ser assumida uma ou mais premissas fundamentais, que deverão ser respeitadas do início ao fim, sob pena de o discurso científico autodestruir-se, perder qualquer valia como tal. *Integrada* - pois o intérprete não pode mais assumir uma postura simplista, limitada, acanhada, de ser um mero revelador de algo que supostamente lhe é apresentado de forma pronta e acabada. Ele descreve um objeto sim, mas descreve algo que ele construiu, no âmbito de um sistema, segundo certas premissas e que assumiu ser de um modo, não de outro.[19] *Responsável* - pois esse modo de encarar a atividade de interpretação exige que o intérprete revele o que entende por Direito e quais são as premissas fundamentais assumidas que caracterizam seu modelo jurídico, as quais, se não forem respeitadas, demonstram a falta de rigor científico.

O atual estágio dos estudos epistemológicos não mais admite discursos científicos fundados exclusivamente em simples recurso a argumentos de autoridade,

19 Sobre essa constituição de objetos-Direito diferentes, vale lembrar a antiga disputa entre os denominados Jusnaturalistas e Juspositivistas, em suas versões mais extremadas, que, por assumirem premissas fundamentais bem distintas quanto ao que seja o objeto-Direito, acabam por construir objetos diferentes. O que é Direito para um, não é Direito para outro. Sem aprofundar essa divergência de modelos jurídicos, que, conforme explicado, são conceitos polissêmicos, o que parece relevante e necessário para fazer Ciência é esclarecer que modelo jurídico-científico foi utilizado, quais premissas foram assumidas, para construir o respectivo objeto formal - o Direito.

onde a retórica é a tônica, e a unidade e a coerência da linguagem são flagrantemente e lamentavelmente desprezadas. Portanto, vale insistir: a atividade de interpretação jurídica (de determinação do significado a partir do signo) requer uma prévia e precisa determinação do método utilizado para construir o objeto formal, no caso, o Direito Positivo Tributário Brasileiro, mais especificamente, as **normas constitucionais relativas ao *imposto sobre a renda e proventos de qualquer natureza.***

2.2. Os "conceitos indeterminados" e a ambiguidade por polissemia – obstáculos para a construção e interpretação das normas constitucionais relativas ao IR

O Direito, que se apresenta vertido em linguagem, está contido num complexo processo comunicacional. A linguagem jurídica precisa ser devidamente interpretada e, como se disse, interpretar é determinar o significado a partir do signo. A atividade de interpretação da linguagem jurídica (como de qualquer outra linguagem) passa por alguns percalços, entre os quais se destacam os relativos à *ambiguidade por polissemia* e aos *conceitos indeterminados.*

Como se teve oportunidade de examinar, a atribuição de nomes aos objetos é estabelecida de forma artificial, arbitrária. Ocorre que, em determinadas situações, uma mesma palavra designa mais de um significado. Quando isso acontece, diz-se que há ***ambiguidade*** (sentido duvidoso) ***por polissemia*** (pelo fato de uma mesma palavra ser usada em mais de um sentido, designar mais de um objeto). A ambiguidade por polissemia é um ruído no processo comunicacional. O modo normalmente apontado para afastar esse ruído é considerar o contexto em que esta palavra encontra-se utilizada[20]. Atentando-se para o contexto, linguístico e extralinguístico, normalmente, consegue-se afastar as dúvidas que venham eventualmente surgir. Assim, se, na hora da sobremesa, alguém fala que gosta de *manga*, ninguém terá dúvidas de que se está falando sobre a manga-fruta. Por outro lado, se um alfaiate pergunta a um cliente se ele prefere *manga* pequena ou grande, o contexto sugere que se está falando sobre a parte de uma camisa, não sobre a fruta. A polissemia da palavra "manga" acarreta a ambiguidade.

A utilização das palavras "renda", "proventos" e da palavra "rendimento" (que tem íntima relação com as outras duas, especialmente em matéria tributária) no contexto constitucional serve de exemplo para esse fenômeno da ambiguidade por polissemia. Para que se tenha uma rápida ideia dessa situação (esse tema é tratado de forma mais minuciosa no item 2 do Capítulo IV desse trabalho), a pa-

20 Stephen Ullmann, *op. cit.*, pp. 347 e segs.; Genaro R. Carrió, *Notas sobre o Derecho y Lenguaje*, pp. 28 e segs.; Ricardo A. Guibourg, Alejandro M. Ghigliani, e Ricardo V. Guarinoni, *op. cit.*, pp. 51 e segs.; Alf Ross, *Sobre el Derecho y la Justicia*, p. 112.

lavra "renda" é utilizada na Constituição em 6 diferentes sentidos. A palavra "proventos" (que somente aparece no plural) é usada em 3 diferentes sentidos. E a palavra "rendimento" (que aparece tanto no singular quanto no plural) é usada em 2 diferentes sentidos. Esse fenômeno da ambiguidade por polissemia só dificulta a tarefa do estudioso do Direito no sentido da compreensão do sistema constitucional atinente ao *imposto sobre a renda e proventos de qualquer natureza*.

Outro problema que prejudica o processo comunicacional é o relativo à *indeterminação dos conceitos* ou aos *conceitos indeterminados* ou à *vaguidade dos conceitos* ou *vaguidade das palavras*.

O relevante tema referente ao denominado "conceito constitucional de *Renda* (*renda e proventos de qualquer natureza*)" está envolto nesse problema e serve de exemplo típico para esse tipo de discussão. Não se trata mais do simples uso da mesma palavra para representar objetos diversos e inconfundíveis (*ambiguidade por polissemia*), mas sim da dificuldade de se definir o conceito de um objeto; por exemplo, a dificuldade que acomete todo aquele que tem o propósito de definir o *conceito constitucional de Renda*, ou seja, de estabelecer o significado da expressão "*renda e proventos de qualquer natureza*" como base do imposto previsto no art. 153, III, da Constituição da República. Sem adentrar de forma precipitada nessa discussão específica, que envolve o processo ou método para construir a definição de tal conceito (o que será objeto de meticulosa análise mais adiante – item 3 do Capítulo IV), vale investigar agora, como questão prévia, o próprio fenômeno da *indeterminação dos conceitos* ou dos *conceitos indeterminados* ou da *vaguidade dos conceitos* ou *vaguidade das palavras*.

Pela diversidade de expressões utilizadas para fazer referência a esse ruído no processo comunicacional, já se tem uma ideia da complexidade que circunda o tema.

Uma primeira questão aflora de imediato e merece ser desde já enfrentada: a indeterminação acomete os conceitos ou as palavras ?

Antes de enfrentar a questão anteriormente proposta, convém precisar o que se entende por *conceito* e por *palavra*. Considera-se que ***conceito*** é uma representação mental de um objeto; é a ideia geral ou noção de um objeto.[21] A **palavra** ou **termo** é um signo simbólico que exprime um significado. A *palavra* é a expressão verbal do conceito ou ideia. Diferentes palavras (automóvel, carro, veículo automotor etc.) podem exprimir um mesmo conceito. E diferentes conceitos podem ser expressos por uma mesma palavra (casos de *ambiguidade por polissemia*). Conceito não se confunde com definição. ***Definição*** é a operação mental em que se demarca o âmbito de um conceito. Também se fala em *definição* como sendo o

21 Hilton Japiassu e Danilo Marcondes, *Dicionário Básico de Filosofia*, pp. 53 e 127. Nicola Abbagnano, *Dicionário de Filosofia*, p. 151, apresenta a seguinte definição de *conceito*: "em geral, todo processo que torne possível a descrição, a classificação e a previsão dos objetos cognoscíveis. Assim entendido, o termo tem significado generalíssimo e pode incluir toda espécie de sinal ou procedimento semântico, qualquer que seja o objeto a que se refere, abstrato ou concreto, próximo ou longínquo, universal ou individual etc."

produto da enunciação (exteriorização por meio de linguagem) dessa operação mental de demarcação do âmbito de um conceito.

Feito esse esclarecimento, cabe dizer que tem havido dissenso sobre aquilo que é afetado pela indeterminação. Alguns entendem que a indeterminação tem que ver com a palavra ou o termo.[22] Outros entendem que a indeterminação está ligada ao conceito.[23]

Ao que parece, essa indeterminação tem que ver com um fenômeno um pouco mais complexo. Ela estaria envolvida com o processo de demarcação e constituição da realidade circundante. Conforme dito anteriormente, o ser humano demarca o mundo em que vive segundo critérios por ele concebidos. Essa demarcação da realidade nem sempre é fácil. O ser humano, no seu contínuo processo de aquisição de conhecimento, de acordo com os instrumentos de que dispõe, vai estabelecendo os limites que permitem diferençar um objeto de outro.

As complexas atividades intelectuais de *demarcação*, *constituição* e *atribuição de nomes* aos objetos implicam-se mutuamente e integram o processo de obtenção de conhecimento. Numa visão extremamente simplificadora, que objetiva reduzir complexidades, podem-se imaginar dois modos pelos quais o ser humano adquire conhecimento.

O primeiro, mais comum em nosso atual estágio de civilização, é aquele em que um ser humano dependeria de outro como transmissor dos conhecimentos mais elementares. A este competiria o papel de informar como a realidade está demarcada e quais são os nomes dos objetos, ou sendo mais preciso, que nomes são atribuídos aos objetos que integram essa realidade (é o procedimento normal que se dá quando pais educam os filhos).

Uma segunda possibilidade (mais remota, porém bastante elucidativa) seria a de uma pessoa que não tivesse outra para transmitir-lhe conhecimento. Nesse caso, poder-se-ia imaginar que, pelos diversos meios de intuição e percepção, esse ser humano vai começando a distinguir ele próprio de outros objetos e os outros objetos entre si. Ao mesmo tempo em que ele vai identificando e demarcando a realidade circundante, ele atribui nomes para os objetos. Ao identificar e demarcar os objetos, estabelece as denominadas **características definitórias** de cada um deles. Essas específicas características definitórias são os requisitos que ele estabelece, elege, como necessários para que um certo objeto seja identificado e reconhecido como tal (essa definição ainda é do conceito do objeto individual). Ocorre

22 Ricardo A. Guibourg, Alejandro M. Ghigliani, e Ricardo V. Guarinoni, *op. cit.*, pp. 47 e segs.; Eros Roberto Grau, *Direito, Conceitos e Normas Jurídicas*, pp. 55 e segs.; Stephen Ullmann, *op. cit.*, refere-se à indeterminação da palavra (pp. 241 e segs.), embora faça alusão à dificuldade de delimitar os conceitos (p. 261); Alf Ross, *Sobre el Derecho y la Justicia*, pp. 109 e segs. etc.

23 Karl Engish, *Introdução ao Pensamento Jurídico*, pp. 208 e segs.; Karl Larenz, *Metodologia da Ciência do Direito*, pp. 140 e 356; Eduardo García de Enterría e Tomas Ramon Fernandez, *Curso de Derecho Administrativo*, vol. I, pp. 386 e 387; Afonso Rodrigues Queiró, *Os limites do poder discricionário das autoridades administrativas*, p. 2 etc.

que há infinitos objetos no mundo e torna-se inviável atribuir nomes diferentes e específicos para cada indivíduo (nomes próprios). Por essa razão, reúnem-se os objetos em conjuntos, classes e determina-se que os objetos que apresentarem certas características pertencerão a uma dada classe, sendo-lhes atribuído um mesmo nome (nome comum). Desse modo, criam-se não apenas os nomes comuns, mas também os conceitos (*genéricos, de classes*) a que esses nomes se referem. Desse modo, a cada *conceito genérico* ou *conceito de classe de objeto(s)* corresponderá um conjunto, uma classe, de características que possibilitam identificá-lo. Essa formação de classes, que acompanha a (re)constituição da realidade, é a conhecida operação intelectual de classificação.[24]

Como já se teve oportunidade de mencionar, considera-se que a realidade não se apresenta de forma sistematizada, previamente demarcada e identificada. Essa atividade é desenvolvida pelo ser humano. Como lecionam Guibourg, Ghiliani e Guarinoni,[25] ao inventar nomes (ou ao adotar os já criados), são traçados limites na realidade, como se a cortássemos idealmente em pedaços; e, ao atribuir cada nome, *constituímos* (quer dizer, identificamos, individualizamos, delimitamos) o pedaço que, *segundo temos decidido*, corresponderá a esse nome. E complementam, pontificando que as classificações, tal como a identificação de entes individuais, não são coisas que estão na natureza e que, em consequência, podem ser conhecidas mediante um adequado estudo do universo. A classificação é um fato cultural e, às vezes, meramente individual. Não há, portanto, classificações verdadeiras nem classificações falsas, tal como não existem nomes verdadeiros nem falsos para cada objeto.

Pelo que se expôs, parece certo considerar que a questão atinente aos denominados *conceitos indeterminados* se relaciona com o processo de conhecimento e (re)constituição da realidade anteriormente descrito. Portanto, a indeterminação (ou imprecisão) pode repousar em uma das seguintes situações:

a) na dificuldade de identificar e constituir um objeto específico (na construção do *conceito de um objeto específico*) – pois o sujeito cognoscente tem a possibilidade de estabelecer, eleger, infinitas características definitórias;

b) na dificuldade de se criar uma classe de objetos (na construção do *conceito de classe de objetos*) que apresentem características definitórias comuns – pois o sujeito cognoscente também tem a possibilidade de eleger infinitos caracteres definitórios comuns para criar a classe de objetos; e

c) na dificuldade de se verificar se um objeto específico (o *conceito de um objeto específico*) pertence ou não a certa classe de objetos (ao *conceito de classe de objetos*) – pelas razões já explicadas nos itens "a" e "b".

---

24 Costuma-se afirmar que as classificações estão dentro de nós, não nos objetos, e que as classificações não são verdadeiras nem falsas, mas podem ser aceitas ou não, ser consideradas úteis ou inúteis.

25 Ricardo A. Guibourg, Alejandro M. Ghigliani, e Ricardo V. Guarinoni, *op. cit*, pp. 37, 39 e 40.

Ressalta-se que as dificuldades anteriormente apontadas são aumentadas, entre outras razões, em função: a) da já referida liberdade ao se estabelecerem as características definitórias dos objetos do mundo, ou seja, em constituir a *realidade*; e b) das variáveis de tempo e de espaço.

Convém lembrar que *objeto* não se confunde com *dado real*. Assume-se que o *dado real* é algo externo e independente do homem. O ser humano quando entra em contato com o *dado real*, posicionando-se para o conhecimento, constitui o dado em *objeto* (material), à medida que constrói um *conceito* para este. O objeto (material) já se apresenta como produto da atividade humana, à medida que esta cria para o objeto o correspondente conceito.[26]

Dessarte, a questão dos *conceitos indeterminados* (expressão que se aceita como termo simplificador do complexo e multifário fenômeno anteriormente exposto) tem que ver, em rigor, com as incertezas, imprecisões, indeterminações, decorrentes do próprio processo de aquisição e constituição do conhecimento, sendo, pois, um fenômeno intrínseco a esse processo. Logo, a indeterminação dos conceitos não é peculiar à linguagem jurídica, mas, como se disse, acomete todas as linguagens por ser um fenômeno inerente ao processo de aquisição e construção do conhecimento. Por isso se diz que **quase todas** as "palavras" (conceitos) possuem certo grau de indeterminação (imprecisão), ou seja, são vagas em certo grau.[27]

Essa imprecisão no processo de aquisição e transmissão de conhecimento tende a ser controlada (mas nunca completamente eliminada) pelo mecanismo de comunicação social, que, de um modo ou de outro, vai estabelecendo as soluções para os problemas concretos apresentados. Cada comunidade tende a estabelecer convenções comuns no que tange à demarcação dos objetos. Esse consenso social, que vai se formando com o depósito de experiências de uma dada sociedade, auxilia o processo de controle dessa imprecisão na demarcação e constituição da realidade.

Poder-se-ia perguntar qual o modo que o sistema do Direito estabelece para solucionar os problemas atinentes aos *conceitos jurídicos indeterminados*; ou ainda que relação existe entre os *conceitos jurídicos indeterminados*, e a margem de liberdade do legislador infraconstitucional para defini-los. Essas questões merecem ser devidamente aprofundadas. No entanto, por envolverem outros temas que ainda serão abordados, somente serão respondidas mais adiante (item 3 do Capítulo IV), quando será desenvolvido o processo a ser adotado para alcançar a **definição do**

---

26 KANT, em *Crítica à Razão Pura*, já advertia que "pensar é conhecer através de conceitos", *apud* Hilton Japiassu e Danilo Marcondes, *Dicionário Básico de Filosofia*, pp. 191-192.

27 Stephen Ullmann, *idem, ibidem*, pp. 241 e segs.; Ricardo . A. Guibourg, Alejandro M. Ghigliani, e Ricardo V. Guarinoni, *idem*, pp. 48 e 51.; Alf Ross, *Sobre el Derecho Y la Justicia*, p. 111; Genaro R. Carrió, *Notas sobre o Derecho y Lenguaje*, pp. 31 e segs. Importa ressaltar que Karl Engish chama a atenção para a existência de alguns conceitos absolutamente determinados – p. ex.: os numéricos combinados com os de medida – 50 km, 24 horas – idem, p. 208.

conceito constitucional de "renda e proventos de qualquer natureza" como base tributável.

2.3. Do texto constitucional às normas constitucionais relativas ao IR

O sistema jurídico brasileiro apresenta-se basicamente sob a forma de textos, fórmulas linguísticas, conjunto de símbolos sígnicos, que lhe servem de veículo de expressão. O Direito é posto pelo homem através de uma linguagem própria. É mister, contudo, não confundir o texto do Direito Positivo com norma jurídica. O texto do Direito Positivo é aquele suporte físico (p. ex.: letras impressas no Diário Oficial), a partir do qual se iniciará o processo de construção do sentido prescritivo da linguagem jurídica, e que culminará com a constituição da norma jurídica. A norma jurídica é a significação, a mensagem prescritiva, que se obtém a partir da leitura dos textos do Direito Positivo. A construção do sistema jurídico-normativo (ordenamento jurídico) pressupõe uma interpretação sistemática do conjunto de textos do Direito Positivo.

Ora, (a) se não se deve confundir o *texto do Direito Positivo* com *norma jurídica*, (b) se o texto do Direito Positivo é um suporte físico, a partir do qual se iniciará o processo de construção do sentido prescritivo da linguagem jurídica, e que culminará com a constituição da norma jurídica, (c) se a norma jurídica é a significação, a mensagem prescritiva, que se obtém a partir da leitura dos textos do Direito Positivo, cabe indagar:

de que modo o estudioso do Direito, tomando como referência o simples texto da Constituição da República, constrói (alcança o plano das) as normas jurídicas constitucionais relativas ao imposto sobre a renda e proventos de qualquer natureza (IR)?

Esse processo de construção do sistema jurídico-normativo, em especial, do sistema constitucional normativo relativo ao IR, deve ser examinado a partir de uma visão mais analítica, que permita uma melhor compreensão do modo como ele se manifesta. Destaca-se nessa linha de pensamento, a valiosa contribuição trazida por PAULO DE BARROS CARVALHO[28] quando discorreu sobre o que chamou de *percurso da construção de sentido*. Convém desenvolver um pouco mais esse tema, tendo o pensamento desse singular jurista como referência.

Leciona o insigne professor que "interpretar é atribuir valores aos símbolos, isto é, adjudicar-lhes significações e, por meio dessas, referências a objetos." E complementa: "a linguagem, típica realização do espírito humano, é sempre um objeto da cultura e, como tal, carregando consigo valores. Como decorrência imediata, o direito positivo se apresenta aos nossos olhos como objeto cultural por excelência, plasmado numa linguagem que porta, necessariamente, conteúdos axiológicos."

28 Paulo de Barros Carvalho, *Curso de Direito Tributário*, pp. 78 e segs.

Nessa linha, concebe que a interpretação da linguagem do Direito Positivo (objeto cultural, saturada de valores) requer uma compreensão de todas as dimensões pelas quais ela se manifesta. Assim, o sistema jurídico- positivo deve ser examinado como conjunto que compreende três subsistemas:

a) o dos suportes materiais da linguagem jurídica;

b) o das significações dos suportes materiais da linguagem jurídica e;

c) o da ordenação das significações dos suportes materiais da linguagem jurídica sob a forma lógico-estrutural das *normas jurídicas*.

O primeiro subsistema – o dos *suportes materiais da linguagem jurídica* – denominado plano de expressão ou plano dos significantes – é a base empírica e objetivada em planos concretos. Corresponde à dimensão das marcas físicas dos signos linguísticos, por exemplo, os signos impressos sobre uma folha de papel. Tais signos compõem-se dos números, letras, palavras, frases, períodos e parágrafos, postos de forma intersubjetiva em suportes materiais, documentos (no sentido físico, material, do termo). Encontram-se nesse plano, no sentido de suporte físico, a Constituição, a Emenda Constitucional, a Lei Complementar, a Lei Ordinária , o Decreto, a Sentença Judicial, o Ato Administrativo, o Contrato etc. Dos três subsistemas, é o que apresenta o maior grau de objetividade para os componentes da comunidade comunicacional, pois, em princípio, todos têm contato com o mesmo universo material. No tocante ao sistema constitucional atinente ao IR, estão nesse plano, p. ex., os seguintes textos (suportes materiais) da Constituição da República: o do art. 153, inciso III; o do § 2º e inciso I do art. 153 etc.

Quanto à objetividade no *plano da expressão*, uma observação merece ser efetuada. Ao que parece, mesmo nesse plano, existe uma certa dose de subjetividade ao construir esse subsistema, embora em grau menos elevado que a encontrada nos outros dois planos. Em outras palavras, ao ser efetuado o primeiro corte epistemológico para demarcar o *plano dos suportes materiais*, que permitirá identificar que fórmulas linguísticas serão utilizadas no percurso de construção de sentido, há que se estabelecer quais são os *critérios de reconhecimento* (*critérios de pertinencialidade*, ainda que preliminares, de conteúdo preponderantemente formal), que determinarão aquilo que pertence ao plano da expressão. Por exemplo, pode-se eleger, como *critério de pertinencialidade formal* a esse subsistema, a produção do texto por certas pessoas (órgão competente), segundo uma determinada forma – a publicação em diário oficial.

Sem esse critério de *pertinencialidade formal* não seria possível proceder a uma primeira e preliminar demarcação do universo de textos (suportes físicos) que se deveria levar em consideração para construir o sistema jurídico. Como seria possível diferençar um texto (suporte material) de *História* ou *Literatura* ou *Filosofia* ou *Ciência de Direito* ou um mero *Anteprojeto de Lei* de um texto (suporte material) da *Constituição* ou de uma *Lei*, se não existisse esse *critério* preliminar de *pertinencialidade formal*?

Atente-se para o fato de não se estar cogitando do plano de conteúdo do texto, o que será objeto dos outros dois subsistemas, mas de critérios formais, relativos aos *sujeitos produtores* e ao mínimo de *procedimento* (via de regra, uma certa forma de discutir, de decidir e de publicar o conteúdo da decisão) para a produção dos textos. O estabelecimento desse *critério mínimo de pertinencialidade formal* evita que a atividade de identificação do plano da expressão não se perca na infinidade de textos (suportes físicos) existentes numa comunidade. Supondo-se que haja um consenso quanto ao *critério mínimo de pertinencialidade formal*, pode-se falar que esse subsistema é "exatamente o mesmo para todos os sujeitos".

O segundo subsistema é o das *significações dos suportes materiais da linguagem jurídica*, não submetidos a uma determinada estrutura lógica – a forma lógico-estrutural das normas jurídicas. Nesse momento, já se ingressa no plano do conteúdo. O sujeito cognoscente, a partir do contato com o plano da expressão, perfaz as primeiras construções de sentido. Tendo como ponto de partida as fórmulas sígnicas, constrói as primeiras significações. Inicia-se o percurso de construção de sentido, perscrutando-se artigos, parágrafos e incisos da Constituição ou de uma Lei. Repete-se igual procedimento com os demais textos que constituem o plano da expressão. Considerando o relevante papel do contexto, constituem-se os enunciados prescritivos do sistema jurídico, sem a preocupação com a sua estruturação sob a forma de norma jurídica. Alerta-se que o termo *enunciado* está empregado no sentido de significação elaborada a partir dos suportes materiais.

Considerando um dos textos anteriormente referidos, o do art. 153 e inciso III, vai-se investigar o significado, mesmo que preliminar, de expressões como "União", "instituir", "impostos", "renda e proventos de qualquer natureza" etc.

O terceiro subsistema é o das *significações dos suportes materiais da linguagem jurídica sob a forma lógico-estrutural das normas jurídicas*. Tomando como referência os enunciados prescritivos, construídos a partir do (con)texto jurídico, o sujeito do conhecimento ordena as significações em consonância com o esquema formal da implicação. Assim, alcança o altiplano da **norma jurídica** – mensagem prescritiva (de sentido deôntico) que se constrói a partir dos suportes materiais da linguagem e que se apresenta como unidade do sistema jurídico, sob uma estrutura lógica bimembre, onde um antecedente (que contém a descrição de uma situação de fato de possível ocorrência) implica um consequente (que contém a regulação de uma conduta ou a representação de uma nova norma jurídica). É exatamente nesse último plano que a atividade de construção das normas constitucionais relativas ao imposto sobre a renda e proventos de qualquer natureza será concluída.

Por fim, vale salientar que o eminente professor, ao expor seu "modelo de interpretação", ressalta um aspecto de extrema importância, qual seja: a atividade de interpretação do Direito não se sujeita aos ditames de uma absoluta objetividade, ao contrário, submete-se a uma inafastável subjetividade (em especial, no que tange ao subsistema das *significações do suporte material da linguagem jurídica* e ao subsistema da *ordenação das significações do suporte material da linguagem jurídica sob a forma lógico-estrutural das normas jurídicas*) por parte do sujeito cognoscente, que, entrando em contato com o objeto cultural que é a linguagem jurídica (linguagem saturada de valores), constrói o sistema jurídico após um "empreendimento intelectual e emocional que não lhe custou pouca energia."[29]

2.4. Conceitos fundamentais para a construção das normas relativas ao IR

Nesse ponto, serão abordados alguns conceitos jurídicos fundamentais que assumem especial importância para o desenvolvimento do presente trabalho. Esses conceitos jurídicos informam e determinam o discurso que se está construindo no sentido da identificação dos requisitos constitucionais que possibilitam a tributação por meio do *imposto sobre a renda e proventos de qualquer natureza*. São eles: Direito Positivo; norma jurídica; processo de produção do Direito; validade; vigência; eficácia; fato jurídico; relação jurídica; e princípio jurídico. Tais conceitos foram objeto de acurado exame em outra oportunidade,[30] pelo que serão aqui retomados, com alguns pequenos ajustes, de forma sintética e conclusiva.

Conforme esclarecido anteriormente, este trabalho tem como objeto o Direito Positivo, mais especificamente, o sistema normativo constitucional relativo ao *imposto sobre a renda e proventos de qualquer natureza*. Observou-se, ainda, que o Direito Positivo é o conjunto de normas jurídicas existentes em determinado tempo e espaço.

A norma jurídica, unidade do sistema jurídico, é a mensagem (a significação) que se constrói a partir da leitura dos textos do Direito Positivo (suporte físico), a qual é produto de uma árdua atividade intelectual e emocional – a interpretação –, levada a termo pelo estudioso do Direito.

Toda norma jurídica possui uma estrutura lógica peculiar. De forma simplificada,[31] pode-se dizer que ela se compõe de duas partes: um antecedente e um consequente (A   C). O antecedente (A) simboliza a primeira parte da estrutura lógica da norma jurídica. Caracteriza-se (a) por ser um elemento condicionante, implicante, do consequente normativo (C); (b) por conter descrição de uma situação de fato, que pode ou não envolver uma conduta humana; e (c) por descrever um fato de possível ocorrência ou descrever um fato já ocorrido no tempo e no espaço. Por sua vez, o consequente caracteriza-se por apresentar uma estrutura relacional, que corresponde (a) à criação ou extinção de norma jurídica ou (b) à criação ou extinção de relação jurídica.

As normas podem ser classificadas segundo diferentes critérios, destacam-se os seguintes:

---

29 Paulo de Barros Carvalho, *Curso de Direito Tributário*, pp. 78 e 92.

30 Luís Cesar Souza de Queiroz, *Sujeição passiva tributária*.

31 *Ibidem*, p. 13-61. Nessa parte (Capítulo II), o tema referente à norma jurídica foi objeto de análise minuciosa.

a) quanto ao critério da realização, no tempo e no espaço, do fato descrito no antecedente normativo – classifica-se a norma jurídica em *abstrata* ou *concreta*;
b) quanto ao critério da individualização dos sujeitos cuja conduta intersubjetiva é regulada pelo consequente normativo – classifica-se a norma jurídica em *geral* ou *individual*.
c) quanto ao critério da espécie de conteúdo do antecedente e do consequente normativos – classifica-se a norma jurídica em *de produção normativa* ou *de conduta*.

De acordo com esses critérios:
a.1) a norma jurídica é **abstrata** – quando o antecedente da norma jurídica descreve uma situação de fato imaginada, uma mera suposição, uma hipótese, cuja ocorrência é possível.[32]
a.2) A norma jurídica é **concreta** – quando o antecedente da norma jurídica descreve um fato que já se realizou no tempo e no espaço; descreve-se um fato já ocorrido, fato material, concreto.
b.1) a norma jurídica é **geral** – quando o consequente normativo regula o comportamento de uma classe de pessoas indeterminadas, não individualizadas, quer ocupem o pólo passivo (sujeito passivo indeterminado), quer ocupem o pólo ativo (sujeito ativo indeterminado).
b.2) a norma jurídica é **individual** – quando o consequente normativo regula o comportamento de pessoas determinadas, individualizadas, isto é, tanto o sujeito ativo quanto o sujeito passivo estão determinados, individualizados.
c.1) a norma **de produção normativa** é aquela cujo antecedente descreve uma específica situação de fato (de ocorrência possível), que se caracteriza por apresentar os requisitos necessários para que outra norma passe a pertencer (a ter validade – criação) ou deixe de pertencer (revogação) ao sistema jurídico, e cujo consequente apresenta uma estrutura relacional, composta por variáveis, que simboliza a norma jurídica a ser criada ou revogada;
c.2) a norma **de conduta** é aquela cujo antecedente descreve uma situação de fato qualquer (de possível ocorrência), e cujo consequente apresenta a regulação de uma conduta intersubjetiva, por meio de uma permissão (P), uma obrigação (O) ou uma proibição (V).

A norma jurídica pode ser qualificada como *tributária* em duas situações: uma *em sentido estrito*, outra *em sentido amplo*. Norma jurídica tributária *em sen-*

32 Como se atesta, ao se classificar uma norma, é certo dizer que os binômios "abstrata e geral" e "concreta e individual" não são necessários, pois existem normas "abstratas e individuais", bem como "concretas e gerais". Ser *abstrata* ou *concreta* é característica do antecedente. Ser *geral* ou *individual* é característica do consequente. Em outra oportunidade, esse tema foi mais desenvolvido, inclusive com a elaboração de exemplos (*Ibidem*, pp. 48-52).

tido estrito ou *norma impositiva tributária* ou simplesmente ***norma tributária*** é aquela que estabelece um vínculo jurídico entre um *antecedente*, que descreve um fato de possível ocorrência (que não seja um fato-conduta ilícito), e um *consequente*, que prescreve uma relação jurídico-formal, na qual tal norma impõe (obriga) a um sujeito de direito (sujeito passivo – o contribuinte) a conduta de entregar certa quantia em dinheiro a outro sujeito de direito (sujeito ativo) ou (nos casos de substituição tributária)[33] a conduta de permitir que outro sujeito (sujeito ativo) lhe retire certa quantia em dinheiro.[34] Norma jurídica tributária *em sentido amplo* (e mais impreciso) ou ***norma jurídica administrativo-fiscal*** é a que impõe a alguém (o contribuinte ou um terceiro) a conduta compulsória (obrigatória – "O") de fazer certas atividades formais, instrumentais que, direta ou indiretamente, contribuem com o Estado-Administração para o acompanhamento e consecução dos seus desígnios tributários.

Toda norma tributária é norma de conduta. E mais, numa visão analítica, costuma-se conceber que toda norma que institui um imposto (p. ex., a norma ordinária que institui o IR) apresenta quatro critérios tanto em seu antecedente quanto em seu consequente, são eles: o pessoal, o material, o temporal e o espacial.[35]

Quanto aos critérios do antecedente, enuncia-se que:

a) critério pessoal – é o que informa o sujeito de direito que aparece como titular de certa riqueza;

b) critério material – é o que informa o comportamento de um sujeito de direito que ostenta sinal de riqueza;

c) critério temporal – é o que informa o momento em que se considera realizado o comportamento do sujeito de direito;

d) critério espacial – é o que informa o local em que se considera realizado o comportamento do sujeito de direito.

Sobre os critérios do consequente, declara-se que:

a) critério pessoal – é o que informa os sinais que permitem identificar os sujeitos de direito referentes à relação intersubjetiva prescrita e se biparte em:

a.1 – critério pessoal ativo – é o que informa os sinais necessários para identificar o sujeito de direito, denominado sujeito ativo, que terá o "direito subjetivo" de exigir de outrem a entrega de certa importância em dinheiro;

---

33 *Ibidem*, pp. 194-201.

34 Nesse contexto, define-se ***tributo*** como sendo a conduta obrigatória de um sujeito (sujeito passivo) entregar certa quantia em dinheiro a alguém (sujeito ativo) ou a conduta obrigatória de um sujeito (sujeito passivo) permitir que outro sujeito (sujeito ativo) lhe retire certa quantia em dinheiro (nos casos de substituição tributária), sem que tais condutas apresentem caráter sancionatório ou punitivo.

35 *Ibidem*, pp. 165-201.

a.2 – critério pessoal passivo – é o que informa os sinais necessários para identificar o sujeito de direito, denominado *sujeito passivo tributário* ou *contribuinte*, que terá o "dever jurídico" (obrigação) de entregar a outrem parcela da riqueza de que é titular;[36]
b) o critério material se biparte em:
b.1 – qualitativo – é o que informa qual ("entregar" ou "permitir que retire") e de que modo ("obrigado") a conduta é regulada;
b.2 – quantitativo – é aquele que informa *o quanto* deve ser entregue; apresenta-se, pois, como complemento do verbo entregar; o critério quantitativo contém os aspectos:
b.2.1 – base de cálculo – representa certa grandeza, confirmadora da riqueza pessoal já informada pelo critério material do antecedente;
b.2.2 – alíquota – é o aspecto aplicável sobre a base de cálculo, com o propósito de apurar a quantia líquida que deve ser entregue ao Estado; pode aparecer sob duas formas: de um valor monetário fixo ou variável em função de escalas da base de cálculo; ou de uma fração, percentual ou não.
c) critério temporal – é o que informa o momento em que se deve pagar;
d) critério espacial – é o que informa o local em que se deve pagar.

As normas jurídicas surgem no mundo jurídico por intermédio de um ***processo de produção do Direito*** (***cadeia da causalidade jurídica***) que se apresenta como um movimento dialético entre a norma e o fato, onde norma jurídica de produção normativa incide sobre fato (em rigor, sobre o conceito deste fato), tornando-o jurídico; o fato jurídico (juridicizado por aquela norma jurídica) produz (tem como efeito jurídico) outra norma jurídica. Esse movimento dialético norma-fato apresenta, como ponto limite inicial da cadeia da causalidade jurídica, a norma-origem ou fundamental e, como ponto limite final, os últimos atos de execução material. A norma-origem ou fundamental tem a mesma função dos axiomas ou postulados das demais Ciências: representa o ponto de partida que permite a construção e delimitação de qualquer objeto do conhecimento.

O conjunto de normas de máxima hierarquia de um Direito Positivo é normalmente denominado de *normas constitucionais* e o seu instrumento introdutor de ***Constituição*** (positiva). Essas normas constitucionais reunidas formam uma unidade, que se denomina ***norma-origem do Direito Positivo***. Dessarte, considerando o sistema jurídico brasileiro (e boa parte dos sistemas jurídicos ocidentais), parece adequado adotar o seguinte axioma: ***o conjunto de normas constitucionais (veiculadas pela Constituição) representa a máxima hierarquia no Direito Positivo, a norma-origem do Direito Positivo, que fundamenta a va-***

36 Há ambiguidade por polissemia no uso das expressões "Direito Subjetivo" e "Dever Jurídico". As diferentes acepções dessas expressões foram identificadas em outra oportunidade. Luís Cesar Souza de Queiroz, *Sujeição Passiva Tributária*, pp. 212-217.

lidade de todas as demais normas, fazendo com que pertençam a um dado sistema jurídico; a norma-origem do Direito Positivo fornece os critérios que conferem a pertinência das outras normas ao sistema jurídico, ou seja, a sua validade.

Tem prevalecido tanto na doutrina como na jurisprudência nacionais o entendimento de que a denominada norma inconstitucional está viciada desde sua produção e, portanto, nunca (em rigor) chega a pertencer ao sistema do Direito Positivo, nunca chega a ser jurídica.

Nesse sentido, a título de exemplo, vale aludir a duas importantes decisões do Colendo Supremo Tribunal Federal, ambas em Ação Direta de Inconstitucionalidade:

AÇÃO DIRETA DE INCONSTITUCIONALIDADE nº 2

Relator Min. PAULO BROSSARD
Julgamento – 06/02/1992 – Tribunal Pleno

"EMENTA: CONSTITUIÇÃO. LEI ANTERIOR QUE A CONTRARIE. REVOGAÇÃO. INCONSTITUCIONALIDADE SUPERVENIENTE. IMPOSSIBILIDADE.

1. A lei ou é constitucional ou não é lei. Lei inconstitucional é uma contradição em si. A lei é constitucional quando fiel à Constituição; inconstitucional na medida em que a desrespeita, dispondo sobre o que lhe era vedado. O vício da inconstitucionalidade é congênito à lei e há de ser apurado em face da Constituição vigente ao tempo de sua elaboração. Lei anterior não pode ser inconstitucional em relação à Constituição superveniente; nem o legislador poderia infringir Constituição futura. A Constituição sobrevinda não torna inconstitucionais leis anteriores com ela conflitantes: revoga-as. Pelo fato de ser superior, a Constituição não deixa de produzir efeitos revogatórios. Seria ilógico que a lei fundamental, por ser suprema, não revogasse, ao ser promulgada, leis ordinárias. A lei maior valeria menos que a lei ordinária.

2. Reafirmação da antiga jurisprudência do STF, mais que cinquentenária.

3. Ação direta de que se não conhece por impossibilidade jurídica do pedido." (grifado)

AÇÃO DIRETA DE INCONSTITUCIONALIDADE – MEDIDA CAUTELAR nº 1434

Relator Min. CELSO DE MELLO
Julgamento – 20/08/1996 – Tribunal Pleno

"EMENTA: AÇÃO DIRETA DE INCONSTITUCIONALIDADE – CONSTITUIÇÃO DO ESTADO DE SÃO PAULO (ART. 101) – EQUIPARAÇÃO, EM VENCIMENTOS E

VANTAGENS, ENTRE PROCURADORES DO ESTADO E PROCURADORES AUTÁRQUICOS – ALEGAÇÃO DE OFENSA À CONSTITUIÇÃO FEDERAL (ART. 37, XIII; ART. 39, § 1º E ART. 61, § 1º, II, C) – PLAUSIBILIDADE JURÍDICA – MEDIDA CAUTELAR DEFERIDA COM EFICÁCIA EX NUNC.
INGRESSO DE SINDICATO COMO LITISCONSORTE PASSIVO NECESSÁRIO EM PROCESSO DE CONTROLE ABSTRATO DE CONSTITUCIONALIDADE – INADMISSIBILIDADE.
A ausência de determinação expressa importa em outorga de eficácia ex nunc à suspensão cautelar de aplicabilidade da norma estatal impugnada em ação direta. Concedida a medida cautelar (que se reveste de caráter temporário), a eficácia ex nunc (regra geral) "tem seu início marcado pela publicação da ata da sessão de julgamento no Diário da Justiça da União, exceto em casos excepcionais a serem examinado pelo Presidente do Tribunal, de maneira a garantir a eficácia da decisão" (ADIn 711-AM (Questão de Ordem), Rel. Min. NÉRI DA SILVEIRA).
A declaração de inconstitucionalidade, no entanto, que se reveste de caráter definitivo, sempre retroage ao momento em que surgiu, no sistema de direito positivo, o ato estatal atingido pelo pronunciamento judicial (nulidade ab initio). É que atos inconstitucionais são nulos e desprovidos de qualquer carga de eficácia jurídica (RTJ 146/461)" (grifado).

Uma vez assentados esses postulados sobre a norma-origem do Direito Positivo e sobre o processo de produção normativa, já parece oportuno firmar os conceitos de validade, vigência e eficácia[37] nos seguintes termos:

a) ***validade*** é a qualidade de toda norma jurídica (não apenas norma, porém norma jurídica) que pertence a um determinado sistema de Direito Positivo, em função de ter sido regularmente produzida, ou seja, em virtude de ter sido produzida em consonância com o prescrito pela correspondente norma de produção normativa;

b) ***vigência*** é qualidade de norma jurídica (norma que existe juridicamente, é válida) que está apta a produzir efeitos jurídicos, quais sejam, se ocorrer o fato descrito em seu antecedente, então surgirá o efeito prescrito em seu consequente (criação ou extinção de norma jurídica, se for efeito de norma de produção normativa; ou criação ou extinção de relação jurídica, se for efeito de norma de conduta);

c) atribui-se à expressão ***eficácia jurídica*** o mesmo sentido de ***vigência***; e

d) ***eficácia social*** (ou ***efetividade*** para alguns) é a qualidade de uma norma jurídica que é cumprida pela maior parte de um grupo social. A *eficácia so-*

37 No capítulo III do livro *Sujeição passiva tributária* (*op. cit.*), realizou-se um estudo mais completo sobre os temas: fontes do Direito; norma-origem do Direito, com análise das teorias de Kelsen, Hart e Ross; cadeia da causalidade jurídica, com análise das teorias de Kelsen, Hart, Ross, Bobbio e Lourival Vilanova; validade; vigência; e eficácia (jurídica, técnica e social).

cial (segundo o modelo proposto) não afeta a validade ou a *vigência* de uma norma jurídica. Uma norma válida e vigente pode ou não ter eficácia social. Trata-se, neste sentido, de um critério sociológico e não jurídico de análise de uma norma jurídica.

Outros dois conceitos fundamentais são o de *fato jurídico* e de *relação jurídica*. Ambos já foram mencionados e cabe agora precisar os respectivos sentidos.

Fato jurídico é aquele acontecimento perceptível pelos sentidos humanos, que se realiza no tempo e no espaço e cujo conceito corresponde ao antecedente da norma jurídica. Será ***fato jurídico tributário*** quando corresponder ao antecedente de norma tributária.

Relação jurídica é a projeção enriquecida de determinação e de individualização do consequente de norma jurídica de conduta, a qual se estabelece entre sujeitos plenamente individualizados e tem por objeto uma conduta intersubjetiva determinada e modalizada deonticamente, sendo efeito da realização de um fato jurídico.

Assim como a *relação jurídica* é a projeção enriquecida de determinação e de individualização do consequente de norma jurídica (de conduta), o *fato jurídico* é a projeção enriquecida de concretude do antecedente de norma jurídica (de produção normativa ou de conduta).

A ***relação jurídica*** será considerada ***tributária*** sempre que corresponder ao consequente de norma tributária.

O último conceito a demandar uma adequada definição é o de ***princípio jurídico***.

Afirmou-se anteriormente que o Direito Positivo Brasileiro é composto pelo conjunto de normas jurídicas. Essas são as unidades do sistema jurídico. Nesse contexto, cabe perguntar o que são princípios jurídicos e qual a relação hierárquica existente entre os princípios jurídicos e as normas jurídicas.[38]

Essas questões têm sido muito debatidas em doutrina e, tudo indica, que ainda serão objeto de debates por muito tempo. Isso é explicado pelo fato de o termo "princípio" ser utilizado para designar conceitos diferentes. Não é somente uma questão de *vaguidade* (ou *indeterminação*) *de conceito*, mas também de *ambiguidade por polissemia* referente ao uso da palavra "princípio".

A fim de que não se despenda tempo com discussões inúteis, um ponto merece ser repisado: **os objetos não possuem nomes verdadeiros; as pessoas normalmente aceitam ou não a atribuição de certos nomes a determinados objetos.** Nada impede que uma pessoa resolva criar novos nomes para referir-se a objetos, exercitando o que se costuma chamar de *liberdade de estipulação*. Entretanto, para que a comunicação de significados se torne possível, é essencial que se advirtam os

38 A solução apropriada dessas questões é de vital importância para o estudo a ser realizado no próximo capítulo (Capítulo II).

receptores da mensagem acerca do novo nome criado e de seu significado. Como já se disse, essa prática é relativamente comum no plano científico, onde, por intermédio da criação de novos termos ou da atribuição de novos significados para termos já conhecidos, almeja-se aumentar a precisão do discurso.

Esse fenômeno, ao que parece, ocorre em relação ao vocábulo "princípio". A doutrina tem atribuído ao termo "princípio" significados distintos. Entre as diversas acepções existentes, destacam-se as seguintes:

a) valores jurídicos (positivados) ou não jurídicos (não positivados);

b) normas constitucionais de elevada carga axiológica;

c) fragmentos do discurso prescritivo (da linguagem global do Direito Positivo), saturados de valor; e

d) grandes sínteses do discurso prescritivo (linguagem global do Direito Positivo), que funcionam como características ***gerais*** do sistema jurídico (os chamados ***princípios gerais do direito***) ou como características ***fundamentais*** do sistema jurídico (os denominados ***princípios fundamentais***).

Para os fins deste trabalho, que requer uma precisão terminológica e uma coerência interna permanente, e considerando que o enfoque preponderante é o constitucional, adota-se a seguinte definição de Princípio.

Princípio é o(s) aspecto(s) do conteúdo (parcial ou total) do antecedente ou do consequente de norma ou normas jurídicas, portador(es) de elevada carga axiológica.

Se for Princípio Constitucional, define-se deste modo:

Princípio Constitucional é o(s) aspecto(s) do conteúdo (parcial ou total) do antecedente ou do consequente de norma ou normas constitucionais, portador(es) de elevada carga axiológica.

A nota característica do *princípio* (constitucional ou não) é a de ele ser portador de elevada carga axiológica, o que justifica seu destacado e especial tratamento por parte dos cientistas do Direito.

Salienta-se que, no sistema constitucional, a elevada carga axiológica pode estar contida numa *norma constitucional de produção normativa* ou numa *norma constitucional de conduta*. Se for uma *norma constitucional de produção normativa*, a elevada carga axiológica repousará necessariamente em seu antecedente, pois seu consequente carece de saturação semântica, sendo composto por variáveis, por uma estrutura relacional. Importa aduzir que, apesar de carecer de *saturação* semântica, o consequente possui algum *conteúdo* semântico, pois nele há uma estrutura relacional (com variáveis) representativa da norma jurídica a ser criada ou revogada. Quanto ao antecedente, pode recair sobre qualquer um (ou mais de um, ou todos) de seus aspectos: o sujeito, a declaração prescritiva ou o procedimento.

A elevada carga axiológica também pode estar contida numa *norma constitucional de conduta*, recaindo sobre o antecedente ou sobre o consequente ou sobre ambos, total ou parcialmente.

Em função dos conceitos anteriormente expostos, já é possível responder aquelas perguntas realizadas, quais sejam: i) que são princípios jurídicos? ii)

Qual a relação hierárquica existente entre os princípios jurídicos e as normas jurídicas?

No que toca à primeira questão, como se disse, considera-se que *Princípio é* o(s) aspecto(s) do conteúdo (parcial ou total) do antecedente ou do consequente de normas jurídicas, portador(es) de elevada carga axiológica. Se for *Princípio Constitucional*, é o(s) aspecto(s) de norma constitucional que estará(ão) axiologicamente enriquecidos. Convém ainda ressaltar que, pelo fato de ser aspecto de norma jurídica, o princípio não possui uma estrutura lógico-jurídica própria.

Considerando o que foi anteriormente firmado, pode-se asseverar, quanto à segunda indagação formulada, que os princípios não estão acima, nem abaixo, nem ao lado das normas jurídicas. Estão sempre contidos nas normas jurídicas. São aspectos destas, saturados de valor.

Por fim, é mister advertir que os princípios somente podem ser reconhecidos mediante uma análise axiológica, sendo inatingíveis por intermédio de uma análise puramente lógico-jurídica; e é inconcebível cogitar de relação hierárquica entre princípio e norma jurídica. Quanto a esse último aspecto, parece acertado considerar que, para se cogitar de relação hierárquica, é preciso que se estejam comparando conceitos de mesma natureza: um princípio com outro princípio; uma norma com outra norma. No tocante às normas tributárias, observa-se que a avaliação hierárquica pode levar em conta um critério lógico-jurídico (p. ex.: a norma constitucional relativa ao IR é superior à norma do complementar relativa ao IR e à norma legal do IR) ou um critério axiológico (uma norma constitucional, por conter um princípio, é superior à outra norma constitucional que não contém qualquer princípio). Essa superioridade axiológica é, por diversas vezes, relevante e até determinante para a solução de casos concretos que envolvem as denominadas *antinomias reais.*[39]

---

39 Considera-se *antinomia real* o conflito entre normas jurídicas para o qual o Direito não oferece um critério lógico-jurídico para sua eliminação do sistema (p. ex.: conflito entre normas construídas a partir da Constituição originária). Neste sentido, Norberto Bobbio, *Teoria do Ordenamento Jurídico*, pp. 92 e segs.

Capítulo II

IMPOSTO SOBRE A RENDA E PROVENTOS DE QUALQUER NATUREZA – NORMAS, PRINCÍPIOS CONSTITUCIONAIS E IMUNIDADE

1. A IMPORTÂNCIA DA CONSTITUIÇÃO PARA A PRODUÇÃO DAS NORMAS RELATIVAS AO *IMPOSTO SOBRE A RENDA E PROVENTOS DE QUALQUER NATUREZA* (IR)

A Constituição da República Originária (não a derivada) é o instrumento que introduz o conjunto das normas jurídicas de máxima hierarquia no Direito Positivo Brasileiro, o qual, em última instância, representa o fundamento maior de validade de todas as outras normas jurídicas do sistema. Portanto, o conjunto de normas jurídicas construídas a partir da Constituição da República Originária é a norma-origem do Direito Positivo Brasileiro. Conforme já mencionado, essa é a premissa fundamental adotada no presente discurso. Com fundamento nesse axioma, será possível construir, com rigor e coerência, todo o sistema jurídico.

Convém lembrar que, a partir da Constituição da República, o sujeito cognoscente, voltado para o conhecimento do Direito, consegue construir normas de produção normativa e normas de conduta.

Em consonância com o analisado anteriormente (subitem 2.4 do Capítulo I), o *critério* utilizado para classificar as normas em *normas de produção normativa* e *normas de conduta* é o da espécie de conteúdo do antecedente e do consequente normativos.

Dessarte, considera-se:

a) *norma de produção normativa* – aquela cujo antecedente descreve uma específica situação de fato (de ocorrência possível), que se caracteriza por apresentar os requisitos necessários para que outra norma passe a pertencer (a ter validade – criação) ou deixe de pertencer (revogação) ao sistema jurídico, e cujo consequente apresenta uma estrutura relacional, composta por variáveis, que simboliza a norma jurídica a ser criada ou revogada; e

b) *norma de conduta* – aquela cujo antecedente descreve uma situação de fato qualquer (de possível ocorrência), e cujo consequente apresenta a regulação de uma conduta intersubjetiva, por meio de uma permissão (P), uma obrigação (O) ou uma proibição (V).

Um exemplo de *norma constitucional de conduta* pode ser construído a partir do enunciado do inciso IV do art. 5º da CRFB, onde está expresso o direito à livre manifestação do pensamento.

As normas constitucionais de produção normativa são as mais relevantes para que se compreenda o processo de produção do Direito (em especial, o processo de produção da *norma ordinária de conduta do imposto sobre a renda e proventos de qualquer natureza* – doravante também designada *norma do imposto sobre a renda e proventos de qualquer natureza* ou simplesmente *norma do IR*), pois regulam esse processo, à medida que estabelecem as condições necessárias e suficientes para que seja criada a norma jurídica (válida). Dessa forma, ocorrendo no mundo real o fato complexo descrito no antecedente da norma de produção normativa, verifica-se, inexoravelmente, como efeito jurídico, a criação[1] de uma nova norma jurídica.

A norma constitucional *de produção normativa*, por ser a que estabelece os requisitos necessários (antecedente) para a produção de normas infraconstitucionais (consequente), é que irá determinar, em último grau, se a norma ordinária do *imposto sobre a renda e proventos de qualquer natureza* (*IR*) ingressou ou não no sistema jurídico brasileiro.

Por determinação da própria Constituição (art. 146, inciso III, alínea "a"), caberá à lei complementar ser o veículo de outras normas de produção normativa, que, por sua vez, estabelecerão alguns requisitos necessários para que as normas relativas aos impostos discriminados na Constituição sejam produzidas. Entre os impostos discriminados na Constituição, encontra-se o *imposto sobre a renda e proventos de qualquer natureza* (art. 153, inciso III). Desse modo, segundo a Constituição, caberá à lei complementar "definir o fato gerador, a base de cálculo e o contribuinte" concernentes a esse imposto (art. 146, III, "a").

Nesse contexto, é a Constituição, por meio de uma norma de produção normativa, que estabelece os requisitos necessários para que seja criada a norma complementar de produção normativa (veiculada por lei complementar)[2], a qual, por sua vez, irá estabelecer alguns requisitos necessários para que seja produzida a norma (de conduta) do *imposto sobre a renda e proventos de qualquer natureza* (doravante, também designado simplesmente por *IR*).

Tomando como ponto de partida a norma fundamental do sistema do Direito Positivo Brasileiro, é possível construir a seguinte cadeia normativa relativa à criação da norma ordinária do *imposto sobre a renda e proventos de qualquer natureza*:

---

1 A simples referência à "criação" se dá num sentido amplo, pois ela compreende as situações de modificação e de extinção (revogação) de normas jurídicas, já que também, nesses dois casos, é criada, uma nova realidade jurídico-normativa.

2 No caso, a Lei nº 5.172/66 (Código Tributário Nacional – CTN), que é uma lei ordinária, mas cujas normas foram recepcionadas pela atual Constituição como sendo de natureza complementar.

a) *norma constitucional*

a.1) *de produção normativa* relativa ao IR-1 – estabelece os requisitos necessários para que seja criada a norma complementar de produção normativa (a ser veiculada por lei complementar), que disporá sobre a "definição do fato gerador, da base de cálculo e do contribuinte" concernentes à norma do IR.

a.2) *de produção normativa* relativa ao IR-2 – estabelece alguns requisitos necessários para que seja produzida a norma do IR.

b) *norma complementar de produção normativa* relativa ao IR – estabelece alguns requisitos necessários para a produção da norma do IR.

Exposta a cadeia normativa de forma tão resumida, algumas dúvidas provavelmente surgirão, tais como:

Uma – há duas normas constitucionais de produção normativa distintas no processo de criação da norma do imposto sobre a renda e proventos de qualquer natureza? Se afirmativo, como diferençá-las?

Duas – se é certo que tanto a *norma constitucional de produção normativa* quanto a *norma complementar de produção normativa* estabelecem requisitos necessários para a produção da mesma norma do imposto sobre a renda e proventos de qualquer natureza, não haveria forçosamente um *conflito aparente* entre a norma constitucional e a complementar?

Três – que requisitos podem ser estabelecidos por cada uma das normas constitucionais de produção normativa relativas ao IR?

Quatro – que requisitos podem ser estabelecidos pela norma complementar de produção normativa relativa ao IR?

Cinco – que norma é o fundamento de validade da norma do imposto sobre a renda e proventos de qualquer natureza?

Seis – se a norma complementar de produção normativa relativa ao IR estabelece requisitos necessários para a criação da norma (ordinária) do imposto sobre a renda e proventos de qualquer natureza, há relação hierárquica entre norma veiculada por lei complementar e norma veiculada por lei ordinária?

Sobre a *primeira* dúvida levantada, cabe firmar que há duas normas constitucionais de produção normativa distintas no processo de criação da norma do imposto sobre a renda e proventos de qualquer natureza. Elas são distintas pelo fato de estabelecerem requisitos diversos para a criação de duas diferentes normas presentes no processo de produção da norma do IR, quais sejam:

i) a *norma complementar de produção normativa* relativa ao IR , que disporá sobre a "definição do fato gerador, da base de cálculo e do contribuinte" concernentes à norma (ordinária) do imposto sobre a renda e proventos de qualquer natureza; e

ii) a própria *norma (ordinária) do imposto sobre a renda e proventos de qualquer natureza.*

Essa questão ficará mais bem elucidada logo adiante (subitens 1.1 e 1.2 deste capítulo), quando serão explicitados os requisitos estabelecidos pelas *normas constitucionais de produção normativa*, necessários para a criação da *norma complementar de produção normativa* e da *norma* (*ordinária*) *do imposto sobre a renda e proventos de qualquer natureza*. Por essa mesma razão, a *terceira* pergunta somente será respondida mais adiante.

Quanto à *segunda*, é certo dizer que, por definição, não pode haver qualquer conflito *real* entre normas de diferentes hierarquias. Se, numa situação concreta, houver um conflito, será simplesmente *aparente* ou *solúvel*, pois se a norma complementar contrariar a norma constitucional, pelo fato de esta ser hierarquicamente superior, aquela não terá fundamento de validade, ou seja, sequer será considerada uma norma jurídica. Isso ficará evidente quando forem examinados os requisitos estabelecidos pelas *normas constitucionais de produção normativa* para a criação da *norma complementar de produção normativa* e da *norma* (*ordinária*) *do imposto sobre a renda e proventos de qualquer natureza* (subitens 1.1 e 1.2 deste capítulo).

Sobre a *quarta* pergunta já se falou anteriormente. A Constituição da República é que estabelece quais requisitos podem ser estabelecidos pela norma complementar de produção normativa (inclusive os relativos à norma ordinária do IR). Tais requisitos encontram-se previstos, em especial, no art. 146, inciso III, alínea "a", da Constituição, que assim dispõe:

"Art. 146. Cabe à lei complementar:

I – dispor sobre conflitos de competência, em matéria tributária, entre a União, os Estados, o Distrito Federal e os Municípios;

II – regular as limitações constitucionais ao poder de tributar;

III – estabelecer normas gerais em matéria de legislação tributária, especialmente sobre:

a) definição de tributos e de suas espécies, bem como, em relação aos impostos discriminados nesta Constituição, a dos respectivos fatos geradores, bases de cálculo e contribuintes."

Em relação à *quinta*, vale asseverar que o fundamento maior de validade é o conferido pelas *normas constitucionais de produção normativa* relativas ao IR. Entretanto, a *norma complementar de produção normativa* relativa ao IR, tendo fundamento de validade constitucional, também servirá de fundamento de validade para a *norma do imposto sobre a renda e proventos de qualquer natureza* (esse ponto será desenvolvido nos subitens 1.1 e 1.2 deste capítulo).

A sexta e última questão foi objeto de estudo em outra oportunidade[3], quando o tema atinente à caracterização e o papel da lei complementar tributária segundo o direito positivo brasileiro foi minuciosamente desenvolvido. Todavia, vale firmar o seguinte:

---

3 Luís Cesar Souza de Queiroz, *Sujeição passiva tributária*, subitens 3.8.3 e 3.8.4 do Capítulo III.

a – no que tange à criação da norma ordinária do imposto sobre a renda e proventos de qualquer natureza, a correspondente norma complementar de produção normativa tem hierarquia superior àquela norma ordinária do IR;
b – todavia, não é certo asseverar que todas as normas complementares são hierarquicamente superiores às normas ordinárias; em rigor, somente haverá superioridade hierárquica quando a relação entre elas for de *norma complementar* ***de produção normativa*** para *norma ordinária* ***produzida*** em consonância com aquela;
c – quando a relação se estabelece entre norma complementar de conduta e norma ordinária de conduta, ou entre norma complementar de produção normativa e norma ordinária de produção normativa, normalmente, ocorre uma de duas possibilidades: c.1 – se a matéria só pode ser veiculada por lei complementar, norma ordinária que a veicule não tem a aptidão de veicular norma jurídica, com validade jurídica; e c.2 – se o instrumento próprio para veicular a matéria é a lei ordinária e se tal matéria é veiculada por lei complementar, tem prevalecido o entendimento (menos formalista, pois há maior rigor formal para a produção de lei complementar que de lei ordinária) de que esta lei complementar teve a aptidão de veicular norma jurídica (válida), contudo, com status de norma ordinária (neste sentido, norma ordinária posterior pode alterar o disposto por essa norma, de status ordinário, veiculada por lei complementar).

1.1. A constituição como fundamento de validade da norma complementar (do CTN) relativa à norma ordinária do IR

A Constituição da República, quando determina (art. 146, inciso III, alínea "a") que caberá à lei complementar dispor sobre a definição dos fatos geradores, bases de cálculo e contribuintes dos impostos por ela discriminados não está regulando, em seu consequente, qualquer conduta intersubjetiva. Tal norma constitucional estabelece que a norma complementar de produção normativa irá estabelecer certos requisitos para a produção da norma do imposto sobre a renda e proventos de qualquer natureza. Nesse caso, tem-se uma *norma constitucional de produção normativa* dispondo sobre os requisitos para a produção de uma *norma complementar de produção normativa*.

Como se teve oportunidade de examinar, a *norma constitucional de produção normativa* é aquela cujo antecedente descreve uma específica situação de fato (de ocorrência possível), que se caracteriza por apresentar os requisitos necessários para que outra norma passe a pertencer (a ter validade – criação) ou deixe de pertencer (revogação) ao sistema jurídico, e cujo consequente apresenta uma estrutura relacional, composta por variáveis, que simboliza a norma jurídica a ser criada ou revogada.

O modo pelo qual se caracterizam e se estruturam logicamente as *normas constitucionais de produção normativa* pode ser objeto de um maior detalhamento, o que será feito a seguir.

A situação de fato descrita pelo ***antecedente*** da *norma constitucional de produção normativa* compõe-se dos seguintes elementos:

a) *sujeito de direito*;

b) *declaração prescritiva*; e

c) *procedimento.*

O *sujeito de direito* é aquela ou aquelas pessoas habilitadas pela Constituição da República para efetuarem certa declaração de cunho prescritivo segundo um determinado procedimento (costumam denominá-lo de "sujeito competente" ou "órgão competente").

O *procedimento* é aquela forma solene relacionada ao conjunto de fatos necessário ao surgimento, desenvolvimento, aperfeiçoamento e publicação (em forma de texto) da declaração prescritiva.

A *declaração prescritiva* é aquela manifestação de índole prescritiva, que pode assumir duas formas distintas, dependendo se a norma a ser produzida é uma *norma de conduta* ou uma *norma de produção normativa.*

Se a norma a ser produzida for uma *norma de conduta*, a *declaração prescritiva* se apresentará como uma proposição prescritiva-condicional de conduta intersubjetiva. Vale observar que tal declaração, se e quando realizada no mundo real, corresponderá ao conteúdo (antecedente e consequente) da norma de conduta produzida.

Por outro lado, se a norma a ser produzida for uma *norma de produção normativa*, a declaração prescritiva conterá uma *proposição implicante* (cujo conteúdo corresponderá à descrição de um fato complexo, representativo dos requisitos necessários para a criação de outra norma jurídica) vinculada a uma *proposição implicada* (cujo conteúdo corresponderá à estrutura completa – antecedente e consequente – desta outra norma jurídica a ser criada). Ressalta-se que, também nesse caso, tal declaração, se e quando realizada no mundo real, corresponderá ao conteúdo (antecedente e consequente) da norma de produção normativa produzida.

Esta última hipótese corresponde exatamente à situação analisada neste ponto, qual seja: a da *norma constitucional de produção normativa* que estabelece, no aspecto declaração prescritiva de seu antecedente, os requisitos materiais e formais necessários para a produção da *norma complementar de produção normativa*. Esta, por sua vez, após ser produzida, apresentará, no seu aspecto *declaração prescritiva*, os requisitos necessários para a produção da *norma* (de conduta) *do imposto sobre a renda e proventos de qualquer natureza.*

O ***consequente*** *da norma constitucional de produção normativa* apresenta uma estrutura relacional (composta por variáveis) representativa da norma jurídica a ser criada. O consequente também pode assumir duas formas distintas, dependendo se a norma a ser produzida é uma *norma de conduta* ou uma *norma de produção normativa.*

Se a norma a ser produzida for uma *norma de conduta*, o consequente da norma constitucional de produção normativa apresentará uma estrutura bimembre

(A → C), representativa da estrutura (antecedente - "A" e consequente - "C") da norma (de conduta) a ser produzida.

Se a norma a ser produzida for uma norma de produção normativa, o consequente da *norma constitucional de produção normativa* (CCPN) apresentará uma estrutura trimembre [CCPN ≡ (Acpn → (Air → Cir)], representativa da estrutura da norma a ser produzida (no caso, da *norma complementar de produção normativa*, com antecedente (Acpn) e consequente (Ccpn) - sendo que este se compõe das variáveis correspondentes à estrutura da futura *norma do IR* a ser produzida ("(Air → Cir)" - onde "Air" é o antecedente e "Cir" é o consequente da futura norma do IR).

Esta última situação corresponde exatamente ao que está sob análise neste ponto, qual seja: uma *norma constitucional de produção normativa* relativa ao IR que estabelece, no seu consequente, a estrutura (composta de variáveis) da *norma complementar de produção normativa* relativa ao IR; esta, por sua vez, após ser produzida, estabelecerá os requisitos para a criação da *norma do imposto sobre a renda e proventos de qualquer natureza*.

Poder-se-ia apresentar-se a seguinte fórmula completa (antecedente e consequente) da *norma constitucional de produção normativa*, que servirá de fundamento de validade para a *norma complementar de produção normativa* relativa à criação da *norma do IR*:

D (ACPN → CCPN)
D [FC → (P1 → P2)]
D [(s•d•p) → (APN → CPN)]
D {(s•d•p) → [(FC' → (Air → Cir))]}
D {(s•d•p) → [(s'•d'•p') → (Air → (RC (SA, SP)))]}

Onde

a) D = é o functor deôntico, que atribui natureza deôntica à fórmula.
b) ACPN = antecedente da norma constitucional de produção normativa, que descreve os requisitos (fato complexo) para a produção de uma norma jurídica.
c) FC = "fato complexo" descrito no antecedente da norma constitucional de produção normativa, representativo da reunião dos requisitos necessários e suficientes (s.d.p) para a produção de uma norma jurídica.
d) " ≡" = é o operador lógico *bicondicional*, que denota a equivalência entre as expressões.
e) s = um ou mais sujeitos de direito.
f) d = declaração de cunho prescritivo.
g) p = procedimento.
h) "•" = é o operador lógico *conjunção*, que representa a combinação existente entre os elementos da fórmula.

i) CCPN = consequente da norma constitucional de produção normativa que estabelece os requisitos para a produção da norma complementar de produção normativa (que, por sua vez, irá estabelecer os requisitos para a produção da norma do IR); equivale (=) às expressões "(P1 → P2)", "(APN → CPN)", "[(FC' → (Air → Cir)]" e "[(s'.d'.p') → (Air → (RC (SA, SP)))]".
j) "P1" ou "APN" ou "FC'" ou "[(s'.d'.p')" = proposição implicante que corresponde ao antecedente da *norma complementar de produção normativa relativa ao IR* a ser produzida, o qual descreverá um fato complexo, representativo dos requisitos necessários para a produção da *norma do IR.*
l) "→" = é o operador lógico *condicional.*
m) "P2" ou "CPN" ou "(Air → Cir)" ou "(Air → (R (SA, SP)))" = proposição implicada equivalente ao consequente da *norma complementar de produção normativa relativa ao IR* a ser produzida, o qual apresenta uma estrutura correspondente ao antecedente e consequente da *norma do IR.*
n) "Air" = antecedente da norma de conduta a ser produzida, no caso, a norma do IR.
o) "Cir" ou "(R (SA, SP))" = consequente da *norma* (*de conduta*) *do IR* a ser produzida, a qual contém uma relação jurídico-formal, composta por: um relacional deôntico (R), que corresponde à futura conduta intersubjetiva (representada morfologicamente por um verbo) e modalizada (afetada por um dos modais deônticos "P", "O" ou "V"), a qual será objeto de regulação pela norma de conduta a ser produzida; um dos termos da relação jurídico-formal, correspondente ao denominado sujeito ativo referido pela norma de conduta a ser produzida (SA); e um outro termo da relação jurídico-formal, correspondente ao denominado sujeito passivo referido pela norma do IR a ser produzida (SP).

Para que fique mais evidente o modo pelo qual se produz a *norma complementar de produção normativa* (relativa à criação da norma do IR), é mister apresentar uma síntese do correspondente movimento dialético norma-fato – cadeia de causalidade jurídica – que deverá instaurar-se, tendo como ponto de partida a respectiva *norma constitucional de produção normativa* (norma-origem do Direito Positivo Brasileiro).

a) **Plano Normativo** (da *norma constitucional de produção normativa*)
a.1. Antecedente

Se o Congresso Nacional (***sujeito de direito***) e o Presidente da República (***sujeito de direito***) efetuarem (aprovação e sanção, respectivamente) uma certa ***declaração prescritiva*-condicional** (*proposição implicante* e *proposição implicada* – art. 146 – CRFB), respeitando os requisitos constitucionais materiais, em especial, os decorrentes dos *princípios constitucionais*[4], e seguindo um determinado

4 Os temas atinentes ao conceito (atribuído) de "princípio" e à sua relação com a norma jurídica foram expostos no item 2.4 do Capítulo I. No item 2 deste capítulo, serão examinados alguns

procedimento (art. 61 e seguintes, em especial, a aprovação por maioria absoluta - art. 69 - CRFB).

a.2. Consequente

(Então) surgirá a *norma complementar de produção normativa* (relativa à norma do IR), segundo a qual, se ocorrer um certo fato (*proposição implicante*), surgirá a norma (de conduta) do IR - (*proposição implicada*).

b) **Plano Fático**

O Congresso Nacional aprovou e o Presidente da República ratificou, segundo o procedimento prescrito pela norma constitucional de produção normativa, e respeitando os requisitos constitucionais materiais, em especial, os decorrentes dos *princípios constitucionais*, a seguinte declaração prescritiva-condicional:

para que os sujeitos previstos constitucionalmente (legisladores ordinários) possam criar a *norma do imposto sobre a renda e proventos de qualquer natureza*, deverão atender, *além dos requisitos formais e materiais* da Constituição, o seguinte requisito material - o **antecedente** da norma do IR deve descrever uma situação de fato que denote a aquisição pessoal da disponibilidade econômica ou jurídica de *renda*, assim entendido o produto do capital, do trabalho ou da combinação de ambos, ou de *proventos de qualquer natureza*, assim entendidos os acréscimos patrimoniais não compreendidos no conceito de renda; e o **consequente** da aludida norma do IR deve estabelecer, pelo menos, que o *contribuinte* deste imposto será aquele que auferir a *renda* ou os *proventos de qualquer natureza*, e que ele estará obrigado a entregar um valor em dinheiro equivalente a um percentual, a ser escolhido pelos mencionados sujeitos de direito (legisladores ordinários), do montante da renda ou dos proventos de qualquer natureza.

c) **Plano Normativo** (da norma complementar tributária de produção normativa)

c.1. Antecedente

Se o Congresso Nacional (***sujeito de direito***) e o Presidente da República (***sujeito de direito***), segundo um determinado ***procedimento*** (arts. 61 a 67 - CRFB), e respeitando os requisitos constitucionais materiais, em especial os decorrentes dos *princípios constitucionais*, efetuarem uma declaração prescritiva-condicional, cuja ***proposição implicante*** (que equivalerá ao antecedente da *norma do imposto sobre a renda*) contenha a descrição de uma situação de fato que denote a aquisição pessoal da disponibilidade econômica ou jurídica de renda, assim entendido o produto do capital, do trabalho ou da combinação de ambos, ou de proventos

---

princípios constitucionais que apresentam uma especial importância para a produção da norma do IR.

de qualquer natureza, assim entendidos os acréscimos patrimoniais não compreendidos no conceito de renda (art. 43, incisos I e II - Código Tributário Nacional - CTN), em certo tempo e espaço, e cuja ***proposição implicada*** (que equivalerá ao consequente da *norma do imposto sobre a renda*) estabeleça, no mínimo, que a pessoa que adquiriu a disponibilidade de renda ou proventos - o *contribuinte* (art. 45 - CTN) - estará obrigada a entregar um valor em dinheiro equivalente a um percentual (*alíquota* - art. 97, IV - CTN), a ser escolhido pelos mencionados sujeitos de direito, do montante da renda ou dos proventos de qualquer natureza[5] (*base de cálculo* - art. 44 - CTN), em certo espaço e tempo (art. 97, I c/c arts. 159 e 160 - CTN).

c.2. Consequente

(Então) surgirá a *norma do imposto sobre a renda*, cujo antecedente equivalerá à ***proposição implicante*** (referida no "c.1") e cujo consequente equivalerá à ***proposição implicada*** (citada no "c.1").

Exposta a cadeia da causalidade jurídica, algumas observações merecem ser feitas.

A Constituição da República estabelece requisitos tanto de índole formal (art. 61 e seguintes, em especial, a aprovação por maioria absoluta - art. 69) quanto de índole material (arts. 145; 146, I, II, III, "a"; 150; 151; 153 etc.), para que seja produzida a *norma complementar de produção normativa* relativa à norma do IR (são os denominados *requisitos constitucionais de validade formal* e *de validade material* que, quando não atendidos, suscitam o que se costuma chamar de *inconstitucionalidade formal* e *inconstitucionalidade material*, respectivamente). A *norma complementar de produção normativa* relativa à norma do IR é construída, em especial, a partir da Lei nº 5.172/66 (Código Tributário Nacional - CTN). Nesse contexto, cabe insistir em algumas noções fundamentais:

a) a norma jurídica (válida) é construída a partir do texto jurídico, porém com este não se confunde;

b) a "existência" de texto de lei não se confunde com a "existência" de norma jurídica - a lei (texto de lei) "existe" em função de se apresentar com um determinado suporte físico (existência material - p. ex., ter sido objeto de publicação no Diário Oficial), já a norma jurídica "existe" pelo fato de ou ser a norma-origem do sistema jurídico ou ter sido produzida segundo os requisitos estabelecidos pela respectiva norma de produção normativa (existência jurídica, de índole conceitual ou ideal, e que equivale ao conceito de *validade*);

c) o texto do CTN não deve ser confundido com as normas jurídicas que podem ser construídas a partir dele;

5 Convém salientar que a base de cálculo estabelecida pela norma complementar de produção normativa é o montante da renda ou dos proventos de qualquer natureza. As expressões "real, presumido ou arbitrado" referem-se a métodos de apuração da base de cálculo.

d) uma "norma complementar" (norma construída a partir do texto de lei complementar) pode ser considerada inconstitucional;
e) a expressão "norma complementar inconstitucional" significa norma que não é jurídica, que não integra o sistema jurídico, em função de não ter sido produzida em conformidade com a Cons- tituição da República;
f) haverá *inconstitucionalidade formal* quando não forem atendidos os requisitos de natureza formal (relativos ao *sujeito de direito* ou ao *procedimento*) estabelecidos pelo antecedente da norma constitucional de produção normativa;
g) haverá *inconstitucionalidade material* quando não forem atendidos os requisitos de natureza material (relativos à *declaração prescritiva*) estabelecidos pelo antecedente da norma constitucional de produção normativa;
h) somente existirá *norma complementar de produção normativa* relativa ao IR (válida, constitucional) se, no plano dos fatos, forem respeitados todos os requisitos (formais e materiais) previstos pela correspondente *norma constitucional de produção normativa*;
i) pelo fato de a *norma constitucional de produção normativa* relativa ao IR estabelecer os requisitos necessários para a produção da *norma complementar de produção normativa* relativa à *norma ordinária do IR* é que se diz: a Constituição (norma constitucional, mais especificamente, a de produção normativa) é fundamento de validade do CTN (normas construídas a partir do CTN, que é uma lei ordinária com "status" de lei complementar)[6].

Convém ainda advertir, no que toca aos requisitos de natureza material, que a Constituição da República institui algumas características definitórias mínimas para o conceito de "renda e proventos de qualquer natureza", que permitem, por exemplo, diferençá-lo do conceito de "produto industrializado" ou do conceito de "mercadoria". Conforme referido anteriormente, a construção desses conceitos constitucionais é direta e fortemente informada pelos denominados "Princípios Constitucionais", cujos conceitos são construídos a partir dos enunciados prescritivos (significações dos suportes materiais da linguagem jurídica), que, por sua

6 Costuma-se afirmar que Código Tributário Nacional (CTN), apesar de ter sido produzido por meio de uma lei ordinária – a Lei nº 5.172/66 –, foi recepcionado com "status" de lei complementar (com mais rigor, como instrumento veiculador de normas com estatura de norma complementar, no caso de produção normativa). Assim ocorreu, em razão de a matéria nele contida, segundo a Constituição de 1967 (art. 18, § 1º; mantida a mesma redação com a Emenda Constitucional nº 1/69) e a Constituição de 1988 (art. 146, I a III), só poder ser validamente tratada por lei complementar, o que não era exigido pela Constituição de 1946, vigente à época da produção do CTN. Rubens Gomes de Souza esclarece essa situação ao lecionar que o fundamento (constitucional) do CTN (utilizado, inclusive, pela Comissão que o elaborou) repousava na alínea "b" do inciso XV do art. 5º da Constituição de 1946, que conferia competência à União Federal para legislar sobre "normas gerais de direito financeiro". Nas palavras do próprio Rubens Gomes de Souza (ao se referir ao fundamento jurídico do Código Tributário Nacional): "Isto tem origem na disposição da letra *b* do art. 5º, nº XV, da Constituição de 46, que se referia a normas

vez, são elaborados a partir dos textos do Direito (suportes materiais da linguagem jurídica), no âmbito do que se conhece por "percurso da construção de sentido" ou "trajetória da interpretação" (vide subitem 2.3 do Capítulo I). Uma análise mais minuciosa acerca da definição desses "Princípios Constitucionais" será realizada logo adiante (item 2 do presente capítulo).

1.2. A CONSTITUIÇÃO COMO FUNDAMENTO DE VALIDADE DA NORMA ORDINÁRIA DO IR

Demonstrou-se que a *norma constitucional de produção normativa* é o fundamento de validade da *norma complementar de produção normativa*, por estabelecer requisitos (formais e materiais) para sua produção. E que a *norma complementar de produção normativa* confere fundamento de validade à *norma do imposto sobre a renda e proventos de qualquer natureza*, por estabelecer requisitos materiais para sua produção.

Dito isso, caberia perguntar como é possível afirmar que a *norma constitucional de produção normativa* confere fundamento de validade à *norma do IR*, se essa função é exercida pela *norma complementar de produção normativa.*

Ora, em rigor, há uma *norma constitucional de produção normativa* que confere fundamento de validade *indiretamente* à *norma do IR* e há outra *norma constitucional de produção normativa* que confere fundamento de validade diretamente à *norma do IR*.

A *norma constitucional de produção normativa* que confere fundamento de validade à *norma do IR* **indiretamente** é a que estabelece (diretamente) os requisitos para a criação da *norma complementar de produção normativa* relativa ao IR. Esta última, por seu turno, estabelece (diretamente) requisitos materiais para a produção da *norma do IR*. Usa-se o termo "indiretamente" pelo fato de a norma constitucional conferir fundamento de validade à norma do IR por intermédio da norma complementar.

De outro lado, a *norma constitucional de produção normativa* que confere fundamento de validade à *norma do IR* **diretamente** é a que institui, de forma imediata, autônoma, sem a intermediação da *norma complementar de produção normativa relativa ao IR*, certos requisitos formais e materiais para a criação da *norma do IR*.

Não se pode esquecer que a *norma complementar de produção normativa* estabelece alguns requisitos de natureza material para a criação da norma do IR, quais sejam (em linhas gerais), os relativos à "definição do fato gerador, do contribuinte e da base de cálculo" (art. 146, III, "a" - CRFB). Por sua parte, aquelas duas *normas constitucionais de produção normativa* informam, respectivamente, tanto esses (indiretamente) quanto os outros critérios (diretamente) do antecedente e do consequente da *norma do IR.*[7]

---

7 O verbo "informar" está usado no sentido de conferir fundamento de validade, estabelecer requisitos, mesmo que de modo não exaustivo, para a produção de certa norma. Se forem requisitos

A *norma do IR*, conforme analisado (subitem 2.4 do Capítulo I), apresenta quatro critérios tanto em seu antecedente quanto em seu consequente, que são: o pessoal, o material, o temporal e o espacial. Em rigor, a *norma complementar de produção normativa* relativa ao IR, em função do que dispõe a Constituição (art. 146, III, "a"), apenas tem aptidão para informar (estabelecer os requisitos para) os seguintes critérios:

a) do antecedente

a.1 - pessoal (por um reflexo da "definição do contribuinte");

a.2 - material ("definição do fato gerador");

b) do consequente

b.1 - pessoal passivo ("definição do contribuinte");

b.2 - material quantitativo do consequente - somente quanto à base de cálculo, pois não informa qual deva ser a alíquota ("definição da base de cálculo").

A (i) *norma constitucional de produção normativa* que estabelece os requisitos para a produção da *norma complementar relativa ao IR* e a (ii) *norma constitucional de produção normativa* que estabelece certos requisitos para a *norma do IR*, consideradas em conjunto, informam, respectivamente, indireta e diretamente, todos os critérios da *norma do IR*, ainda que de modo não exaustivo.

Eis o modo pelo qual cada critério da *norma do IR* é informado pela Constituição (por meio de uma das duas normas constitucionais de produção normativa):

a) quanto aos critérios do antecedente da *norma do IR*

a.1 - *pessoal* - a Constituição informa indiretamente que *sujeito de direito* deverá aparecer como o titular de uma riqueza;

a.2 - *material* - a Constituição informa indiretamente que deve ser descrito um *comportamento* de um sujeito de direito *que seja sinal de riqueza*, no caso, alguém auferir "renda e proventos de qualquer natureza";

a.3 - temporal - a Constituição informa diretamente o *momento* que se deve considerar ocorrido o fato descrito no critério material do antecedente;

a.4 - espacial - a Constituição informa diretamente o *local* em que se deve considerar realizado o fato descrito no critério material do antecedente;

b) quanto aos critérios do consequente da *norma do IR*

b.1 - pessoal - a Constituição informa quem serão os futuros sujeitos de direito da relação jurídica tributária;

---

materiais, isso afetará o conteúdo (critérios do antecedente e do consequente) da norma a ser produzida. É certo que, no tocante aos requisitos formais para a produção da norma do IR, a Constituição sempre informa diretamente, já que ela dispõe sobre o processo legislativo. Entretanto, ressalta-se que, por força do parágrafo único do art.59 da Constituição, a lei complementar também poderá dispor sobre requisitos formais para a produção de outras normas (a Lei Complementar nº 95/1998, alterada pela Lei Complementar nº 107/2001, dispôs sobre essa matéria).

b.1.1 – ativo – a Constituição informa diretamente quem deverá ser o sujeito de direito, denominado *sujeito ativo*, que terá o "direito subjetivo" de exigir de outrem a entrega de certa importância em dinheiro;
b.1.2 – passivo – a Constituição informa indiretamente quem deverá ser o sujeito de direito, denominado *sujeito passivo*, que terá o "dever jurídico" de entregar a outrem parcela da riqueza de que é titular ("definição do contribuinte");
b.2 – material
b.2.1 – qualitativo – a Constituição informa indiretamente *qual* (*entregar* ou *permitir que retire*) e de que modo (*obrigatório*) a conduta é regulada;
b.2.2 – quantitativo – a Constituição informa o *quanto* deve ser entregue – de modo indireto, quanto à identificação da riqueza (*base de cálculo* – no caso, a "renda e proventos de qualquer natureza"), e, de modo direto, quanto à determinação da parte (*alíquota*) da riqueza que deve ser entregue ao sujeito ativo;
b.3 – temporal – a Constituição informa indiretamente o *momento* em que o sujeito passivo (contribuinte) deverá entregar parte (alíquota) de sua riqueza (base de cálculo) ao sujeito ativo;
b.4 – espacial – a Constituição informa indiretamente o *local* em que o sujeito passivo (contribuinte) deverá entregar parte (alíquota) de sua riqueza (base de cálculo) ao sujeito ativo.

Conforme demonstrado, a Constituição, por meio de suas duas *normas de produção normativa*, informa (direta ou indiretamente) todos os critérios da norma do IR, ainda que de modo não exaustivo, cabendo à *norma complementar de produção normativa* e à *norma do* próprio *IR* o papel, respectivamente, de informar e de estabelecer todos os critérios normativos, exaurindo semanticamente seus conteúdos.

O modo pelo qual a Constituição (por meio das duas *normas constitucionais de produção normativa relativas ao IR*) informa, indiretamente (pela que estabelece os requisitos para a produção da *norma complementar de produção normativa relativa ao IR*) ou diretamente (pela que estabelece os requisitos para a produção da *norma do IR*), todos os critérios da *norma do* IR, ainda que de maneira não exaustiva, será mais claramente demonstrado no item 4 do Capítulo IV, quando já terão sido desenvolvidos outros pontos que são determinantes para esse fim, quais sejam: (a) o exame de relevantes Princípios Constitucionais (item 2 deste capítulo), (b) o estudo da matéria referente à Imunidade (item 3 deste capítulo) e (c) a investigação e a construção do denominado *conceito constitucional de renda e proventos de qualquer natureza* (Capítulo III e itens 1 a 3 do Capítulo IV).

2. PRINCÍPIOS CONSTITUCIONAIS INFORMADORES DA NORMA COMPLEMENTAR (DO CTN) E DA NORMA ORDINÁRIA DO *IMPOSTO SOBRE A RENDA E PROVENTOS DE QUALQUER NATUREZA* (IR)

Neste tópico, serão examinados os conceitos de alguns Princípios Constitucionais que apresentam especial importância para a produção da norma do IR. Dessarte, cabe retomar o conceito de Princípio Constitucional anteriormente adotado (subitem 2.4 do Capítulo I):

***Princípio Constitucional** é o(os) aspecto(s) do conteúdo (parcial ou total) do antecedente ou do consequente de normas constitucionais, portador(es) de elevada carga axiológica.*

O estudo que será desenvolvido a seguir tem por objetivo determinar a definição do conceito dos princípios adiante mencionados, com a atenção voltada para a identificação da maneira pela qual cada um deles afeta a criação da norma do IR. Para tanto, ter-se-á um cuidado especial para o posicionamento da jurisprudência e doutrina dominantes acerca dessas definições. Esse procedimento se justifica em função da conveniência de se procurar obter o maior consenso possível quanto ao conteúdo semântico dos aludidos Princípios Constitucionais. Logo, a partir das definições adotadas pela jurisprudência e doutrina dominantes, serão extraídas as notas mais comuns, as características definitórias mais utilizadas, o que possibilitará a construção de definições com forte consenso da comunidade jurídica (planos semântico e pragmático), sem abandonar o rigor sintático (*lógico-jurídico*), fundamental em todo discurso científico.

2.1. Princípio da Igualdade

O Princípio Constitucional da Igualdade é considerado um dos princípios mais valiosos e importantes do sistema jurídico brasileiro. Em função de sua riqueza axiológica, a doutrina tem destacado a dificuldade em demarcar seu conteúdo. Assim, considerando a conveniência de se construir um conceito que seja, em termos semânticos, consonante com o entendimento dominante, vale examinar algumas lições da mais autorizada doutrina, bem como decisões que compõem a jurisprudência dominante da Suprema Corte do país.

GERALDO ATALIBA[8] ressaltou a importância do Princípio da Igualdade, ao afirmar que ele se constitui em "verdadeira 'chave de abóbada' do sistema constitucional".

Em outra oportunidade,[9] demonstrou, com rara eloquência, os fundamentos do Princípio da Igualdade, elemento central do regime republicano:

"Princípio constitucional fundamental, imediatamente decorrente do republicano, é o da isonomia ou igualdade diante da lei, diante dos atos infralegais, diante de todas as manifestações do poder, quer traduzidas em normas, quer expressas em atos concretos. Firmou-se a isonomia, no direito constitucional moderno, como direito público subjetivo a tratamento igual, de todos os cidadãos, pelo estado."

---

8 Ressaltou a importância do Princípio da Igualdade, ao afirmar que ele se constitui em "verdadeira 'chave de abóbada' do sistema constitucional".

9 Idem, *Instituições de direito e república*, pp. 174, 175 e 176.

"Não teria sentido que os cidadãos se reunissem *em república*, erigissem um estado, outorgassem a si mesmos uma constituição, em termos republicanos, para consagrar instituições que tolerassem ou permitissem, seja de modo direto, seja indireto, a violação da igualdade fundamental, que foi o próprio postulado básico, condicional da ereção do regime. Que dessem ao estado – que criaram em rigorosa isonomia cidadã – poderes para serem usados criando privilégios, engendrando desigualações, favorecendo grupos ou pessoas, ou atuando em detrimento de quem quer que seja. A *res publica* é de todos e para todos. Os poderes que de todos recebem devem traduzir-se em benefícios e encargos iguais para todos os cidadãos. De nada valeria a legalidade, se não fosse marcada pela igualdade."

Acentua, ainda, a influência desse princípio sobre a atividade desenvolvida pelo legislador:

"A igualdade é, assim, a primeira base de todos os princípios constitucionais e condiciona a própria função legislativa, que é a mais nobre, alta e ampla de quantas funções o povo, e republicanamente, decidiu criar."

E conclui, ao afirmar:

"Ela é como que a pedra de toque do regime republicano":

PAULO DE BARROS CARVALHO[10] sublinha a existência de expressa disposição constitucional e salienta a influência que esse princípio exerce sobre a atuação do legislador:

"Está contido na formulação expressa do art. 5º, *caput*, da Constituição e reflete uma tendência axiológica de extraordinária importância. *Todos são iguais perante a lei, sem distinção de qualquer natureza,* garantindo-se aos brasileiros e aos estrangeiros residentes no País a inviolabilidade do direito à vida, à liberdade, à igualdade, à segurança e à propriedade... Seu destinatário é o legislador, entendido aqui na sua proporção semântica mais larga possível, isto é, os órgãos da atividade legislativa e todos aqueles que expedirem normas dotadas de juridicidade."

Observa, ainda, a riqueza axiológica desse princípio e a dificuldade encontrada pela doutrina em delimitar o seu conceito:

"O conceito de igualdade, porém, não é de fácil determinação. Autores ilustres pretenderam demarcá-lo, encontrando acerbas dificuldades, pois os valores não podem ser objetivados. Em função de sua plasticidade, amolda-se diferentemente aos múltiplos campos de incidência material das regras jurídicas, o que torna penosa a indicação precisa do seu conteúdo."

Para RICARDO LOBO TORRES,[11] o Princípio da Igualdade é um direito fundamental, além de ser uma das condições essenciais para a legitimidade do Estado Financeiro. Releva, também, a dificuldade em demarcar seu conteúdo:

"Sucede que o princípio da igualdade é vazio, pois recebe o conteúdo de outros valores, como a justiça, a utilidade e a liberdade. Assim sendo, só será proi-

---

10 Paulo de Barros Carvalho, *Curso de Direito Tributário*, pp. 108 e109.

11 Ricardo Lobo Torres, *Curso de Direito Financeiro e Tributário*, pp. 67, 68 e 109.

bida a desigualdade na apreciação da capacidade contributiva do cidadão ou da necessidade do desenvolvimento econômico se não tiver fundamento na justiça ou na utilidade social, hipótese em que estará ferida a liberdade alheia. Em outras palavras, as desigualdades só serão inconstitucionais se não conduzirem ao crescimento econômico do País e à redistribuição da renda nacional ou se discriminarem em razão de raça, cor, religião, ocupação profissional, função etc., entre pessoas com igual capacidade contributiva, tudo o que implicará em ofensa à igual liberdade de outrem."

Uma afirmação é encontradiça sobre o Princípio da Igualdade: ele impõe que a norma estabeleça um tratamento igual entre pessoas iguais, e um tratamento desigual entre desiguais, correspondente à respectiva desigualdade.

Nessa linha, vem se manifestando o próprio SUPREMO TRIBUNAL FEDERAL, inclusive em causas que versam sobre matéria tributária, como se atesta a seguir:

ADIMC nº 1655
Relator Ministro Mauricio Correa

"Ementa: AÇÃO DIRETA DE INCONSTITUCIONALIDADE. TRIBUTÁRIO. IPVA. ISENÇÃO CONCEDIDA A VEÍCULOS DESTINADOS À EXPLORAÇÃO DOS SERVIÇOS DE TRANSPORTE ESCOLAR, DEVIDAMENTE REGULARIZADOS JUNTO À COOPERATIVA DE TRANS- PORTES ESCOLARES DO MUNICÍPIO DE MACAPÁ. LEI Nº 351 DO ESTADO DO AMAPÁ, DE INICIATIVA PARLAMENTAR. INCONSTITUCIONALIDADE: ART. 150, II, DA CONSTITUIÇÃO FEDERAL. PLAUSIBILIDADE DA TESE JURÍDICA SUSTENTADA.
LIMINAR DEFERIDA.
Isenção do Imposto sobre a Propriedade de Veículos Automotores concedida pelo Estado-Membro aos proprietários de veículos destinados à exploração dos serviços de transporte escolar no Estado do Amapá, devidamente regularizados junto à Cooperativa de Transportes Escolares do Município de Macapá – COOTEM. **Tratamento desigual entre contribuintes que se encontram em situação equivalente. Violação ao princípio da igualdade e da isonomia tributária.** Art. 150, II, da Constituição Federal" (grifado).

RE nº 210939-SP
Relator Ministro Ilmar Galvão

"Ementa: EMBARGOS DE DECLARAÇÃO. ICMS. INCIDÊNCIA SOBRE MERCADORIA IMPORTADA. DESEMBARAÇO ADUANEIRO. ALEGADA OMISSÃO DO ACÓRDÃO QUE NÃO APRECIARA A QUESTÃO ATINENTE AO LANÇAMENTO DO DÉBITO EM CONTA GRÁFICA.
...
Com efeito, não se pode dizer infringido o **princípio do tratamento isonômico em matéria tributária,** tendo em vista que a igualdade há de ser perquirida entre

os contribuintes que importam mercadorias e entre eles o tratamento normativo é único. Descabe alegar-se isonomia em relação à mercadoria adquirida no mercado interno, cujo preço traz embutido o tributo pago, lançando-se em conta gráfica os débitos e os créditos e apurando-se, ao final do período, o valor devido e a operação de entrada de mercadoria provinda do exterior que não é tributada pelo ICMS na origem" (grifado).

RE nº 154027
Relator Ministro Carlos Velloso

"Ementa: CONSTITUCIONAL. REGULAMENTO DE EXECUÇÃO: REGULAMENTO QUE ULTRAPASSA O CONTEÚDO DA LEI: ILEGALIDADE. ISONOMIA. TAXA DE LIMPEZA.

...

II. - Princípio isonômico: a sua realização está no tratar iguais com igualdade e desiguais com desigualdade. No caso, o número de prestações do imposto teve por base beneficiar com prazo de pagamento mais dilatado os contribuintes menos favorecidos de recursos" (grifado).

Esse modo corrente de conceber o conteúdo do Princípio da Igualdade - tratar igualmente os iguais e desigualmente os desiguais -, também presente nas decisões do Supremo Tribunal, foi preconizado com eloquência pelo insigne RUI BARBOSA[12], que assim se manifestou:

"A regra da igualdade não consiste senão em quinhoar desigualmente aos desiguais, na medida em que se desigualam. Nesta desigualdade social, proporcionada à desigualdade natural, é que se acha a verdadeira lei da igualdade. O mais são desvarios da inveja, do orgulho ou da loucura. Tratar com desigualdade a iguais, ou a desiguais com igualdade, seria desigualdade flagrante, e não igualdade real."

Quanto a esse aspecto, algumas observações precisam ser feitas. As sábias palavras desse jurista, que podem soar imprecisas à primeira vista, em verdade, chamam a atenção para um importante aspecto que envolve tal princípio, qual seja: a necessidade de se estabelecer com precisão que critério será utilizado para caracterizar a igualdade ou a desigualdade entre os objetos do mundo (pessoas ou coisas).

Para determinar se um objeto é *igual* ou *diferente* de outro, é essencial firmar um critério de classificação. Todavia, como já se examinou anteriormente (subitem 2.2 do Capítulo I), a realidade não se apresenta previamente demarcada, sistematizada e dividida em classes. É o homem que demarca, sistematiza e classifica,

12 Rui Barbosa, *Oração aos moços*, pp. 33 e 34.

segundo critérios por ele estabelecidos. Daí falar-se que "não há classificações certas ou erradas, mas sim úteis ou inúteis para determinados fins".

Portanto, um mesmo objeto pode ser considerado igual ou desigual em relação a outro, dependendo do critério de classificação adotado. Assim, parece correto afirmar que:

a) um objeto é considerado igual a outro sempre que ambos pertencerem a uma mesma classe (de objetos);

b) as *classes de objetos* são formadas segundo um específico critério de classificação adotado pelo homem (p. ex.: altura, cor, sexo etc.) ;

c) um mesmo critério de classificação pode suscitar a formação de várias *classes de objetos* (p. ex.: quanto à altura dos homens, poder-se-ia estabelecer diferentes classes: i - dos baixos; ii - dos médios; iii - dos altos e ; iv - dos muito altos);

d) cada *classe de objetos* é identificada pelas características definitórias comuns que os objetos devem possuir (em rigor, que o homem atribui aos objetos) para a ela pertencer (p. ex.: uma classificação dos homens segundo a altura: i - até 1.50 m - baixo; ii - acima de 1.50 m a 1.75 m - médio; iii - acima de 1.75 m a 1.90 m - alto ; iv - acima de 1.90 m - muito alto);

e) o homem, com o propósito de construir uma *classe de objetos*, agrupa, numa mesma classe, os objetos que possuem características definitórias comuns, as quais são escolhidas arbitrariamente, em função do critério de classificação por ele adotado;

f) um objeto será considerado *igual* a outro, quando ambos pertencerem a uma mesma *classe de objetos*, em razão de possuírem (ou, com mais rigor, de lhe terem sido atribuídas) certas características definitórias comuns (as quais identificam a respectiva classe), escolhidas em função do critério de classificação que for adotado pelo ser humano;

g) logo, não tem cabimento falar que há coisas iguais ou desiguais "por natureza".

Por exemplo, poder-se-ia perguntar se um homem é igual ou desigual a uma mulher. A resposta depende do critério de classificação adotado.

De acordo com o critério de classificação que permite constituir e separar a *classe de objetos* "seres humanos" da *classe de objetos* "não seres humanos", não resta dúvida de que homem e mulher são iguais, pois ambos possuem as mesmas características definitórias que identificam a *classe de objetos* "seres humanos".

Contudo, se o critério eleito para classificar seres humanos for o "sexo", homem e mulher são desiguais, pois não possuem as mesmas características definitórias, as quais identificam duas diferentes *classes de objetos*.

O exemplo citado pode ser estendido a toda e qualquer classificação e permite concluir que qualquer objeto pode ser igual ou desigual a outro, tudo depende do critério de classificação utilizado.

O mundo não se compõe de objetos que, "por natureza", são "iguais" ou "desiguais"[13]; cabe ao ser humano, mediante a atividade intelectual denominada de classificação, criar, com certa dose de arbitrariedade, as *classes de objetos*.

Essa situação não passou despercebida por KLAUS TIPKE[14], que assim leciona: "A igualdade, que se distingue da identidade, é sempre relativa. O que é completamente igual ou é idêntico. O princípio de que o igual deve ser tratado igualmente não quer dizer idêntico, mas relativamente igual. Quando se pretende aplicar corretamente o princípio de igualdade, deve-se apurar a exata relação, perguntando-se: igual em relação a que (em que relação)? Quaisquer diferenças podem, pois, não justificar o tratamento desigual. Para a comparação relativa torna-se necessário um critério de comparação."

Portanto, considerando a liberdade existente para se estipular o critério de classificação, há que se tomar muito cuidado para não conduzir o tema relativo ao Princípio da Igualdade por caminhos meramente retóricos, onde uma simples conveniência momentânea poderá servir de referência para informar o que será considerado "igual" ou "desigual".

Desse modo, se existe uma liberdade em se estipular o *critério de classificação* e, consequentemente, em se estipular o que é "igual" ou "desigual", alguém poderia indagar como evitar esse estado de imprecisão que, aparentemente, compromete a própria utilidade e o rigor na aplicação do Princípio da Igualdade.

A resposta para tal questão tem relação com a necessidade de se adotar um método que confira maior precisão e coerência ao se determinar o *critério de classificação*, o qual informará o modo pelo qual será possível considerar que, entre os objetos do mundo (pessoas ou coisas), há "igualdade" ou "desigualdade".

Nesse contexto, a eleição do critério de classificação que permitirá desigualar assume especial importância. Como já se disse, a premissa fundamental do sistema jurídico-positivo brasileiro é a de que "o conjunto de normas jurídicas construídas a partir da Constituição da República Originária (não a derivada) é a norma-origem do Direito Positivo Brasileiro". Dessarte, é na própria Constituição que se deve buscar o aludido critério de classificação, que permitirá aplicar adequadamente o Princípio da Igualdade.

O relevante papel do contexto constitucional na identificação do *critério de classificação* é bem destacado pelo professor CELSO ANTÔNIO BANDEIRA DE

13 Se se aceitar a afirmação de que existem objetos desiguais "por natureza", ter-se-á, provavelmente, que aceitar que não existem objetos iguais "por natureza", pois, em rigor, cada objeto possui uma ou mais características que permitem individualizá-lo e diferençá-lo dos demais, não havendo, nessa acepção extrema, objetos completamente "iguais", em relação a todo e qualquer critério de classificação. Nessa acepção, não teria mais sentido falar-se em objetos "desiguais" e "iguais", pois haveria somente objetos, que "por natureza" (ou melhor, por definição) seriam distintos entre si. Por isso se disse, num sentido menos extremado, que não há objetos "iguais" ou "desiguais" por natureza.

14 Klaus Tipke, *Princípio de Igualdade e ideia de sistema no direito tributário*, pp. 519 e 520.

MELLO,[15] que profere um dos mais lembrados e valiosos estudos sobre o Princípio da Igualdade:

"Parece-nos que o reconhecimento das diferenciações que não podem ser feitas sem quebra da isonomia se divide em três questões: a) a primeira diz com o elemento tomado como fator de desigualação; b) a segunda reporta-se à correlação lógica abstrata existente entre o fator erigido em critério de discrímen e a disparidade estabelecida no tratamento jurídico diversificado; c) a terceira atina à consonância desta correlação lógica com os interesses absorvidos no sistema constitucional e destarte juridicizados."

E complementa:

"Esclarecendo melhor: tem-se que investigar, de um lado, aquilo que é adotado como critério discriminatório; de outro lado, cumpre verificar se há justificativa racional, isto é, fundamento lógico, para, à vista do traço desigualador acolhido, atribuir o específico tratamento jurídico construído em função da desigualdade proclamada. Finalmente, impende analisar se a correlação ou fundamento racional abstratamente existente é, *in concreto*, afinado com os valores prestigiados no sistema normativo constitucional. A dizer: se guarda ou não harmonia com eles".

Portanto, é com base na Constituição da República, repositório dos mais elevados valores jurídico-positivos, em especial o relativo ao Princípio da Igualdade, que o sujeito de direito, habilitado a produzir certa declaração prescritiva, deverá atuar no sentido da produção de nova norma jurídica (com fundamento de validade constitucional).

O Princípio da Igualdade estará respeitado e, por conseguinte, norma jurídica (válida, constitucional) poderá ser produzida, desde que:

a) o critério de classificação eleito, que implicará o tratamento igual ou desigual de pessoas, seja informado por valores presentes na Constituição e esteja voltado para o atendimento das finalidades previstas pela Constituição; e

b) a medida da igualdade ou da desigualdade no tratamento normativo seja direta e racionalmente proporcional ao critério de classificação escolhido, e que também seja informada por valores presentes na Constituição e esteja voltada para o atendimento das finalidades previstas pela Constituição.

Desse modo, pode-se definir o conceito do Princípio Constitucional da Igualdade nos seguintes termos:

Princípio Constitucional da Igualdade é o complemento, necessário (sempre presente) e condicionante (pois limita o conteúdo), do aspecto *declaração* prescritiva do antecedente de toda norma constitucional de produção normati-

15 Celso Antônio Bandeira de Mello, *Conteúdo jurídico do princípio da igualdade*, pp. 21 e 22. Paulo de Barros Carvalho enuncia que "Celso Antônio Bandeira de Mello tem importante contribuição ao estudo dos obstáculos que se interpõem no caminho de um exame científico e aprofundado acerca dessa tema." *Curso de direito tributário*, p. 109.

va, portador de elevada carga axiológica, o qual determina que norma jurídica (válida, constitucional) poderá ser produzida, tratando igual ou desigualmente pessoas e coisas, desde que o critério de classificação eleito para igualar ou desigualar e a medida da igualdade ou da desigualdade no tratamento normativo estejam informados pelos valores (e finalidades) presentes na Constituição da República, e que tal medida seja direta e racionalmente proporcional ao critério de classificação eleito.

Pelo que se pode extrair a partir do exame da Constituição da República, existem alguns **critérios de classificação** (que permitem igualar ou desigualar) que não **devem** e outros que **devem** ser utilizados, **no sentido da implantação e do alcançamento de certos valores (e finalidades) constitucionalmente prestigiados**, no momento da produção das normas jurídicas, a fim de que o Princípio da Igualdade seja obedecido. Vale destacar, de forma separada, alguns desses critérios.

1 - Critérios que não devem ser utilizados:

A Constituição estabelece, como grande diretriz, como regra geral, a vedação de qualquer atividade preconceituosa ou de discriminação odiosa. Assim o faz quando dispõe que um dos objetivos fundamentais da República Brasileira é "promover o bem de todos, sem preconceitos de origem, raça, cor, idade e quaisquer outras formas de discriminação" (art. 3º - IV), e quando dita que "todos são iguais perante a lei, sem distinção de qualquer natureza" (art. 5º - *caput*).

Além dessa *cláusula geral contra o preconceito e a discriminação odiosa*, a Constituição, de forma expressa, informa critérios de classificação que, em princípio, salvo disposição da própria Constituição, não devem ser adotados (de forma genérica ou em certas circunstâncias) pelo agente produtor da norma ao prever tratamentos desiguais. Seguem alguns:

a) **origem** - art. 3º - IV;
b) **raça** - art. 3º - IV; art. 5º - XLII;
c) **cor** - art. 3º - IV; art. 7º - XXX;
d) **idade ou faixa etária** - art. 3º - IV; art. 5º; art. 7º - XXX;
e) **sexo** - art. 3º - IV; art. 5º - I; art. 7º - XXX; art. 226 - § 5º;
f) **religião** - art. 5º - VI e VIII;
g) **convicção filosófica ou política** - art. 5º - VIII;
h) **estado civil** - art. 7º - XXX;
i) **formação física** - art. 7º - XXXI;
j) **espécie de trabalho** - art. 7º - XXXII ; art. 150 - II;
l) **espécie de vínculo trabalhista** - art. 7º - XXXIV;
m) **espécie de nacionalidade** - art. 12 - § 2º;
n) **entes da Federação** - art. 151 - I e II;
o) **espécie de filiação** - art. 227 - § 6º.

2 - Critérios que devem ser utilizados:

Apesar de haver essa regra geral no sentido de ser vedada qualquer atividade preconceituosa ou de discriminação odiosa, a própria Constituição determina que algumas distinções devem ser efetuadas com o propósito de alcançar certos fins constitucionalmente prestigiados. Desse modo, importa verificar se a Constituição autoriza, ou até impõe, uma dada diferenciação. E mais, é preciso atentar para que fins tal distinção é juridicamente autorizada ou imposta, pois, sempre que a Constituição prevê um critério para desigualar, ela estabelece, simultaneamente, a finalidade a ser alcançada com essa distinção. Seguem alguns critérios que, segundo a Constituição, devem ser utilizados:

a) **a quantidade de patrimônio - a "riqueza"** ou seu antônimo **a "pobreza"** - em linguagem jurídica, esses conceitos têm relação com os direitos subjetivos e deveres jurídicos economicamente apreciáveis que um ou mais sujeitos de direito são titulares em dado instante ou que adquirem em certo período, denominando-se "riqueza" a grande quantidade e "pobreza" a pequena quantidade de patrimônio (conjunto de direitos subjetivos e deveres jurídicos economicamente apreciáveis, isto é, avaliáveis em moeda[16]) que alguém possui. O estado de "pobreza" pode ser de uma pessoa ou da maior parte das pessoas que vivem em certa região do país, sendo que, nesse último caso, tal circunstância passa a caracterizar a própria região (pobreza regional). Por força do Princípio da Igualdade, as normas jurídicas devem ordenar o convívio social *no sentido da* (com a *finalidade* de proporcionar a) redução das diferenças econômicas entre pobres e ricos, equalizando a distribuição dos direitos subjetivos patrimoniais. Vale aduzir que esse é um dos "objetivos fundamentais da República Federativa do Brasil", como dispõem expressamente os incisos I a III do art. 3º da Constituição da República. *Para atender a essa finalidade*, o Princípio da Igualdade suscita e impõe um tratamento normativo *desigual* de acordo com o critério *quantidade de patrimônio* - "riqueza" e "pobreza" (CRFB - art. 1º - III, art. 3º, I a III; art. 5º - LXXVI; art. 23, IX e X; art. 43 e §§; art. 145, §1º; art. 151, I; art.165, § 7º; art. 170, VII etc.);

b) **a espécie de conduta delituosa** - a Constituição impõe um tratamento normativo mais rigoroso para a punição da prática do racismo (art. 5º - XLII) e da tortura, do tráfico ilícito de entorpecentes e drogas afins, do terrorismo, dos crimes hediondos (art. 5º - XLIII), da ação de grupos armados, civis ou militares, contra a ordem constitucional e o Estado Democrático. Prevê, ainda, a que em função da natureza do delito, a pena deverá ser cumprida em

16 Define-se moeda nos seguintes termos: ***moeda*** é um instrumento geral de trocas, que, tendo curso forçado, assegura a seu possuidor, nos casos que envolvem prestações pecuniárias, o poder de adquirir direitos subjetivos patrimoniais e de extinguir deveres jurídicos patrimoniais.

estabelecimento distinto (art. 5º - XLVIII). E mais, que não será concedida extradição de estrangeiro por crime político ou de opinião (art. 5º - LII);

c) **a idade ou a faixa etária dos seres humanos** - segundo a Constituição, a criança, o adolescente e o idoso poderão (deverão) ser diferençados dos demais, para os fins de assegurar-lhes maior atenção e cuidado, em virtude e de acordo com as peculiares condições físicas e psicológicas de cada um (CRFB - art. 5º - L, art. 227 e §§; art. 228; e art. 230). Há também disposição explícita no sentido de a idade ser considerada para os fins de informar um local distinto para o cumprimento da pena (art. 5º - XLVIII);

d) **o sexo** - o sexo é critério igualmente relevante para os fins de informar um distinto local para o cumprimento da pena (art. 5º - XLVIII);

e) **a espécie de nacionalidade** - a Constituição, ao mesmo tempo em que proíbe que o legislador infraconstitucional distinga o brasileiro naturalizado do nato, estabelece exceções a essa regra geral quanto ao preenchimento de certos cargos que são privativos de brasileiros natos (CRFB - art. 12, § 3º), e quanto à possibilidade de extradição (art. 5º - LI);

f) **a espécie de "porte de uma empresa"** - a Constituição confere ao legislador ordinário competência para definir os conceitos de "microempresa" e de "empresa de pequeno porte". Contudo, não se pode esquecer que já existe um sentido mínimo, que não pode ser desprezado, para essas expressões. É certo que, a fim de classificar-se o "porte" de uma empresa, podem-se eleger diferentes critérios (p. ex.: o patrimônio - conjunto de direitos subjetivos e deveres jurídicos economicamente apreciáveis –; a renda auferida; as receitas obtidas etc.). Segundo a Constituição, as "microempresas" e as "empresas de pequeno porte" deverão receber um tratamento normativo "mais favorecido", consequentemente, *desigual* (CRFB - art. 170, IX; art. 179);

g) **a espécie de núcleo social - "família" e "entidade familiar"** - a Constituição determina expressamente que o núcleo social denominado "família" ou "entidade familiar", por ser considerado o fundamento da sociedade brasileira, deverá receber uma especial proteção do Estado, portanto, um tratamento *desigual* (CRFB - art. 226, "caput", §§ 3º, 4º, 7º);

h) **a formação física de um ser humano** - a Constituição, além de vedar discriminações quanto a salário e critério de admissão, prevê que deva ser conferido um tratamento privilegiado às pessoas portadoras de deficiência física, em especial, para os fins de facilitar e estimular a mais ampla integração nos diversos setores (educacional, profissional, econômico, lazer etc.) da sociedade. Para tanto, torna-se necessário estabelecer um tratamento *desigual* (CRFB - art. 208, III; art. 227, § 1º, II e § 2º).

Pelo exposto, atesta-se que, por vezes, a Constituição prevê que um mesmo critério, sob certas condições, *não deve* e, sob outras, *deve* ser utilizado para desigualar (p. ex.: o critério idade, o critério sexo). Alguém poderia surpreender-se com esse aparente conflito. Como já se observou, em rigor não há qualquer conflito, pois em casos como esses, apesar de o critério classificatório (p. ex., o sexo) ser o mesmo, as circunstâncias são diversas (o critério sexo *não deve* ser usado para informar diferenças salariais - art. 7º - XXX; de outro lado, esse critério *deve* ser usado para os fins de informar um distinto local para o cumprimento da pena - art. 5º - XLVIII).

Vale expor, de modo simplificado, um método para verificar se o Princípio da Igualdade está ou não sendo respeitado:

primeiro - identificar a norma que se deseja criar ou examinar;

segundo - verificar se, para a situação a regular ou já regulada, a Constituição impõe que um determinado critério deva informar um tratamento igual ou desigual com o propósito de alcançar certa finalidade, sendo necessário, para tanto, identificar o binômio constitucional "*finalidade - critério para igualar ou desigualar*";

terceiro - se for imposto pela Constituição um critério para tratar igual ou desigualmente, identificar se a *medida do tratamento igual ou desigual* a ser ou já estabelecida pelo sujeito de direito produtor da norma (legislador, juiz, administrador etc.) atende os valores constitucionais; e

quarto - analisar se há uma *correlação racional* entre a "*finalidade* (prevista pela Constituição)", o "*critério eleito para igualar ou desigualar* (previsto pela Constituição)" e a "*medida do tratamento igual ou desigual* escolhida (com fundamento na Constituição)".

Portanto, pode-se concluir que o Princípio Constitucional da Igualdade estará respeitado sempre que houver a *correlação racional* entre o seguinte trinômio:

a) *finalidade* prevista pela Constituição;

b) *critério para igualar ou desigualar* previsto pela Constituição; e

c) *medida do tratamento igual ou desigual* (com fundamento na Constituição).

2.2. Princípio da Capacidade Contributiva

A doutrina tem chamado a atenção para a circunstância de o Princípio da Capacidade Contributiva ser corolário do Princípio da Igualdade[17]. Nas palavras de GERALDO ATALIBA[18], "A capacidade econômica - corolário da igualdade - é a 'pedra de toque' do sistema. Não pode ser violada".

KLAUS TIPKE[19] manifesta-se no mesmo sentido, apontando o Princípio da Capacidade Contributiva como um reflexo do Princípio da Igualdade no campo tributário:

---

17 Alcides Jorge Costa (*Capacidade contributiva*, Revista de Direito Tributário, vol. 55, p. 300); Geraldo Ataliba, (*Emenda 3/93 (à Constituição de 1988) - Responsabilidade por fato futuro (§ 7º do art. 150)*, Revista Trimestral de Direito Público, vol. 4); José Marcos Domingues de Oliveira (*Direito tributário - capacidade contributiva* - p. 51); Amílcar Falcão (*Fato gerador da obrigação tributária* - p. 30); Klaus Tipke (*Princípio de Igualdade e ideia de sistema no direito tributário*), Alberto Xavier (*Os princípios da legalidade e da tipicidade da tributação* - p. 74) etc.

18 Geraldo Ataliba, *idem*, p. 175.

19 Klaus Tipke, *idem*, pp. 520 e 521.

"O que num caso concreto é igual ou desigual não se pode estabelecer abstratamente ou de um modo geral, mas apenas através de recurso ao sistema e aos princípios de determinado ramo jurídico. ... No direito tributário a capacidade de contribuição fiscal e econômica desempenham um papel especial. Quem não tem essa capacidade deve ser tratado de modo diverso de como se trata o que a tem."

E complementa, destacando o status do Princípio da Capacidade Contributiva dentro da pirâmide do sistema:

"Dentro de uma pirâmide de sistema distinguem-se princípios preferenciais e princípios secundários. Em um sistema monístico põe-se no ápice um princípio fundamental. Um sistema pluralístico é dominado por vários princípios fundamentais. Estes princípios fundamentais são, por exemplo, o **princípio da tributação segundo a capacidade contributiva** (ability to pay-principle) e o princípio do Estado social." (grifado)

Existem, todavia, importantes divergências acerca desse princípio. Ao que parece, boa parte dessa divergência decorre do fato de a expressão "Princípio da Capacidade Contributiva" ser usada pela comunidade jurídica em dois sentidos distintos – um objetivo e outro subjetivo.[20]

Fala-se em **Princípio da Capacidade Contributiva Objetiva ou Absoluta** como sendo o que caracteriza a espécie tributária imposto, por exigir que a norma tributária descreva um fato que seja revelador, índice de riqueza.

Essa é a lição de ALFREDO AUGUSTO BECKER:[21]

"A regra jurídica constitucional que juridicizou o 'princípio da capacidade contributiva' tem eficácia jurídica exclusivamente perante o legislador ordinário. Somente o legislador ordinário está juridicamente obrigado por esta regra constitucional e sua obrigação consiste no seguinte: ele deverá escolher, para a composição da hipótese de incidência da regra jurídica criadora do tributo, exclusivamente fatos que sejam signos presuntivos de renda ou de capital. A desobediência, pelo legislador ordinário a esta regra constitucional, tem como consequência a inconstitucionalidade da lei. Por exemplo: será inconstitucional a criação de tributo ou a criação de sua alíquota segundo uma discriminação racial. Note-se que se este

20 Aliomar Baleeiro já chamava a atenção para esse duplo aspecto: a) o objetivo – que tem relação com a base econômica da tributação – o patrimônio ou a renda ; e b) o subjetivo – que é atinente às circunstâncias pessoais do contribuinte. *Limitações constitucionais ao poder de tributar*, p. 370 e segs. José Luiz Bulhões Pedreira (*Finanças e demonstrações financeiras*) refere-se às expressões *capacidade econômica* e *capacidade financeira*. A primeira é definida como "aptidão de usar recursos da sociedade na criação de fluxos de serviços em benefício próprio, ou de apropriar-se de parcelas do resultado da produção social" (p. 102), sendo sua medida "dada pela sua esfera jurídico-econômica, ou seja, pelo conjunto dos seus direitos patrimoniais e obrigações" (p. 77). Ele define a segunda como sendo "a sua aptidão para pagar obrigações" (p. 102). Em outra obra (*Imposto de renda*), esse jurista usou e definiu a expressão *capacidade contributiva* (sem esclarecer se a usava no sentido objetivo ou subjetivo) da seguinte forma: "é a capacidade de sofrer, em benefício do Governo, a perda de uma quantidade de renda" (pp. 1-33).

21 Alfredo Augusto Becker, *Teoria Geral do Direito*, p. 454.

fosse o único alcance da eficácia jurídica da regra constitucional em exame, já seria suficiente para se reconhecer a natureza jurídica desta regra, pois, caso inexistisse, seria perfeitamente constitucional uma tributação favorecendo a discriminação racial."

Nesse mesmo sentido, leciona GERALDO ATALIBA:[22]

"A Constituição de 1988 adota, explicitamente, em caráter de 'princípio geral' do sistema tributário, o princípio da capacidade contributiva (artigo 145, § 1º). Segundo esse imperativo preceito, '... os impostos terão caráter pessoal e serão graduados segundo a capacidade econômica do contribuinte...'. Ora, esse preceito está impondo que o legislador escolha como pressuposto dos impostos um fato, ligado ao contribuinte, que revele sua capacidade contributiva. Esse fato deve ser um 'fato signo presuntivo de riqueza' (Alfredo Becker) do contribuinte e não de terceiros. Logo, a pessoa que deve ter seu patrimônio diminuído em razão do acontecimento desse fato a dizer a que o provoca ou causa e que dele extrai proveito ou vantagem (Rubens Gomes de Sousa)."

Por outro lado, fala-se em **Princípio da Capacidade Contributiva Subjetiva ou Relativa** como sendo aquele que dispõe sobre a necessidade de, ao se determinar a carga de tributos a ser suportada por alguém, levar-se em consideração as respectivas características pessoais, a fim de que a participação de cada um no financiamento do Estado se perfaça de forma justa.[23]

Apesar de ser corrente considerarem próximos e até sinônimos, parece adequado diferençar o Princípio da Capacidade Contributiva Subjetiva do Princípio da Pessoalidade. Ambos estão voltados à realização de uma tributação mais justa ante a consideração de características do indivíduo. Contudo, enquanto aquele está relacionado à situação econômica do sujeito, o princípio da pessoalidade refere-se a uma característica não econômica do sujeito (p. ex., é o que se dá com a isenção que se concede a um ex-combatente em reconhecimento à sua atuação na 2ª Guerra Mundial, ou o tratamento menos gravoso em termos de imposto sobre a transmissão causa mortis para o parente mais próximo, ainda que, nos dois casos, sejam pessoas com elevada capacidade econômica).

---

22 Geraldo Ataliba, *Substituição e responsabilidade tributária*, Revista de Direito Tributário, vol. 49, p. 74.

23 Há na doutrina quem faça alusão ao denominado Princípio da Pessoalidade. Normalmente, aproximam seu conceito ao do Princípio da Capacidade Contributiva Subjetiva. Mizabel Derzi (em nota ao Curso de Direito Tributário de Aliomar Baleeiro, p. 299) assenta que "a pessoalidade possibilita aquilo que Aliomar Baleeiro e outros juristas nacionais e internacionais denominam de capacidade contributiva subjetiva." Gisele Lemke, referindo-se ao "Princípio da Pessoalidade", enuncia que ele "está muito vinculado ao da capacidade contributiva. Quase se confunde com ele. Isto porque personalizar um imposto significa adequá-lo à capacidade contributiva individual". Idem, p. 33. É com esse sentido que costumam dizer que o imposto de renda é o imposto pessoal por excelência. Isso se deve ao fato de, por definição, o conceito "renda e proventos de qualquer natureza" ser construído com a consideração de algumas características pessoais do contribuinte que afetam a sua condição econômica (o que será demonstrado no Capítulo IV).

Nessa acepção, é correto afirmar que o Princípio da Capacidade Contributiva é aplicável a todas as espécies tributárias, pois tem relação com a aptidão de alguém entregar parte da riqueza que possui, sem comprometer sua sobrevivência, bem como a de sua família, com dignidade.

RICARDO LOBO TORRES[24] professa que o Princípio da Capacidade Contributiva (segundo parece, em seu sentido subjetivo), além de se submeter à ideia de justiça distributiva, aplica-se não só aos impostos mas também às taxas e contribuições de melhoria:

"A capacidade contributiva se subordina à ideia de justiça distributiva. Manda que cada qual pague o imposto de acordo com a sua riqueza, atribuindo conteúdo ao vetusto critério de que a justiça consiste em dar a cada um o que é seu (*suum cuique tribuere*) e que se tornou uma das 'regras de ouro' para se obter a verdadeira justiça distributiva. ... Capacidade contributiva é a capacidade econômica do contribuinte, como, aliás, prefere a CF/88, mantendo a tradição da CF/46 e coincidindo, também, com a da Espanha."

E mais adiante complementa:

"Segundo o art. 145, § 1º, da CF de 1988 apenas o imposto deverá seguir o critério da capacidade contributiva. A CF 1946 falava genericamente em tributos. As Constituições estrangeiras que contemplam o princípio se referem à cobertura dos gastos públicos e às necessidades do Estado. A Ley General Tributária da Espanha se refere a tributos.

O imposto é realmente a categoria a que, por excelência se dirige o princípio da capacidade contributiva. Definiu-se como o tributo pago sem qualquer relação com serviços públicos prestados, o imposto tem como único parâmetro a riqueza do contribuinte.

Mas parece-nos que as taxas e as contribuições de melhoria também sofrem a influência desse princípio de justiça fiscal, pelo menos no que concerne às isenções e à entrega de serviços e obras públicas às populações carentes."

ALCIDES JORGE COSTA também entende que a capacidade contributiva deva ser considerada para outras espécies de tributo:

"A Constituição aplica o princípio da capacidade contributiva apenas aos impostos. Isto não exclui que esta capacidade não deva ser levada em conta na cobrança de taxas. Se certos serviços públicos essenciais devem ser prestados a pessoas destituídas de capacidade econômica, as respectivas taxas não serão exigidas, mesmo porque, como dizem os alemães, ninguém põe a mão no bolso de um homem nu."[25]

A duplicidade de sentidos (objetivo e subjetivo) do Princípio da Capacidade Contributiva vem sendo apontada pela doutrina com uma frequência cada vez maior.

---

24 Ricardo Lobo Torres, *Curso de direito financeiro e tributário*, pp. 83 e 87.

25 Alcides Jorge Costa, *Capacidade contributiva*, Revista de Direito Tributário, vol. 55, p. 302.

PAULO DE BARROS CARVALHO[26] esclarece as duas acepções, quando pontifica que o Princípio da "capacidade contributiva absoluta ou objetiva retrata a eleição, pela autoridade legislativa competente, de fatos que ostentem signos de riqueza; por outro lado, tornar efetivo o princípio da capacidade contributiva relativa ou subjetiva quer expressar a repartição do impacto tributário, de tal modo que os participantes do acontecimento contribuam de acordo com o tamanho econômico do evento" .

E complementa, ressaltando a presença do Princípio da Capacidade Contributiva Absoluta no sistema de Direito Positivo brasileiro:

"No Brasil, o sistema do direito positivo exibe, em todas as figuras tributárias conhecidas, a observância do princípio da *capacidade contributiva absoluta*, uma vez que os fatos escolhidos denotam signos de riqueza. Como decorrência, em todos eles há uma base de cálculo e, com isso, campo para o exercício da diretriz da igualdade. Sobremais, o § 1º do art. 145 da Constituição Federal de 1988 é incisivo ao determinar que os impostos serão graduados segundo a capacidade econômica do contribuinte".

ALCIDES JORGE COSTA[27] adverte para o fato de que a capacidade contributiva "é a capacidade de suportar uma parcela dos encargos públicos. Pode ser apreciada sob um ângulo objetivo, que leva em conta a riqueza do contribuinte e sob um ângulo subjetivo, que leva em conta as particularidades pessoais do contribuinte." Logo a seguir, esse jurista dá um elucidativo exemplo da aplicação do Princípio da Capacidade Contributiva Subjetiva ao se referir ao tratamento mais favorecido que é dado pela legislação brasileira do imposto de renda aos contribuintes maiores de sessenta e cinco anos.

JOSÉ MARCOS DOMINGUES DE OLIVEIRA,[28] de igual modo, ressalta a existência dessa dupla acepção:

"Entendemos nós que as precedentes definições se complementam, devendo-se porém, esclarecer que capacidade contributiva é conceito que se compreende em dois sentidos, um objetivo o absoluto e outro subjetivo ou relativo. No primeiro caso, capacidade contributiva significa a existência de uma riqueza apta a ser tributada (capacidade contributiva como pressuposto da tributação), enquanto no segundo, a parcela dessa riqueza que será objeto da tributação em face de condições individuais (capacidade contributiva como critério de graduação e limite do tributo)."

MARÇAL JUSTEN FILHO, além de observar a dualidade de sentidos, chama a atenção para a relevante função do Princípio Constitucional da Capacidade Contributiva quando o legislador elabora a norma tributária:

"A chamada capacidade contributiva 'absoluta' informa diretamente a materialidade da hipótese de incidência tributária. Ou seja, toda hipótese de incidência, que se reconheça como tributária, necessariamente está assujeitada ao princípio

26 Paulo de Barros Carvalho, *Curso de direito tributário*, p. 242.

27 Alcides Jorge Costa, Capacidade Contributiva, p. 300.

28 José Marcos Domingues de Oliveira, *op. cit.*, p. 57.

da capacidade contributiva 'absoluta'. Como visto, só há hipótese de incidência tributária quando a norma descrever, abstratamente, uma situação exteriorizada de riqueza, de conteúdo patrimonial.[29]

Já a capacidade contributiva 'relativa' – propriamente a capacidade 'econômica' – aplica-se, fundamentalmente, sobre o mandamento normativo. No ângulo da norma que impõe o comando ('pague a importância X ao Estado') é que se firmam as questões sobre a 'distribuição' e a 'intensidade' da carga tributária. Logo, ali se encontra a problemática da capacidade contributiva 'relativa', com a maior gama de dificuldades a serem enfrentadas".[30]

Conforme se teve oportunidade de observar desse breve apanhado doutrinário, a expressão "Princípio da Capacidade Contributiva" pode ser concebida em dois sentidos diferentes e totalmente inconfundíveis. Ao que parece, mais conveniente seria que se utilizassem termos diferentes para designar cada um desses sentidos. Contudo, em razão do uso consagrado da referida expressão, considera-se, no mínimo, mais adequada a utilização dos termos "Princípio da Capacidade Contributiva Objetiva" e "Princípio da Capacidade Contributiva Subjetiva" para retratar as duas diferentes acepções.

É mister ressaltar que, tanto o Princípio da Capacidade Contributiva Objetiva, quanto o Princípio da Capacidade Contributiva Subjetiva são determinantes para a elaboração da *norma do imposto sobre a renda e proventos de qualquer natureza*.

Por força do Princípio da Capacidade Contributiva Objetiva, no momento de se determinar como deverá ser feita a participação obrigatória das pessoas na entrega de recursos (dinheiro) para o Estado, independentemente de qualquer atuação estatal, o fator que pode ser erigido para desigualar é a **riqueza**. Se a norma tributária que dispõe sobre o imposto (norma impositiva de imposto) tem como propósito regular a conduta de entrega de dinheiro ao Estado, independentemente de qualquer atuação estatal, tal norma só pode exigir essa conduta daquele que tem aptidão para entregar parte da riqueza de que é titular, ou seja, só pode exigir daquele que é titular de capacidade contributiva objetiva.

Portanto, pode-se definir o conceito do Princípio Constitucional da Capacidade Contributiva Objetiva nos seguintes termos:

---

29 Geraldo Ataliba parece ter razão quando defende que o princípio Capacidade Contributiva (em sua acepção Objetiva) caracteriza, identifica a espécie tributária imposto, não sendo aplicável a todas as espécies tributárias como sugere Marçal Justen Filho. Geraldo Ataliba expõe com perspicácia que a individualização das espécies tributárias é informada pelo Princípio da Igualdade. Ao tratar da caracterização do imposto, da taxa e da contribuição de melhoria, esse jurista demonstra o relevante papel desse princípio, que se triparte em função de cada uma das espécies tributárias (considerando a teoria tripartite): a) ***Princípio da Capacidade Contributiva*** para o imposto; b) ***Princípio da Retributividade*** para a taxa; e c) ***Princípio da atribuição de mais-valia imobiliária, gerada por obra pública, ao Estado*** para a contribuição de melhoria. Geraldo Ataliba, *Hipótese de incidência tributária*, pp. 154 e 172.

30 Marçal Justen Filho, *Capacidade Contributiva*, pp. 362 e 363.

Princípio Constitucional da Capacidade Contributiva Objetiva é o complemento, necessário e condicionante, do aspecto *declaração prescritiva* do antecedente da norma constitucional de produção normativa (que dispõe sobre a criação de normas de imposto), portador de elevada carga axiológica, o qual exige que o antecedente da norma impositiva de imposto descreva um fato que ostente sinal de riqueza pessoal, e que o seu consequente prescreva a conduta (obrigatória) de o titular dessa riqueza de entregar parte dela ao Estado.

Da mesma forma que ocorre com o Princípio da Igualdade, o Princípio da Capacidade Contributiva Objetiva é um complemento necessário e condicionante do aspecto *declaração prescritiva* do antecedente de toda e qualquer norma de produção normativa que disponha sobre a produção de norma impositiva de imposto.

Em outras palavras, no antecedente da norma constitucional de produção normativa, que regula a elaboração de norma infraconstitucional sobre imposto, mais especificamente, no elemento ***declaração prescritiva***, há um complemento **necessário** (pois sempre deverá estar presente) e **condicionante** (pois limita a declaração do legislador infraconstitucional, conformando o conteúdo da norma impositiva de imposto), qual seja, o **Princípio da Capacidade Contributiva Objetiva**.

Assim, a *norma do IR*, para que seja jurídica (válida, tenha fundamento de validade na correspondente norma constitucional de produção normativa, especialmente quanto ao Princípio da Capacidade Contributiva Objetiva), necessita que:

a) seu antecedente descreva um fato que ostente sinal de riqueza pessoal; e

b) seu consequente prescreva a conduta (obrigatória) de o titular dessa riqueza entregar parte dela ao Estado.

Logo, é correto concluir que o Princípio Constitucional da Capacidade Contributiva Objetiva condiciona, necessariamente, tanto o conteúdo do antecedente quanto o conteúdo do consequente da *norma do IR*.

De outro lado, conforme exposto, o Princípio da Capacidade Contributiva Subjetiva ou Relativa informa o *modo de distribuição* e a *intensidade* da carga tributária a ser suportada pelas pessoas.

Nesse contexto, pode ser apresentada a seguinte definição:

Princípio Constitucional da Capacidade Contributiva Subjetiva é o complemento, necessário e condicionante, do aspecto *declaração* prescritiva do antecedente da norma constitucional de produção normativa (que dispõe sobre a criação de normas tributárias), portador de elevada carga axiológica, segundo o qual, ao se determinar a carga de tributos a ser suportada por alguém, deve-se levar em consideração as respectivas características pessoais (nível de riqueza, estado civil, encargos de família, estado de saúde pessoal e familiar etc.), com o propósito de fazer com que cada um participe, de maneira equânime, no financiamento do Estado.

Parece adequado conceber que o Princípio da Capacidade Contributiva Subjetiva informa tanto a atividade do legislador infraconstitucional (normalmente, de natureza *abstrata* e *geral*), quanto informa a atividade do juiz, quando este decide um caso real (normalmente, de natureza *concreta* e *individual*)[31].

O legislador, quando for produzir a *norma do IR*, terá que, abstratamente, considerar as circunstâncias pessoais mais frequentes, normais, que determinarão os limites da carga tributária a ser suportada. Essa atividade tomará como referência o que geralmente acontece com a maior parte das pessoas da comunidade. Com base nesses dados genéricos, ele irá fixar o montante da carga tributária e o modo de distribuí-la pelas pessoas.

Por outro lado, pode ser que, numa determinada situação concreta, por força de circunstâncias extravagantes e peculiares, que fujam da normalidade (tomada como parâmetro pelo legislador), esses critérios gerais adotados (padronizações) demonstrem-se juridicamente inadequados, iníquos. É nesse ponto que o *Princípio da Capacidade Contributiva Subjetiva* apresenta-se com total força perante o juiz. Este, ao decidir um caso concreto, deverá verificar se, ante aquelas condições especiais, os padrões assumidos pelo legislador ao produzir a norma (abstrata e geral) mostram-se aceitáveis ou não. Se inaceitáveis, não se cogita de uma inconstitucionalidade da norma tributária em termos gerais (para todas as pessoas), pois como norma abstrata e geral ela respeitou o princípio, mas sim de uma inconstitucionalidade *concreta* (referente a um determinado fato ocorrido no tempo e no espaço) e *individual* (peculiar a uma ou mais pessoas individualmente determinadas).[32]

O Princípio da Capacidade Contributiva em seus aspectos "abstrato-geral" e "concreto-individual" deve ser analisado em conjunto com o denominado ***Princípio da Praticabilidade*** (ou ***Praticidade***),[33] de modo que se proceda a uma adequada ponderação de bens jurídicos.

Essa ponderação de bens jurídicos, ao ser realizada, é informada pelo denominado ***Princípio da Razoabilidade*** ou da ***Proporcionalidade***, que vem sendo aplicado pelo próprio Supremo Tribunal Federal em diversos julgados, entre os quais destacam-se os seguintes em matéria tributária:

---

31 Ver nota 33 (subitem 2.4 do Cap. I).

32 Para Gisele Lemke: "Tem-se a capacidade subjetiva abstrata, quando a graduação do imposto é feita de acordo com a média, de modo que a maior parte dos casos corresponderá aos critérios estabelecidos, isto é, quando a lei faz uso de padronizações. Tem-se a capacidade relativa concreta, quando os critérios estabelecidos permitem a individuação do tributo para cada contribuinte, de modo que se obtenha sua capacidade contributiva real." *Imposto de renda...*, p. 42.

33 O **Princípio da Praticidade** ou da **Praticabilidade** informa a produção da norma jurídica (em regra, da abstrata e geral), permitindo que o legislador faça uso de padronizações, presunções, pautas de valores, com o propósito de facilitar a aplicação da norma, sem precisar aprofundar as investigações pertinentes ao caso concreto (fato real).

ADI nº 2040 - PR
Relator Min. Maurício Corrêa

"EMENTA: AÇÃO DIRETA DE INCONSTITUCIONALIDADE. TABELA DE CUSTAS DOS ATOS JUDICIAIS DO ESTADO DO PARANÁ. INCONSTITUCIONALIDADE FORMAL: INEXISTÊNCIA. INCONSTITUCIONALIDADE MATERIAL. BASES DE CÁLCULO DAS TAXAS JUDICIÁRIAS E EMOLUMENTOS: VALOR DA CAUSA E MONTE-MOR. VINCULAÇÃO DAS CUSTAS E EMOLUMENTOS À CARTEIRA DE PREVIDÊNCIA COMPLEMENTAR DOS SERVIDORES DO PODER JUDICIÁRIO.

...

2. A jurisprudência da Corte é tranquila no sentido de que é constitucional a cobrança da taxa judiciária que toma por base de cálculo o valor da causa ou da condenação, observando-se o **princípio da razoabilidade** (ADI nº 1.926-PE, Pertence, DJ de 10.09.99; AGRAG nº 170.271-SP, Ilmar Galvão, DJ de 01 12. 95)" (grifado).

RE nº 211043- SP
Relator Min. Marco Aurélio

"EMENTA: ISENÇÃO - IMPOSTO DE IMPORTAÇÃO - EXTENSÃO AO IMPOSTO DE OPERAÇÕES RELATIVAS À CIRCULAÇÃO DE MERCADORIAS - ESPÉCIES: PARCIAL E TOTAL. O fato de a isenção do imposto de competência da União mostrar-se parcial não implica o afastamento das regras dos artigos 19, § 2º, da Constituição Federal de 1969 e do inciso VI do artigo 1º da Lei Complementar Federal nº 4, de 1969. As isenções podem ser totais ou parciais (Souto Maior Borges, Isenções Tributárias, Editora Sugestões Literárias, página 281, 1969). Conflita com o Texto Maior, com os **princípios da proporcionalidade e da razoabilidade** nele consagrados, entender-se pelo afastamento da extensão do benefício ao tributo estadual pelo fato de a isenção não ser total" (grifado).

O ***Princípio da Razoabilidade*** ou da ***Proporcionalidade*** tem sido focalizado sob três aspectos:

a) *adequação* - a medida tem que ser apropriada ao fim a que se destina;

b) *necessidade* ou *exigibilidade* - deve se adotar a medida menos gravosa para atingir o objetivo; e

c) *ponderação* - acurada avaliação dos interesses e valores jurídicos em jogo.[34]

É oportuno citar a manifestação de PEDRO MANUEL HERRERA MOLINA.[35]

---

34 Paulo Bonavides, *Curso de direito constitucional*, pp. 356 e segs.; Luís Roberto Barroso, *Interpretação e aplicação da constituição*, pp. 198 e segs.; J. J. Gomes Canotilho, *Direito Constitucional*, pp. 386 a 388.

35 *Capacidad económica y sistema fiscal*, p. 76.

Professor Titular de Direito Financeiro e Tributário da Universidade Complutense de Madri, que escreveu, em 1998, sob orientação de Klaus Tipke, uma densa obra sobre o Princípio da Capacidade Econômica (contributiva), em especial, à luz do Direito Alemão e Espanhol:

"El fracaso de la interdicción de la arbitrariedad lleva a exigir una triple prueba a las restricciones de la capacidad económica: idoneidad para conseguir el fin perseguido, lesión mínima del derecho a la capacidad económica y ponderación de bienes jurídicos. Aunque la terminología no es siempre unánime, este triple examen suele denominarse control de pro- porcionalidad."

Ainda nessa linha, merece relevo a lição de MIZABEL ABREU MACHADO DERZI:[36]

"Os princípios da igualdade e da capacidade contributiva são abrandados (e frequentemente violados) por meio do Princípio da Praticidade ou Praticabilidade. Por meio desse último princípio devem ser evitadas as execuções muito complicadas da lei, especialmente naqueles casos em que se deve executar a lei em massa."

E complementa:

"Pensamos como TIPKE, que **a praticidade deve inspirar a elaboração das normas jurídicas, sendo um princípio implícito e difuso na Constituição, mas sem qualquer primazia sobre os princípios éticos que norteiam o sistema, como justiça, capacidade contributiva e igualdade**." (grifado)

Apesar de se conceber que o Princípio da Praticidade ou da Praticabilidade informa a produção da norma abstrata e geral, permitindo que o legislador faça uso de padronizações, presunções, pautas de valores, com o propósito de facilitar a aplicação da norma, sem precisar aprofundar as investigações pertinentes ao caso concreto (fato real), um alerta parece ser de suma importância: é imprescindível que seja aberta a possibilidade de o interessado provar (administrativa ou judicialmente) que o padrão adotado por presunção não é compatível com a realidade. Em outras palavras, a presunção (padronização, pauta ou tabela de valores etc.) tem que ser sempre da espécie relativa (*iuris tantum*), que admita prova em contrário, nunca da espécie absoluta (*iuris et de iure*). Esta última afronta diretamente os Princípios da Realidade, da Igualdade e da Capacidade Contributiva – estes últimos, princípios fundamentais, que sempre prevalecem sobre o da Praticidade, princípio técnico (na linguagem de TIPKE).[37]

O Supremo Tribunal Federal já evidenciou a necessidade de serem respeitados os Princípios da Realidade e da Razoabilidade, como se atesta do teor dessa decisão unânime:

---

36 *Legalidade material, modo de pensar "tipificante" e praticidade no direito tributário*, pp. 638 e 646.

37 Neste sentido: Klaus Tipke (*Princípio da igualdade e ideia de sistema no direito tributário*, p. 523), Mizabel Derzi (*idem*, pp. 638 e segs.), Pedro Manuel Herrera Molina (*idem*, pp. 70 e segs.), Gisele Lemke (*Imposto de renda*, p. 44) etc.

AGRAG nº 203186- SP
Relator Min. Marco Aurélio

"EMENTA: ICMS - BASE DE CÁLCULO - DEFLAÇÃO. Surge harmônico com o sistema tributário nacional decisão no sentido de o Imposto sobre Circulação de Mercadorias e Serviços ser calculado considerado o valor do negócio jurídico decorrente da deflação. Tomar-se como base o valor primitivo implica menosprezo aos **princípios da realidade e da razoabilidade,** alcançando a Fazenda do Estado verdadeira vantagem sem causa" (grifado).

Há mais um importante aspecto relacionado ao *Princípio da Capacidade Contributiva Subjetiva* que merece ser considerado. Ao se falar em *circunstâncias pessoais que deverão informar aquilo que cada pessoa pode suportar de carga tributária*, advém a seguinte pergunta: a que carga tributária se está fazendo referência - à pertinente a um tributo específico (p. ex., o imposto sobre a renda e proventos de qualquer natureza) ou à relativa a todos os tributos globalmente concebidos?

Essa questão relaciona-se à denominada capacidade contributiva geral ou global e à capacidade contributiva parcial.

ALCIDES JORGE COSTA,[38] após referir-se aos ângulos objetivo e subjetivo da capacidade contributiva, leciona que: "A capacidade contributiva pode, ainda, ser geral e parcial. A primeira diz respeito a todos os objetos imponíveis que o contribuinte possui e a segunda a determinados objetos (ex.: a capacidade contributiva é indicada por um imóvel, pelo exercício de atividade comercial ou de profissão etc.)."

Na mesma linha posiciona-se GISELE LEMKE,[39] quando afirma que "tem-se a capacidade contributiva global, quando se toma por base o total dos tributos pagos por uma pessoa e se os relaciona com o total de sua riqueza. Capacidade contributiva parcial é a que olha cada tributo isoladamente, comparando-o com a riqueza que lhe é subjacente."

Ao que parece, quando se trata da *capacidade contributiva subjetiva*, os dois aspectos são relevantes - tanto o parcial quanto o global. Há, contudo, que se tomar um especial cuidado ao se apreciar o tema da denominada *capacidade parcial*, a fim de que não sejam usados argumentos aplicáveis especificamente ao tema da *capacidade contributiva objetiva* (característica dos impostos). Isso poderia prejudicar a compreensão do fenômeno, pois, no tocante às taxas, por exemplo, não se afigura como o mais adequado falar em *riqueza subjacente* ou *objeto imponível*, já que as taxas são devidas em função da realização de uma atuação estatal (tendo como referência, inclusive, o custo da atuação estatal)[40] e não em função da quan-

38 Alcides Jorge Costa, *Capacidade contributiva*, p. 300.

39 Gisele Lemke, *idem*, pp. 45.

40 Neste sentido tem decidido reiteradamente o Supremo Tribunal Federal, como se verifica: "Taxa judiciária e custas: são espécies tributárias, classificando-se como taxas, resultando da prestação

tidade de riqueza (fato gerador próprio de imposto) da pessoa que suscitou (taxa de polícia) ou se beneficiou (taxa de serviço) da atuação estatal.

PEDRO MANUEL HERRERA MOLINA,[41] ao tratar do Princípio da Capacidade Econômica, também destaca a relevância de considerar-se a capacidade contributiva global:

"Tradicionalmente se discute si éste (o autor está se referindo ao Princípio da Capacidade Econômica) vincula al sistema fiscal em su conjunto o a cada figura impositiva. En cuanto la capacidad económica constituye la medida de la carga contributiva individual, puede afirmarse que afecta al conjunto del sistema fiscal; ahora bien, la "carga contributiva individual" está compuesta por el conjunto de gravámenes que soporta el contribuyente en un período determinado. Esto significa que *cualquier distanciamiento de la capacidad económica en un impuesto determinado repercute en una distorsión de la carga contributiva individual*. En este sentido todos los impuestos deben ajustarse - *prima facie* - al principio de capacidad económica."

Deve-se reconhecer que, para fins de controle de constitucionalidade, é bastante difícil a determinação do limite máximo da *capacidade contributiva subjetiva parcial* e, mais difícil ainda, a determinação do limite máximo da *capacidade contributiva subjetiva global*. Complexas questões poderiam ser suscitadas, por exemplo, em função da Forma Federativa de Estado existente, como determinar os limites da carga tributária máxima que cada Ente da Federação poderia exigir? No âmbito de cada ente, como fixar os limites máximos para cada espécie de tributo?

Ante essas questões, a seguinte posição poderia ser adotada: não há respostas satisfatórias para tais perguntas, pelo que o Princípio da Capacidade Contributiva Subjetiva Global seria uma simples recomendação para o legislador (meramente programático), impossível de ser traduzido ou exigido judicialmente.

Parece-me que tal solução não é aceitável. Existe um senso comum de que há um limite para o total de carga tributária que uma pessoa possa suportar. É certo que há uma grande dificuldade em se determinar, precisar, quantificar, esse limite. Vale repetir que essa dificuldade ou *indeterminação* não é exclusiva do conceito de *capacidade contributiva subjetiva global*, pois também existe em relação ao conceito de *capacidade contributiva subjetiva parcial*. Por exemplo, no tocante ao *imposto sobre a renda e proventos de qualquer natureza*, poder-se-ia perguntar qual a carga máxima de IR que alguém pode suportar. Alerta-se que essa carga máxima não decorre somente da alíquota estabelecida, mas, no caso do IR, também

de serviço público específico e divisível e que têm como base de cálculo o valor da atividade estatal referida diretamente ao contribuinte, pelo que deve ser proporcional ao custo da atividade do Estado a que está vinculada, devendo ter um limite, sob pena de inviabilizar o acesso de muitos à Justiça. Rep. 1.077-RJ, Moreira Alves, RTJ 112/34; ADIn 1.378-ES, Celso de Mello, "DJ" de 30.05.97; ADIn 948- GO, Rezek, Plen., 09.11.95" (ADIMC nº 1.772-MG, Relator Ministro Carlos Velloso).

41 Pedro Manuel Herrera Molina, *Capacidad económica y sistema fiscal*, p. 108.

dos custos e despesas aceitos como dedutíveis (além dos que são necessariamente dedutíveis, os quais têm relação com o próprio conceito de Renda), dos serviços que o Estado oferece gratuitamente à população etc. Há, em todos esses conceitos, uma forte dose de *indeterminação*.

Admitir que existe um limite máximo para a *capacidade contributiva subjetiva global* é de suma importância, pois se ele existe, caberá ao poder Judiciário decidir se ele foi ou não ultrapassado. Como já se teve oportunidade de analisar, a existência de *indeterminação conceitual* (e os conceitos de Capacidade Contributiva Subjetiva Parcial e Global são típicos exemplos) está ligada ao próprio processo de conhecimento humano e encontra-se presente em todas as áreas, inclusive a jurídica, em maior ou menor grau[42]. Pelo nosso sistema constitucional, compete ao Poder Judiciário dar a última palavra sempre que surgirem conflitos de interesses, mesmo que estejam em jogo *conceitos indeterminados* (o que normalmente acontece). Em razão de ser necessário fixar um ponto final para as discussões, caberá ao Supremo Tribunal Federal, se envolver matéria de natureza constitucional-tributária, ou ao Superior Tribunal de Justiça, se a matéria for de índole infraconstitucional-tributária, estabelecer a definição final acerca de conceitos juridicamente relevantes, sejam ou não conceitos indeterminados.

O tema referente ao Princípio da Capacidade Contributiva Subjetiva Global e Parcial está intimamente relacionado ao do Princípio da Vedação da Utilização de Tributo com efeito de Confisco e ao do Princípio do Mínimo Existencial, apesar de com eles não se confundir. Os conceitos de *mínimo existencial* e de *confisco*, que são axiologicamente enriquecidos e também indeterminados, funcionam de certo modo como limites mínimo e máximo para o conceito de *capacidade contributiva* (nesse caso, em seu aspecto subjetivo).

Nesse sentido, leciona RICARDO LOBO TORRES:[43] "A imunidade do mínimo existencial se situa *aquém* da capacidade contributiva, da mesma forma que a proibição de confisco veda a incidência *além* da aptidão de pagar. Em outras palavras, a capacidade contributiva começa *além* do mínimo necessário à existência humana digna e termina *aquém* do limite destruidor da propriedade." De igual modo, manifesta-se PEDRO MANUEL HERRERA MOLINA:[44] "La capacidad econômica para contribuir a lo gastos públicos comienza uma vez que se há cubierto el mínimo necesario para la existência."

Os Princípios do Mínimo Existencial e da Vedação da Utilização de Tributo com efeito de Confisco serão objeto de estudo logo a seguir (respectivamente, subitens 2.3 e 2.4).

---

42 Ver item 2.2 do Capítulo I.

43 *Tratado de direito constitucional financeiro e tributário – os direitos humanos e a tributação*, pp. 163 e 164.

44 *Ibidem*, p. 121.

2.3. Princípio do Mínimo Existencial

Conforme dito anteriormente, adota-se a definição de Princípio Constitucional como sendo *o(s) aspecto(s) do conteúdo (parcial ou total) do antecedente ou do consequente de normas constitucionais, portador(es) de elevada carga axiológica.* Esse enriquecimento de valor é o elemento mais característico dos princípios. E o princípio sob exame apenas confirma essa regra, pois está diretamente ligado ao valor matriz – a vida humana.

Outra particularidade acerca desse princípio é a pertinente à indeterminação do conceito de "mínimo existencial". A doutrina insiste em afirmar, com total acerto, que não há uma precisa definição sobre o conceito de "mínimo existencial". Contudo, essa indeterminação do conceito não autoriza concluir que se trata de uma simples ideia , pouco relevante para fins jurídicos. Ao contrário, o Princípio do Mínimo Existencial ou Mínimo Vital desempenha um papel fundamental para a construção do universo do Direito, em especial do relativo ao *imposto sobre a renda e proventos de qualquer natureza*. O Princípio do Mínimo Existencial é um importante aspecto do conteúdo da norma constitucional de produção normativa que estabelece os requisitos necessários para a produção da norma do IR.

O núcleo do conceito de *mínimo existencial* denota a necessidade de se garantir a cada pessoa humana um mínimo de riqueza que lhe permita suprir as necessidades vitais básicas próprias e da família com dignidade.

A expressão "necessidades vitais básicas" é bastante representativa, pois está presente no art. 7º, item IV, da própria Constituição da República, no ponto que dispõe sobre o salário mínimo nacional, cuja expressão monetária pode ser tomada como equivalente à expressão monetária do denominado "mínimo existencial", em termos abstratos e gerais, sem consi- derar circunstâncias concretas e individuais, suscetíveis de apreciação apenas em casos específicos perante o Poder Judiciário. Desse modo, poder-se-ia apresentar a seguinte definição do conceito de **mínimo existencial**: é o mínimo de riqueza que cada pessoa necessita para suprir, com dignidade, as necessidades básicas suas e de sua família com alimentação, moradia, educação, saúde, lazer, vestuário, higiene, transporte e previdência social.[45]

Essa definição de *mínimo existencial* está, em seus aspectos essenciais, universalizada, como se percebe pelo próprio texto da Declaração Universal dos Direitos do Homem:

---

45 Extrapola o âmbito deste trabalho a discussão acerca da inconstitucionalidade da norma que fixa o valor do salário mínimo nacional, em função da possível não correspondência ao enunciado do art. 7°, IV, da CRFB. É certo, porém, que uma eventual decisão a esse respeito teria reflexos na determinação da expressão monetária do mínimo existencial. O Supremo Tribunal Federal já decidiu que havia inconstitucionalidade por omissão pelo fato de o Congresso Nacional não ter fixado um valor de salário mínimo que atendesse o prescrito no art. 7º, inciso IV, da CRFB (ADIN 1.458-7-DF).

"Artigo XXV. 1 – Todo o homem tem direito a um padrão de vida capaz de assegurar a si e à sua família saúde e bem-estar, inclusive alimentação, vestuário, habitação, assistência médica e os serviços indispensáveis, e direito à segurança em caso de desemprego, doença, invalidez, viuvez, velhice ou em outros casos de perda dos meios de sua subsistência em circunstâncias alheias à sua vontade."

Aquele que possui somente esse nível mínimo de riqueza, evidentemente, não é titular de capacidade contributiva (subjetiva). É por esta razão que se afirmou: o mínimo existencial representa um limite mínimo para a capacidade contributiva. Em outros termos, somente é titular de capacidade contributiva a pessoa que possuir um volume de riqueza superior ao mínimo existencial.

Como leciona ALIOMAR BALEEIRO[46], "a capacidade contributiva do indivíduo significa sua idoneidade econômica para suportar sem sacrifício do indispensável à vida compatível com a dignidade humana, uma fração qualquer do custo total de serviços públicos." E complementa alertando para a impossibilidade de se tributar uma pessoa cujo nível de riqueza corresponda ao mínimo existencial, o que vem sendo defendido desde o século XVIII por pensadores como MONTESQUIEU, BENTHAN e outros, quando se preconizava que o "necessário físico" não deveria ser objeto de tributação.

RICARDO LOBO TORREs[47] expressa de maneira precisa a correta natureza do Princípio do Mínimo Existencial:

"O mínimo existencial é de direito subjetivo protegido negativamente contra a intervenção do estado e, ao mesmo tempo, garantido positivamente pelas prestações estatais. Diz-se, pois, que é direito de *status negativus* e de *status positivus*, sendo certo que não raro se converte uma na outra o se coimplicam mutuamente a proteção constitucional positiva e a negativa."

E complementa:

"O *status negativus* do mínimo existencial se afirma, no campo tributário, através das imunidades fiscais: o poder de imposição do Estado não pode invadir a esfera da liberdade mínima do cidadão representada pelo direito à subsistência. Mas essa imunidade é *paradoxal*, eis que protege tanto o pobre quanto o rico, dentro dos limites mínimos necessários à garantia da dignidade humana. De notar que em alguns países a proteção do mínimo existencial se faz sob a rubrica de isenção. Mas isso não desnatura a imunidade."

Importa ressaltar que o Princípio do Mínimo Existencial, tal como o da Capacidade Contributiva, exerce sua influência tanto sobre legislador infraconstitucional quanto sobre o Estado-juiz. No primeiro caso, o faz de forma abstrata e geral (por ser parte integrante da norma constitucional que dispõe sobre os requisitos para a produção da norma do imposto sobre a renda e proventos de qualquer

46 *Uma introdução à ciência das finanças*, p. 276.

47 *Tratado de direito constitucional financeiro e tributário – os direitos humanos e a tributação*, pp. 164-165.

natureza), restringindo a margem de liberdade do legislador. No segundo, atua sobre o juiz, que precisa analisar as circunstâncias reais e específicas da pessoa no caso concreto que se apresenta.

Cabe repisar: o Princípio do Mínimo Existencial envolve não apenas as necessidades vitais básicas do indivíduo, mas também as de sua família, a qual, segundo disposição expressa da Constituição da República, é a "base da sociedade" e "tem especial proteção do Estado" (art. 226).

Como bem assevera RICARDO LOBO TORRES,[48] fundado em sólida doutrina nacional e estrangeira: "O imposto de renda não incide sobre o mínimo existencial familiar". Na mesma linha, pontifica PEDRO MANUEL HERRERA MOLINA[49]: "El aspecto subjectivo del principio de capacidad económica exige tener em cuenta lãs circunstancias personales y familiares de la persona". E complementa: "los gastos necesarios para garantizar la subsistencia de la familia no forman parte de la capacidad económica."

Em função do exposto, pode-se apresentar a seguinte definição:

Princípio do Mínimo Existencial é o complemento, necessário e condicionante, do aspecto declaração prescritiva do antecedente da norma constitucional de produção normativa, portador de elevada carga axiológica, que estabelece, como requisito de validade das normas jurídicas, que estas possuam um conteúdo que seja consonante com a finalidade de se garantir ou de se proporcionar a cada pessoa um mínimo de riqueza que lhe permita atender as necessidades vitais básicas ou preservar a existência, tanto as próprias quanto as de sua família, com dignidade.

2.4. Princípio da Vedação da Utilização de Tributo com Efeito de Confisco

A Constituição da República, em seu art. 150, inciso IV, dispõe expressamente que à União, aos Estados, ao Distrito Federal e aos Municípios é vedado "utilizar tributo com efeito de confisco".

A mesma dúvida que existe em relação ao Princípio do Mínimo Existencial aqui também se apresenta: como demarcar com precisão os limites do que seja "tributo com efeito de confisco". De igual modo, cabe dizer que tal expressão representa um *conceito indeterminado*, que apesar de possuir uma boa dose de imprecisão, contém um sentido nuclear com relação ao qual há um certo consenso.

ALIOMAR BALEEIRO,[50] referindo-se aos enunciados dos parágrafos 1°, 11 e 22 do art. 153 da Emenda Constitucional nº 1 de 1969, professa que os tributos confiscatórios opõem-se à Constituição e que são confiscatórios "os que absorvem

48 *Ibidem*, p. 167.

49 *Idem*, pp. 120-121.

50 *Limitações...*, p. 266.

parte considerável do valor da propriedade, aniquilam a empresa ou impedem exercício de atividade lícita e moral."

Segundo a lição de JOSÉ EDUARDO SOARES DE MELO,[51] o Princípio da Vedação da Utilização de Tributo com efeito de Confisco "está atrelado ao Princípio da capacidade contributiva, positivando-se sempre que o tributo absorva parcela expressiva de renda, ou da propriedade dos contribuintes, sendo constatado, principalmente, pelo exame da alíquota, ou da base de cálculo".

AIRES BARRETO,[52] ainda sob a égide da Constituição anterior, firmou que "há confisco sempre que houver afronta aos princípios da liberdade de iniciativa, ou de trabalho, ofício ou profissão, bem assim quando ocorrer absorção, pelo Estado, de valor equivalente ao da propriedade imóvel ou quando o tributo acarretar a impossibilidade de exploração de atividades econômicas".

RICARDO LOBO TORRES,[53] que ressalta a vaguidade do conceito, leciona em igual sentido: "confiscatório é o tributo que aniquila a propriedade privada, atingindo-a em sua substância e essência". Observa, ainda, que "confiscatório é o tributo desproporcional ou o que não se mantém no quadro da razoabilidade".[54]

A vedação constitucional ao efeito confiscatório do tributo representa um limite máximo para a capacidade contributiva (subjetiva). A capacidade contributiva tem início quando alguém é titular de certa quantidade de riqueza que supere o mínimo existencial. Por seu turno, quando há confisco, já se superou o limite máximo da capacidade contributiva.

Como se observou, o tratamento conferido pela doutrina ao Princípio da Vedação da Utilização de Tributo com efeito de Confisco aponta, normalmente, para duas grandes vertentes: uma – relacionada à ofensa ao direito de propriedade; outra – referente à violação da liberdade de exercício de uma atividade produtiva.

Considera-se que o tributo é confiscatório por ofender o direito de propriedade, quando ele é tão elevado que, por si só, acarreta (ou tende a) a própria destruição desse direito. Sob esse ângulo, o efeito do confisco é mais evidente nos impostos que têm como base econômica de incidência elementos positivos (direitos subjetivos) do patrimônio (ex.: IPTU, IPVA, IPTR e o imposto sobre grandes fortunas). O efeito confiscatório de um tributo não se confunde com a progressividade decorrente de política extrafiscal, como se verifica no disposto no art.182, § 4°, II, da Constituição da República, no que tange ao IPTU.

De outro lado, considera-se que há efeito confiscatório no tributo por violação da liberdade de exercício de uma atividade produtiva, quando a carga tributária é

51 *Curso de direito tributário*, p. 33.

52 *Base de cálculo, alíquota e princípios constitucionais*, p. 108.

53 *Tratado ...*, p. 132.

54 *Ibidem*, p. 133.

tão elevada que inviabiliza a prática de atividades econômicas. Essa perspectiva, numa acepção mais abrangente, pode referir-se a qualquer espécie tributária (imposto, taxa, contribuição de melhoria, empréstimo compulsório ou contribuições especiais), pois em rigor toda exação tributária implica que alguém entregue ao Poder Público parte de sua riqueza (direitos subjetivos economicamente apreciáveis, isto é, avaliáveis em moeda).

O caráter confiscatório pode estar evidenciado somente em relação a uma determinada espécie tributária (p. ex., o IR), como também pode ficar caracterizado pela excessiva carga tributária global (conjunto de todos os tributos que uma pessoa é obrigada a suportar).[55]

No tocante à influência do Princípio da Vedação da Utilização de Tributo com efeito de Confisco sobre a produção da norma do IR, tem-se que a carga referente a este imposto não pode ser de tal monta que inviabilize a realização de atividade produtiva, conclusão a que se chega não só por força do Princípio da Vedação ao Confisco, como também pelos Princípios da Valorização Social do Trabalho Humano e da Livre Iniciativa – fundamentos do Estado Brasileiro (art. 1°, IV e art. 170, *caput* – CRFB) e pelo Princípio da Garantia do Desenvolvimento Nacional – um dos objetivos do Estado Brasileiro (art. 3°, II – CRFB).

Por tudo que se disse, pode-se apresentar a seguinte definição:

Princípio da Vedação da Utilização de Tributo com efeito de Confisco é o complemento, necessário e condicionante, do aspecto declaração prescritiva do antecedente da norma constitucional de produção normativa, portador de elevada carga axiológica, que estabelece como requisito de validade de normas jurídicas tributárias a proibição de se instituir tributo que, por si só ou em conjunto, ofenda o direito de propriedade em sentido amplo (isto é, qualquer direito subjetivo

55 O Supremo tribunal Federal já decidiu pela consideração do efeito confiscatório em função da totalidade do sistema tributário, como noticiou o *Informativo STF – nº 164*: "**Contribuição Previdenciária – III** – O Tribunal, por maioria, deferiu o pedido de liminar para suspender a eficácia do art. 2º e seu parágrafo único da Lei 9.783/99, que acresce à alíquota de 11%, prevista no art. 1º da citada Lei, 9% ou 14%, de acordo com a remuneração, provento ou pensão recebida. À primeira vista, o Tribunal considerou relevante a arguição de inconstitucionalidade pela descaracterização da função constitucional da contribuição de seguridade social, já que foi instituída em alíquotas progressivas com a finalidade de cobrir déficit passado e não benefício a ser pago ao contribuinte. **O Tribunal também considerou relevante a tese de ofensa ao princípio que veda a utilização de qualquer tributo com efeito de confisco (CF, art. 150, IV), salientando que o exame da questão do efeito confiscatório deve ser feito em função da totalidade do sistema tributário e não em função de cada tributo isoladamente.** Vencidos os Ministros Nelson Jobim e Moreira Alves que indeferiam a cautelar nesse ponto, por entenderem, num primeiro exame, inexistir plausibilidade jurídica na tese de ofensa ao princípio do não confisco, dado que a questão do efeito confiscatório deve ser analisada em relação a cada tributo isoladamente e, também, pelo fato de não estar caracterizada a ofensa ao desvirtuamento da função da contribuição, tendo em vista que, em se tratando de previdência de servidor público, não há correspondência entre a contribuição e o benefício decorrente dessa contribuição. ADInMC 2.010-DF, rel. Min. Celso de Mello, 29.9.99."

patrimonial avaliável em moeda) ou viole a liberdade de se exercer uma atividade produtiva lícita, por inviabilizar a prática da mesma.

Um aspecto relevante e que merece ser ressaltado é o atinente ao entrelaçamento entre os *Princípios da Vedação da Utilização de Tributo com efeito de Confisco* e *da Capacidade Contributiva* (*subjetiva*) com o *da Progressividade*, este último especialmente relevante para o tratamento normativo do *imposto sobre a renda e proventos de qualquer natureza* e que será devidamente examinado no próximo tópico.

2.5. Princípio da Progressividade

O Princípio da Progressividade informa diretamente o critério material quantitativo do consequente da norma tributária, mais especificamente a *alíquota*. Por esse princípio, deverá existir uma graduação crescente, um aumento da alíquota, em função de determinado critério constitucionalmente previsto.[56]

Situação que merece destaque é a que envolve o IPTU. A Constituição da República dispõe, no art. 156, § 1º e no art. 182, § 4º, II, sobre a progressividade atinente ao IPTU, de cunho exclusivamente extrafiscal. Nesse caso, está prevista a possibilidade de a alíquota da norma do IPTU aumentar em função do tempo em que certa pessoa permanecer descumprindo as normas municipais relativas ao adequado aproveitamento do solo urbano (critério constitucionalmente previsto).[57] Segundo o disposto no inciso I do § 1º do art. 156 da Constituição (redação conferida pela Emenda Constitucional nº 29/2000), o IPTU também pode ser progressivo em razão do valor do imóvel.

De outro lado, a Constituição dispõe expressamente que o *imposto sobre a renda e proventos de qualquer natureza* será informado pelo Princípio da Progressividade (art. 153, § 2°). Nessa hipótese, tal princípio, que informa o critério material quantitativo do consequente da norma do IR, estabelece que haja uma variação ascendente (aumento) da alíquota, à medida que ocorrer um acréscimo da base de cálculo.

Doutrinariamente, há forte discussão (que remonta aos fins do século XVII) acerca da conveniência da tributação progressiva por intermédio do imposto

56 Segundo Aires Fernandino Barreto nosso sistema constitucional delimitou da seguinte maneira as hipóteses de progressividade: a) exigiu no caso do IR, ITR e IPI (respectivamente, art. 153, § 2°, I; art. 153, § 4º; e art. 153, § 3º, I); b) facultou no caso do ICMS e do IPTU (respectivamente, art. 155, § 2º, II; e art. 156, § 1º); e vedou para os demais impostos). *Justiça tributária*, p. 40.

57 O Supremo Tribunal Federal decidiu, por várias vezes, no sentido de que esse era o único critério constitucionalmente admitido para que houvesse a progressividade referente ao IPTU (RE nº 204827 – Pleno; RE nº 196337; RE nº 248892 etc.). Urge observar que tais decisões foram proferidas com base na realidade constitucional anterior à decorrente da Emenda Constitucional nº 29/2000, que conferiu uma nova redação para o § 1º do art. 156.

sobre a renda e proventos de qualquer natureza. Na opinião de alguns, o IR ser progressivo no Brasil é extremamente nocivo, levando em conta que se tem uma sociedade que anseia pelo desenvolvimento econômico e social. Segundo eles, a progressividade provoca os seguintes efeitos danosos: i) desestimulam-se os que são mais esforçados, mais eficientes e mais criativos, que, em vez de serem recompensados, acabam sendo punidos com uma carga tributária mais rigorosa, progressiva; ii) desencoraja-se o ingresso de novos capitais e incentiva-se a saída dos existentes que, se fossem aqui mantidos, permitiriam um incremento da produção nacional e, por consequência, ter-se-ia uma maior capacidade de geração de riqueza; iii) provoca-se uma redução no desenvolvimento nacional, em decorrência do menor esforço e da menor eficiência (trabalho), bem como por causa da carência de capitais; iv) prejudica-se o processo de distribuição de riqueza e a possibilidade de o Estado prestar melhores serviços à população, em especial a assistência aos mais carentes, afetando, inclusive, os serviços públicos fundamentais – saúde, educação, segurança, justiça – , em função de a riqueza gerada ser menor; v) agrava-se a situação de subdesenvolvimento econômico-social em que o país se encontra.

Os partidários de uma tributação da renda de forma progressiva contra-argumentam e alegam basicamente o seguinte: a) o Princípio da Progressividade é corolário dos Princípios da Capacidade Contributiva (subjetiva), da Igualdade e da Justiça Fiscal, pois obedece a máxima de que cada um deve contribuir à medida de sua possibilidade econômica e essa capacidade aumenta mais que proporcionalmente ao aumento da riqueza de cada um; b) a progressividade possibilita um tratamento mais equitativo entre as pessoas de diferentes níveis de riqueza, pois tende a igualar o sacrifício[58] de cada um ao suportar a carga tributária; c) a progressividade permite a satisfação de um dos objetivos fundamentais da República Brasileira, qual seja, a redução das desigualdades sociais (art. 3º, III, CRFB); d) a progressividade atende outro objetivo fundamental da República Brasileira – a construção de uma sociedade livre, justa e solidária (art. 3º, I, CRFB) – pois à medida que a renda aumenta, crescem os gastos com utilidades cada vez mais supérfluas, servindo a progressividade para minorar a desigualdade e injustiça sociais.

Descabe, nesse momento, aprofundar a discussão teórica acerca da conveniência da tributação progressiva da renda em nosso país. Uma coisa é certa: trata-se de Princípio jurídico posto de forma expressa em nosso sistema e, no tocante ao *imposto sobre a renda e proventos de qualquer natureza*, deve ser aplicado de forma imperativa.

O propósito de se expor a dissensão sobre a conveniência de se realizar uma tributação progressiva da renda em nosso país foi o de alertar para a necessidade

58 José Maurício Conti faz uma exposição das diferentes teorias que defendem a progressividade. A principal delas é a teoria do sacrifício (que se triparte em teoria: do sacrifício absoluto, do sacrifício proporcional e do sacrifício marginal), cuja nota

de se analisar esse tema com o cuidado que ele suscita. Não se ignora que a tributação progressiva tem íntima ligação com os Princípios da Capacidade Contributiva (subjetiva), da Igualdade e da Justiça Fiscal. Entretanto, a quantidade de tributo que um Estado consegue arrecadar depende diretamente do desenvolvimento econômico, que pode ser afetado se a progressividade for elevada. A questão central é: onde está o ponto de equilíbrio entre todos esses valores. Tal questão, apesar de ser aberta e de escapar do âmbito desse trabalho, não pode ser ignorada. Por tal razão, parece existir um certo exagero em se afirmar de plano (sem um maior aprofundamento em temas de ordem política, econômica e social) que, pelo simples fato de a progressividade da tributação da renda no Brasil consistir em somente duas ou três alíquotas, o Princípio da Progressividade no fundo estaria sendo desrespeitado.[59] Em absoluto, está se defendendo uma progressividade só aparente. O que se ressalta é a necessidade de este tema ser tratado com a complexidade que lhe é imanente, pois estão em jogo diferentes valores e objetivos fundamentais do sistema brasileiro, e os mesmos apenas serão atendidos se forem devidamente sopesados, ponderando-se todos os bens jurídicos com razoabilidade.[60]

Para concluir, apresenta-se a seguinte definição:

Princípio da Progressividade atinente ao *imposto sobre a renda e proventos de qualquer natureza* é o complemento, necessário e condicionante, do aspecto declaração prescritiva do antecedente da norma constitucional de produção normativa, portador de elevada carga axiológica, que exige como requisito de validade das normas jurídicas referentes a esse imposto que haja uma variação ascendente da alíquota, à medida que a base de cálculo aumente.

2.6. Princípios da Generalidade e da Universalidade

Os Princípios da Generalidade e da Universalidade encontram-se expressamente previstos no inciso I do § 2º do art. 153 da Constituição da República. É frequente a assertiva de que eles decorrem dos Princípios da Igualdade e da Capacidade Contributiva.

O Princípio da Generalidade informa tanto o critério pessoal do antecedente quanto o critério pessoal passivo do consequente da *norma do imposto sobre*

---

59 Paulo Ayres Barreto observa com proficiência a necessidade de se distinguir a *alíquota nominal* da *alíquota efetiva* (que decorre da aplicação da denominada parcela a deduzir), estipulada em montante fixo para cada faixa de base de cálculo. *Imposto de renda e preços de transferência*, p. 95.

60 Essa interação dos Princípios Jurídicos é assim destacada por Klaus Tipke: "O Tribunal Constitucional Federal Alemão pôs apodicticamente em relação as alíquotas progressivas do imposto de renda com o princípio de igualdade. A progressividade, a meu ver, o rompe com a igualdade. Mas esse rompimento é justificado pelo princípio do estado social, que tem por objetivo, entre outros, a distribuição da renda e do patrimônio, a correção da distribuição da riqueza. A tributação progressiva da renda é política social da lei tributária." *Princípio...*, p. 527.

a renda e proventos de qualquer natureza. Esse princípio impõe que todas as pessoas que auferirem "renda e proventos de qualquer natureza", independentemente das características pessoais (sexo, estado civil, raça, espécie de ocupação profissional ou função exercida, origem etc.), serão obrigadas a se submeter à imposição tributária. Objetiva afastar qualquer espécie de discriminação ou de privilégio de índole pessoal não autorizados pela Constituição. As denominadas isenções pessoais odiosas vão de encontro a esse princípio constitucional. Desde que um sujeito possua capacidade contributiva, salvo disposição constitucional em contrário, deve pagar o imposto. Daí afirmar-se que o Princípio da Generalidade resulta dos Princípios da Igualdade e da Capacidade Contributiva (neste caso, a Subjetiva).

Por tudo isso, pode-se definir:

Princípio Constitucional da Generalidade é o complemento, necessário e condicionante, do aspecto *declaração* prescritiva do antecedente das normas constitucionais de produção normativa relativas ao IR, portador de elevada carga axiológica, o qual exige que, ao se produzir a *norma complementar de produção normativa relativa ao IR* ou a *norma do IR*, sejam determinadas ou incluídas, respectivamente, como critério pessoal do antecedente e como critério pessoal passivo do consequente (contribuinte) todas as pessoas que auferirem "renda e proventos de qualquer natureza", independentemente das características pessoais (sexo, estado civil, raça, espécie de ocupação profissional ou função exercida, origem etc.).

Por sua vez, o Princípio da Universalidade informa tanto o critério material do antecedente ("fato gerador") quanto um dos aspectos do critério material quantitativo do consequente – a base de cálculo – da *norma do imposto sobre a renda e proventos de qualquer natureza*. De acordo com esse princípio, todos os fatos (positivos e negativos) que contribuam para a identificação do conceito "renda ou proventos de qualquer natureza", não importando quais sejam suas fontes, origens ou natureza, deverão ser materialmente considerados para que ocorra tal tributação. Costuma-se firmar que o Princípio da Universalidade é corolário dos Princípios da Igualdade e da Capacidade Contributiva (nesta hipótese, a Objetiva).

Desta sorte, define-se:

Princípio Constitucional da Universalidade é o complemento, necessário e condicionante, do aspecto *declaração* prescritiva do antecedente das normas constitucionais de produção normativa relativas ao IR, portador de elevada carga axiológica, o qual exige que, ao se produzir a *norma complementar de produção normativa relativa ao IR* ou a *norma do IR*, seja, respectivamente, determinado ou incluído como critério material do antecedente e como base de cálculo (no critério material quantitativo do consequente) o conceito "renda e proventos de qualquer natureza", o qual deve ser informado por todos os fatos (positivos e negativos) que contribuam para a sua identificação, não importando quais sejam suas fontes, origens ou natureza.

2.7. Princípios da Irretroatividade e da Anterioridade

Os Princípios da Irretroatividade e da Anterioridade têm assento no art. 150, inciso III, da Constituição da República, respectivamente, alíneas "a" e "b":

> "Art. 150. Sem prejuízo de outras garantias asseguradas ao contribuinte, é vedado à União, aos Estados, ao Distrito Federal e aos Municípios:
>
> ....
>
> III - cobrar tributos:
>
> a) em relação a fatos geradores ocorridos antes do início da vigência da lei que os houver instituído ou aumentado;
>
> b) no mesmo exercício financeiro em que haja sido publicada a lei que os instituiu ou aumentou."

Convém observar, preliminarmente, que tanto a doutrina quanto a jurisprudência têm dissentido sobre um relevante aspecto que envolve os Princípios da Irretroatividade e da Anterioridade, qual seja: se esses princípios informam a *validade*, a *vigência* ou a *eficácia* da norma jurídica.

Essa dissonância tem relação com a falta de consenso acerca das definições dos conceitos (fundamentais) de *validade, vigência* e *eficácia*. Como se demonstrou anteriormente[61], é de suma importância definir com absoluto rigor esses três conceitos. Portanto, é útil retomar as definições já expostas:

a) validade - é a qualidade que toda e qualquer norma jurídica (norma que integra um sistema jurídico) possui, em função de ter sido regularmente produzida, isto é, em virtude de ter sido produzida em consonância com os requisitos estabelecidos pela correspondente norma de produção normativa - por isso, ao se afirmar que uma norma é jurídica, está se afirmando que ela é válida, que existe juridicamente, que pertence a um dado sistema jurídico;

b) vigência - é a qualidade da norma jurídica (válida, portanto) que está apta a produzir efeitos jurídicos, mediante a incidência sobre (o conceito de) fatos (jurídicos);

c) eficácia, que se concebeu em duas diferentes acepções:

c.1 - eficácia jurídica - considera-se expressão sinônima de *vigência*;

c.2 - eficácia social ou efetividade - é a qualidade da norma jurídica que é cumprida pela maior parte de um grupo social

Considerando essas definições, pode-se asseverar que os Princípios da Irretroatividade e da Anterioridade estão relacionados com o fenômeno da *validade*, pois sendo eles aspectos da norma constitucional de produção normativa, aca-

---

61 Capítulo I, subitem 2.4.

bam por informar se a norma tem ou não fundamento constitucional de validade, ou seja, se a norma pertence ou não ao sistema jurídico.

Pelo Princípio da Irretroatividade Tributária, uma norma tributária (criada ou aumentada – com modificação aumentativa da respectiva carga) não pode se projetar, incidir, sobre (o conceito de) fatos ocorridos antes de tal norma entrar em vigor. A projeção semântica da norma tributária está dirigida para fatos futuros, de possível ocorrência. Jamais poderá se dirigir a fatos passados, já ocorridos no tempo e no espaço.

O Princípio da Irretroatividade Tributária está contido no aspecto material do antecedente da norma constitucional de produção normativa e pode ser assim definido:

Princípio da Irretroatividade Tributária é o complemento condicionante do aspecto material – declaração prescritiva – do antecedente da norma constitucional de produção normativa, que estabelece a necessidade de, nas hipóteses de criação ou aumento de tributo, a declaração prescritiva a ser elaborada pelo legislador infraconstitucional conter como proposição implicante (a qual corresponderá ao antecedente da norma tributária a ser produzida) a descrição do conceito de um fato de ocorrência possível e futura, nunca a descrição do conceito de fato já ocorrido no tempo e no espaço, fato passado.

Sempre que o Princípio da Irretroatividade Tributária não for atendido, inexistirá a produção de norma jurídica (válida). Daí falar-se em norma inconstitucional – norma (não jurídica) que carece de fundamento constitucional de validade e que, por consequência, não pertence ao sistema jurídico brasileiro.

Esse entendimento tem sido adotado pelo Supremo Tribunal Federal, como demonstra a decisão desta Corte, em sua composição plenária, no Recurso extraordinário nº 11.1954-PR, quando decidiu que um "decreto-lei" (a norma veiculada pelo decreto-lei) era ***inconstitucional*** (sem fundamento constitucional de validade), por ter afrontado o Princípio da Irretroatividade. Segue:

"EMENTA: Empréstimo Compulsório – Decreto-Lei nº 2.047, de 20/7/1983. Súmula nº 418.
O empréstimo sujeita-se às imposições da legalidade e igualdade, mas, por sua natureza, não à anterioridade, nos termos do art. 153, parágrafo 29, 'in fine', da Constituição Federal (demais casos previstos na Constituição). O Decreto-Lei nº 2.047/83, contudo, sofre de vício incurável: a retroação a ganhos, rendas – ainda que não tributáveis – de exercício anterior, já encerrado. **Essa retroatividade é inaceitável** (art. 153, parágrafo 3º, da Constituição Federal), fundamento diverso do em que se apoiou o acórdão recorrido. Recurso Extraordinário não conhecido, **declarada a inconstitucionalidade** do Decreto-Lei nº 2.047, de 20.7.83" (grifado).

Em igual sentido, decidiu a Suprema Corte no julgamento do Recurso Extraordinário nº 204133-MG:

"EMENTA: TRIBUTÁRIO. ICMS. CORREÇÃO MONETÁRIA. TAXA REFERENCIAL DIÁRIA. INAPLICABILIDADE A FATOS GERADORES CONSUMADOS ANTERIORMENTE À SUA INSTITUIÇÃO. OFENSA AO **PRINCÍPIO DA IRRETROATIVIDADE** DAS LEIS. PRECEDENTE.
2. Fato gerador consumado anteriormente à vigência da Lei nº 8.177/1991. Incidência da TRD. Impossibilidade em face do princípio da irretroatividade, dado que a referida taxa altera não apenas a expressão nominal do imposto, mas também o valor real da respectiva base de cálculo. Precedente.
Recurso extraordinário conhecido e provido" (grifado).

Por sua vez, como se disse anteriormente, o Princípio da Anterioridade tem assento no enunciado do art. 150, inciso III, alínea "b", da Constituição da República, segundo o qual "é vedado cobrar tributos no mesmo exercício financeiro em que haja sido publicada a lei que os instituiu ou aumentou."

Em termos mais rigorosos, a norma constitucional de produção normativa, ao regular a produção ou modificação aumentativa (no caso de aumentar o montante de dinheiro a ser entregue ao Estado) da norma tributária, determina que a declaração prescritiva a ser produzida (e que se transformará na futura norma tributária, p. ex., a norma do IR) só prevalecerá após a ocorrência de um evento futuro e certo (termo), qual seja, o encerramento do "exercício financeiro em que haja sido publicada a lei que os (tributos) instituiu ou aumentou".

Assim, a norma constitucional de produção normativa, no que toca à produção ou modificação aumentativa (que implique o aumento do valor a ser entregue ao Estado a título de tributo) de norma tributária, descreve, em seu antecedente, um "fato complexo" composto por (a) sujeitos de direito, (b) um procedimento e (c) uma declaração prescritiva ***submetida à ocorrência de um termo*** – o início do exercício financeiro seguinte àquele em que houver sido publicada a respectiva lei (a lei veiculadora da norma tributária).

Portanto, pode-se dizer que:

Princípio da Anterioridade é um complemento condicionante do aspecto material do antecedente da norma constitucional de produção normativa, que afeta o elemento *declaração prescritiva*, submetendo-o à ocorrência de um evento futuro e certo (termo) – o início do exercício financeiro seguinte àquele em que houver sido publicada a lei relativa à criação ou modificação aumentativa (que implique aumento do valor a ser entregue ao Estado a título de tributo) de norma tributária, ou seja, a norma tributária somente passará a integrar o sistema jurídico (ser válida, ter fundamento constitucional de validade) a partir do exercício financeiro seguinte àquele em que houver sido publicada a lei relativa à criação ou aumento do tributo (a ocorrência do termo).

Dessa maneira, somente com o advento do ***termo*** previsto, imposto, pela norma constitucional de produção normativa é que a ***declaração prescritiva***, produzida no mundo real, fenomênico, combinada com os outros fatos (cujos conceitos também encontram-se descritos no antecedente da norma constitucional de produção normativa) – ***sujeitos de direito*** e ***procedimento*** – terá, como efeito jurídico, a criação ou modificação de uma norma tributária.

O Princípio da Anterioridade, por estar contido na norma constitucional de produção normativa, apresenta-se como um dos requisitos constitucionais de validade da norma tributária. Se o Princípio da Anterioridade não for respeitado (exige-se a entrega de certo valor em dinheiro a título de tributo ***no mesmo exercício financeiro em que é publicada a lei***) pelo legislador infraconstitucional, a norma (mensagem prescritiva) produzida é (juridicamente) inválida – não é norma jurídica, pois não integra o sistema jurídico. A norma tributária (válida), apenas exsurgirá (ingressará no sistema do Direito Positivo) quando do advento do ***termo***, isto é, após o encerramento do exercício financeiro em que haja sido publicada a respectiva lei (a lei veiculadora da norma tributária).

Importa repisar que o Princípio da Anterioridade não afeta somente a vigência de uma norma validamente produzida, mas informa a própria validade da norma, a qual, somente depois de atendê-lo, torna-se jurídica.

Vale dar um exemplo de tal situação a fim de elucidar essa assertiva. Se, no mundo fenomênico, real, o Presidente da República e o Congresso Nacional, seguindo o procedimento constitucional previsto, emitem uma declaração prescritiva (a qual corresponde ao conteúdo da futura norma do IR) no sentido do aumento (aumenta-se a alíquota) do IR, para prevalecer (vigorar) a partir da data em que ocorrer a publicação (no mesmo exercício financeiro) da lei. Publicada essa lei, alguém que examinasse a norma (a mensagem prescritiva) veiculada teria razão em afirmar: a lei (**norma legal**) é inconstitucional, pois ofende o Princípio Constitucional da Anterioridade, tendo em vista que o imposto aumentado só pode ser exigido depois de alcançado o termo determinado pelo antecedente da norma constitucional de produção normativa, isto é, a partir do exercício financeiro seguinte àquele em que houver sido publicada a lei relativa à criação ou aumento do tributo.

Enquanto não estiver atendido o Princípio da Anterioridade, não tem cabimento cogitar do problema relativo à vigência. A questão atinente à vigência, por razão lógica, apenas surge quando já se encontra superado o problema da validade: **vigência é qualidade de norma jurídica (válida)**. No exemplo acima, uma vez adquirida a validade, a norma (agora jurídica) passará ter vigência.

Situação diversa seria a seguinte: o legislador ordinário, além de atender todos os requisitos constitucionais, em especial o Princípio da Anterioridade, estabeleceu um prazo maior para a norma entrar em vigor, qual seja, 60 dias depois de iniciado o exercício financeiro seguinte ao da publicação da respectiva lei.

Aqui, as duas figuras podem ser bem identificadas. A norma adquire **validade** (torna-se jurídica) a partir do início do exercício financeiro seguinte ao da publicação da respectiva lei. Contudo, a norma tributária (já válida, pois foi regularmente produzida) somente terá **vigência** quando for alcançado o termo escolhido pelo legislador infraconstitucional, ou seja, 60 dias depois de iniciado o exercício financeiro seguinte ao da publicação da respectiva lei.

Em suma, a **validade** decorre do cumprimento, no plano dos fatos, dos requisitos estabelecidos pela norma (no caso, constitucional) de produção normativa (onde está presente o Princípio da Anterioridade). A **vigência** depende do modo pelo qual o legislador perfaz a declaração prescritiva, a qual pode ser:

a) produzida para gerar efeitos imediatamente, isto é, logo após a publicação da lei (desde que a norma legal tributária já possua validade - por já ter sido alcançado o termo relativo ao Princípio da Anterioridade ou por este princípio ter sido afastado pela própria Constituição Originária);[62] ou

b) feita *a termo* (submetida a um período de *vacatio* legis, por mera vontade do legislador, não por exigência da norma constitucional de produção normativa), quer dizer, a norma produzida, apesar de ser válida, ainda não está apta a produzir efeitos jurídicos, só adquirindo a vigência após ser alcançado o *termo* estabelecido pelo sujeito produtor da norma (o legislador infraconstitucional).

O SUPREMO TRIBUNAL FEDERAL tem determinado que a ofensa ao Princípio da Anterioridade caracteriza hipótese de ***inconstitucionalidade***, isto é, de norma (*não jurídica*) que não tem fundamento de validade em norma constitucional de produção normativa. E mais, que o Princípio da Anterioridade apresenta-se como uma das denominadas *cláusulas pétreas* do sistema constitucional brasileiro, que mesmo por Emenda Constitucional não pode ser afastado. Seguem duas importantes decisões:

ADIN nº 939 - DF
Relator Ministro Sydney Sanches

"EMENTA: - Direito Constitucional e **Tributário.**
Ação Direta de Inconstitucionalidade de Emenda Constitucional e de Lei Complementar.
I.P.M.F.
Imposto Provisório sobre a Movimentação ou a Transmissão de Valores e de Créditos e Direitos de Natureza Financeira - I.P.M.F.
Artigos 5., par. 2., 60, par. 4., incisos I e IV, 150, incisos III, "b", e VI, "a", "b", "c" e "d", da Constituição Federal.
1. Uma Emenda Constitucional, emanada, portanto, de Constituinte derivada, incidindo em violação a Constituição originaria, pode ser declarada inconstitucional, pelo Supremo Tribunal Federal, cuja função precípua e de guarda da Constituição (art. 102, I, "a", da C.F.).

62 A Constituição Originária dispõe no § 1º do art. 150 sobre a não aplicação do Princípio da Anterioridade: "A vedação do inciso III, b, não se aplica aos impostos previstos nos arts. 153, I, II, IV e V e art. 154, II." Esse princípio também não é aplicável para a hipótese de empréstimo compulsório prevista no art. 148, I. Ressalta-se: segundo o Supremo Tribunal Federal, uma Emenda Constitucional não tem o condão de afastar o Princípio da Anterioridade, como será destacado logo à frente.

2. A Emenda Constitucional nº 3, de 17.03.1993, que, no art. 2, autorizou a União a instituir o I.P.M.F., **incidiu em vício de inconstitucionalidade**, ao dispor, no parágrafo 2 desse dispositivo, que, quanto a tal tributo, não se aplica "o art. 150, III, "b" e VI", da Constituição, porque, desse modo, violou os seguintes princípios e normas imutáveis (somente eles, não outros):
1. – o principio da anterioridade, que é garantia individual do contribuinte (art. 5., par. 2, art. 60, par. 4, inciso IV e art. 150, III, "b" da Constituição);
2. – o princípio da imunidade tributária recíproca (que veda a União, aos Estados, ao Distrito Federal e aos Municípios a instituição de impostos sobre o patrimônio, rendas ou serviços uns dos outros) e que é garantia da Federação (art. 60, par. 4, inciso I,e art. 150, VI, "a", da C.F.);
3. – a norma que, estabelecendo outras imunidades impede a criação de impostos (art. 150, III) sobre:
"b"): templos de qualquer culto;
"c"): patrimônio, renda ou serviços dos partidos políticos, inclusive suas fundações, das entidades sindicais dos trabalhadores, das instituições de educação e de assistência social, sem fins lucrativos, atendidos os requisitos da lei; e
"d"): livros, jornais, periódicos e o papel destinado a sua impressão;
3. Em consequência, **é inconstitucional, também, a Lei Complementar nº 77, de 13.07.1993, sem redução de textos, nos pontos em que determinou a incidência do tributo no mesmo ano (art. 28)** e deixou de reconhecer as imunidades previstas no art. 150, VI, "a", "b", "c" e "d" da C.F. (arts. 3., 4. e 8. do mesmo diploma, L.C. nº 77/93).
4. Ação Direta de Inconstitucionalidade julgada procedente, em parte, para tais fins, por maioria, nos termos do voto do Relator, mantida, com relação a todos os contribuintes, em caráter definitivo, a medida cautelar, que suspendera a cobrança do tributo no ano de 1993" (grifado).

RE nº 182191-RJ
Relator Ministro Ilmar Galvão

"EMENTA: TRIBUTÁRIO. IPTU. AUMENTO DA RESPECTIVA BASE DE CÁLCULO MEDIANTE APLICAÇÃO DE ÍNDICES GENÉRICOS DE VALORIZAÇÃO, APLICÁVEIS POR LOGRADOUROS, DITADOS POR LEI.
Caso em que o instrumento normativo não poderia ser aplicado no mesmo exercício em que foi publicado, sem ofensa ao princípio da anterioridade.
Acórdão que, para contornar o óbice constitucional, entendeu haverem os referidos índices sido estabelecidos por meio de ato regulamentar, com o que não evitou o vício da inconstitucionalidade que, nesse caso, residiria em **violação ao princípio da anterioridade.**
Somente por via de lei, no sentido formal, **publicada no exercício financeiro anterior,** é permitido aumentar tributo, como tal, havendo de ser considerada a iniciativa de modificar a base de cálculo do IPTU, por meio de aplicação de tabelas genéricas de valorização de imóveis, relativamente a cada logradouro, que torna o tributo mais oneroso.
Recurso extraordinário conhecido e provido" (grifado).

Por fim, a respeito da aplicação dos Princípios da Anterioridade e da Irretroatividade em matéria atinente ao *imposto sobre a renda e proventos de qualquer natureza*, merece destaque especial essa representativa e esclarecedora decisão proferida, por unanimidade, pelo Supremo Tribunal Federal no âmbito de uma Ação Direta de Inconstitucionalidade:

Ação Direta de Inconstitucionalidade nº 513 – DF
Relator Ministro Célio Borja
Tribunal Pleno – DJ de 30/10/92

"Ementa: Ação Direta de Inconstitucionalidade. Lei nº 8.134/90 e Manual para o preenchimento da Declaração do Imposto de Renda, Pessoa Física, ano base 1990, exercício 1991, no ponto relativo as instruções sobre a aplicação do coeficiente de correção monetária do imposto e de sua restituição.

I. No controle concentrado, de constitucionalidade, não se examina disposição não-normativa,tal o Manual de Declaração de Imposto de Renda. Ação não conhecida nessa parte.

II. O parágrafo único, art. 11, da Lei nº 8.134/90 institui coeficiente de aumento do imposto de renda e, não, índice neutro de atualização da moeda. Por isso, ele não pode incidir em fatos ocorridos antes de sua vigência, nem no mesmo exercício em que editado, sob pena de afrontar as cláusulas vedatórias do art. 150, inciso III, alíneas "a" e "b", da Constituição Federal.

Assim é, porque a obrigação tributária regula-se pela lei anterior ao fato que a gerou, mesmo no sistema de bases correntes da Lei nº 7.713/88 (imposto devido mensalmente, a medida em que percebidos rendimentos e ganhos de capital, não no último dia do ano) em vigor quando da norma impugnada. Ainda quando a execução da obrigação tributaria se projeta no tempo, ela surge, também nesse sistema, contemporaneamente ao seu fato gerador.

III. O ulterior acerto de créditos e débitos não é um novo fato gerador de obrigação tributária, mas, expediente destinado a permitir a aplicação da regra de progressividade do imposto direto.

IV. Alegação de só poder ter efeito "ex nunc" a decisão que nulifica lei que instituiu ou aumentou tributo auferido pelo tesouro e já aplicado em serviços ou obras publicas. Sua inaplicabilidade à hipótese dos autos que não cogita, exclusivamente, de tributo já integrado ao patrimônio público, mas, de ingresso futuro a ser apurado na declaração anual do contribuinte e recolhido posteriormente .Também não é ela atinente à eventual restituição de imposto pago a maior, porque esta prevista em lei e terá seu valor reduzido pela aplicação de coeficiente menos gravoso.

V. Não existe ameaça iminente à solvência do Tesouro, à continuidade dos serviços públicos ou a algum bem política ou socialmente relevante, que justifique a supressão, "in casu", do efeito próprio, no Brasil, do juízo de inconstitucionalidade da norma, que é a sua nulidade. É de repelir-se, portanto, a alegada ameaça de lacuna jurídica ameaçadora (Bedrohliche Rechtslucke).

VI. Ação conhecida em parte e, nessa parte, julgada procedente para declarar a inconstitucionalidade do art. 11, parágrafo único, da Lei nº 8.134/90" (grifado).

2.8. Princípios da legalidade e da legalidade tributária materialmente qualificada e os fenômenos da indeterminação e mutação dos conceitos

O **Princípio Constitucional da Legalidade** é considerado um dos pilares do sistema jurídico brasileiro, quiçá ocidental. Trata-se de um Princípio Constitucional Geral, não um Princípio Constitucional peculiar ao campo tributário. Seu estudo, entre várias razões existentes, se justifica por uma em particular: o Princípio Constitucional da Legalidade Tributária Materialmente Qualificada é corolário seu.

A maior parte da doutrina que examina o Princípio Constitucional da Legalidade aponta o inciso II do art. 5º da Constituição da República como sendo o dispositivo que o veicula. Dita a Constituição:

"Art. 5º. Todos são iguais perante a lei, sem distinção de qualquer natureza, garantindo-se aos brasileiros e aos estrangeiros residentes no País a inviolabilidade do direito à vida, à liberdade, à igualdade, à segurança e à propriedade, nos termos seguintes:

....

II – ninguém será obrigado a fazer ou deixar de fazer alguma coisa senão em virtude de lei;"

Segundo CELSO ANTÔNIO BANDEIRA DE MELLO:[63]

"No Brasil, o princípio da legalidade, além de assentar-se na própria estrutura do Estado de Direito e, pois, do sistema constitucional como um todo, está radicado especificamente nos arts. 5º, II, 37 e 84, IV". E confere os traços do princípio em exame ao doutrinar:

"Nos termos do art. 5º, II, 'ninguém será obrigado a fazer ou deixar de fazer alguma coisa senão em virtude de lei'. Aí não se diz 'em virtude de' decreto, regulamento, resolução, portaria ou quejandos. Diz-se 'em virtude de lei'. Logo, a Administração não poderá proibir ou impor comportamento algum a terceiro, salvo se estiver previamente embasada em determinada lei que lhe faculte proibir ou impor algo a quem quer que seja. Vale dizer, não lhe é possível expedir regulamento, instrução, resolução, portaria ou seja lá que ato for para coartar a liberdade dos administrados, salvo se, em lei, já existir delineada a contenção ou imposição que o ato administrativo venha a minudenciar".

É objetiva e clara a lição de PAULO DE BARROS CARVALHO[64] sobre o Princípio da Legalidade. Afirma este mestre que:

---

63 *Idem*, pp. 49-50.

64 *In Curso de Direito Tributário*, pp. 93-94.

"Também explícita em nosso sistema – art. 5.º, II – essa máxima assume o papel de absoluta preponderância. Ninguém será obrigado a fazer ou deixar de fazer alguma coisa senão em virtude de lei. Efunde sua influência por todas as províncias do direito positivo brasileiro, não sendo possível pensar no surgimento de direitos subjetivos e de deveres correlatos sem que a lei os estipule. Como o objetivo primordial do direito é normar a conduta, e ele o faz criando direitos e deveres correlativos, a relevância desse cânone transcende qualquer argumentação que pretenda enaltecê-lo. A diretriz da legalidade está naquela segunda acepção, isto é, a de norma jurídica de posição privilegiada que estipula limites objetivos".

Dos ensinamentos desses cientistas do direito pode-se extratar uma nota comum: por força do "Princípio da Legalidade" somente a lei pode criar "direitos" e "deveres".

De forma mais acurada e precisa, retomando a noção de instrumento introdutor de normas (capítulo III, item 3.3) é correto se afirmar: somente a lei (instrumento introdutor de norma primário em acepção ampla)[65] pode inaugurar o sistema jurídico introduzindo norma de conduta (que em seu consequente, estabelecerá a regulação de conduta intersubjetiva, modalizando-a em proibida, permitida ou obrigatória) ou norma de produção normativa (que regulará a produção de outras normas jurídicas).

Importa ressaltar que, a partir da Emenda Constitucional nº 32/2001, tornou-se possível a utilização do denominado "decreto autônomo" no ordenamento brasileiro, cujo suporte de validade advém diretamente da Constituição, pelo que, neste caso, ao decreto foi conferido status de instrumento introdutor de norma primário. Segundo a redação original do art. 84, inciso VI, da Constituição, competia privativamente ao Presidente da República " dispor sobre a organização e o funcionamento da administração federal, na forma da lei". Com a nova redação dada a esse inciso VI do art. 84, o Presidente da República passou a ter competência privativa para dispor, por meio de decreto, sobre "organização e funcionamento da administração federal, quando não implicar aumento de despesa nem criação ou extinção de órgãos públicos" e "extinção de funções ou cargos públicos, quando vagos". O status de instrumento introdutor primário para o decreto na referida hipótese já foi declarado pelo Supremo Tribunal Federal no julgamento da ADI 2564. Da ementa do acórdão, destaca-se a seguinte passagem: " Ausência de ofensa ao princípio da reserva legal, diante da nova redação atribuída ao inciso VI do art. 84 pela Emenda Constitucional nº 32/01, que permite expressamente ao Presidente da República dispor, por decreto, sobre a organização e o funcionamento da administração federal, quando isso não implicar aumento de despesa ou

---

65 Os veículos introdutores de normas se classificam, quanto à possibilidade de promover o ingresso de normas inaugurais no sistema, em: primários (podem) e secundários ou derivados (não podem). São primários: a lei constitucional, a lei complementar, a lei ordinária, a lei delegada, a medida provisória, o decreto legislativo e as resoluções do Congresso Nacional e Senado Federal. Neste sentido, leciona Paulo de Barros Carvalho, *ibidem*, pp. 44 e segs.

criação de órgãos públicos, exceções que não se aplicam ao Decreto atacado. Ação direta de inconstitucionalidade cujo pedido se julga improcedente."

Sendo assim, como situar (segundo a definição de princípio constitucional proposta – retro subitem 4.2.2) o Princípio da Legalidade na norma constitucional de produção normativa?

A resposta é a seguinte: o Princípio da Legalidade está presente em todas as normas constitucionais, sejam as de produção normativa sejam as de conduta (embora, num certo sentido, possa se cogitar de exceções constitucionais a tal princípio no que tange a alguns aspectos de normas infraconstitucionais – ex.: art. 153, §1º).

No tocante à norma constitucional de conduta, o princípio é atendido de forma direta e induvidosa, pois ela é veiculada pela "lei constitucional" (a Constituição). Ou, de outro ângulo, por ser norma constitucional[66] apresenta-se como norma-origem do Direito Positivo; por conseguinte, não cabe qualquer discussão acerca de sua validade. A norma constitucional tem a qualidade (intrínseca) de ser jurídica, válida (axioma fundamental do sistema jurídico).

Com relação à norma constitucional de produção normativa, o princípio está presente no antecedente, ou melhor, em parte do antecedente. Ressalta-se: o antecedente é incindível; apenas por uma operação de abstração, com fins puramente cognoscitivos, é que tal separação é possível, para se destacar alguns aspectos axiologicamente enriquecidos.

Conforme explicado, o antecedente da norma constitucional de produção normativa descreve um fato complexo composto pelos seguintes elementos:

a) um sujeito de direito;

b) uma declaração prescritiva (no caso de a norma impositiva tributária ser o objeto imediato da regulação, tal declaração apresenta-se como uma proposição prescritiva-condicional de conduta intersubjetiva); e

c) um procedimento.

Ora, no caso do denominado Princípio da Legalidade, o que se tem é uma elevação da carga axiológica (uma valorização jurídica) dos aspectos do antecedente citados nas letras "a" e "c" acima, quais sejam: o sujeito de direito e o procedimento.

O conceito do fato complexo suficiente (fato ocorrido no mundo fenomênico, plano concreto) sofrerá a incidência da norma constitucional de produção normativa e produzirá, como efeito jurídico, norma infraconstitucional (válida pelo menos no que toca ao "Princípio da Legalidade") quando:

a) o *sujeito de direito* for aquele descrito pelo antecedente da norma constitucional de produção normativa (ex.: Congresso Nacional e o Presidente da República);

---

66 Aqui não se inclui a norma veiculada por Emenda Constitucional, pois esta tem nas normas constitucionais originais o seu fundamento último de validade (este ponto será melhor analisado no capítulo V, subitem 5.2.1).

b) e o *procedimento* seguido for aquele igualmente descrito pelo antecedente da norma constitucional (ex.: processo legislativo – Constituição da República – arts. 61 a 67).

Logo, o Princípio da Legalidade estará respeitado quando atender-se, no mundo fenomênico, real, os aspectos *sujeito de direito* e *procedimento*, descritos pelo antecedente da norma constitucional de produção normativa.

Linhas atrás, foi dito que a previsão constitucional contida no § 1.º do art. 153 (alteração da alíquota de norma impositiva tributária por ato do Executivo) poderia dar ensejo a cogitar-se em exceção ao Princípio da Legalidade. Tendo em vista aquilo que se disse sobre a localização e estrutura lógica deste princípio surgem duas conclusões possíveis:

a) no caso de considerar-se (questão semântica) que para atender o Princípio de Legalidade se faz necessária a participação do sujeito-Legislativo, então haveria uma exceção constitucional a tal princípio, não se podendo olvidar que segundo o §1º do art. 153, a alteração da alíquota pelo Poder Executivo somente pode ocorrer "atendidas as condições e os limites estabelecidos em lei";

b) se não se entender (questão semântica) necessária a participação do sujeito-Legislativo para caracterizar o atendimento ao Princípio da Legalidade, sendo suficiente que seja respeitado o sujeito de direito constitucionalmente determinado, então o Princípio da Legalidade está atendido, não cabendo falar-se em exceção constitucional.

Trata-se, pois, de uma opção semântica (e não sintática lógica) que não acarreta (pelo menos neste caso), seja qual for a preferência do cientista, qualquer diferença quanto à validade da norma produzida. Esse mesmo raciocínio é aplicável a todas as situações em que a Constituição possibilitar que um instrumento introdutor de norma que, normalmente (por força da própria Constituição), é secundário possa, em certas situações, ser utilizado como instrumento introdutor de norma primário.

Uma vez examinado o Princípio da Legalidade, pode-se iniciar a perquirição do conceito de **Princípio da Legalidade Tributária Materialmente Qualificada**, expressão mais elucidativa que Princípio da Estrita Legalidade Tributária e menos controvertida que Princípio da Tipicidade Tributária, como se observará adiante. O Princípio da Legalidade Tributária Materialmente Qualificada pode ser construído, especialmente, a partir da interpretação dos seguintes enunciados da Constituição:

Art. 145. A União, os Estados, o Distrito Federal e os Municípios poderão instituir os seguintes tributos:

[...]

§ 2º As taxas não poderão ter **base de cálculo** própria de impostos.

[...]

Art. 146. Cabe à lei complementar:
[...]
III – estabelecer normas gerais em matéria de legislação tributária, especialmente sobre:
a) definição de tributos e de suas espécies, bem como, em relação aos impostos discriminados nesta Constituição, a dos respectivos **fatos geradores, bases de cálculo** e **contribuintes**;
[...]
Art. 149. Compete exclusivamente à União instituir contribuições sociais, de intervenção no domínio econômico e de interesse das categorias profissionais ou econômicas, como instrumento de sua atuação nas respectivas áreas, observado o disposto nos arts. 146, III, e 150, I e III, e sem prejuízo do previsto no art. 195, § 6º, relativamente às contribuições a que alude o dispositivo.
[...]
§ 2º As contribuições sociais e de intervenção no domínio econômico de que trata o caput deste artigo:
[...]
III – poderão ter **alíquotas**:
a) ad valorem, tendo por **base** o faturamento, a receita bruta ou o valor da operação e, no caso de importação, o valor aduaneiro;
b) específica, tendo por **base** a unidade de medida adotada.
[...]
Art. 150. Sem prejuízo de outras garantias asseguradas ao contribuinte, é vedado à União, aos Estados, ao Distrito Federal e aos Municípios:
I – **exigir ou aumentar tributo sem lei que o estabeleça**;
II – instituir tratamento desigual entre **contribuintes** que se encontrem em situação equivalente, proibida qualquer distinção em razão de ocupação profissional ou função por eles exercida, independentemente da denominação jurídica dos rendimentos, títulos ou direitos;
[...]
§ 6º Qualquer subsídio ou isenção, redução de **base de cálculo**, concessão de crédito presumido, anistia ou remissão, relativos a impostos, taxas ou contribuições, só poderá ser concedido mediante lei específica, federal, estadual ou municipal, que regule exclusivamente as matérias acima enumeradas ou o correspondente tributo ou contribuição, sem prejuízo do disposto no art. 155, § 2º, XII, "g".
[...]
Art. 153. Compete à União instituir impostos sobre:
§ 1º É facultado ao Poder Executivo, **atendidas as condições e os limites estabelecidos em lei,** alterar as **alíquotas** dos impostos enumerados nos incisos I, II, IV e V.
[...]
Art. 154. A União poderá instituir:

I - mediante lei complementar, impostos não previstos no artigo anterior, desde que sejam não cumulativos e não tenham **fato gerador** ou **base de cálculo** próprios dos discriminados nesta Constituição; (grifo nosso)

ALBERTO XAVIER desenvolve um conhecido estudo sobre os Princípios da Legalidade e Tipicidade Tributárias. Explica[67] que o Direito Administrativo, em geral, exige uma simples reserva relativa da lei, pois a lei não precisa conter o critério de decisão no caso concreto, sendo possível que o legislador confira ao administrador o poder de livre valoração ao aplicar o Direito. Por sua vez, o Direito Tributário exige uma reserva absoluta da lei, ou seja, a lei deve conter não apenas o fundamento da conduta da Administração, mas também o critério da decisão no caso concreto.

Segundo ALBERTO XAVIER[68]:

"Se o princípio da reserva de lei formal contém em si a exigência da *lex scripta,* o princípio da reserva absoluta coloca-nos perante a necessidade de uma *lex stricta:* a lei deve conter em si mesma todos os elementos da decisão no caso concreto, de tal modo que não apenas o fim, mas também o conteúdo daquela decisão sejam por ela diretamente fornecidos. A decisão do caso concreto obtém-se, assim, por mera dedução da própria lei, limitando-se o órgão de aplicação a subsumir o fato na norma, independentemente de qualquer livre valoração pessoal".

Em outras palavras, para esse jurista a norma impositiva tributária deve prescrever, de forma precisa, não somente a descrição do conceito de um fato de possível ocorrência (antecedente), mas também uma conduta intersubjetiva determinada (qualitativa e quantitativamente) e modalizada.

Afirma o jurista português[69] que o Direito Tributário é, nesse sentido, mais rigoroso que o Direito Penal. A norma penal tipifica o conceito do fato (antecedente), mas não tipifica (acrescenta-se, quantitativa e, às vezes, qualitativamente) o efeito jurídico, conferindo ao juiz uma certa margem de liberdade ao fixar a pena.

Elucidando o acima exposto, pode-se dizer que a norma penal, quanto ao consequente, atribui ao juiz, no tocante à fixação da pena, uma certa liberdade de índole qualitativa (ex.: pena de multa ou detenção) e quantitativa (ex.: pena de prisão de 2 a 6 anos).

Diversamente e de forma mais rígida que a norma penal, a norma tributária determina tanto os critérios do antecedente quanto os do consequente.

Para ALBERTO XAVIER, "no Direito Tributário a técnica da tipicidade atua, não só sobre a hipótese da norma tributária material, como também sobre o seu mandamento. Objeto da tipificação são, portanto, os fatos e os efeitos, as situações jurídicas iniciais e as situações jurídicas finais."[70]

67 Alberto Xavier, *Os Princípios da Legalidade e da Tipicidade da Tributação*, pp. 36 e segs.

68 *Ibidem*, pp. 37 e segs.

69 *Idem, ibidem*, pp. 72 e segs.

70 *Idem, ibidem*, p. 73.

Alerta-se que ao final deste item, serão realizadas relevantes observações sobre o controvertido uso da expressão "tipicidade tributária", em especial, sobre a posição defendida por ALBERTO XAVIER.

PAULO DE BARROS CARVALHO assim leciona acerca do Princípio da Estrita Legalidade:

"O veículo introdutor da regra tributária no ordenamento há de ser sempre a lei (sentido lato), porém o princípio da estrita legalidade diz mais do que isso, estabelecendo a necessidade de que a lei adventícia traga no seu bojo os elementos descritores do fato jurídico e os dados prescritores da relação obrigacional. Esse plus caracteriza a tipicidade tributária, que alguns autores tomam como outro postulado imprescindível ao subsistema de que nos ocupamos, mas que pode, perfeitamente, ser tido como uma decorrência imediata do princípio da estrita legalidade".[71]

SACHA CALMON NAVARRO COÊLHO[72] segue a mesma linha de pensamento, ao afirmar:

"Por primeiro, é preciso dizer que enquanto a legalidade diz respeito ao veículo (lei), a tipicidade entronca com o conteúdo da lei (norma).

O princípio da tipicidade é tema normativo, pois diz respeito ao conteúdo da lei. É, por assim dizer, o lado funcional do princípio da legalidade que originariamente cingia-se a requerer lei em sentido formal, continente de prescrição jurídica abstrata. Exigências ligadas aos princípios éticos da certeza e segurança do direito, como vimos de ver, passaram a requerer que o fato gerador e o dever tributário passassem a ser rigorosamente previstos e descritos pelo legislador, daí a necessidade de tipificar a relação jurídica tributária. Por isso, em segundo lugar, é preciso observar que a tipicidade não só do fato jurígeno-tributário como também do dever jurídico decorrente (sujeitos ativos e passivos, bases de cálculo, alíquotas, fatores outros de quantificação, *quantum debeatur* – como, onde, quando pagar o tributo)".

Extrai-se da lição desses autores que Princípio da Legalidade Tributária Materialmente Qualificada embora decorrente do Princípio da Legalidade apresenta algo mais, um *plus*, que o caracteriza: a declaração prescritiva (elemento que compõe o fato complexo, cujo conceito é descrito pelo antecedente da norma constitucional de produção normativa) deve conter como *proposição implicante* a descrição completa do conceito de um fato (que corresponderá ao antecedente da norma impositiva tributária a ser produzida) e como *proposição implicada* a prescrição de uma relação intersubjetiva cujo núcleo é representado por uma conduta (intersubjetiva) modalizada (no caso, obrigatória – "O") e determinada de forma completa, tanto qualitativa quanto quantitativamente (que corresponde ao consequente da norma impositiva tributária a ser produzida).

Assim, por força desse princípio, compete ao Poder Legislativo (composto pelos representantes democraticamente eleitos pelo povo) da Pessoa Política consti-

71 *Curso ...*, p. 99.

72 Sacha Calmon Navarro Coêlho, *Comentários à Constituição de 1988: Sistema Tributário*, p. 285.

tucionalmente designada para instituir certo tributo decidir acerca dessa matéria, além disso, ao instituir um tributo, deve identificar todos os critérios (pessoal, material, temporal e espacial) do antecedente e do consequente da norma tributária (com especial destaque aos relacionados ao "fato gerador", ao contribuinte, à "base de cálculo" e a´alíquota).

Princípio da Legalidade Tributária Materialmente Qualificada, segundo o modelo proposto (lembrando que o antecedente da norma constitucional de produção normativa descreve o conceito de um *fato complexo* composto por um ou mais sujeitos de direito, uma declaração prescritiva e um procedimento), apresenta-se do seguinte modo:

Princípio da Legalidade Tributária Materialmente Qualificada é uma combinação dos aspectos formais (*sujeito de direito* e *procedimento*) com uma característica especial do conteúdo do aspecto material (*declaração prescritiva*) da norma constitucional de produção normativa, ou seja, esta declaração prescritiva (elemento que compõe o fato complexo, cujo conceito é descrito pelo antecedente da norma constitucional de produção normativa) deverá conter, como *proposição implicante* (que corresponderá ao antecedente da norma impositiva tributária a ser produzida), a descrição de todos os critérios de identificação - pessoal, material, temporal e espacial - do conceito de um fato e, como *proposição implicada* (corresponderá ao consequente da norma impositiva tributária a ser produzida), a prescrição de uma relação intersubjetiva, cujo núcleo é representado por uma conduta intersubjetiva (com a identificação dos sujeitos ativo e passivo (contribuinte)) modalizada (no caso, obrigatória – "O") e determinada de forma completa, tanto qualitativa (via de regra, *de entregar*) quanto quantitativamente (a quantia em dinheiro a ser entregue - base de cálculo e alíquota).

Por conseguinte, a norma impositiva tributária, para ingressar no sistema jurídico (ser jurídica, válida), deve ser produzida em consonância com a norma constitucional de produção normativa, que traz consigo (em seu interior) o Princípio da Legalidade Tributária Materialmente Qualificada.

A tese de que há no sistema jurídico brasileiro o denominado "Princípio da Tipicidade Tributária" tem sido objeto de severas críticas, especialmente em função do sentido atribuído às expressões "tipo" e "tipicidade" por parte de ALBERTO XAVIER.

Segundo parcela representativa da doutrina, a presença de tipos em normas tributárias, ao contrário de confirmar a tese de XAVIER, a infirma, à medida que não caberia falar em tipos fechados, já que os tipos se caracterizariam por serem sempre abertos, flexíveis.[73]

Outro ponto tão ou mais relevante que o relativo à discussão acerca do sentido conferido às expressões "tipo" e "tipicidade", é o pertinente ao posicionamento

73 Por todos: Mizabel Abreu Machado Derzi. *Direito Tributário, Direito Penal e Tipo*. São Paulo, Revista dos Tribunais, 1988. Ricardo Lobo Torres. O princípio da tipicidade no direito tributário. *Revista de Direito Administrativo*, Rio de Janeiro, v. 235, p. 193-232, jan./mar., 2004a.

contrário de XAVIER sobre a possibilidade de serem adotados "conceitos indeterminados" em normas de imposição tributária.

Parece ser inevitável aceitar a presença dos fenômenos da indeterminação dos conceitos e da mutação conceitual no Direito, em especial em matéria tributária.

O fenômeno da indeterminação ou vaguidade dos conceitos é um problema que prejudica o processo de interpretação. Esse fenômeno acomete importantes conceitos constitucionais tributários, tais como, os que decorrem das expressões "renda e proventos de qualquer natureza", "circulação de mercadorias e serviços", "propriedade predial e territorial urbana", "receita" e "faturamento". Releva, desde já, assentar que a existência de indeterminação nos conceitos constitucionais não significa ausência de sentido, pois as palavras são utilizadas na Constituição com o fim de transmitir uma mensagem com sentido, com o propósito de designar algum conceito, o qual possui limites, mesmo sendo conceito do tipo *indeterminado* ou, com mais rigor, ***conceito com razoável grau de indeterminação***[74].

Não se pode esquecer que **os conceitos (jurídicos ou não), em sua maioria, são do tipo "indeterminado", ou com maior precisão, são conceitos com razoável grau de indeterminação, fenômeno que é inerente ao processo de conhecimento humano**. Por isso se diz que **quase todas** as "palavras" ou "conceitos" possuem certo grau de indeterminação (imprecisão), ou seja, são vagas em certo grau.[75]

A questão atinente aos denominados *conceitos indeterminados* ou melhor, ao **fenômeno da indeterminação dos conceitos** é inerente ao processo de conhecimento e (re)constituição da realidade. A indeterminação dos conceitos (vaguidade ou imprecisão) representa a dificuldade em se definir, em se demarcar o conceito dos objetos em geral e pode repousar nas seguintes situações: a) na dificuldade ao identificar e constituir um objeto específico (na construção do *conceito de um objeto específico*) – pois o sujeito cognoscente tem a possibilidade de estabelecer, eleger, infinitas características definitórias; b) na dificuldade de se criar uma classe de objetos (na construção do *conceito de classe de objetos*) que apresentem características definitórias comuns – pois o sujeito cognoscente também tem a

74 O tema da indeterminação ou vaguidade dos conceitos tem merecido destaque de especializada doutrina, entre outros: Karl Engish (1983, p. 208); Karl Larenz (1989, p. 140 e 356); Afonso Rodrigues Queiró (1969, p. 2); Stephen Ullmann (1987, p. 241); Eros Roberto Grau (1988, p. 55); Eduardo García de Enterría e Tomas Ramon Fernandez (1991, p. 386 e 387); Alf Ross (1994, p. 109); Ricardo A. Guibourg, Alejandro M. Ghigliani, e Ricardo V. Guarinoni, (2004, p. 47), Queiroz (2003, p. 21-27).

75 Stephen Ullmann, *idem, ibidem*, pp. 241 e segs.; Ricardo . A. Guibourg, Alejandro M. Ghigliani, e Ricardo V. Guarinoni, *idem*, pp. 48 e 51.; Alf Ross, *Sobre el Derecho Y la Justicia*, p. 111; Genaro R. Carrió, *Notas sobre o Derecho y Lenguaje*, pp. 31 e segs. Importa ressaltar que Karl Engish (op. cit., p. 208) chama a atenção para a existência de alguns conceitos absolutamente determinados – p. ex.: os numéricos combinados com os de medida – 50 km, 24 horas.

possibilidade de eleger infinitos caracteres definitórios comuns para criar a classe de objetos; e c) na dificuldade de se verificar se um objeto específico (o *conceito de um objeto específico*) pertence ou não a certa classe de objetos (ao *conceito de classe de objetos*) – pelas razões já explicadas nos itens 'a' e 'b'.

É certo que, ao se definir um conceito, são adotadas características que que permitem identificá-lo e diferençá-lo de outros conceitos. Isso não infirma o fato de as pessoas nem sempre estarem em plena concordância com tais características definitórias (situação existente, em maior ou menor grau, em todas as áreas do conhecimento), o que é explicável em função do referido **fenômeno da indeterminação**, o qual, insta advertir, é fomentado por dois fatores: a ***mutação*** e a ***diversidade espacial***. Entenda-se por ***mutação*** o fenômeno (também, mas não exclusivamente jurídico) representativo das mudanças de compreensão, de constituição e de interpretação dos objetos em sentido amplo ou da denominada *realidade*, decorrentes das mais variadas razões (morais, econômicas, culturais, físicas, tecnológicas etc.) que se dão ao longo do tempo. E entenda-se por ***diversidade espacial*** a circunstância de as diferentes características físicas do meio circundante informarem a compreensão e a construção da realidade. É nesse sentido, por exemplo, que Stephen Ullmann (1987, p. 251) observa que os Esquimós e os Lapões possuem, em sua linguagem, uma multiplicidade de termos para diferentes espécies de neve. Certamente, isso é função de necessidades específicas provocadas pelas singulares características ambientais, onde o ou os *objetos-neve* assumem uma especial importância para os habitantes dessas regiões. Desse modo, os Esquimós e os Lapões acabam por constituir diferentes objetos, constroem uma nova e diversa realidade.

Esse especial modo de se compreender e de se utilizar a expressão ***conceito*****, que concebe ser necessária a consideração de que os fenômenos da indeterminação e da mutação acometem os conceitos em geral em graus variados**, parece guardar vantagens para o uso de outras expressões relacionadas, tais como, *tipo*, *cláusula geral*, *conceitos determinados*, *conceitos indeterminados* etc., as quais têm suscitado desnecessárias dúvidas acerca de sua caracterização.

Assim, o fato de se poder considerar que as expressões "renda e proventos de qualquer natureza", "circulação de mercadorias e serviços", "propriedade predial e territorial urbana", "receita" e "faturamento" representam **conceitos com razoável grau de indeterminação** não importa em reconhecer que se tratam de conceitos vazios, sem sentido, sem limites, nem permite deduzir que o legislador infraconstitucional possui total liberdade para definir tais conceitos.

Portanto, pode-se dizer que, no sistema jurídico brasileiro, existem, no contexto tributário, mais especificamente no dos impostos e das contribuições, os conceitos constitucionais tributários de "renda e proventos de qualquer natureza", "circulação de mercadorias e serviços", "propriedade predial e territorial urbana", "receita" e "faturamento", que, mediante adequada interpretação, podem ser identificados e definidos, de modo a permitir que eles sejam diferençados de outros conceitos que igualmente servirão como base tributável ("fato gerador" e "base de cálculo") de outros tributos, sem perder de vista que esses conceitos possuem razoável grau de indeterminação e que se encontram submetidos ao fenômeno da mutação.

Em suma, parece ser não apenas possível, mas necessário, compatibilizar o sentido proposto para o Princípio da Legalidade Tributária Materialmente Qualificada com os fenômenos da indeterminação e mutação dos conceitos. Tais fenômenos longe de excluírem a relevância desse princípio, contribuem para construir o seu adequado sentido.

3. IMUNIDADE

Segundo o modelo adotado neste trabalho, a *norma do imposto sobre a renda e proventos de qualquer natureza* passa a ter existência jurídica e a pertencer ao sistema jurídico (validade) à medida que é regularmente produzida. A regular produção das normas jurídicas realiza-se com o atendimento dos requisitos previstos pelas respectivas normas de produção normativa. A norma constitucional de produção normativa que informa a produção da norma do IR é extremamente rica em termos semânticos, pois ela estabelece vários requisitos para que esta última venha a nascer. Como se viu anteriormente, destacam-se, entre esses requisitos, diversos princípios constitucionais, que estão, em termos sintáticos, contidos nas normas constitucionais de produção normativa.

Além dos princípios jurídicos, outro conceito constitucional, também contido nas normas constitucionais de produção normativa, merece relevo para que ocorra a válida criação dessa norma tributária: a **imunidade**.

A doutrina e a jurisprudência têm apontado algumas notas identificadoras da imunidade, quais sejam:

a) a imunidade resulta de determinação constitucional, isto é, possui assento na Constituição – por exemplo, é comum a assertiva de que as situações previstas no enunciado do inciso VI, alíneas "a" a "d", do art. 150 da Constituição da República representam casos de imunidade;

b) a imunidade é uma limitação constitucional ao poder de tributar, em outras palavras, a imunidade "restringe o poder" ou, com mais rigor, conforma a competência que o legislador infraconstitucional (inclusive o que produz o veículo emenda constitucional) possui de criar normas jurídicas com o propósito, mediato ou imediato, de exigir tributos;

c) a imunidade impõe limites com relação àquilo que pode ser estabelecido como conteúdo (antecedente e consequente) de uma norma tributária;

d) a imunidade apresenta-se como uma das garantias individuais constitucionalmente asseguradas e, por conseguinte, é insuscetível de revogação (*cláusula pétrea*) por meio de emenda constitucional (esse ponto tem suscitado relevante divergência doutrinária e jurisprudencial, pois nem toda situação indicada como sendo de "imunidade" tem sido qualificada como sendo uma cláusula pétrea - p. ex., RE 372600 (julg.: 16/12/2003); ARE 825237 AgR

(julg.: 07/10/2014 -, pelo que algumas "imunidades" são suscetíveis suscetível de revogação); e
e) norma que desrespeite a imunidade está eivada do vício da inconstitucionalidade, não tem validade jurídica[76].

O Supremo Tribunal Federal (em sua composição plena) já teve oportunidade de firmar algumas dessas características pertinentes à imunidade em importante e elucidativo acórdão na Ação Direta de Inconstitucionalidade nº 939 (já referida anteriormente), que releva ser parcialmente transcrito:

"EMENTA: - Direito Constitucional e Tributário.
Ação Direta de Inconstitucionalidade de Emenda Constitucional e de Lei Complementar.
I.P.M.F. Imposto Provisório sobre a Movimentação ou a Transmissão de Valores e de Créditos e Direitos de Natureza Financeira - I.P.M.F.
Artigos 5º, par. 2º, 60, par. 4º, incisos I e IV, 150, incisos III, "b", e **VI, "a", "b", "c" e "d", da Constituição Federal.**
1. Uma Emenda Constitucional, emanada, portanto, de Constituinte derivada, incidindo em violação a Constituição originária, pode ser declarada inconstitucional, pelo Supremo Tribunal Federal, cuja função precípua e de guarda da Constituição (art. 102, I, "a", da C.F.).
2. A Emenda Constitucional nº 3, de 17.03.1993, que, no art. 2º, autorizou a União a instituir o I.P.M.F., incidiu em vício de inconstitucionalidade, ao dispor, no parágrafo 2º desse dispositivo, que, quanto a tal tributo, não se aplica "o art. 150, III, "b" e VI", da Constituição, porque, desse modo, violou os seguintes princípios e normas imutáveis (somente eles, não outros):
...
2. - o princípio da imunidade tributária recíproca (que veda a União, aos Estados, ao Distrito Federal e aos Municípios a instituição de impostos sobre o patrimônio, rendas ou serviços uns dos outros) e que é garantia da Federação (art. 60, par. 4º, inciso I, e art. 150, VI, "a", da C.F.);
3. - a norma que, estabelecendo outras imunidades impede a criação de impostos (art. 150, III) sobre:
"b"): templos de qualquer culto;
"c"): patrimônio, renda ou serviços dos partidos políticos, inclusive suas fun-

76 Há quem entenda que uma das características definitórias mais importantes da imunidade é a de estar relacionada aos direitos fundamentais. Um dos principais arautos desse posicionamento é o Professor Ricardo Lobo Torres, que assim sintetiza seu conceito de imunidade: "A imunidade é limitação do poder de tributar fundada na liberdade absoluta, tendo por origem os direitos morais e por fonte a Constituição, escrita ou não; possui eficácia declaratória, é irrevogável e abrange assim obrigação principal que a acessória." *Tratado de direito constitucional financeiro e tributário - os direitos humanos e a tributação*, p. 472.

dações, das entidades sindicais dos trabalhadores, das instituições de educação e de assistência social, sem fins lucrativos, atendidos os requisitos da lei; e
"d"): livros, jornais, periódicos e o papel destinado a sua impressão;" (grifado)

Sendo assim, consideradas as características anteriormente expostas, que identificam o conceito *imunidade*, pode-se estabelecer a seguinte definição:

Imunidade é o complemento limitativo do elemento declaração prescritiva descrito pelo antecedente das normas constitucionais de produção normativa – a que informa a criação da *norma complementar de produção normativa tributária* e a que informa a produção da *norma tributária* –, que conforma a competência do legislador infraconstitucional para criar normas jurídicas com o propósito mediato ou imediato de exigir tributos, à medida que impede que determinados critérios (pessoais ou materiais) venham a integrar o antecedente ou o consequente da norma tributária.

Desse modo, está claro que a imunidade representa um fundamento constitucional de validade para as normas infraconstitucionais relativas à matéria tributária. Assim, se, no plano dos fatos, quando da ocorrência do processo legislativo, não for atendida a limitação decorrente da imunidade, a consequência será o não surgimento de norma jurídica (válida), tributária ou não[77], pois não terá sido realizado o fato complexo (mais especificamente, o ponto pertinente à *imunidade*) descrito pelo antecedente de norma constitucional de produção normativa.

Especialmente em relação ao *imposto sobre a renda e proventos de qualquer natureza*, a imunidade representa uma limitação material, de índole constitucional, à atuação (declaração prescritiva a ser feita no plano dos fatos, durante o processo legislativo) tanto do sujeito competente para produzir a *norma complementar de produção normativa relativa ao IR* (do legislador complementar) quanto do sujeito competente para produzir a própria *norma do IR* (do legislador ordinário).

3.1. Imunidade, não incidência e isenção

A *imunidade* não deve ser confundida com duas outras figuras normalmente apontadas como afins: a *isenção* e a *não incidência*.

A doutrina e a jurisprudência não têm sido consonantes no que tange à utilização dos termos *isenção* e *não incidência*. Dessarte, para que o tratamento desse tema seja mais produtivo, será feita uma exposição dos diferentes fenômenos que, corriqueiramente, deseja-se retratar quando aqueles termos (*isenção* e *não inci-*

---

77 A invalidade pode referir-se à norma de conduta tributária (p. ex., a norma do IR), ou à norma infraconstitucional de produção normativa (p. ex., a norma complementar de produção normativa construída a partir do CTN e que estabelece requisitos de índole material para a produção da norma do IR). Cabe lembrar que se reservou a expressão "norma tributária" para a norma de conduta que impõe a obrigação de alguém pagar um tributo.

dência) são empregados sem a preocupação prévia de conferir nomes a cada um deles.

Primeiro – a Constituição da República (art. 155, § 2º, XII, "e") dispõe que "cabe à lei complementar excluir da incidência do imposto (no caso, o ICMS), nas exportações para o exterior, serviços e outros produtos além dos mencionados no inciso X, "a". Nessa hipótese, tem-se o seguinte fenômeno: há uma norma constitucional de produção normativa que confere ao legislador complementar federal a competência de ele estabelecer, por meio de uma norma complementar de produção normativa[78], limitações para o (excluindo do ou não permitindo que se inclua no) conteúdo dos critérios materiais do antecedente e do consequente da norma ordinária do ICMS, a ser produzida pelo legislador estadual[79].

Segundo – o legislador federal, na lei ordinária que dispõe sobre o IR, além de estabelecer todos os critérios necessários para o nascimento da norma desse imposto, prescreve que determinadas pessoas estão "isentas" do mesmo.

Terceiro – o legislador federal, em lei ordinária específica, que não a lei ordinária que dispõe sobre todos os critérios necessários para o nascimento da norma do IR, prescreve que determinadas pessoas estão "isentas" do mesmo.

Quarto – o legislador federal, na lei ordinária que dispõe sobre o IR, além de estabelecer todos os critérios necessários para o nascimento da norma desse imposto, prescreve que determinadas pessoas "não sofrerão a incidência" do mesmo.

Quinto – o legislador federal, em lei ordinária específica, que não a lei ordinária que dispõe sobre todos os critérios necessários para o nascimento da norma do IR, prescreve que determinadas pessoas "não sofrerão a incidência" do mesmo.

Sexto – o legislador complementar, ao produzir a norma complementar de produção normativa relativa à criação da norma do IR (vide enunciados dos arts. 43 a 45 do CTN), define o critério material do antecedente ("fato gerador") da norma do IR de um modo menos amplo que a norma constitucional de produção normativa relativa ao IR possibilita. Isto é, a norma constitucional de produção normativa relativa ao IR possibilita que o legislador complementar estabeleça uma definição mais ampla para o critério material do antecedente ("fato gerador") da norma do IR, contudo, ele, por opção própria, resolve fixar uma definição menos ampla.

Sétimo – o legislador ordinário, ao produzir a norma do IR, fixa o critério material do antecedente ("fato gerador") da norma do IR de modo menos amplo que a norma complementar de produção normativa relativa ao IR (ou, se for o caso, que a norma constitucional de produção normativa) possibilita. Isto é, a norma complementar de produção normativa relativa ao IR possibilita que o legislador ordinário fixe um critério material do antecedente ("fato gerador") da norma do IR mais amplo, contudo, ele, por opção própria, resolve fixar um critério menos amplo.

---

78 Mais especificamente, por meio de um complemento limitativo ao elemento declaração prescritiva descrito pelo antecedente da norma complementar de produção normativa.

79 Fenômeno semelhante ocorre em função do disposto no art. 156, § 3º, II, da Constituição.

Feito esse resumo dos fenômenos mais frequentes relacionados àquilo que alguns chamam de "isenção" e outros de "não incidência", e sem pretender esgotar o universo de possibilidades, convém tecer breves comentários:

a) nenhuma das sete situações referidas tem relação com a *imunidade*, que possui natureza constitucional: é um complemento limitativo do elemento *declaração prescritiva* descrito no antecedente da norma constitucional de produção normativa.

b) Todas as sete situações referem-se a fenômenos que decorrem de enunciados veiculados por instrumentos infraconstitucionais (lei complementar ou lei ordinária).

c) O termo ***não incidência*** não parece adequado para designar, identificar de modo específico, qualquer dos sete fenômenos mencionados.

d) Sem pretender afastar a possibilidade de serem escolhidos nomes diferentes, denominam-se os fenômenos atinentes aos casos 2º, 3º, 4º e 5º de ***isenção***. Aplicam-se a tais casos as normas do CTN referentes à "isenção".

e) Sem pretender afastar a possibilidade de serem escolhidos nomes diferentes, denomina-se o fenômeno atinente ao 1º caso de ***isenção heterônoma***.

f) Sem pretender afastar a possibilidade de serem escolhidos nomes diferentes, denomina-se o fenômeno atinente ao 6º caso de ***definição reduzida de critério normativo***.

g) Sem embargos de opções por nomes diferentes, denomina-se o fenômeno atinente ao 7º caso de ***criação normativa reduzida***.

Fez-se referência a cinco diferentes expressões: ***não incidência***, ***isenção***, ***isenção heterônoma***, ***definição limitada de critério normativo*** e ***criação normativa reduzida***. Mais algumas palavras precisam ser ditas sobre cada uma delas.

Incidência é um fenômeno (que pode surgir a partir de toda e qualquer norma jurídica – válida – que tenha vigência) representativo da qualificação de um fato como sendo um *fato jurídico*, em função de o conceito desse fato corresponder ao descrito no antecedente normativo, produzindo, por conseguinte, certos efeitos jurídicos correspondentes ao consequente normativo – o nascimento ou revogação de uma nova norma jurídica, se for norma de produção normativa, ou o surgimento ou extinção de uma relação jurídica, se for norma de conduta.

O termo ***não* incidência**, encontradiço até no texto constitucional (art. 155, § 2º, II), não parece adequado para designar, identificar de modo específico, qualquer dos sete fenômenos anteriormente mencionados. Em todas as sete hipóteses, não haverá o fenômeno da incidência de norma tributária ou ter-se-á *não incidência*. Não faz muito sentido, é pouco esclarecedor, dizer que há *não incidência* de norma tributária. Falar isso significa simplesmente firmar que não há o fenômeno da incidência, ou que há um "não fenômeno", um "não acontecimento". A incidência pode não ocorrer por diversos motivos, por exemplo: a) não há norma tributária; b) há norma tributária (válida), porém ela ainda não está vigendo; c) não ocorreu o fato descrito no antecedente da norma tributária; d) uma pessoa tem imunidade; e) uma pessoa é isenta etc. Em todas essas hipóteses, um ponto é comum: não há incidência, ou há *não incidência*, de norma tributária.

Como leciona LOURIVAL VILANOVA[80]: "A incidência é uma técnica do direito, é seu modo de referir-se aos objetos e situações objetivas, através do pressuposto ou hipótese fáctica da norma". E complementa: "tão logo a relação factual corresponda ao esquema delineado pela hipótese fáctica (hipótese que aponta para os fatos de possível ocorrência), sobre essa relação a norma incide, tecendo efeitos que não adviriam das meras relações de causalidade natural."

Os casos denominados de ***não incidência*** referem-se a situações em que não há tributação prescrita por norma de conduta tributária, seja pelo fato de a respectiva norma de produção normativa ter assim disposto, seja pelo fato de o sujeito produtor da norma de conduta tributária ter, por opção própria, desse modo decidido. Portanto, as situações correspondentes ao que se denominou anteriormente de (i) ***imunidade***, (ii) ***isenção***, (iii) ***isenção heterônoma***, (iv) ***definição reduzida de critério normativo*** e (v) ***criação normativa reduzida*** possuem um ponto em comum: pode-se dizer que, por força de todas elas, ter-se-á (o "não fenômeno" da) a "não incidência de norma tributária". Em todas elas, não haverá norma tributária apta a incidir sobre o conceito de certo fato, em razão de este fato não estar descrito pelo antecedente de norma tributária (válida).

Quanto à **isenção**, convém ressaltar que, de longa data, a doutrina[81] vem apontando a imprecisão da teoria que preconiza ser a isenção uma mera dispensa do pagamento devido, pois, se há isenção, sequer nasce a obrigação de pagar o tributo.

O termo ***isenção*** representa e compreende os 2º, 3º, 4º e 5º fenômenos anteriormente arrolados. A *isenção*, diversamente da *imunidade*, apenas decorre de veículo introdutor de norma infraconstitucional (p. ex., lei ordinária ou lei complementar).

Ao que parece, a **isenção** não se apresenta como norma de produção normativa nem como norma de conduta, mas, em rigor, apenas simboliza um conjunto de situações jurídicas. Nesse sentido, pode-se dar a seguinte definição:

Isenção é o fenômeno jurídico, que se surpreende ainda no *plano das significações dos suportes materiais da linguagem jurídica*[82] (plano do sentido do texto legal, antes de se organizar com a estrutura de norma), representativo da situação

---

80 *Causalidade e relação no direito*, p. 82.

81 Paulo de Barros Carvalho, *Curso de direito tributário*, pp. 324-325.; Ricardo Lobo Torres, *Curso* ..., pp. 262-263; Roque Antonio Carraza, *Curso de Direito Constitucional*, p. 322-323; Alfredo Augusto Becker, *idem*, pp. 276-277; José Souto Maior Borges, *Isenções tributárias*, p. 182 etc.

82 Ver a explanação sobre os planos ou subsistemas do Direito Positivo no item 2.3 do Capítulo I, quando, tendo como referência a lição de Paulo de Barros Carvalho, discorreu-se sobre o que ele denomina "percurso da construção de sentido". Naquela oportunidade, fez-se menção aos planos: a) dos suportes materiais da linguagem jurídica; b) das significações dos suportes materiais da linguagem jurídica; e c) da ordenação das significações dos suportes materiais da linguagem jurídica sob a forma lógico-estrutural das *normas jurídicas*.

de o sujeito competente para a produção da norma tributária, no processo legislativo (plano dos fatos), determinar textualmente (no respectivo veículo normativo) que certos conteúdos semânticos (pessoas, coisas etc.) não integrarão ou deixarão de integrar ("estão isentos" ou "não incidem"), total ou parcialmente, os critérios do antecedente ou do consequente de certa norma tributária.

Uma importante consequência decorre desse modo de caracterizar a *isenção*: considerando, em especial, o prescrito nos arts. 104, III, e 178 do CTN, quando o legislador enuncia que determinada *isenção* está "revogada" ou que certo texto de lei que dispõe sobre a *isenção* está revogado, isso terá como efeito uma nova situação normativa, que poderá fazer com que aqueles conteúdos semânticos, anteriormente excluídos, passem a integrar a recém criada ou recriada norma tributária. Fala-se que "poderá", em função de este ser o efeito mais frequente, contudo só se terá certeza ante a situação concreta, quando então, a partir da nova e diferente realidade jurídica, será possível construir a (nova) norma tributária. É nesse contexto que se costuma encontrar a afirmação de que "uma vez revogada a isenção, a norma tributária volta a ser como era antes de ocorrer a isenção". É algo que se assemelha a um efeito repristinatório implicitamente previsto.

Neste trabalho, distinguiu-se propositalmente o conceito "***isenção***" do conceito "***isenção heterônoma***". Assim se procedeu em função de estas expressões designarem fenômenos distintos. A *isenção* decorre de opção do próprio legislador que tem competência para criar a norma tributária. Diferentemente, na hipótese de *isenção heterônoma*, a situação é provocada não pelo legislador competente para criar a norma tributária, mas pelo legislador complementar federal que tem competência para criar a norma complementar de produção normativa que estabelece requisitos de validade para a criação da norma tributária estadual ou municipal.

É conhecida a regra geral da Constituição de que "É vedado à União instituir isenções de tributos da competência dos Estados, do Distrito Federal ou dos Municípios" (art. 151, III) – *isenção heterônoma* – (ao contrário do que dispunha a Constituição anterior – art. 19, § 2º). Contudo, tal regra geral encontra-se expressamente excepcionada – art. 155, § 2º, XII, "e"; art. 156, § 3º, II, da Constituição.

Nesse sentido, seria pertinente a seguinte definição:

Isenção heterônoma é o fenômeno jurídico, que se surpreende no *plano das significações dos suportes materiais da linguagem jurídica* (plano do sentido do texto legal, antes de se organizar com a estrutura de norma), representativo da situação de o legislador federal competente para a produção da norma complementar de produção normativa (a que estabelece requisitos de validade para a criação da norma tributária estadual ou municipal) determinar textualmente (no respectivo veículo normativo – lei complementar) que, no processo legislativo (plano dos fatos) estadual ou municipal, certos conteúdos semânticos (pessoas, coisas etc.) não poderão integrar ou deixarão de integrar ("estão isentos" ou "não incidem"), total ou parcialmente, os critérios do antecedente ou do consequente de certa norma tributária estadual ou municipal.

Apesar de a atual Constituição não fazer uso do termo "isenção" quando se refere ao fenômeno da *isenção heterônoma* (como fazia a anterior em seu art. 19, § 2º), mas sim da expressão "excluir da incidência", atesta-se, por uma interpretação sistemática, que o fenômeno previsto parece ser exatamente o mesmo. Dessarte, pode-se dizer que as mesmas observações feitas anteriormente para a situação denominada "revogação da isenção" valem para a chamada "revogação da isenção heterônoma". Quer dizer, se houver "revogação da isenção heterônoma", deve-se considerá-la retirada do sistema jurídico, o que terá como efeito uma nova situação normativa, que poderá (ou não) fazer com que aqueles conteúdos semânticos anteriormente excluídos passem a integrar a recém criada ou recriada norma tributária.

Por sua vez, a expressão ***definição reduzida de critério normativo*** não se confunde com os conceitos de "isenção" nem de "isenção heterônoma". Aqui, o sujeito competente para produzir a norma de produção normativa (p. ex., o legislador complementar - no caso do IR), ao conformar a competência material do sujeito habilitado a produzir a norma tributária (p. ex., o legislador ordinário federal - no caso do IR), o faz (com base no art. 146 , III, "a" - CRFB) de modo menos amplo que a Constituição possibilita. Tal conceito poderia ser por essa forma definido:

Definição reduzida de critério normativo é o fenômeno representativo da situação de o legislador competente para a criação da norma de produção normativa infraconstitucional (a que estabelece requisitos materiais de validade para a norma tributária) estabelecer, no processo legislativo (plano dos fatos), uma definição menos ampla que a permitida pela Constituição da República (norma constitucional de produção normativa) para os critérios (em especial, o pessoal e o material) do antecedente e do consequente da norma tributária[83].

Por último, a expressão ***criação normativa reduzida*** refere-se a uma situação específica que não se confunde com as demais. Nessa hipótese, o sujeito competente para produzir a norma tributária (p. ex., o legislador ordinário federal, no caso do IR), por opção própria, resolve estabelecer o conteúdo de um critério normativo (do antecedente ou do consequente) de modo menos amplo que lhe permite a respectiva norma de produção normativa (p. ex., no caso do IR - a norma complementar construída a partir dos arts. 43 a 45 do CTN). Dessarte, define-se:

Criação normativa reduzida é o fenômeno representativo do fato de o próprio sujeito competente para produzir a norma tributária, por livre opção, estabelecer o conteúdo de critério do antecedente ou do consequente da norma tributária de modo menos amplo do que lhe possibilita a respectiva norma de produção normativa.

---

83 Aqui, por definição, não cabe cogitar da pertinência da expressão "revogação de isenção" e, por conseguinte, de qualquer efeito repristinatório implícito.

Essa *criação normativa reduzida* pode se realizar de forma inaugural (desde a primeira instituição do tributo) ou pode se dar substituindo uma norma tributária até então existente. Vale aduzir que, nessa última hipótese, não se deve pensar em qualquer efeito repristinatório implícito. Se ocorrer a revogação da norma tributária criada de forma reduzida, não haverá restauração da norma anterior, como se infere do disposto no art. 2º, § 3º, da Lei de Introdução ao Código Civil. Essa circunstância reforça a conveniência de não se tratar esse fenômeno como sendo "isenção".[84]

Em outra oportunidade, considerando a exposição de Roque Antonio Carraza (*Curso de direito constitucional tributário*, p. 333) também se denominou esse fenômeno de *isenção*, o que, em função das definições aqui construídas, não mais parece adequado. Luís Cesar Souza de Queiroz, *Sujeição Passiva Tributária*, pp. 204-205.

---

84 Em outra oportunidade, considerando a exposição de Roque Antonio Carraza (Curso de direito constitucional tributário, p. 333) também se denominou esse fenômeno de isenção, o que, em função das definições aqui construídas, não mais parece adequado. Luís Cesar Souza de Queiroz, Sujeição Passiva Tributária, pp. 204-205.

Capítulo III

ANÁLISE DAS TEORIAS SOBRE O CONCEITO DE "RENDA" COMO BASE TRIBUTÁVEL

1. AS DIVERGÊNCIAS SOBRE A EXISTÊNCIA DO CONCEITO CONSTITUCIONAL DE "RENDA E PROVENTOS DE QUALQUER NATUREZA"

A doutrina nacional tem sido concordante num aspecto: a Constituição Brasileira não define[1] o conceito "renda e proventos de qualquer natureza" (renda em sentido amplo ou simplesmente *Renda*). Contudo, esse preliminar consenso não afasta profundas diferenças quanto ao modo de alcançar a definição desse conceito. É possível vislumbrar na doutrina duas grandes vertentes que (num sentido mais extremado) se contrapõem quanto à existência ou não de um "conceito constitucional de renda e proventos de qualquer natureza", quais sejam:

primeira – considera que a Constituição não definiu o conceito "renda e proventos de qualquer natureza", pelo que conferiu total liberdade para o legislador infraconstitucional estabelecer tal definição;

segunda – entende que existe um conceito de "renda e proventos de qualquer natureza" na Constituição, o qual acaba por informar a atuação do legislador complementar e, indiretamente, a do legislador ordinário.

Essa imprecisão conceitual, com naturais variações, também tem sido encontrada na doutrina estrangeira, que, desde o século XVIII, vem discorrendo sobre o tema da definição de *Renda*. Algumas dessas teorias estrangeiras sobre *Renda* (inclusive as de índole econômica) assumem um papel de especial importância, em função de servirem de referência para as definições construídas por boa parte da doutrina nacional.

Com o propósito de avançar no sentido da construção desse conceito, parece útil, e quiçá determinante, apresentar um escorço de diferentes concepções teóricas, tanto nacionais quanto estrangeiras (num total de 51 autores), produzidas ao longo de mais de 200 anos, tendo como tema a definição do conceito *Renda* (ou, na

1 Definição no sentido de enunciação – exteriorização por meio de linguagem – da operação mental de demarcação do âmbito de um conceito.

linguagem da Constituição Brasileira, do conceito "renda e proventos de qualquer natureza")[2].

2. AS DIFERENTES TEORIAS SOBRE *RENDA* (SENTIDO AMPLO)

2.1. O estudo de Horacio Belsunce sobre a doutrina estrangeira e brasileira

HORACIO A. GARCÍA BELSUNCE publica no ano de 1967 uma obra intitulada *El concepto de rédito en la doctrina y en el derecho tributario*. Nessa obra, ele realiza um alentado estudo sobre o conceito de renda, destinando a primeira parte, para a exposição e análise da concepção teórica de 44 diferentes autores de diversas nacionalidades[3]. Essa primeira parte, é dividida em quatro capítulos, que são intitulados: I) "las doctrinas económicas"; II) "las doctrinas fiscales", que, por sua vez, se subdivide em "el 'rédito-producto'" , "el 'rédito-incremento patrimonial' o 'rédito-ingreso'" e "el concepto legalista"; III) "el concepto de rédito en la legislación comparada"; e IV) "la opinión del autor". Os pontos de maior interesse para o presente trabalho e que serão objeto de análise são os relativos às doutrinas econômicas (I) e fiscais (II), bem como o referente à opinião de HORACIO BELSUNCE (IV).

Portanto, a partir da obra de BELSUNCE (que vem merecendo destaque por parte de diversos juristas nacionais),[4] serão estudadas 45 distintas perspectivas teóricas, incluída a dele próprio.

2.1.1. Teorias econômicas

Nesse ponto serão examinadas as posições defendidas por 17 pensadores da Ciência Econômica sobre o conceito de Renda. Cabe observar, desde já, que pelo fato de os discursos adiante comentados integrarem Teorias Econômicas, é natural o emprego de termos estranhos ou com sentidos inaplicáveis à Ciência Jurídica, em especial à matéria tributária.[5] Apesar das diferenças conceituais e sistemáti-

---

2 Convém anotar que o processo de construção do conceito constitucional (da Constituição Brasileira) "renda e proventos de qualquer natureza" somente será consumado mais adiante no ponto intitulado "A definição do conceito constitucional de 'renda e proventos de qualquer natureza' como base tributável" (item 3 do Capítulo IV).

3 Rubens Gomes de Souza é o único brasileiro cujo ponto de vista foi analisado.

4 Alguns autores nacionais que fazem remição ao estudo de Belsunce: Aliomar Baleeiro, Rubens Gomes de Souza, Henry Tilbery, José Artur Lima Gonçalves, Gisele Lemke, Gustavo Miguez de Melo etc.

5 Isso acontece com o uso do próprio termo "renda", que, por vezes, é usado em determinada acepção, que é incompatível com a de base tributável (que é de se esperar, pois se está no âmbito da Economia, cujo objeto e propósito são diversos da Ciência Jurídica). Observa-se, ainda

cas, é válido investigar como o conceito Renda foi tradicionalmente considerado no âmbito da Economia, do século XVIII até o século XX, pois se encontram fortes reflexos dessas doutrinas econômicas nas teorias que tratam da Renda como base tributável.[6] O escorço a seguir apresentado obedecerá a uma sequência cronológica, da mais remota até a mais atual teoria.

A primeira posição teórica a ser destacada é a de ADAM SMITH, que divulgou seu pensamento na conhecida obra *A riqueza das nações*, cuja primeira edição remonta ao ano de 1775.

ADAM SMITH distingue *capital* de *renda*. Aquele é a riqueza que se emprega com o intento de produzir. Esta é a riqueza que se usa para satisfazer as necessidades dos indivíduos. Entende *renda* como uma riqueza nova que deriva de uma fonte produtora. Em sua linguagem, renda propriamente dita é o produto que decorre da terra, denominando *salário* quando a fonte é o trabalho, de *lucro* quando deriva de capital empregado por seu dono e de *interesse* quando provém do uso do capital emprestado a um terceiro. Assevera que nem toda renda individual pode ser considerada renda nacional. Esclarece que a renda líquida se obtém ao deduzir da renda bruta os gastos de produção, assim como os gastos de consumo e de uso pessoal do beneficiário da renda. Afasta do conceito de renda os bens imateriais e o uso que se faz dos próprios bens (renda de uso ou presumida). Considera que da renda bruta deve se separar uma porção para reconstituir o capital. Segundo ADAM SMITH não é necessário o caráter periódico para caracterizar a renda. Contudo, não admite os ganhos de capital como sendo renda.

Portanto, para ADAM SMITH *renda* apresenta as seguintes características definitórias: é uma riqueza nova; somente inclui bens materiais; é produto de uma fonte produtora; e a renda de um indivíduo é a renda líquida.

Em 1803, foi publicada a primeira edição do *Tratado de economia política* de JEAN B. SAY. Segundo este pensador, a qualidade que as coisas têm de poder aplicar-se aos usos dos homens e de serem desejadas, procuradas e trocadas por outras, é o que constitui seu *valor*, o qual não é absoluto, mas sim varia em função da estimação que se lhe dá. Nesse sentido, define *riqueza* como a soma de todos os *valores*. Considera que *capital* é a acumulação de valores subtraídos do consumo, e que pode ser produtivo ou improdutivo. Observa que todas as coisas cujo valor seja criado ou aumentado são produtos. Define *renda* como um produto derivado da terra, do capital, da industria ou do trabalho pessoal, de natureza material ou imaterial, que pode ser uma riqueza nova separada ou uma riqueza nova agregada ao capital. Ele chama de produto imaterial aquele que se consome no momento de

---

que o próprio Belsunce usa os vocábulos "renta" e "rédito" como sinônimos e, também, em mais de um sentido.

6 Horacio A. García Belsunce denomina essas teorias que analisam o conceito *Renda* como sendo objeto de tributação de "doutrinas fiscais".

sua produção e dá como exemplo o serviço que um paciente recebe de um médico ou um espetáculo que alguém assiste de um artista Para SAY, os aumentos de valor do capital são *renda*, e a coisa cujo valor é aumentado é produto. Afirma que a *renda* para o indivíduo é somente o excedente dos valores produzidos sobre os valores desembolsados na produção, isto é, a *renda líquida*, conceito não aplicável à *renda nacional*, a qual define como sendo o equivalente ao valor bruto de todos os seus produtos menos o valor dos produtos que a nação exporta.

Desse modo, de acordo com a teoria de SAY, *renda* apresenta as seguintes características definitórias: é uma riqueza nova, um produto (incluindo na noção de produto e, por conseguinte, na noção de renda, o aumento de valor de certa coisa); material ou imaterial; e a renda para o indivíduo é sempre a líquida.

Em 1817, DAVID RICARDO publicou seu livro *Princípios de economia política e tributação*. Define *capital* como sendo aquela parte da riqueza de um país que está empregada na produção, e consiste em alimentos, vestidos, ferramentas, matéria prima, maquinaria etc., necessárias para realizar o trabalho. E define *renda* como a parte do produto da terra que se paga ao proprietário pelo uso das forças originais e indestrutíveis do solo. Exclui, assim a chamada *renda de uso* ou *presumida* ou *psíquica*. Para ele a renda da terra não produz aumento algum na riqueza nacional, pois opera simplesmente uma transferência de valores dos consumidores para os proprietários de terra.

Assim, para DAVID RICARDO *renda* apresenta as seguintes características definitórias: é um produto; derivado da terra (fonte produtora); exclusivamente material (exclui os serviços, os usos presumidos e os gozos psíquicos).

No ano de 1820, foi publicada a primeira edição da obra *Princípios de economia política* de THOMAS ROBERT MALTHUS. Ele firma que *riqueza* são os objetos materiais, necessários, úteis ou agradáveis ao homem, que as pessoas ou nações se apropriam voluntariamente. Concebe capital como sendo a riqueza acumulada destinada a empregar-se na produção e distribuição de riqueza futura. Renda como o produto derivado da terra. E utilidade como o produto derivado do capital. Esclarece que a renda da terra é aquela parte do valor de todo o produto que fica para o proprietário da terra depois de haver pago todos os gastos próprios de seu cultivo, e que renda e utilidade são riquezas novas, separadas do capital e já realizadas, pois se refere ao preço ou valor de troca do produto. Observa que a renda ou utilidade é o produto líquido, isto é, já deduzidas todas as despesas necessárias para obter o produto.

Pode-se concluir que segundo MALTHUS *renda* apresenta as seguintes características definitórias: é o produto; material; derivado da terra ou do capital; separado e realizado; e é sempre o produto líquido.

Na linha do posicionamento de DAVID RICARDO, adveio em 1826 a obra de RICARDO THUNEN, intitulada *Der isolierte Staat*. THUNEN também concentra sua atenção na economia agrícola. Imagina uma situação onde um país ficaria completamente isolado do resto do mundo, tendo no centro uma única cidade e a seu redor zonas produtoras. Analisa a relação da distância das zonas produtoras para a cidade com a capacidade de se obter ganhos (renda) que superem os gastos com a produção.

JOHN STUART MILL publicou em 1848 a primeira edição do seu *Princípios de economia política*. Para MILL, *capital* são todas as coisas destinadas ao processo de produção, necessárias para que os outros agentes da produção (terra e trabalho) entrem em estado de exploração. Define *renda* como sendo o produto derivado do uso da terra e interesse como o produto derivado do capital. A renda da terra ou o interesse do capital são produtos que derivam sempre de uma fonte de produção, não sendo necessário o requisito da periodicidade. Defende a tese que somente pode ser tributado a renda consumida, nunca a renda investida, sob pena de acarretar uma dupla tributação. Não é muito claro acerca de a renda ser o produto líquido, entretanto, afirma em certa passagem que renda é o excesso de ganho do capital total empregado na terra sobre o que é necessário para repor o capital com a taxa ordinária de ganho.

Do exposto destacam-se as seguintes características definitórias de renda: é um produto; derivado da terra ou do capital; e somente a renda consumida pode ser tributada.

Em 1850, BIERSACK publicou sua obra *Ueber Besteurung, ihre Grundsaetza und ihre* Ausfuhrung. Assenta que *renda imputável* são todos os ingressos que fluem do exercício do poder produtivo do indivíduo. E que *renda líquida* é a soma que se obtém ao se deduzir, dos ingressos, o montante gasto na manutenção de um nível de vida que o indivíduo economicamente produtivo costuma ter. O autor não se refere à periodicidade nem à preservação da fonte.

Em 1869, ROSCHER publicou sua obra *Grundlagen der Nationalökonomie*. Ele distingue com clareza o conceito de *ingressos* do conceito de *renda*. *Ingressos* são todos os bens que entram na economia de um indivíduo em certo período de tempo. Engloba todas as entradas, tais como ganhos de loteria ganhos acidentais, herança e presentes. *Renda* envolve apenas os ingressos que provém como consequência de uma atividade econômica de quem os recebe.

ADOLF HELD, em sua obra *Die Einkommensteur*, de 1872, considerou que *renda* é a soma total de todos os bens econômicos que os seres humanos usam na satisfação de suas necessidades, e está vinculada com o produto derivado de uma atividade econômica. O autor não se refere à periodicidade, mas sim à manutenção e conservação da fonte. Esclarece, ainda, que a renda nacional é substancialmente a soma das rendas individuais.

Em 1876, HERMANN (em *Staatwirtswirtschaftliche Untersuchungen*) enuncia que *renda* é o fluxo de bens econômicos, materiais ou imateriais, ministrado com certa regularidade. É uma porção dos ingressos de um indivíduo que ele pode consumir sem alterar seu capital. Observa que está contida no conceito de renda a utilidade que decorre dos bens duráveis e de lento consumo, como, por exemplo, uma casa.

Da concepção de renda de HERMANN, destacam-se as seguintes características: é um fluxo de bens; de natureza material ou imaterial; de fonte preservada; e com periodicidade.

Em 1876, surge a obra de ADOLF WAGNER, *Grundlegung der polltischen Oekonomie*. Esse autor afirma que, na renda individual, os ingressos ou produtos estão em relação com a pessoa que os recebe, e, por conseguinte, com o sujeito econômico, e compreendem duas espécies de coisas: a) a soma de bens econômicos que ao fim de certos períodos volta com regularidade, e por conseguinte, com a aptidão para repetir-se, como puro rendimento de uma fonte permanente, a aumentar-se de novo como patrimônio; e b) os gozos (usos) ou também as possibilidades de gozo, que proporciona periódica e indefinidamente a fortuna de que desfruta uma pessoa, deduzindo-se as deteriorações ou diminuições do valor comercial.

Os seguintes aspectos são característicos de seu conceito de *renda*: é um produto; material ou imaterial (adota a renda de uso ou psíquica); e obtido com periodicidade.

GUTH (em *Die Lehre von Einkommen in dessen Gesammtzweige*, 1878), que complementa os conceitos de HELD, defendeu que *renda* é qualquer incremento no poder econômico que flui com uma certa regularidade (periodicidade) de uma fonte determinada, sendo que o beneficiário pode gozá-la, consumi-la ou destruí-la sem afetar o capital.

O economista alemão WEISS publica seu estudo – Die Lehre von EinKommen – em 1878. Diz esse autor que renda é um contínuo fluxo de bens voltado para a satisfação dos desejos humanos. Ressalta, ainda, o critério da periodicidade e não releva o critério preservação da fonte.

Em 1890, adveio a obra de ALFRED MARSHALL, *Princípios de economia*. Segundo esse pensador *renda* é um produto derivado do *capital*. Pode ser material ou imaterial. Considera integrante do conceito *renda*, os ganhos de gestão ou direção, entre os quais inclui a diferença entre o valor das instalações, materiais etc., apurado no princípio e no final do ano. Desse modo, admite a noção de aumento do valor do capital como renda ou ingresso não realizado. Insiste no conceito de *renda líquida* que será obtida deduzindo da *renda bruta* os gastos que correspondam a sua produção. Ressalta que a renda está constituída pelo fluxo de benefícios líquidos que um indivíduo obtém de sua riqueza. Inclui no conceito de renda os serviços que uma pessoa obtém da propriedade de qualquer objeto, ainda que se refira a seu próprio uso. É considerado um precursor da teoria da renda-serviço, a qual será posteriormente desenvolvida por FISHER.

De acordo com a teoria de MARSHALL, *renda* apresenta as seguintes características definitórias: é um produto (incluindo na noção de produto e, por conseguinte, na noção de renda, o aumento de valor de certo bem); material ou imaterial; e a renda para o indivíduo é sempre a líquida.

Ainda no final do século XIX (1899), NEUMANN publica sua obra *Grundlagen der Volkswirtschaftlere*. Para este autor, *renda* são todas as retribuições avaliáveis e benefícios que entram no poder de disposição de um indivíduo em um período de tempo. Assinala que não é fundamental a noção de periodicidade (no sentido de reprodutibilidade), mas sim a noção de fonte-tipo permanente, isto é, de um capital específico como fonte de renda. Não releva saber se os ganhos são regulares ou não, mas se eles decorrem de transações empresariais ou de atividades profissionais. Por essa razão, BELSUNCE[7] considera que NEUMANN exclui do conceito *renda* os ganhos de loteria, herança e ganhos similares por não serem derivados de fontes-tipos permanentes.

No ano de 1906, surge a conhecida obra de IRVING FISHER, *Natureza do capital e da renda*. Esse pensador assevera que *riqueza* são todos os objetos materiais suscetíveis de apropriação. Pelo que duas condições se destacam: ser material e ser objeto de propriedade. Defende o conceito de propriedade como sendo o direito de fazer uso da riqueza ou o direito aos usos da riqueza. Denomina estes (os uso da riqueza) de *serviços*. A partir da noção de riqueza, chega aos conceitos de capital e de renda. Assim define: a) *capital* – é um estoque de riqueza existente em um determinado momento; e b) *renda* é um fluxo, um movimento, de serviços durante um certo período de tempo. Afirma que capital é a parte da riqueza destinada a produzir renda. Considera que a renda é sempre irregular, e que o conceito de regularidade tem sido usado com o propósito de excluir certos elementos, como a herança e a doação. Para FISHER estes não são renda, não por serem irregulares, mas por representarem um direito a uma riqueza concreta, que é diverso de renda (serviços que decorrem de uma riqueza). Considera equivocadas as definições de renda que consideram-na um produto que flui de um capital permanente ou invariável. Enfatiza que o serviço não é regular nem periódico e que pode dar-se apenas uma só vez. Distingue *renda realizada* de *renda ganha*: aquela é o valor da utilidade efetiva que o capital assegura sem considerar o aumento ou a depreciação do capital; e b) esta é a renda realizada mais o aumento do valor do capital ou menos a depreciação do capital (a amortização).

Portanto, para FISHER, renda apresenta as seguintes características: é um fluxo de serviços (as valorizações do capital ou as depreciações informam o conceito de renda); imaterial (enquanto serviço); irregular e não periódico.

A última teoria econômica aqui referida é de GIUSEPPE UGO PAPI (*Elementi di economia política*, de 1947). Esse professor define *renda* como sendo o conjunto dos bens diretos, ou de consumo, que afluem a um sujeito econômico, com características de periodicidade e de ser consumível, sem diminuição do patrimônio.

Com base nessas teorias dos economistas sobre renda, HORACIO BELSUNCE[8] apresenta o que ele denomina de "un concepto genérico para agrupar todas las tesis en lo que tienen de común", nos seguintes termos:

"rédito es la riqueza nueva, material o inmaterial, que deriva de una fuente productiva, que puede ser periódica y consumible y que se expresa en moneda, en especie o en los bienes o servicios finales que pueden adquirirse con la conversión del metálico o bienes recibidos como renta inmediata."

---

7 *El concepto de rédito en la doctrina y en el derecho tributario*, p. 61.

8 *Ibidem*, pp. 84-85.

Algumas palavras merecem ser ditas, a partir da análise do próprio texto de BELSUNCE, sobre as diferentes "teorias econômicas", bem como sobre esse "concepto genérico" por ele formulado.

BELSUNCE, ao falar em "un concepto genérico para agrupar todas las tesis en lo que tienen de común", deixa a seguinte dúvida – que ele pretende fornecer é uma definição ampla que permite compreender todas as teses acima examinadas ou é uma definição que contenha as características definitórias comuns a todas as doutrinas? Está patente que essas opções são conflitantes. A primeira hipótese, requer uma definição ampla de modo a conter as características definitórias que sejam suficientes para abarcar todas as diferentes teorias. A segunda, suscita uma definição restrita que deveria conter somente aquelas características definitórias que fossem adotadas por todos os autores ou como diz BELSUNCE que contenha o que as diferentes teorias têm em comum.

Quando se analisa a definição apresentada por BELSUNCE, chega-se à conclusão que ele não fez uma coisa nem outra, ou seja: nem apresentou a definição ampla, de modo a englobar todas as teorias, nem a definição restrita, que conteria apenas as características que fossem comuns às diferentes teorias.

Isso pode ter sido intencional ou ter decorrido de um lapso desse autor. Se a pretensão desse autor era a de fornecer uma definição estrita, composta somente dos pontos comuns das diversas teorias, haveria uma grande dificuldade em construí-la. Pois em função da diversidade de perspectivas, parece que não se conseguiria construir uma definição que reunisse só os pontos comuns.

Por outro lado, se a pretensão era a de apresentar uma teoria ampla que permitisse compreender as diferentes posições defendidas, tal definição teria que ser um pouco diferente da apresentada por BELSUNCE. Para que seja possível construir essa definição ampla, vale enumerar, de um modo simplificado, os critérios usados pelas diversas teorias econômicas para identificar o conceito de *renda* que apresentam uma maior importância para fins tributários. São eles:

a) é um acréscimo patrimonial, em rigor, acréscimo de valor patrimonial (riqueza nova, acréscimo de riqueza), representativo da obtenção de produto, da ocorrência de fluxo de riqueza ou de simples aumento no valor do patrimônio;
b) material ou imaterial;
c) acumulado ou consumido;
d) decorrer ou não de uma fonte permanente;
e) decorrer ou não de uma fonte produtiva;
f) ser ou não necessária a realização;
g) ser ou não necessária a separação;
h) haver ou não periodicidade ou reprodutibilidade;
i) ser ou não sempre líquido; e
j) ser de índole monetária, em espécie ou real.

Com relação aos critérios arrolados, cada autor posicionou-se de uma das seguintes formas: ou não se referiu ao critério, ou referiu-se ao critério e o adotou, ou referiu-se ao critério e não o adotou. Para que o critério esteja presente na definição ampla basta que ele seja referido por pelo menos um autor e que sua inclusão na definição tenha como efeito torná-la mais abrangente.

Dessarte, a partir das **teorias econômicas** examinadas, pode-se apresentar a seguinte definição ampla de *Renda*:

Renda é o acréscimo de valor patrimonial (riqueza nova, acréscimo de riqueza), representativo da obtenção de produto, da ocorrência de fluxo de riqueza ou de simples aumento no valor do patrimônio, de natureza material ou imaterial, acumulado ou consumido, que decorre ou não de uma fonte permanente, que decorre ou não de uma fonte produtiva, que não necessariamente está realizado, que não necessariamente está separado, que pode ou não ser periódico ou reprodutível, normalmente líquido, e que pode ser de índole monetária, em espécie ou real.

Algumas palavras merecem ser ditas sobre tal definição.

Em primeiro lugar, destaca-se que as teorias econômicas não estabelecem uma clara distinção entre os termos *rendimento* e *renda*. Normalmente, esses termos, que, por vezes, são tratados como sinônimos, são utilizados para representar dois conceitos que são inconfundíveis:

a) a aquisição de um novo direito subjetivo patrimonial, que se realiza em certo instante e que decorre de um determinado fato jurídico;[9] e

b) o acréscimo de riqueza que alguém obtém em determinado período de tempo, o qual é o resultado positivo da combinação de certos fatos que informam o acréscimo ou o decréscimo de valor de um dado patrimônio.

Considerando que são dois conceitos distintos, e que para fins tributários a perfeita separação dos mesmos é relevante, parece adequado atribuir a cada um deles nomes diversos. Nesse sentido, costuma-se denominar o primeiro conceito de **rendimento**, e denominar o segundo conceito de **renda.**[10]

Em segundo lugar, nessa definição, ao contrário do afirmado por BELSUNCE,[11] considera-se que não necessariamente a renda deve decorrer de uma fonte produtiva. E mais, que a renda (acréscimo de valor patrimonial, acréscimo de riqueza) pode ser não apenas um produto (algo que decorra de uma atividade produtiva), mas também um fluxo de riqueza (BIERSACK, HERMANN, WEISS e PAPI) e até

9 Há autores que incluem no conceito de "rendimento" um simples acréscimo de valor de um direito (um bem), o qual não necessariamente seria provocado por (efeito jurídico de) um fato jurídico.

10 Essa tem sido a tradição seguida no direito brasileiro.

11 *Ibidem*, pp. 77-79 e 84.

mesmo o simples aumento de valor do patrimônio. Nesse último sentido, manifestam-se (segundo se extrai do texto do próprio BELSUNCE) SAY, MARSHALL e FISHER.[12]

Em terceiro lugar, incluiu-se na definição a expressão "acumulado ou consumido", pois, para alguns economistas, ao se avaliar se houve ou não um acréscimo no valor do patrimônio, deve-se levar em conta o que foi consumido e que não era qualificado como gasto "necessariamente dedutível" (em rigor, que não deve ser qualificado como gasto – valor – que necessariamente irá informar de forma negativa o cômputo – e a própria existência – do conceito *Renda*).

Em quarto lugar, foi também incluído o critério de ser "normalmente líquido". Falou-se em "normalmente líquido" pelos seguintes motivos: dos autores analisados, cinco referem-se expressamente a esse critério, adotando-o em suas definições (ADAM SMITH, SAY, MALTHUS, BIERSACK E MARSHALL); dois outros se referem a esse critério, sem que seja possível ter certeza se eles o adotaram (MILL e HELD); nenhum dos autores referiu-se a esse critério e declarou que não o adotava; e, por fim, segundo BELSUNCE[13] (que teve oportunidade de estudar a teoria de cada autor de forma mais acurada), todos os autores adotaram esse critério.

Por último, optou-se por manter na definição ampla certos critérios que, em rigor, não precisariam constar, pois sua ausência em nada altera a definição.[14] Assim se procedeu por razões didáticas, já que esses critérios são com certa frequência mencionados por economistas e também por juristas. Ao incluí-los na definição, objetivou-se deixar claro que tais critérios não necessariamente precisam estar presentes para que se defina o conceito *Renda*, pois nem todos os autores assim consideram.

2.1.2. Teorias da renda-produto

As diferentes teorias que serão adiante resumidas, apesar de apresentarem relevantes diferenças entre si são por BELSUNCE classificadas genericamente de *Teorias da renda-produto*. Cabe, desde já, advertir que algumas dessas teorias, tal como as teorias econômicas, não estabelecem uma adequada distinção entre os termos *renda* e *rendimento*, usando-os como se fossem sinônimos. BELSUNCE analisa as teorias de doze diferentes autores, todas publicadas no século XX.

---

12 *Ibidem*, pp. 33 e 38 (quanto a SAY), p. 59 (quanto a MARSHALL) e pp. 71-72 (quanto a FISHER).

13 *Ibidem*, pp. 81-82.

14 Esta é a parte mantida apenas para fins didáticos: "de natureza material ou imaterial, ..., que decorre ou não de uma fonte permanente, que decorre ou não de uma fonte produtiva, que não necessariamente está realizado, que não necessariamente está separado, que pode ou não ser periódico ou reprodutível".

Em 1905, QUARTA traz a público seu estudo *Commento alla legge sulla imposta di richezza mobile*. Defende que um enriquecimento para ser considerado *renda* deve ter as seguintes características: i) ser uma riqueza nova; ii) deve ter uma relação de causa e efeito entre o enriquecimento e a fonte produtiva; iii) deve ter a possibilidade de uma sucessiva produção de riquezas similares da mesma fonte (periodicidade).

Em 1911, outro autor italiano, GERBINO, produz um estudo sobre o conceito de renda (*Sull concetto di reddito*). Considera que *renda* representa uma riqueza nova, e que é sempre o produto liquido e periódico. Não aceita a chamada renda-serviço, representada pelo uso de um bem por seu proprietário. Leciona que a produção da renda deve ser periódica, constante e regular.

Em 1911, SELIGMAN publicou sua obra *The income tax*. Ele defende que *renda* é aquilo que entra para um indivíduo acima de todos os gastos necessários para a aquisição (renda líquida) e que está disponível para seu próprio consumo. A renda representa um montante de riqueza que flui durante um certo período de tempo e que está à disposição de seu proprietário para os fins de seu consumo, de modo a não alterar seu capital (preservação do capital). A renda não compreende aqueles elementos que constituem uma diminuição do capital, assim como não poderia ser concebida como incluindo aqueles elementos nitidamente temporários que constituem um incremento do capital. SELIGMAN admite a inclusão de algumas rendas psíquicas, apesar de ressaltar a dificuldade para calculá-las. Afirma que também são renda: os ingressos irregulares, os ganhos de um usufruto e os ganhos derivados da disposição das coisas que produzem a renda. Por essa razão, não parece que BELSUNCE tem razão ao defender que SELIGMAN apresenta a periodicidade como requisito do conceito renda. Preconiza que os aumentos de valor, quando não estão separados da fonte, convertem-se em capital ou aumentos de capital. Estando separados da fonte, convertem-se em renda. Por exemplo: se em uma fazenda, as árvores crescem, mas não são cortadas, trata-se de aumento de capital; se são cortadas, trata-se de aumento de renda. A realização e a separação precisam ser apenas potenciais.

Assim, para SELIGMAN renda é: fluxo de riqueza, material ou imaterial, que pode ser consumida sem alterar o capital, separada e realizada (pelo menos potencialmente), periódica ou não, e sempre líquida.

Adveio, em 1912, a obra de BATTISTELLA – *Il concetto di reddito in economia, in finanza e nel diritto finanziario*. Destaca que para o indivíduo a renda total é igual à renda líquida de todas as inversões. Concebe renda como a soma dos bens que o indivíduo pode consumir sem destruir sua riqueza (preservação do capital). A renda é a soma de valores que, em troca de serviços produtivos, fluem durante um certo período de tempo na economia de um indivíduo; esses valores podem ser realizados ou transferidos até o ponto que sua fonte não se deteriore. Apregoa que os ganhos acidentais e os ganhos de capital devem ser alcançados pelo imposto sobre a renda.

JACOPO TIVARONI, no ano de 1920, em seu *Compendio di scienza delle finanze*, pontifica que o patrimônio é a renda consolidada ou acumulada. E que renda é um patrimônio em vias de formação. Define *renda* como sendo o complexo de bens econômicos que uma pessoa ou uma coletividade obtém dentro de certo lapso tempo de seu próprio trabalho, de seus próprios capitais, e que pode consumir sem diminuição dos bens pré-existentes. Estabelece a seguinte distinção: *renda bruta* é a soma dos bens materiais produzidos em um período de tempo; e *renda líquida* é a soma dos bens econômicos produzidos em um período de tempo, deduzidos os bens consumidos para obtê-los. Afirma que os aumentos do patrimônio, as heranças e as doações não são renda, pois não decorrem do trabalho, nem do uso ou cessão do capital.

CHARLES AMBROISE COLIN, que publicou em 1924 sua obra – *La notion du revenue em matière de législation fiscale* –, distingue claramente capital de renda, nos seguintes termos: *capital* é o conjunto das riquezas que um homem tem em sua posse e que deve conservar em sua integridade para obter anualmente uma constante de bens necessários para seu consumo; e *renda* são os produtos que derivam da colocação em funcionamento das riquezas que ele dispõe e que podem destinar-se ao consumo sem diminuição de seu capital. COLIN parece entender que a renda pode consistir tanto em serviços quanto em dinheiro.

Em 1924, C.C. PLEHN publicou seu estudo – *The concept of income as recurrent, consumable receipts*. Para esse autor, renda é a riqueza, periodicamente recebida, disponível para consumos habituais. Aplica o mesmo critério da periodicidade para precisar os gastos dedutíveis, pelo que somente serão dedutíveis os gastos periódicos ou recorrentes.

Em 1926, adveio a obra de EDGARD ALLIX e MARCEL LECERCLE – *L'impôt sur le revenue*. Segundo eles, *renda* é o produto periódico ou passível de periodicidade que provém de uma fonte durável em estado de exploração. Já o *capital* é formado pelos bens, corpóreos ou incorpóreos que, tendo um preço em dinheiro, são capazes de ministrar uma renda a seu possuidor. Esclarecem que a renda é somente um produto material, e que rendas não são gozos, senão os meios materiais para obter os gozos. Portanto, não aceitam os gozos ou serviços como renda. Defendem que a renda deve aparecer como uma riqueza separada da fonte produtiva e que toda produção de renda vem acompanhada de uma diminuição da fonte, refutando, assim, a tese da preservação da fonte. Ressaltam que há necessidade de reduzir da renda bruta a amortização, sendo certo que a renda líquida é a única e verdadeira renda. Destacam, ainda, que a realização da renda exige gastos de exploração necessários para a aquisição e conservação da renda, os quais devem ser deduzidos, juntamente com as amortizações, para chegar à determinação da renda líquida.

ANTONIO DE VITI DE MARCO, cuja obra *Principii di economia finanziaria* foi publicada em 1934, leciona inicialmente que riqueza é a soma de todos os bens econômicos disponíveis em um lugar e momento determinado. Afirma que capital é a parte da riqueza empregada na produção de bens futuros. E que produtos são os bens ou serviços para os quais a empresa tenha sido constituída. Define renda como o produto realizado e expresso em moeda. Observa que para evitar a possibilidade de duplicações do imposto, deve-se proceder às deduções dos gastos necessários para obter a renda, chegando, desse modo, ao conceito de renda líquida. Daí preconizar a tese de que, pelo fato de o gasto de um contribuinte ser renda para outro, a soma das rendas líquidas individuais deve ser igual à renda nacional.

Em 1950, HENRY LAUFENBURGER publica sua obra – *Traité de économie et législation financières. Revenue, capital et impôt.* Esse professor distingue os conceitos de capital e renda. Para ele, capitais são as coisas econômicas, chamadas de bens, que pertencem a seus proprietários. E rendas são os serviços, em espécie ou em dinheiro, que as coisas nos prestam. Explica que os serviços em espécie ocorrem quando o proprietário serve-se pessoalmente de sua casa, de sua terra, de sua galeria de quadros. E os serviços em dinheiro ocorrem quando o proprietário cede a outro o uso de seu capital mediante uma soma de moeda. Admite que, por força da extensão da noção de fonte, as mais-valias dos ativos possam ser submetidas ao imposto sobre a renda.

O professor RAMÓN VALDÉS COSTA, que em 1962 publicou seu estudo – *Concepto de renta en la legislación tributaria* – aponta para a conveniência de existir uma definição legal de renda. Considera que as definições legais não têm por que estarem necessariamente filiadas a uma concepção econômica determinada ou a outros ramos jurídicos. O legislador fiscal tem ampla liberdade para estabelecer as soluções mais adequadas às exigências e princípios do direito tributário e especialmente para orientar o imposto para a capacidade contributiva, que denota a existência de renda. Sustenta que se deve implantar o imposto sobre os ganhos de capital, ou estender o conceito de renda a fim de que alcance os incrementos patrimoniais em geral. Observa, contudo, o cuidado que se precisa ter em relação ao problema da acumulação e da progressividade elevada relativa à tributação dos ganhos de capital (esse fenômeno - *bunching* - ocorre se se tributar a renda decorrente da valorização de um bem apenas no momento de sua realização). Adverte que a periodicidade não é uma característica essencial para o conceito de renda, sendo importante decorrer de uma função produtiva regular. Daí afastar do conceito de renda os ingressos acidentais, tais como: a herança, os ganhos de jogos de azar, os prêmios de corrida de cavalos. Chama a atenção para a necessária distinção entre a renda bruta e a renda líquida. Renda líquida é a que se obtém deduzindo-se da renda bruta as cargas da renda, que são os gastos necessários para obtê-la e mantê-la, agregando-se as importâncias que correspondem às desvalorizações, desgaste, esgotamento ou desuso, sofridos pelos bens afetados à produção e as previsões de perdas ou gastos futuros. Assinala, ainda, que se deve deduzir não apenas os gastos necessários para a conservação da renda, mas também os necessários para a conservação da fonte.

Com base nessas "teorias fiscalistas da renda-produto", HORACIO BELSUNCE[15] apresenta o que ele denomina de "un concepto genérico para agrupar todas las

---

15 *Ibidem*, p. 132.

tesis en lo que tienen de común": "rédito es la riqueza nueva material (periódica o susceptible de serlo) que fluye de una fuente productiva durable y que se expresa en términos monetarios (los conceptos que están entre paréntesis pueden suprimirse)."

Algumas palavras precisam ser ditas, a partir da análise do próprio texto de BELSUNCE, sobre as diferentes "teorias fiscalistas da renda-produto", bem como sobre esse "concepto genérico" por ele formulado.

Inicialmente, convém reproduzir aqui a seguinte observação feita anteriormente: "BELSUNCE, ao falar em 'un concepto genérico para agrupar todas las tesis en lo que tienen de común', deixa a seguinte dúvida – que ele pretende fornecer é uma definição ampla que permite compreender todas as teses acima examinadas ou é uma definição que contenha as características definitórias comuns a todas as doutrinas? Está patente que essas opções são conflitantes. A primeira hipótese, requer uma definição ampla de modo a conter as características definitórias que sejam suficientes para abarcar todas as diferentes teorias. A segunda, suscita uma definição restrita que deveria conter somente aquelas características definitórias que fossem adotadas por todos os autores ou como diz BELSUNCE que contenha o que as diferentes teorias têm em comum. Quando se analisa a definição apresentada por BELSUNCE, chega-se à conclusão que ele não fez uma coisa nem outra, ou seja: nem apresentou a definição ampla, de modo a englobar todas as teorias, nem a definição restrita, que conteria apenas as características que fossem comuns às diferentes teorias. Isso pode ter sido intencional ou ter decorrido de um lapso desse autor. Se a pretensão desse autor era a de fornecer uma definição estrita, composta somente dos pontos comuns das diversas teorias, haveria uma grande dificuldade em construí-la. Pois em função da diversidade de perspectivas, parece que não se conseguiria construir uma definição que reunisse só os pontos comuns."

De outro modo, se a pretensão era a de apresentar uma teoria ampla que permitisse abarcar as diferentes posições dos autores, a definição apresentada por BELSUNCE precisaria ser um pouco alterada. Para construir essa definição ampla, é mister enumerar, de um modo simplificado, os diversos critérios referidos pelas *teorias fiscalistas da renda-produto* que apresentam uma maior importância para fins tributários. São eles:

a) é um acréscimo de valor patrimonial (riqueza nova, acréscimo de riqueza), representativo da obtenção de produto, da ocorrência de fluxo de riqueza ou de simples aumento no valor do patrimônio;

b) material ou imaterial;

c) acumulado ou consumido;

d) decorrer ou não de uma fonte permanente;

e) decorrer ou não de uma fonte produtiva;

f) ser ou não necessária a realização;

g) ser ou não necessária a separação;

h) haver ou não periodicidade ou reprodutibilidade;

i) ser ou não sempre líquido; e
j) ser de índole monetária, em espécie ou real.

Sobre os critérios anteriormente expostos, cada autor posicionou-se de uma das seguintes formas: ou não se referiu ao critério, ou referiu-se ao critério e o adotou, ou referiu-se ao critério e não o adotou. Para que o critério esteja presente na definição ampla basta que ele seja referido por pelo menos um autor e que sua inclusão na definição tenha como efeito torná-la mais abrangente.

Ao que parece, a "definição ampla" ficaria mais consonante com as diferentes *teorias fiscalistas da renda-produto* expostas pelo próprio BELSUNCE, do seguinte modo:

Renda é o acréscimo de valor patrimonial (riqueza nova, acréscimo de riqueza), representativo da obtenção de produto, da ocorrência de fluxo de riqueza ou de simples aumento no valor do patrimônio, de natureza material ou imaterial, acumulado ou consumido, que decorre ou não de uma fonte permanente, que decorre ou não de uma fonte produtiva, que não necessariamente está realizado, que não necessariamente está separado, que pode ou não ser periódico ou reprodutível, normalmente líquido, e que pode ser de índole monetária ou em espécie.

Percebe-se que a definição ampla proposta é muito semelhante à "definição ampla" relativa à teoria econômica, exceto pela exclusão da denominada "renda real", que, como diz BELSUNCE, não tem sentido para as teorias fiscalistas (isto é, para as teorias voltadas para o conceito de renda como base tributável), pois a renda real se refere aos bens ou serviços finais que se pode adquirir com a conversão da moeda ou de outros bens. Convém explicar como se chegou a tal definição.

Primeiramente, enfatiza-se que as denominadas "teorias fiscalistas da renda-produto" também não estabelecem uma clara distinção entre os termos *renda* e *rendimento*.[16]

Em segundo lugar, nessa definição, diversamente do afirmado por BELSUNCE,[17] considera-se que não necessariamente a renda deve decorrer de uma fonte produtiva durável (ALLIX e LECERCLE são taxativos ao afirmarem que não há fonte que não se extinga).[18] E mais, que a renda (acréscimo de valor patrimonial, acréscimo "de riqueza") pode ser não apenas um produto (algo que decorra de uma ativi-

16 Como se disse anteriormente, normalmente, esses termos, que, por vezes, são tratados como sinônimos, representam dois conceitos que são inconfundíveis: a) a aquisição de um novo direito subjetivo patrimonial, que se realiza em certo instante e que decorre de um determinado fato jurídico; e b) o acréscimo de riqueza que alguém adquire em determinado período de tempo, a qual é o resultado positivo da combinação de certos fatos que informam o acréscimo ou o decréscimo de valor de um dado patrimônio. Sendo dois conceitos distintos, e que para fins tributários a perfeita separação dos mesmos é relevante, parece adequado atribuir a cada um deles nomes diversos. Nesse sentido, costuma-se denominar o primeiro conceito de **rendimento**, e denominar o segundo conceito de **renda**. Essa tem sido a tradição seguida no direito brasileiro.

17 *Ibidem*, pp. 121-122 e 132.

18 *Ibidem*, p. 100.

dade produtiva), mas também um fluxo de riqueza (SELIGMAN, BATTISTELLA) ou mesmo um mero aumento de valor do patrimônio (LAUFENBURGER, VALDÉS COSTA).[19] Sob esse ângulo, nem todos os autores anteriormente relacionados poderiam ser considerados como partidários de uma "versão mais pura" da teoria da renda-produto ou de uma teoria da renda-produto "em sentido estrito" (segundo a qual o acréscimo decorreria de uma atividade produtiva).

Em terceiro lugar, incluiu-se na definição a expressão "acumulado ou consumido", pois, para alguns autores, ao se avaliar se houve ou não um acréscimo no valor do patrimônio, deve-se levar em conta o que foi consumido e que não era qualificado como gasto "necessariamente dedutível" (em rigor, que não deve ser qualificado como gasto – valor – que necessariamente irá informar de forma negativa o cômputo – e a própria existência – do conceito Renda).

Em quarto lugar, a periodicidade não é um requisito essencial para todos. SELIGMAN, BATTISTELLA e LAUFENBURGER afastam tal requisito ao incluírem os ingressos acidentais (p. ex., ganhos de capital) no âmbito do conceito *renda*.

Em quinto lugar, foi incluído o critério de ser "normalmente líquido". Aqui também se utilizou a expressão "normalmente líquida" pelos seguintes motivos: dos 12 autores analisados, 8 referem-se expressamente a esse critério, adotando--o (QUARTA, GERBINO, SELIGMAN, BATTISTELLA, ALLIX, LECERCLE, DE VITI DE MARCO e VALDÉS COSTA); um refere-se a esse critério, sem que seja possível ter certeza se ele o considera necessário (TIVARONI); nenhum dos autores referiu--se a esse critério e declarou que não o adotava; e, por fim, BELSUNCE[20] (que teve oportunidade de estudar a teoria de cada autor de forma mais acurada), sugere que todos os autores adotam esse critério.

Por último, também aqui se optou por manter, por razões didáticas, na definição ampla certos critérios que, em rigor, não precisariam constar, pois sua ausência em nada alteraria a definição.[21]

2.1.3. Teorias da renda-acréscimo patrimonial

Nesse ponto serão examinadas as teorias de 12 diferentes autores que são partidários do que BELSUNCE denomina *Teoria da Renda-Acréscimo Patrimonial*

---

19 *Ibidem*, p. 89 (quanto a SELIGMAN), p. 92 (quanto a BATTISTELLA), pp. 116-117 (quanto a LAUFENBURGER) e pp. 117-118 (quanto a VALDÉS COSTA).

20 *Ibidem*, pp. 130-131.

21 Esta é a parte mantida apenas para fins didáticos: "de natureza material ou imaterial, ..., que decorre ou não de uma fonte permanente, que decorre ou não de uma fonte produtiva, que não necessariamente está realizado, que não necessariamente está separado, que pode ou não ser periódico ou reprodutível". Ao incluí-los na definição, pretendeu-se deixar claro que tais critérios não necessariamente precisam estar presentes para definir o conceito *Renda*, pois nem todos os autores assim consideram.

ou *Renda-Ingresso*. Também entre eles há um uso indiscriminado dos termos *renda* e *rendimento*.

GEORG SCHANZ, considerado o precursor da *teoria da renda-acréscimo patrimonial*, publicou, em 1896, seu estudo – *Der Einkommensbegriff*. SCHANZ, ao tratar do tema relativo ao conceito de renda, preocupa-se com a capacidade contributiva de cada indivíduo. O que lhe interessa é o acréscimo no poder econômico que uma pessoa experimenta em um certo período de tempo, isto é, que meios de disposição tem uma pessoa, em certo período de tempo, sem prejudicar seu capital nem recorrer a dívidas pessoais. Nesse contexto, ele entende renda como sendo o acréscimo líquido do patrimônio em um período de tempo determinado, incluindo os benefícios e rendimentos remunerados por terceiros. Inclui, também, todos os proveitos, os benefícios, os serviços avaliáveis, presentes, heranças, legados, ganhos de loteria, anualidade de seguros, ganhos especulativos e todo tipo de interesse por empréstimos e ganhos de capital. Observa que se deve incluir, ainda, o gozo do ócio, da casa ou do jardim de seu próprio dono. Ele afasta os conceitos de realização, de fonte produtiva, de periodicidade e de manutenção da fonte.

Em 1898, F. GARTNER, divulga seu estudo – *Uber den Einkommensbegriff*. Segundo esse autor, para que um ingresso seja considerado renda é preciso que alguém tenha um título legal que lhe garanta o direito ao ingresso. Em outras palavras, a pessoa tem que despender uma força de trabalho para obter o ingresso para que ele seja considerado renda. Essa atividade econômica prévia do indivíduo, mesmo que não tenha regularidade, é fundamental para qualificar um ingresso como renda.

Em 1914, advém a obra de RICCI – *Reddito e imposta*. A preocupação desse autor está voltada para uma justa definição, que compreenda todos os elementos que denotam uma capacidade contributiva. Assim, define renda como sendo renda líquida. E diz que renda líquida é igual aos gastos de consumo, mais economias, mais ganhos de capital, mais aumentos de valor, mais ganhos acidentais.

GARELLI, em 1917, apresenta seu estudo – *Il concetto di reddito nella scienza finanziaria*. Define renda como a riqueza total produzida durante um período de tempo, que representa um acréscimo líquido de valor no patrimônio original do proprietário. Ele ressalta o critério da riqueza líquida, afirmando que se deve deduzir da renda bruta do trabalho, os gastos que se deve realizar para manter a eficiência do trabalhador e assegurar os riscos de enfermidade, morte e desemprego. Ele admite que os presentes, as heranças, os ganhos de jogo e os prêmios de loteria sejam tributados como renda.

Outro importante trabalho é o de ROBERT MURRAY HAIG – *El concepto de ingresso; aspectos económicos y legales*.[22] HAIG define, de início, o conceito de in-

22 Pelo texto de Belsunce (*Ibidem*, p. 140), surge uma dúvida quanto ao momento da divulgação das ideia s de Haig. Pois Belsunce toma como referência o estudo de Haig publicado em 1964 no livro *Ensayos sobre economía impositiva*; contudo, em seu texto aponta o ano de 1921 como data em que o trabalho teria sido realizado.

gresso como sendo o valor monetário do acréscimo líquido do poder econômico individual entre dois momentos. E renda é um ingresso que pode consistir em bens ou serviços monetariamente apreciáveis. Os ingressos podem ser periódicos ou acidentais. Não são necessários os critérios de preservação da fonte, de realização nem de separação. Quanto aos últimos, que importa é o momento em que se adquire o direito. Aponta, nesse sentido, a necessidade de efetuar avaliações periódicas do patrimônio para identificar o acréscimo ou decréscimo de valor do mesmo, independentemente de qualquer realização ou venda. Quanto ao critério do acréscimo líquido, ressalta que esse deve levar em conta todo acréscimo novo ao patrimônio, ainda que seja imediatamente consumido.

U. GOBBI, num primeiro trabalho (*Trattato di economia*, de 1923), define renda como a soma de moeda, caracterizada por atribuir-se a uma pessoa em um intervalo de tempo, sendo uma indicação de movimento de riqueza. Numa segunda obra (*Sulla definizione del reddito*, de 1930), ele enuncia que renda é o resultado da soma algébrica dos fatos negativos e positivos, ou seja, dos ganhos e das perdas. Para ele, os ganhos decorrentes de fatos involuntários (p.ex., os prêmios de loteria ou de jogos de azar) não são renda. Todavia, a riqueza recebida por doação ou herança, pelo fato de poder se constituir em retribuição não obrigatória, mas esperada pelo donatário ou herdeiro, tem as características de renda. Ressalta que a periodicidade não é um elemento essencial.

BENVENUTO GRIZIOTTI sustenta que renda da riqueza mobiliária é a entrada líquida. Considera que para definir o conceito de renda não é preciso recorrer à economia política, nem ao direito comercial, mas sim ao ordenamento geral do direito tributário. Do resumo feito por BELSUNCE, não se consegue extrair com clareza os critérios que GRIZIOTTI adotou. Porém, dois critérios parecem presentes: o de a renda ser líquida; e o de incluir qualquer acréscimo ou valorização do patrimônio.

Em 1938, surge obra de HENRY C. SIMONS – *Personal income taxation*. Esse autor define renda como sendo a soma algébrica do valor dos consumos e do valor acumulado entre o princípio e o fim do período. Defende a chamada renda-serviço e a renda por hora de ócio. Declara que seu conceito de renda compreende os presentes, as heranças e os legados. Assim, sua concepção de renda inclui todos os ingressos, regulares ou irregulares, materiais ou imateriais, usos e serviços, avaliáveis a preço de mercado.

ACHILLE DONATO GIANNINI (1938) apresenta os seguintes elementos para o conceito de renda tributável: um acréscimo de valor; a dependência do emprego de capital ou da atividade humana; ser monetariamente apreciável; estar referida a um sujeito; e apurável em um determinado período. Leciona que o acréscimo de valor deve importar uma riqueza nova que se acresce a uma já existente. E que não há riqueza quando apenas ocorre a reposição de uma perda sofrida. Estão fora do conceito de renda os acréscimos de valor decorrentes de causas naturais (aluvião), econômicas (desvalorização da moeda) e de aquisições a título gratuito (doações e heranças) pelo fato de não serem provenientes do emprego de capital ou da atividade humana. O acréscimo deve ser certo e definitivo.

Em 1940, LUIGI EINAUDI publica sua obra – *Princípios de fazenda pública*. Esse autor define renda como sendo a massa líquida de riqueza, material ou imaterial, adquirida por uma pessoa física em um determinado período de tempo e consumida sem variar o volume da riqueza possuída no início desse mesmo período de tempo. Assevera que os acréscimos patrimoniais para serem tributados precisam provir de uma atividade especulativa. Ressalta que somente a "renda consumida" deve ser tributada, e que a "renda economizada" deve estar isenta, sob pena de gerar uma dupla tributação.

Outro importante autor italiano é EZIO VANONI que a partir de sua obra – *Osservazione sul concetto di reddito in finanza*, de 1932, vem tratando do tema referente ao conceito de renda. Segundo VANONI, as categorias *renda-produto*, *renda líquida* e *renda consumida*, apesar de serem distintas, podem ser usadas tanto pela Ciência das Finanças quanto pelo Direito Tributário, não cabendo cogitar de qualquer supremacia de uma sobre a outra. VANONI, entre os diferentes conceitos de renda como base tributável, parece preferir a concepção de renda como entrada. O principal aspecto de sua teoria é o relativo à discussão dos conceitos de *realização* e *separação*. Ele critica as posições defendidas por SELIGMAN. Para ele, a venda de bens não é a única forma de consolidar um acréscimo patrimonial. E a separação também não é um critério fundamental. O essencial para que se possa cogitar de renda é que exista uma riqueza nova que se junte ao patrimônio preexistente de modo certo e estável. Dessa forma evidencia-se um aumento da capacidade contributiva. Por exemplo, VANONI considera que ocorrendo um simples aumento de uma floresta, independentemente de as árvores serem cortadas e vendidas, há uma riqueza nova, um aumento da capacidade contributiva e, por conseguinte, há renda.

Em 1959, advém a obra de JOHN F. DUE – G*overnment finance and economic analysis*. Ele concebe a renda como sendo a soma algébrica do que é consumido por uma pessoa em certo período com o acréscimo líquido do patrimônio individual durante o período, estando ambos expressados em dinheiro. Ele defende a renda presumida ou de serviço, que decorre do uso de bens próprios. Não entende necessária a periodicidade. E aceita com ponderações a inclusão de doações e heranças.

Após ter realizado uma exposição das diferentes "teorias fiscalistas da renda-acréscimo", HORACIO BELSUNCE[23] tece inicialmente duas observações. A primeira é a de que essas teorias carecem de base econômica, apartando-se do conceito de renda vinculado à noção de distribuição da produção. A segunda é a de que tais teorias atendem fins exclusivamente fiscais, levando a uma extensão assistemática e confusa do conceito de renda, o que favorece a proliferação de teorias legalistas.

Considerando o texto produzido pelo próprio BELSUNCE acerca do que denomina "teorias fiscalistas da renda-acréscimo patrimonial", pode se dizer que esse jurista parece não ter razão em suas críticas.

23 *Ibidem*, pp. 181-182.

É inadequado afirmar que as teorias da renda-acréscimo não têm base econômica, pois como se teve oportunidade de mostrar, diversamente do concluído por BELSUNCE, há teorias econômicas sobre renda que dão sustentação às teorias da renda acréscimo. Vale lembrar, que das 17 teorias econômicas por ele analisadas (ver subitem 2.1.1), algumas - a de SAY, MARSHALL e FISHER - incluem a valorização do patrimônio no âmbito do conceito de renda; outras referem-se à renda como ingressos - BIERSACK, ROSCHER, outras como riqueza ou bens que fluem - GUTH, HERMANN, WEISS, PAPI. Dessarte, para esses economistas não é necessário cogitar de renda como algo que decorra de uma fonte produtiva.

Quanto à segunda crítica, pode se dizer que as teorias da renda-acréscimo (que, repita-se, têm fundamento em teorias econômicas), em rigor, não revelam uma preocupação "exclusivamente fiscal". Ao contrário, como firmam alguns de seus arautos, elas atendem anseios relativos à justiça fiscal, já que estão voltadas à aferição da capacidade contributiva das pessoas, a qual servirá de critério informador da tributação sobre a renda. Nesse ponto, os partidários da "teoria da renda-acréscimo patrimonial" poderiam contra-argumentar que os teóricos da renda-produto (em sentido mais estreito) se prendem a certos pré-conceitos econômicos (de apenas uma parcela das teorias econômicas), e acabam construindo um conceito de renda inaplicável para fins tributários, por estarem inteiramente dissociados dos princípios da justiça fiscal e da capacidade contributiva.

Depois de realizar essas críticas, BELSUNCE, a partir do estudo das "teorias fiscalistas da renda-acréscimo patrimonial", desenvolve mais alguns comentários e, por fim, se propõe a "definir el rédito a luz de la teoria del 'incremento patrimonial' de la siguiente manera:

Rédito es todo ingreso neto en bienes materiales, inmateriales o servicios valuables en dinero, periódico, transitorio o accidental, de carácter oneroso o gratuito, que importe un incremento neto del patrimonio de un individuo en un período determinado de tiempo, esté acumulado o haya sido consumido y que se exprese en términos monetarios."[24]

Antes de analisar a definição proposta por BELSUNCE, cabe dizer que se seguiu o mesmo procedimento adotado em relação às definições de BELSUNCE sobre as *teorias economicas* e as *teorias da renda-produto*, isto é, adotou-se como objetivo construir uma definição ampla que compreenda todas as teses anteriormente examinadas.

Para construir essa definição ampla, convém enumerar, de um modo simplificado, os diversos critérios referidos pelas *teorias fiscalistas da renda-acréscimo patrimonial* que apresentam uma maior importância para fins tributários. São eles:

a) é um acréscimo de valor patrimonial (riqueza nova, acréscimo de riqueza), representativo da obtenção de produto, da ocorrência de fluxo de riqueza ou de simples aumento no valor do patrimônio;

24 *Ibidem*, p. 186.

b) material ou imaterial;
c) acumulado ou consumido;
d) decorrer ou não de uma fonte permanente;
e) decorrer ou não de uma fonte produtiva;
f) ser ou não necessária a realização;
g) ser ou não necessária a separação;
h) haver ou não periodicidade ou reprodutibilidade;
i) ser ou não sempre líquida; e
j) ser de índole monetária ou em espécie.

Sobre os critérios anteriormente expostos, cada autor posicionou-se de uma das seguintes formas: ou não se referiu ao critério, ou referiu-se ao critério e o adotou, ou referiu-se ao critério e não o adotou. Para que o critério esteja presente na definição ampla basta que ele seja referido por pelo menos um autor e que sua inclusão na definição tenha como efeito torná-la mais abrangente.

Ao que parece, a "definição ampla" do conceito de *renda* ficaria mais consonante com as diferentes *teorias fiscalistas da renda-acréscimo* expostas pelo próprio BELSUNCE, nos seguintes termos:

Renda é o acréscimo de valor patrimonial (riqueza nova, acréscimo de riqueza), representativo da obtenção de produto, da ocorrência de fluxo de riqueza ou de simples aumento no valor do patrimônio, de natureza material ou imaterial, acumulado ou consumido, que decorre ou não de uma fonte permanente, que decorre ou não de uma fonte produtiva, que não necessariamente está realizado, que não necessariamente está separado, que pode ou não ser periódico ou reprodutível, normalmente líquido, e que pode ser de índole monetária ou em espécie.

Percebe-se que a definição ampla proposta é muito semelhante à "definição ampla" relativa à teoria econômica e à definição ampla relativa à teoria da renda-produto, exceto pela exclusão da denominada "renda real", que, como diz BELSUNCE, não tem sentido para as teorias fiscalistas (isto é, para as teorias voltadas para o conceito de renda como base tributável), pois a renda real se refere aos bens ou serviços finais que se pode adquirir com a conversão da moeda ou de outros bens. Convém explicar como se chegou a essa definição.

Primeiramente, enfatiza-se que as denominadas "teorias fiscalistas da renda-acréscimo" também não estabelecem uma clara distinção entre os termos *renda* e *rendimento*.

Em segundo lugar, nessa definição, diversamente da apresentada por BELSUNCE, diz-se que renda é "é o acréscimo de valor patrimonial (riqueza nova, acréscimo de riqueza), representativo da obtenção de produto, da ocorrência de fluxo de riqueza ou de simples aumento no valor do patrimônio", em vez de falar que renda é somente "ingresso" (como faz BELSUNCE). Ao falar somente em "ingresso", tem-se a impressão que para haver renda necessariamente deveria existir um fluxo de bens para o patrimônio de alguém, ou seja, a aquisição de novos bens. E mais, isso importaria o não reconhecimento de que a renda pode decorrer simplesmente do aumento de valor do patrimônio, sem que para tanto tenha havido o ingresso de qualquer novo bem. Tal exclusão contrariaria expressamente a teoria de alguns autores (RICCI, HAIG, GRIZIOTTI, SIMONS e VANONI).

Em terceiro lugar, incluiu-se na definição (nesse caso, como também fez BELSUNCE)[25] a expressão "acumulado ou consumido", pois ao se avaliar se houve ou não um acréscimo no valor do patrimônio, deve-se levar em conta o que foi consumido e que não era qualificado como gasto "necessariamente dedutível" (em rigor, que não deve ser qualificado como gasto – valor – que necessariamente irá informar de forma negativa o cômputo – e a própria existência – do conceito Renda).

Em quarto lugar, foi incluído o critério de ser "normalmente líquido". Cabe ressaltar que o critério ser "líquido" foi referido e adotado de forma expressa por 16 dos 18 autores analisados por BELSUNCE, sendo que os outros dois não fizeram qualquer referência. Todavia, BELSUNCE,[26] que teve oportunidade de estudar a teoria de cada autor de forma mais acurada, sugere que todos adotaram esse critério.

Por último, também aqui se decidiu manter na definição ampla certos critérios que, em rigor, não precisariam constar, pois sua ausência em nada alteraria a definição.[27]

2.1.4. Teorias legalistas

BELSUNCE, ao discorrer sobre a Teoria Legalista, refere-se à lição de três autores: RUBENS GOMES DE SOUSA, DINO JARACH e CARLOS M. GIULIANI FONROUGE. O posicionamento de RUBENS GOMES DE SOUSA também será objeto de exame mais adiante (subitem 2.2), oportunidade em que o estudo será desenvolvido a partir da análise direta de seus textos. Por tal razão, nesse momento, os comentários feitos sobre o pensamento desse jurista brasileiro serão muito sintéticos.

RUBENS GOMES DE SOUSA, em 1950, publicou um importante estudo intitulado *O fato gerador do imposto de renda*. Na opinião de BELSUNCE, RUBENS GOMES DE SOUSA teria concebido o fato gerador do imposto de renda como estando intimamente ligado à noção de rendimento. Por sua vez, considerou que o

---

25 Horacio Belsunce, no tocante à definição relativa à teoria da "renda-acréscimo patrimonial" também incluiu a expressão "acumulado ou consumido" (ibidem, p. 186). É oportuno lembrar que ele não a incluíra ao construir o conceito amplo de renda atinente à teoria da "renda-produto", procedimento que pareceu inadequado (ver comentários ao final do subitem 2.1.2).

26 *Ibidem*, p. 186.

27 Esta é a parte mantida apenas para fins didáticos: "de natureza material ou imaterial, ... , que decorre ou não de uma fonte permanente, que decorre ou não de uma fonte produtiva, que não necessariamente está realizado, que não necessariamente está separado, que pode ou não ser periódico ou reprodutível". Ao incluí-los na definição, pretendeu-se deixar claro que tais critérios não necessariamente precisam estar presentes para definir o conceito *Renda*, pois nem todos os autores assim consideram.

conceito de rendimento, resulta do direito positivo. Ele teria definido rendimento de acordo com o prescrito pelo legislador. Os critérios da periodicidade ou da reprodutibilidade seriam prescindíveis. E um rendimento creditado, mas ainda não percebido, já seria tributável.

Em 1958, advém a obra de DINO JARACH – *Curso superior de d*ireito tributário. Ele sustenta que não seria possível dar uma definição sintética ou verdadeira de renda, pois existem inúmeras e divergentes teorias. Por conseguinte, o legislador não fica atrelado a qualquer das definições elaboradas pela teoria econômica. O conceito jurídico de renda somente pode ser construído a partir do exame das normas legais.

Em 1959, surge o trabalho de CARLOS M. GIULIANI FONROUGE – *El concepto de renta en el derecho fiscal*. Ele observa que o direito positivo de diferentes países não se ajusta aos conceitos da economia política e do direito privado, não sendo correta a afirmação de LAUFENBURGER de que tem ocorrido uma indevida extensão do conceito de renda, desprovida de qualquer fundamento jurídico. Ressalta a diversidade de teorias sobre renda e prega que a definição de renda deve ser eminentemente funcional, ou seja, que se conforme de acordo com a função a ser desempenhada. Assim, dependendo dos objetivos do legislador, podem ou não estar no âmbito do conceito de renda: a riqueza não consumida, as "rendas psíquicas", certos benefícios decorrentes da relação de emprego, os acréscimos patrimoniais de qualquer procedência e até as mais valias involuntárias. Declara que não são essenciais para o conceito de renda os critérios da periodicidade, da fonte produtora e da preservação da fonte. Leciona que para haver renda basta que se tenha uma riqueza nova que se junte a uma riqueza preexistente, e que sobre ela se tenha uma disponibilidade econômica, mesmo que não esteja separada, o que corresponderia à disponibilidade jurídica.

2.1.5. Observações finais sobre o estudo de Horacio Belsunce

Preliminarmente, antes de realizar as observações finais, é conveniente ressaltar que BELSUNCE, depois de ter exposto aquelas quatro grandes correntes teóricas (a *Econômica*, a da *Renda-Produto*, a da *Renda- Acréscimo Patrimonial* e a *Legalista*), ainda desenvolveu um estudo do direito positivo americano, italiano, francês, alemão, inglês e uruguaio. Em seguida, apresentou o que ele próprio denominou "a opinião do autor". Nesse ponto, BELSUNCE anuncia (sem pretender refutar um posicionamento legalista) que adota plenamente a doutrina da renda-produto, basicamente por duas razões: a) por estar fundamentada em teorias econômicas; e b) por apresentar uma maior organicidade e rigor científico.

Uma vez examinado o estudo de HORACIO BELSUNCE acerca (do que ele classifica) das quatro diferentes teorias sobre renda (dos economistas, da renda-produto, da renda-acréscimo e a legalista), é conveniente proceder a uma síntese das principais observações anteriormente realizadas.

Um – as quatro teorias tem um ponto comum, qual seja, não estabelecem uma clara distinção entre os termos *renda* e *rendimento*, mesmo reconhecendo (ainda que implicitamente) o fato de existirem dois conceitos inconfundíveis: a) a aquisição de um novo direito subjetivo patrimonial, que se realiza em certo instante e que decorre de um determinado fato jurídico;[28] e b) o acréscimo de riqueza que alguém obtém em determinado período de tempo, o qual é o resultado positivo da combinação de certos fatos que informam o acréscimo ou o decréscimo de valor de um dado patrimônio.

Dois – a "definição ampla" de BELSUNCE sobre as *teorias econômicas*, em rigor, não é ampla o suficiente para englobar todas as teorias por ele referidas, em especial, ele incluiu o critério de a "riqueza" proceder de "fonte produtiva", quando esse critério não foi adotado por todos, sendo, inclusive, expressamente refutado por alguns economistas. Nesse sentido, apresentou-se como proposta a seguinte definição ampla das (por ele) denominadas *teorias econômicas*:

Renda é o acréscimo de valor patrimonial (riqueza nova, acréscimo de riqueza), representativo da obtenção de produto, da ocorrência de fluxo de riqueza ou de simples aumento no valor do patrimônio, de natureza material ou imaterial, acumulado ou consumido, que decorre ou não de uma fonte permanente, que decorre ou não de uma fonte produtiva, que não necessariamente está realizado, que não necessariamente está separado, que pode ou não ser periódico ou reprodutível, normalmente líquido, e que pode ser de índole monetária ou em espécie ou real.

Três – a "definição ampla" de BELSUNCE sobre as *teorias da renda-produto*, em rigor, não é ampla o suficiente para englobar todas as teorias por ele referidas, pois há autores que consideram não ser necessário o critério de a renda provir de uma "fonte produtiva durável". E mais, que a renda (acréscimo de patrimônio, de riqueza, riqueza nova) pode ser não apenas um produto (algo que decorra de uma atividade produtiva), mas também um fluxo de riqueza ou mesmo um mero aumento de valor do patrimônio. Sob esse ângulo, nem todos os autores anteriormente relacionados poderiam ser considerados como partidários de uma "versão mais pura" *teoria da renda-produto* ou de uma *teoria da renda-produto* "em sentido estrito". Além disso, releva dizer que a "periodicidade" não é um requisito essencial para todos os autores. Por tudo isso, considerando os textos colacionados pelo próprio BELSUNCE, apresentou-se a seguinte definição ampla segundo as (por ele) denominadas *teorias da renda-produto*:

Renda é o acréscimo de valor patrimonial (riqueza nova, acréscimo de riqueza), representativo da obtenção de produto, da ocorrência de fluxo de riqueza ou de simples aumento no valor do patrimônio, de natureza material ou imaterial,

---

28 Repita-se que há quem inclua no conceito de "rendimento" um simples acréscimo de valor de um direito (um bem), o qual não necessariamente seria provocado por (efeito jurídico de) um fato jurídico.

acumulado ou consumido, que decorre ou não de uma fonte permanente, que decorre ou não de uma fonte produtiva, que não necessariamente está realizado, que não necessariamente está separado, que pode ou não ser periódico ou reprodutível, normalmente líquido, e que pode ser de índole monetária ou em espécie.

Quatro – BELSUNCE, ao fornecer a definição ampla das *teorias da renda-acréscimo patrimonial*, refere-se somente a ingresso, o que parece inadequado, pois dá a impressão que para haver renda necessariamente deveria existir um fluxo de bens para o patrimônio de alguém, ou seja, a aquisição de novos bens. E mais, isso poderia sugerir o não reconhecimento de que a renda pode decorrer simplesmente do aumento de valor do patrimônio, sem que para tanto tenha havido o ingresso de qualquer novo bem. Além disso, tal exclusão contrariaria expressamente a teoria de alguns autores. Portanto, em vez de falar apenas em ingresso, parece mais adequado dizer: "acréscimo de valor patrimonial (riqueza nova, acréscimo de riqueza), representativo da obtenção de produto, da ocorrência de fluxo de riqueza ou de simples aumento no valor do patrimônio". Por essa razão, foi proposta a seguinte definição ampla de acordo com as *teorias da renda-acréscimo*:

Renda é o acréscimo de valor patrimonial (riqueza nova, acréscimo de riqueza), representativo da obtenção de produto, da ocorrência de fluxo de riqueza ou de simples aumento no valor do patrimônio, de natureza material ou imaterial, acumulado ou consumido, que decorre ou não de uma fonte permanente, que decorre ou não de uma fonte produtiva, que não necessariamente está realizado, que não necessariamente está separado, que pode ou não ser periódico ou reprodutível, normalmente líquido, e que pode ser de índole monetária ou em espécie.

Cinco – BELSUNCE responsabiliza as *teorias da renda-acréscimo patrimonial* pela desarrazoada extensão do conceito de renda, a qual se desenvolvera sem qualquer sustentação em teorias econômicas e motivadas por uma preocupação exclusivamente fiscal. Além disso, responsabiliza aquelas pela proliferação das teorias legalistas. Em verdade, tais críticas não procedem. Em primeiro lugar, pelo fato de existirem várias teorias econômicas (referidas pelo próprio BELSUNCE) que conferem fundamento para as teorias da renda-acréscimo patrimonial. Em segundo, pelo fato de vários partidários dessa corrente terem justificado suas posições, argumentando que a teoria da renda-acréscimo melhor atende os princípios da justiça fiscal e da capacidade contributiva.

Seis – Comparando-se as definições amplas que foram propostas como alternativa àquelas formuladas por BELSUNCE, atesta-se que elas são muito semelhantes e que de um certo modo apontam para a possibilidade de se construir uma definição ampla o suficiente para englobar todas as *teorias econômicas*, as *da renda-produto* e as *da renda-acréscimo* (excluindo-se a *teoria legalista*, que conferiria, em princípio, total liberdade para o legislador – em especial o infraconstitucional[29] – construir o

29 Evidentemente, não há qualquer óbice para que a Constituição, como instrumento veiculador das normas de máxima hierarquia do Direito Positivo, estabeleça qualquer definição (*definição*

conceito Renda). A vantagem de se construir tal definição ampla é a de possibilitar o estabelecimento de limites máximos para esse conceito, sendo certo que aquilo que extrapolar tais limites, será um objeto cujo conceito é estranho e inconfundível com o conceito *Renda*. Nesse contexto, tendo como referência as teorias de 45 autores (incluindo o próprio BELSUNCE) anteriormente examinadas, apresenta-se a seguinte (e preliminar) proposta de definição ampla de *Renda* (para fins tributários):

Renda é o acréscimo de valor patrimonial (riqueza nova, acréscimo de riqueza), representativo da obtenção de produto, da ocorrência de fluxo de riqueza ou de simples aumento no valor do patrimônio, de natureza material ou imaterial, acumulado ou consumido, que decorre ou não de uma fonte permanente, que decorre ou não de uma fonte produtiva, que não necessariamente está realizado, que não necessariamente está separado, que pode ou não ser periódico ou reprodutível, normalmente líquido, e que pode ser de índole monetária ou em espécie.

2.2. A perspectiva de Rubens Gomes de Sousa

Nesta parte do trabalho, será exposta e analisada a visão de um dos principais responsáveis pelo desenvolvimento da Ciência do Direito Tributário no Brasil – RUBENS GOMES DE SOUSA – sobre o conceito de *Renda*. Para tanto, serão considerados 8 diferentes estudos desse jurista, os quais serão apreciados segundo uma ordem cronológica, do mais antigo (1947) até o mais atual (1973).

O primeiro deles é a tese intitulada *O fato gerador do imposto de renda*, que foi elaborada em 1947.[30] RUBENS GOMES DE SOUSA esclarece que o objetivo de tal trabalho é a pesquisa dos elementos fundamentais do conceito do fato gerador no imposto de renda, e dá uma definição preliminar desse conceito: "é o fato (ou conjunto de fatos correlatos), de cuja ocorrência a lei faz depender o nascimento do direito da Fazenda ao imposto."[31]

Aduz que essa definição destaca três aspectos fundamentais da natureza jurídica do fato gerador, quais sejam: i) é sempre um fato e não um ato jurídico; ii) o fato gerador depende de conceituação legal positiva; e iii) o fato gerador por si só não cria a obrigação tributária.

Nesse trabalho, RUBENS GOMES DE SOUSA não aprofunda a investigação das teorias sobre o conceito de renda. Seu propósito maior foi o de examinar os referidos três aspectos fundamentais. Apesar disso, ele leciona que:

"O fato gerador do imposto de renda será sempre, com efeito, o aparecimento de uma relação de propriedade ou de posse entre um rendimento e o contribuinte,

---

no sentido de enunciação – exteriorização por meio de linguagem – desta operação mental de demarcação do âmbito de um conceito).

30 *O fato gerador do imposto de renda*. Publicado inicialmente na RDA 12, pp. 339 e segs. e republicado na RDA – Seleção Histórica, pp. 167-187.

31 RDA – Seleção Histórica, p. 167.

seja este de fato ou de direito, isto é, quer esteja o contribuinte em relação pessoal com a matéria tributável, quer se trate simplesmente de um contribuinte por força de designação legal. Por conseguinte, a noção de fato gerador no imposto de renda está intimamente ligada à noção de rendimento: esta, por sua vez, decorre do direito positivo."[32]

Complementa essa passagem, declarando que "o fato gerador do imposto de renda no sistema brasileiro, consiste na disponibilidade econômica de uma importância de dinheiro ou suscetível de avaliação em dinheiro proveniente do capital, do trabalho ou da combinação de ambos". Aduz que essa disponibilidade encontra-se "compreendida na definição legal da incidência dos impostos cedulares ou do imposto complementar progressivo, em se tratando de pessoas físicas ou na definição legal de lucro tributável, em se tratando de pessoas jurídicas."[33]

Ele esclarece ainda que tal definição está ligada ao regime legal positivo brasileiro e que prescinde do critério da periodicidade ou da reprodutividade, pelo menos potencial, do rendimento.

Por esse texto, já se percebe uma inclinação legalista de RUBENS GOMES DE SOUSA. Esse posicionamento fica reforçado quando, referindo-se ao critério da periodicidade, ele afirma que: "Esse critério, importante em doutrina para a fixação da distinção entre renda e capital, fica, na prática, condicionado à definição legal ou à sistemática legislativa, redundando portanto no elemento de investigação de cada caso prático, e que justifica o seu abandono em uma tese acadêmica do tipo da presente."[34]

Ao se dizer que RUBENS GOMES DE SOUSA adotou uma postura legalista para o conceito de renda, quer se chamar a atenção para o fato de, pelo menos nesse texto, ele não ter estabelecido requisitos ou características definitórias para delimitar o conceito de renda, limitando-se a remeter para a definição constante no direito positivo, que no caso em questão era simplesmente a legislação ordinária (não a constitucional) sobre o imposto de renda. Essa índole legalista de RUBENS GOMES DE SOUSA é mais uma vez reforçada pelo que afirma ao final desse texto: "Resumindo, diremos que o fato gerador do imposto de renda, quer se trate do imposto cedular, quer do imposto complementar, quer, ainda, do imposto arrecadado na fonte, ou do imposto sobre a renda das pessoas jurídicas, é a aquisição da disponibilidade econômica de um elemento de riqueza que corresponda à definição legal positiva de rendimento".[35]

Mais uma observação merece ser feita. RUBENS GOMES DE SOUSA aproxima os conceitos *renda* e *rendimento*, dando a entender que os concebe como se fossem sinônimos ou se designassem o mesmo fenômeno, o que,

32 *Ibidem*, p. 175.

33 *Ibidem*, p. 176.

34 *Ibidem*, pp. 176-177.

35 *Ibidem*, pp. 186-187.

como se teve oportunidade de explicar anteriormente (subitem 2.1.1), não parece adequado.

Em 1951, RUBENS GOMES DE SOUSA escreveu em francês um trabalho intitulado *A evolução do conceito de rendimento tributável.*[36] Atesta- se pelo próprio título que esse jurista continua aproximando os conceitos *renda* e *rendimento.* Além disso, reitera a natureza legalista de sua concepção sobre o conceito de renda como base tributável. Esses dois aspectos característicos de sua teoria estão evidenciados pelo que ele afirma logo no início do trabalho (após comentar uma assertiva de um juiz inglês que definiu o imposto de renda como sendo aquele que incide sobre a renda):

"só ocasionalmente o direito positivo observa, ainda assim imperfeitamente, um conceito teórico de renda. O que vale dizer que, para o legislador fiscal, a noção de rendimento tributável é totalmente empírica: os resultados da arrecadação prevalecem sobre a preocupação de aprimoramento científico do sistema tributário. Não seria, portanto, exagerado ampliar a definição para dizer que o imposto de renda é aquele que incide sobre o que a lei define como renda."[37]

Depois dessas palavras introdutórias, RUBENS GOMES DE SOUSA esclarece o objetivo de tal trabalho: investigar se existe ou não uma compatibilidade entre as concepções clássicas de renda e os mandamentos da prática fiscal moderna. Em seguida, após discorrer sobre algumas teorias relativas ao conceito de renda (a maior parte dessas teorias foi objeto de exame anteriormente), assevera que três elementos definidores, segundo a escola clássica, tendem a desaparecer, quais sejam: a) a periodicidade; b) a existência de uma fonte duradoura; e c) o de que a produtividade da fonte deve resultar da sua exploração organizada pelo titular do rendimento.

Quanto ao critério *periodicidade*, RUBENS GOMES DE SOUSA comprova que ele é prescindível, reportando-se à legislação brasileira então vigente e demonstrando que existem "receitas tributadas como rendimentos" que não possuem essa característica. Essa passagem é extre- mamente elucidativa da linha de raciocínio por ele adotada nesse discurso. Trata-se de um argumento de índole totalmente legalista: o requisito *periodicidade* é considerado prescindível pelo simples fato de assim dispor o legislador ordinário (não o constituinte originário). Chama-se a atenção para a consequência desse tipo de raciocínio. Ele acaba conferindo uma competência extremamente ampla para o legislador infraconstitucional, a quem caberia, em última instância, estabelecer, com liberdade, que é *renda*, sendo, pois, irrelevante o contexto constitucional.

---

36 O titulo original é *L'Evolution de la notion de revenu imposable*, tendo sido publicado originalmente no Archivio Finanziario, vol. II, Pádua, 1951. Vertido para o português, com pequenas adaptações e atualizações feitas pelo próprio autor, em 1970, foi publicado na RDP 14, pp. 339-346.

37 RDP 14, p. 339.

Em relação ao segundo elemento – *existência de uma fonte duradoura* –, RUBENS GOMES DE SOUSA também o julga desnecessário para definir o conceito *renda*. Adverte que se tal elemento fosse necessário, ter-se-ia um "resultado, errôneo, pelo menos do ponto de vista fiscal, de subordinar a definição de renda a fatores puramente subjetivos e pessoais ao titular do rendimento."[38] Em suma, pontifica que não faz sentido a vontade do titular ser determinante para definir que é renda, pois tal definição dependeria de um acontecimento posterior à realização da receita, qual seja o emprego da mesma, isto é: se a receita for reinvestida, ter-se-ia capital; e se a receita for consumida, ter-se-ia renda.

O problema desse raciocínio desenvolvido por RUBENS GOMES DE SOUSA é o de estar fundado em conceitos que ele até então não definiu, nem estabeleceu a necessária distinção. Que é receita? Que é capital? Que é renda? Que é rendimento? Essas perguntas deveriam estar plenamente respondidas antes de RUBENS GOMES DE SOUSA referir-se a tais conceitos para considerar que o elemento "fonte duradoura" não é um elemento necessário. Sem previamente definir cada um desses conceitos, o argumento, além de ficar muito impreciso, acaba assumindo um cunho meramente legalista. Pois, será "receita" aquilo que o legislador dispuser que é. O mesmo pode-se dizer em relação aos conceitos de "capital", "renda" e "rendimento".

No tocante ao terceiro elemento – *a exploração da fonte* –, RUBENS GOMES DE SOUSA defende que ele não deve ser entendido de forma estrita, mais sim num sentido amplo. Para tanto, é suficiente qualquer tipo de atividade do titular da renda, por menor que seja. Desse modo, ele aceita que os prêmios de loteria, por exemplo, atenderiam o requisito da *exploração da fonte pelo titular da renda*. Completando esse ponto, ele assinala que "restariam, pois, como exemplos mais ou menos únicos de receitas obtidas sem qualquer intervenção do titular, as doações e as heranças: hipóteses efetivamente excluídas de modo expresso pela lei".[39]

Sobre esse terceiro elemento, acabou não ficando claro se RUBENS GOMES DE SOUSA o considerou necessário ou não para o conceito *renda*, mesmo o concebendo em sentido amplo. E mais, no que tange às doações e às heranças, também restou dúvidas se estão fora do âmbito do *imposto sobre a renda e proventos de qualquer natureza* em função de não atender a presença do requisito "exploração da fonte pelo titular", ou se pelo simples fato de a lei ter estabelecido tal exclusão. Na primeira hipótese, haveria um abrandamento da sua postura legalista. Na segunda, ao contrário, estaria reforçada a índole legalista.

Antes de concluir, ele tratou dos conceitos de *realização* e *separação* do rendimento. Professa que *realização* se dará com a verificação, efetiva ou potencial, de um acréscimo patrimonial. E *separação* é a possibilidade de se dispor desse

38 *Ibidem*, p. 342.

39 *Ibidem*, p. 344.

acréscimo independentemente e separadamente do capital que o produziu. Ele chama a *realização* de disponibilidade econômica de uma riqueza. E a *separação* de disponibilidade jurídica. Esclarece o papel de cada um desses conceitos, nos seguintes termos: "o fato gerador do imposto de renda é a aquisição da disponibilidade econômica de uma riqueza. Já o título de que decorre a sua disponibilidade jurídica apenas desempenha na definição da incidência, um papel ulterior e complementar, o de permitir a discriminação dos rendimentos para sua classificação por cédulas."[40]

Também com relação a esse último ponto, não restou claro se RUBENS GOMES DE SOUSA considera o requisito *realização* ou *disponibilidade econômica* como sendo fundamental para o conceito de renda. Se afirmativo, estaria suavizada a postura legalista desse jurista.

Por fim, um aspecto que releva salientar é o de que RUBENS GOMES DE SOUSA, em mais de um momento,[41] refere-se ao conceito de renda como importando um acréscimo patrimonial. Contudo, fica também a dúvida, principalmente em decorrência de sua tendência legalista, se ele considera que para existir renda é essencial que haja um acréscimo patrimonial.

Em 1952, RUBENS GOMES DE SOUSA publica um importante estudo, que versa sobre o imposto de renda e o seguro dotal.[42] Nesse trabalho, ele ressalta a importância de se distinguir os conceitos de *capital* e *renda*. Chama a atenção para a existência de certas despesas necessariamente dedutíveis, no caso, o que ele designa por *encargos da renda* – as despesas necessárias à própria percepção da renda e as despesas necessárias à manutenção da integridade do capital. Observa que a preservação da integridade do capital produtor da renda é essencial para possibilitar a futura produção de renda. Pontifica que a necessária dedutibilidade dessas despesas é fundamental para todo sistema de imposto de renda que tenha por objetivo tributar realmente a renda, sem alcançar também o capital.[43]

RUBENS GOMES DE SOUSA, nesse estudo, não mais assume uma postura meramente legalista. Ele já adota, independentemente do prescrito pela legislação ordinária, requisitos para identificar o conceito de *renda* e para diferençá-lo do conceito de *capital*.

Desse modo, define **renda** como sendo "tão-somente aquilo que acresce ao patrimônio do seu titular, num determinado período de tempo, em excesso do capital empregado e das despesas necessárias à sua produção."[44] Em função desse trabalho, poder-se-ia concluir que RUBENS GOMES DE SOUSA deixou de lado um ponto de vista puramente legalista para seguir uma linha mais próxima das teorias da renda-produto e da renda-acréscimo patrimonial.

---

40 *Ibidem*, p. 345.

41 *Ibidem*, pp. 340, 343, 344, 345.

42 *Imposto de renda e o seguro dotal*, RDA 27, pp. 12-33.

43 *Ibidem*, p. 16.

44 *Ibidem*, p. 16.

Em 30 de agosto de 1957, RUBENS GOMES DE SOUSA produz um parecer envolvendo o tema de imposto de renda relativo à amortização de ações.[45] Em tal oportunidade, ele inicia o exame do ponto "a amortização em face do direito tributário" informando que cumpre fixar, preliminarmente, o conceito fiscal de rendimento. Nesse sentido, assinala que o conceito de rendimento tributável exige o concurso de três elementos: a) proveniência de fonte patrimonial permanente ou durável integrada no patrimônio do titular; b) capacidade, pelo menos potencial, de reprodução periódica; e c) decorrência de uma exploração econômica da fonte produtora pelo seu titular. Complementa seu pensamento, esclarecendo que o elemento *permanência da fonte produtora* é o fundamental. Resume seu ponto de vista, ao declarar que, ressalvadas as peculiaridades dos sistemas positivos, o conceito fiscal de rendimento tributável é em essência um conceito comparativo, concebendo-o como sendo "a riqueza nova disponível que acresce ao patrimônio do seu titular, em excesso do capital que a produziu".[46]

Convém observar que esses três elementos referidos são os mesmos apontados naquele estudo de 1951. Contudo, há uma novidade: agora, ele afirma que o principal elemento é o da *permanência da fonte produtora*. Porém, em 1951, ele criticou a exigência de tal elemento, conferindo maior importância para o elemento *exploração da fonte pelo titular*, é certo que num sentido mais amplo (como qualquer atividade do titular, por mínima que fosse). Adverte-se, ainda, que RUBENS GOMES DE SOUSA continua aproximando os conceitos de renda e rendimento.

Em 12 de abril de 1966, RUBENS GOMES DE SOUSA produziu um parecer,[47] onde voltou a tratar do conceito do fato gerador do imposto sobre a renda. Em primeiro lugar, retomou, de certo modo, o que havia afirmado naquela tese de 1947: o fato gerador de qualquer imposto é a situação definida em lei que dá origem à obrigação de pagá-lo. Em seguida, assentou que o fato gerador do imposto sobre a renda "é a aquisição da *disponibilidade jurídica* de um ganho definido em lei como lucro ou rendimento tributável (Regulamento, art. 53, § 1º)."[48]

Nesse aspecto, contradisse a definição que apresentou em 1947, oportunidade em que afirmou: "o fato gerador do imposto de renda no sistema brasileiro, consiste na disponibilidade econômica de uma importância de dinheiro ou suscetível de avaliação em dinheiro proveniente do capital, do trabalho ou da combinação de ambos" ou "é a aquisição da disponibilidade econômica de um elemento de riqueza que corresponda à definição legal positiva de rendimento".[49]

---

45 *Imposto de renda – amortização das ações das sociedades anônimas*, RDA 49, pp. 475-493.

46 *Ibidem*, p. 484.

47 Rubens Gomes de Sousa, *Pareceres – 3 – Imposto de Renda*, pp. 17-50.

48 *Ibidem*, pp. 43-44.

49 RDA Seleção Histórica, pp. 175 e 186-187, respectivamente.

O conflito parece estar evidenciado, pois em 1947 considerou que o fato gerador do imposto sobre a renda era a *disponibilidade econômica*, enquanto no texto de 1966 entendeu que era a *disponibilidade jurídica*.

O conceito do fato gerador do imposto sobre a renda voltou a ser tratado em outro parecer produzido em 8 de agosto de 1970,[50] momento em que já estava vigendo o Código Tributário Nacional. Recorda que abordou esse tema em estudos anteriores (entre os quais, o de 1947 e o de 1951, anteriormente analisados). Esclarece que o termo "renda" é o conceito genérico que engloba todas as figuras específicas de "rendimentos", tidos como espécies de ganhos tributados, entre eles o "lucro". Retoma, ainda, que a definição do conceito de "renda" em sua acepção fiscal: "é a soma algébrica de todos os rendimentos tributáveis e de todas as despesas dedutíveis, respectivamente realizados e incorridas no espaço de tempo fixado pela lei para sua apuração periódica (o "ano-base")". Expõe, ainda, que, para efeitos fiscais, renda é o acréscimo fiscal líquido verificado entre duas datas predeterminadas. Ressalta que a palavra chave desta definição é *acréscimo*, e explica: "a característica fundamental da renda (termo genérico que, como vimos, inclui a espécie 'lucro') é a de configurar uma aquisição de riqueza nova que vem aumentar o patrimônio que a produziu e que pode ser consumida ou reinvestida sem o reduzir."[51]

Mais um ponto desse parecer merece ser destacado. RUBENS GOMES DE SOUSA, após recordar (o que ele agora chama de) os "três fundamentos do conceito de renda",[52] ele passa ao exame da expressão constante do art. 43 do CTN, qual seja: *disponibilidade jurídica ou econômica de renda*. Essas definições foram tratadas de um modo diverso do exposto no estudo de 1951. Agora, leciona que: "'disponibilidade econômica' corresponde a 'rendimento (ou provento) **realizado**', isto é, dinheiro em caixa. E 'disponibilidade jurídica' corresponde a 'rendimento (ou provento) **adquirido**', isto é, ao qual o beneficiário tem o título jurídico que lhe permite obter a respectiva realização em dinheiro (p. ex., o juro ou o dividendo creditados). Assim, a disponibilidade 'econômica' inclui a 'jurídica'; a recíproca não é verdadeira, mas, pelo art. 43, qualquer das duas hipóteses basta para configurar o fato gerador do imposto."[53]

---

50 *Pareceres – 1 – Imposto de Renda*, pp. 59-95.

51 *Ibidem*, pp. 66-67.

52 Nas palavras de Rubens Gomes de Sousa: "Recordo que aqueles três fundamentos do conceito de renda são: (a) proveniência de uma fonte patrimonial permanente, (b) caráter periódico ou regular do ganho, (c) aplicação da atividade do titular na exploração da fonte". *Ibidem*, p. 68.

53 *Ibidem*, pp. 70-71. Cabe lembrar que, no referido trabalho de 1951, RUBENS GOMES DE SOUSA definiu a **realização**, que corresponde à **disponibilidade econômica**, como sendo a verificação efetiva ou potencial, de um acréscimo patrimonial. E definiu **separação**, que corresponde à **disponibilidade jurídica**, como sendo a possibilidade de se dispor desse acréscimo independentemente e separadamente do capital que o produziu. Concluiu, assinalando

Portanto, nesse estudo, RUBENS GOMES DE SOUSA passou a considerar a expressão "disponibilidade econômica" de um modo mais restrito, pois depende da efetiva aquisição de dinheiro. Por sua vez, a expressão "disponibilidade jurídica" assumiu um papel preponderante na definição do fato gerador do imposto sobre a renda, já que para que esse fato ocorra, basta existir um título que confira direito à obtenção do dinheiro. Sob essa nova perspectiva, não cabe mais dizer (como em 1951) que "o fato gerador do imposto de renda é a aquisição da disponibilidade econômica de uma riqueza". Como ele próprio enuncia, se há disponibilidade econômica há disponibilidade jurídica, porém pode haver esta sem aquela. Isso permite concluir que (segundo esse estudo) bastaria falar em aquisição de "disponibilidade jurídica".

O entendimento esposado no estudo de 1970 é confirmado em novo parecer proferido em 24 de maio de 1972.[54] Nessa oportunidade, RUBENS GOMES DE SOUSA praticamente não discorre sobre o conceito de renda, apenas declara que o fato gerador do imposto de renda é "a aquisição da disponibilidade de valores definidos em lei como 'rendimentos' ou 'proventos de qualquer natureza' (art. 43 CTN)".[55] Mais adiante ao tratar especificamente das pessoas jurídicas, afirma que a tributação delas se faz pelo lucro real, entendido como o lucro operacional (rendimentos) combinado com os resultado líquidos das transações eventuais (proventos de qualquer natureza). RUBENS GOMES DE SOUSA afirma, ainda, que as disposições legais (então vigentes) correspondem aos princípios doutrinários que regem o assunto, nos termos do que ele mesmo expôs em estudo anterior (alude àquela tese de 1947 antes examinada).

Como se disse, esse parecer limitou-se ao exame de pontos já dispostos tanto na legislação complementar quanto na legislação ordinária. É oportuno, todavia, ressaltar que ao referir-se ao fato gerador do imposto sobre a renda RUBENS GOMES DE SOUSA usou somente a expressão "aquisição da disponibilidade", sem qualquer alusão aos adjetivos *econômica* e *jurídica*.

O último estudo a ser analisado é o relativo ao parecer produzido em 20 de junho de 1973.[56] Esse parecer é especialmente importante por duas razões: uma – reflete as ideia s mais recentes desse jurista sobre o tema imposto sobre a renda;[57] duas – contém uma síntese da sistemática do imposto sobre a renda, com a fixação dos conceitos fundamentais relativos ao tema.

Entre os conceitos tratados por RUBENS GOMES DE SOUSA, destacam-se os de: a) proventos; b) renda – sentido "clássico"; c) disponibilidade jurídi-

que o fato gerador do imposto sobre a renda é a aquisição da disponibilidade econômica de uma riqueza, sendo o título importante apenas para fins de classificação dos rendimentos por cédulas.

54 *Pareceres – 3 – Imposto de renda*, pp. 175-225.

55 *Ibidem*, pp. 222-223.

56 *Pareceres – 3 – Imposto de renda*, pp. 257-315.

57 Como se sabe, Rubens Gomes de Souza faleceu no próprio ano de 1973.

ca; d) disponibilidade econômica; e) realização; f) separação; e g) ganhos de capital.

RUBENS GOMES DE SOUSA observa que ao lado do conceito de "renda", o sistema constitucional brasileiro, desde a Constituição de 1934[58] (a primeira que instituiu expressamente esse imposto) aludiu ao conceito "proventos". Leciona que na terminologia administrativa "a expressão 'proventos' significa a remuneração dos funcionários não em atividade, que se conteria no conceito 'renda'. A intenção do legislador constituinte, portanto, não terá sido essa, mas a de designar inclusivamente outras modalidades de ganhos que não se enquadrem no conceito de renda."[59]

Sobre o conceito de renda (sentido estrito), RUBENS GOMES DE SOUSA continua referindo-se àqueles três elementos do que ele chama "conceito clássico de renda". Ao lado desse conceito de renda, lembra a importância da presença da expressão "proventos" no texto constitucional.

Logo adiante, após transcrever o texto do art. 43 do CTN, faz um relevante esclarecimento acerca do elemento característico dos conceitos *renda* e *proventos*: "sublinho que, tanto em se tratando de 'renda' como de 'proventos', o elemento essencial do fato gerador é a aquisição da disponibilidade da riqueza nova, definida em termos de acréscimo patrimonial."[60]

Ao retomar o exame do conceito de "proventos", explica a razão de ser da inclusão dessa expressão e do consequente alargamento do conceito "clássico" de renda: "A princípio rigidamente aderida ao conceito 'clássico' de renda (supra: 2/3.2), a lei brasileira o veio ampliando pela incorporação de ideia s adotadas da doutrina ou de legislações estrangeiras, outras que a francesa, sua inspiração original. Essa revisão ampliativa do conceito justifica-se pela verificação da relativa estreiteza de seus requisitos, especialmente o da periodicidade, como já notado em meu trabalho de 1951, citado."[61] Dá como exemplo de ganhos a que falta o requisito da periodicidade o do denominado "lucro imobiliário, quanto às pessoas físicas, e dos "resultados de transações eventuais" quanto às jurídicas. E complementa: "Esses tipos de ganhos, a que na linguagem jurídica se dá o nome de 'ganhos de capital' (tradução do inglês *capital gains*) ainda não são tributados sistematicamente no Brasil, mas enquadram-se no conceito de 'proventos' como o definiu o art. 43, II do CTN."[62]

---

58 Constituição de 1934: "Art. 6º Compete também, privativamente, à União: I, decretar impostos: ... c) de renda e proventos de qualquer natureza, exceptuada a renda cedular de immoveis;".

59 *Ibidem*, pp. 274-275.

60 *Ibidem*, p. 277.

61 *Ibidem*, pp. 277-278.

62 *Ibidem*, p. 278. Rubens Gomes de Sousa adverte que propôs à Comissão, de que foi relator e que projetou a reforma tributária promulgada pela Emenda Constitucional nº 18 de 1965 e, depois, o CTN, a substituição do termo "proventos" pela expressão "ganhos de capital", mas que foi vencido nessa parte. *Ibidem*, p. 276.

Mais uma vez, RUBENS GOMES DE SOUSA reitera o entendimento de que a disponibilidade da riqueza nova (acréscimo patrimonial) pode ser econômica ou jurídica. Que a aquisição de *disponibilidade econômica* corresponde ao que os economistas chamam de *separação* da renda, isto é, a efetiva percepção em dinheiro ou outros valores. E que a aquisição de *disponibilidade jurídica* corresponde ao que os economistas denominam de *realização* da renda, que se dá quando a pessoa, embora ainda não tenha percebido, já possui um título hábil para tanto. E reafirma a conclusão de que a disponibilidade econômica envolve a jurídica, mas a recíproca pode não ser verdadeira, sendo certo que a aquisição de qualquer das duas é suficiente para caracterizar o fato *renda* (sentido amplo).

Uma última definição que vale mencionar é a de *ganhos de capital*, que ele entende como sendo "resultados diferenciais de operações permutativas", esclarecendo, ainda, que tal expressão está compreendida no conceito constitucional de *proventos*.[63]

Observações finais

Após essa análise da perspectiva de RUBENS GOMES DE SOUSA, pode-se dizer que, à primeira vista, seu posicionamento quanto ao conceito de renda (sentido amplo) é de cunho preponderantemente legalista. Todavia, após um exame do conjunto dos textos desse jurista, verifica-se que ele estabelece uma característica definitória fundamental para esse conceito, qual seja: **renda** (sentido amplo) é sempre um *acréscimo* (*de valor*) *patrimonial* ou uma *riqueza nova*.

Nesse sentido, cabe lembrar sua valiosa advertência: para que se tenha uma tributação sobre a *renda* e não sobre o *capital*, o acréscimo patrimonial é o líquido, isto é, o que sobra da dedução necessária de certas despesas (que ele denomina *encargos da renda* – as despesas relativas à percepção da renda e as concernentes à manutenção da integridade do capital). Nas palavras de RUBENS GOMES DE SOUSA: "Renda, com efeito, é tão somente aquilo que acresce ao patrimônio do seu titular, num determinado período de tempo, em excesso do capital empregado e das despesas necessárias à sua produção".[64]

Desse modo, a posição do mestre RUBENS GOMES DE SOUSA aproxima-se da defendida pelos partidários da *teoria da renda-acréscimo*, sendo certo que, nos textos anteriormente analisados, não foi abordada a questão de a simples valorização do patrimônio poder integrar o cômputo do fato *renda* (sentido amplo), o que é defendido por alguns partidários dessa teoria.

---

63 *Ibidem*, pp. 278-279.

64 RDA 27, p. 16.

2.3. A perspectiva de Modesto Carvalhosa

Outro estudo bastante apontado na doutrina brasileira é o de MODESTO CARVALHOSA, intitulado *Imposto de renda – conceituação no sistema tributário da carta constitucional,*[65] realizado no ano de 1967, quando já vigorava o sistema constitucional tributário da Constituição de 1967 e o Código Tributário Nacional de 1966.

MODESTO CARVALHOSA, após fazer uma breve exposição sobre a evolução histórica do imposto sobre a renda, volta sua atenção para a realidade brasileira. Firma a necessidade de distinguir os conceitos de *patrimônio* e *renda*. Considera *patrimônio* "o conjunto de riqueza material, intelectual ou profissional de uma pessoa, capaz de produzir renda". E complementa, "renda é o aumento ou acréscimo do patrimônio, verificada num determinado espaço de tempo e que, para efeitos de administração tributária, em geral, coincide com um exercício civil que equivale a um exercício financeiro".[66]

Nesse contexto, lembra que a então Comissão elaboradora da Reforma Tributária tencionava eliminar os impostos sobre o patrimônio *inter vivos* e *causa mortis*, por (segundo ele) carecerem de fundamento econômico e não levarem em conta a capacidade econômica do contribuinte. Em contrapartida, ela pretendia incluir os acréscimos patrimoniais gratuitos entre as rendas tributáveis.[67] Para esse jurista, essa última proposta era absurda e contrariava as origens históricas do tributo, tendo sido excluída do projeto final do Código Tributário Nacional. Considera, ainda, que tal proposta também não se refletiu sobre o sistema constitucional, o qual, pelo fato de ter preservado a mesma denominação jurídica do tributo existente em textos anteriores, manteve a tributação da renda limitada aos acréscimos patrimoniais onerosos.

Em seguida, MODESTO CARVALHOSA, passa a examinar as expressões "disponibilidade econômica" e "disponibilidade jurídica" presentes no caput do art. 43 do Código Tributário Nacional. Leciona que disponibilidade econômica é "o efetivo recebimento em dinheiro ou em bens do acréscimo patrimonial" e que disponibilidade jurídica é "a outorga efetiva de direitos creditícios, que representam acréscimo patrimonial".[68]

MODESTO CARVALHOSA analisa também o termo "proventos" previsto tanto na Constituição da República como no Código Tributário Nacional. Lembra que

---

65 Modesto Carvalhosa, *Imposto de renda – conceituação no sistema tributário da carta constitucional,* RDP 1, pp. 188-196.

66 *Ibidem*, p. 189.

67 O art. 43 do referido anteprojeto dispunha: "o imposto da competência da União sobre a renda e proventos de qualquer natureza tem como fato gerador a aquisição da disponibilidade econômica ou jurídica de acréscimo patrimonial a título oneroso ou gratuito."

68 *Ibidem*, p. 193.

a inclusão desse termo tem gerado muita controvérsia e que no anteprojeto da Emenda Constitucional nº 18 tal expressão tinha sido excluída, por não representar um tipo específico de ganho. Para esse jurista, o propósito de manter-se a expressão "proventos" foi o de incluirem-se, entre os rendimentos tributáveis, os acréscimos patrimoniais provenientes de atividades ilícitas ou de origem não identificável ou comprovável. Adverte, ainda, que a presença do termo "proventos" não tem o condão de incluir no âmbito desse imposto os acréscimos patrimoniais gratuitos, pois lhes falta o requisito de ser fruto de patrimônio que já existia na titularidade do contribuinte, sendo "capital que se transmitiu de uma pessoa qualquer para a titularidade do contribuinte."[69]

Por fim, assinala, que pelo disposto no art. 43 do Código Tributário Nacional, pode o legislador, por meio do imposto sobre a renda, tributar o denominado *ganho de capital.*

MODESTO CARVALHOSA parece estar mais próximo dos partidários da *teoria da renda-produto*. Ele considera que o conceito renda (sentido estrito) deve apresentar os seguintes elementos característicos: a) ser um acréscimo patrimonial; b) ser um produto do patrimônio já pertencente à própria pessoa ; c) ser obtido a título oneroso; d) e ser verificado em certo espaço de tempo.

Assim, para ser *renda*, requer que, em primeiro lugar, haja *um acréscimo patrimonial*. Chama-se a atenção para o fato de MODESTO CARVALHOSA dar uma definição econômica, e não jurídica, de *patrimônio*. Para ele a força de trabalho integra o patrimônio: é um fator patrimonial que pode produzir renda.

Esclarecido esse aspecto, torna-se mais fácil compreender a extensão da segunda característica, pois a remuneração de um trabalho também representa um produto do patrimônio. Esse é um ponto relevante na visão desse jurista: para ser renda não basta ser um acréscimo patrimonial. Esse acréscimo tem que ter sido produzido pelo próprio patrimônio que já era da titularidade do contribuinte.

A partir da característica anterior, chega-se à terceira: o acréscimo patrimonial, por ter que ser produto do patrimônio do próprio contribuinte, é sempre *obtido a título oneroso*. Convém explicar o sentido que ele empresta a tal expressão. Será *obtido a título oneroso* quando houver um esforço ou um risco da aplicação de um patrimônio material ou imaterial, em certa atividade, pelo próprio indivíduo que irá pagar o tributo.

A última característica definitória mencionada – ser verificado em certo espaço de tempo –, parece destacar o aspecto de o fato renda não ser uma operação ou fato isolado, mas sim o resultado de diferentes acontecimentos.

Mais uma observação merece ser feita. É peculiar o sentido que MODESTO CARVALHOSA atribui ao termo *proventos*. Entendê-lo como um *acréscimo patri-*

69 *Ibidem*, p. 194.

monial que provém de atividade ilícita ou de origem desconhecida ou injustificada importa a construção de um campo semântico muito limitado, pois apenas será definido como tal o que tiver essa espécie de origem. Ressalta-se, ainda, que com esse tipo de consideração MODESTO CARVALHOSA acaba defendendo a tese de que é juridicamente admissível a tributação por meio do *imposto sobre a renda e proventos de qualquer natureza* de atividades ilícitas (ou melhor, do acréscimo de valor patrimonial proveniente do produto de atividades ilícitas), tema que vem dividindo opiniões.[70]

2.4. A perspectiva de Bulhões Pedreira

JOSÉ LUIZ BULHÕES PEDREIRA é um dos juristas mais louvados em matéria de *imposto sobre a Renda*. Essa síntese do seu ponto de vista de leva em consideração quatro trabalhos por ele produzidos, sendo o primeiro datado de 1971, o segundo de 1979, o terceiro de 1989 e o último de 1996.[71]

Em início de 1969, BULHÕES PEDREIRA publica seu livro intitulado *Imposto de Renda*, com o objetivo de tratar esse imposto de forma sistemática e de oferecer soluções para as questões que eram mais discutidas. Dois anos depois (1971), ele lança uma edição nova e revisada da referida obra,[72] a qual, será, a partir de agora, objeto de exame. Cabe observar que a importância de tal trabalho, apesar do tempo decorrido, tem sido ressaltada até os dias atuais, sendo citação corrente em estudos sobre o tema.

BULHÕES PEDREIRA separa o exame do conceito "renda" em três partes e na seguinte ordem: a) segundo a legislação ordinária; b) segundo o CTN; e c) segundo a Constituição.

Esclarece que a legislação ordinária então vigente relativa à tributação das pessoas físicas não estabelece uma definição de *renda*, mas que a define por meio

---

70 Convém observar que o Supremo Tribunal Federal já teve oportunidade de decidir que há o crime de sonegação fiscal mesmo quando se tratar de hipótese envolvendo produto de atividade ilícita (HC nº 77530 / RS, Rel. Min. Sepúlveda Pertence: "EMENTA: Sonegação fiscal de lucro advindo de atividade criminosa: "non olet". Drogas: tráfico de drogas, envolvendo sociedades comerciais organizadas, com lucros vultosos subtraídos à contabilização regular das empresas e subtraídos à declaração de rendimentos: caracterização, em tese, de crime de sonegação fiscal, a acarretar a competência da Justiça Federal e atrair pela conexão, o tráfico de entorpecentes: irrelevância da origem ilícita, mesmo quando criminal, da renda subtraída à tributação. A exoneração tributária dos resultados econômicos de fato criminoso – antes de ser corolário do princípio da moralidade – constitui violação do princípio de isonomia fiscal, de manifesta inspiração ética.").

71 Respectivamente: a) *Imposto de renda*, Justec, 1971; b) *Imposto sobre a renda – pessoas jurídicas*, Justec, 1979; c) *Finanças e demonstrações financeiras da companhia*, Forense, 1989; e d) Parecer proferido em 5 de dezembro de 1996 e publicado em forma de artigo no vol. 207 da Revista de Direito Administrativo, intitulado *Imposto de renda – lucro da pessoa jurídica – compensação de prejuízos*.

72 José Luiz Bulhões Pedreira, *Imposto de renda*, Justec, 1971.

do termo "rendimentos". Assim, segundo essa legislação, *renda bruta* é a soma dos rendimentos líquidos incluídos na declaração anual e *renda líquida* é a *renda bruta* deduzida dos abatimentos autorizados por lei. Adverte que também a legislação concernente à pessoa jurídica não define *renda*, apenas dispõe sobre o termo "lucro". Daí, concluir que, para a legislação ordinária desse imposto, o conceito fundamental é o de *rendimento* e que *renda* é um somatório de rendimentos. Assinala, ainda, que a legislação ordinária brasileira adotou a sistemática de enumerar taxativamente os rendimentos sujeitos ao imposto sobre a renda.

Quando discorre sobre o CTN, BULHÕES PEDREIRA critica a inclusão do termo "proventos" no momento de se definir o fato gerador do imposto sobre a renda. Segundo lhe parece, isso foi feito com a preocupação de abranger os *ganhos de capital* no âmbito do conceito de renda (sentido amplo) tributável, o legislador do CTN atribuiu à expressão "proventos" um sentido incompatível com a sua acepção vulgar. E mais, afirma que se o art. 43 do CTN fosse interpretado literalmente, haveria um conflito com a discriminação constitucional de competências tributárias, pois isso possibilitaria a incidência desse imposto sobre os aumentos de patrimônio decorrentes de valorização de bens, ou de pagamentos ou transferências de capital.

Esse argumento merece ser devidamente analisado. BULHÕES PEDREIRA precisou assumir um certo conceito (adotar um pré-conceito) constitucional de renda (sentido amplo), para que pudesse afirmar que o imposto sobre a renda, por força da Constituição da República, não pode incidir sobre "os aumentos de patrimônio decorrentes de valorização de bens, ou de pagamentos ou transferências de capital". Em outras palavras, para BULHÕES PEDREIRA essas situações estão excluídas do âmbito do conceito de *Renda*, não pelo fato de isto ser evidente, ou ser assim por natureza, mas porque ele já adota um certo (pré) conceito constitucional de *Renda*, o qual será adiante examinado. Desde agora se percebe que BULHÕES PEDREIRA não é partidário da Teoria da Renda-Acréscimo Patrimonial, pois, para os adeptos dessa teoria, aquelas situações estão englobadas no conceito (amplo) de renda.[73]

Ainda na parte atinente ao CTN, BULHÕES PEDREIRA faz uma afirmação delicada: "para a legislação ordinária do imposto, por conseguinte, o conceito de renda (o do CTN) serve apenas como instrumento auxiliar na interpretação dos dispositivos legais que definem cada um dos rendimentos tributados." E complementa: "a imposição do tributo requer apenas a interpretação dos dispositivos legais que contêm essa conceituação, e não a definição de renda."[74]

Tal assertiva não parece adequada. A norma do CTN referente ao imposto sobre a renda e proventos de qualquer natureza é fundamento de validade da *norma do IR* a ser construída pelo legislador ordinário. Aquela é norma (complementar)

73 Como visto no subitem 2.1.3 deste capítulo.

74 *Ibidem*, p. 2.2.

de produção normativa em relação a esta, e nessa qualidade estabelece requisitos materiais para a produção da norma ordinária do imposto sobre a renda e proventos de qualquer natureza. A *norma (complementar) de produção normativa relativa ao IR* não é um simples "instrumento auxiliar na interpretação dos dispositivos legais que definem cada um dos rendimentos tributados", mas sim, repita-se, constitui-se em fundamento de validade da *norma (ordinária) do IR*. Vale ressaltar que essa característica de o CTN veicular norma de produção normativa em relação à *norma ordinária do IR* existe desde o advento daquele diploma legal (Lei 5172/66), tendo sido mantida pelas Constituições de 1967 e de 1988.[75]

Das três partes em que BULHÕES PEDREIRA trata do conceito de "renda e proventos de qualquer natureza", a mais extensa e a que suscita um exame mais acurado é aquela concernente ao respectivo conceito constitucional.

Preliminarmente, BULHÕES PEDREIRA assume uma importante premissa que merece ser devidamente ressaltada, qual seja, a de considerar que a Constituição da República apresenta um conceito de renda (sentido amplo) que deve ser respeitado pelo legislador ordinário quando este for definir os rendimentos e a renda sujeitos ao tributo. Na linguagem desse jurista: "a lei ordinária ao definir os rendimentos ou a renda sujeitos ao tributo, não é livre para escolher qualquer base imponível, e há de respeitar o conceito de 'renda e proventos de qualquer natureza' constante da Constituição". E complementa: "O conhecimento do conceito de renda é, portanto, indispensável para o julgamento da constitucionalidade da lei federal que define a base de cálculo do imposto de 'renda e proventos de qualquer natureza'". Conclui, ao aduzir que "nem o legislador nem o intérprete é livre para adotar o conceito de renda de sua preferência: deve procurar aquele que melhor se ajuste ao sistema de distribuição de competências tributárias constante da Constituição."[76]

A partir dessa passagem, é possível deduzir que BULHÕES PEDREIRA não é partidário da Teoria Legalista, já que ele defende a existência de um conceito constitucional de "renda e proventos de qualquer natureza", que necessariamente deve que ser respeitado pelo legislador infraconstitucional.

Antes de aprofundar o estudo dos conceitos de "renda e proventos de qualquer natureza", esse estudioso esclarece que a noção de renda contém a ideia de um período de tempo e que a "**renda nacional** é a soma de todas as remunerações pagas aos fatores da produção durante determinado período" e acrescenta que "a doutrina define a **renda pessoal** como o fluxo de satisfações, serviços ou riquezas (ou como acréscimo de poder econômico) durante determinado período." Observa que essa noção de renda é diversa da noção de rendimento, que significa determinado ganho (ou quantidade de renda). E que "a noção de rendimento em geral independe do tempo, funda-se na natureza da transação ou do

75 Essa questão foi esclarecida anteriormente (final do subitem 1.1 do Capítulo II e nota nº 6).

76 *Ibidem*, pp. 2-2 e 2-3.

fluxo de bens, serviços ou moeda entre indivíduos, empresas, governos ou sistemas econômicos." Chama a atenção, ainda, para o fato de a expressão *renda* ser usada nos dois sentidos (como renda periódica e como rendimento): "em outros idiomas a expressão renda é usada nos dois sentidos, de renda global periódica e de rendimento."[77]

Em função do que dispunha a legislação ordinária então vigente, BULHÕES PEDREIRA discorre separada e sucessivamente sobre os conceitos de "renda" e de "rendimento".

Leciona que para o direito fiscal, a noção de *renda* que interessa é a de renda pessoal, e não a de renda nacional. A renda pessoal é informada pelo princípio fundamental da política fiscal moderna – o princípio da distribuição da carga tributária em função da capacidade contributiva. Essa distribuição somente se realiza com igualdade quando é proporcional à capacidade contributiva individual, e pressupõe: i) uma base de incidência que melhor revele a capacidade individual de suportar a carga tributária; e ii) uma escala de alíquotas que equalize a carga fiscal em função da capacidade contributiva.[78]

Entende que as incidências sobre o patrimônio, a propriedade ou o capital, as transações, as receitas, a produção ou o consumo, a transmissão de propriedade etc., apesar de tomarem por base manifestações da capacidade contributiva individual, em rigor, traduzem métodos indiretos de medir a renda dos indivíduos. Tal consideração vai ao encontro do que ele denomina de "tendência moderna do imposto de renda", a qual considera que "a renda é a fonte dos tributos".[79]

A tese de que "a renda é a fonte dos tributos", ou "que todos os tributos recaem sobre a renda", ou "que todas as incidências pretendem medir a renda individual", ou "que patrimônio é a renda acumulada", parece incorrer em imprecisão. Dependendo do conceito de "renda" que se adote, a imprecisão pode ser de maior ou menor grau. Pois, em rigor, todo e qualquer tributo será suportado pelo patrimônio dos indivíduos. Fala-se em **patrimônio** no sentido jurídico (não no econômico, quando normalmente é chamado de **capital**), que, segundo a doutrina dominante, significa conjunto de direitos subjetivos e deveres jurídicos (direitos e obrigações), economicamente apreciáveis, isto é, avaliáveis em moeda, que uma pessoa é titular em determinado momento.[80]

---

77 *Ibidem*, pp. 2-3.

78 Sobre Princípio Constitucional da Capacidade Contributiva Objetiva e Subjetiva – ver subitem 2.2 do Capítulo II.

79 *Ibidem*, pp. 2-4.

80 Nesse sentido: Clóvis Beviláqua, *Código Civil dos Estados Unidos do Brasil, comentado*, p. 290; San Tiago Dantas, *Programa de direito civil*, p. 240; Pontes de Miranda, *Tratado de direito privado*, Tomo V, pp. 372, 373 e 383; Caio Mário da Silva Pereira, *Instituições de direito civil*, Vol. I, p. 341; Silvio Rodrigues, *Direito civil*, p. 117 etc. Em outra oportunidade, analisou-se o sentido das expressões "direito subjetivo" e "dever jurídico". Luís Cesar Souza de Queiroz, *Sujeição pas-*

Nesse sentido, seria certo afirmar que é sobre o patrimônio, e não sobre a *Renda*, que todo e qualquer imposto recai sobre, ou, com mais rigor, que o patrimônio é a grandeza que irá suportar toda e qualquer obrigação (dever jurídico avaliável em moeda) de uma pessoa, seja de natureza tributária (a decorrente de imposto, taxa, contribuição de melhoria, contribuições especiais ou empréstimo compulsório) ou não.

Como se demonstrou anteriormente (subitens 2.1.2 e 2.1.3 deste capítulo), o conceito de *Renda* pode ser construído a partir do conceito de patrimônio, pois, tanto para os partidários da *teoria da renda-produto* quanto para os adeptos da *teoria da renda-acréscimo patrimonial*, *Renda* significa um acréscimo de valor patrimonial.

De outro ângulo, falar em "renda acumulada" ou "renda consumida" ou "renda adquirida" pode representar uma forte contradição. Que se acumula, que se consome e que se adquire não é *Renda*, mas sim os direitos subjetivos patrimoniais (ou economicamente apreciáveis, isto é, avaliáveis em moeda). E esses direitos subjetivos patrimoniais, juntamente com as obrigações (deveres jurídicos patrimoniais), de que uma pessoa é titular em determinado instante, por definição, integram a noção de patrimônio.

Independentemente da teoria de *Renda* que se adote (exceto a legalista, que numa versão extremada, possibilitaria que o legislador chamasse qualquer coisa de renda, o que parece não fazer muito sentido para o sistema do Direito), pode-se firmar que, em termos jurídicos e lógicos, o conceito de patrimônio sempre precede (logicamente ou temporalmente) o de renda, como se demonstrará a seguir.

Para os teóricos da renda-acréscimo patrimonial, o conceito de *Renda*, por definição, representa "riqueza nova" acrescida a um patrimônio.[81] Está patente que, nesse caso, o conceito de *Renda* depende do conceito de patrimônio (precedência lógica).

Para os teóricos da renda-produto, *Renda* (entre outros requisitos) é o produto de uma atividade ou fluxo de "riqueza" em certo período de tempo. Ora, como se disse, o conceito de patrimônio é instantâneo, independe do decurso de tempo. A aquisição de um direito subjetivo ou de um dever jurídico patrimoniais (avaliáveis em moeda) já significa o surgimento ou a alteração de um patrimônio (precedência temporal).

Logo, seja para a teoria da renda-produto seja para a teoria da renda-acréscimo patrimonial, o conceito de patrimônio sempre precede o de *Renda*, pelo que

siva tributária, pp. 212-217. Cabe lembrar que se define moeda nos seguintes termos: ***moeda*** é o instrumento geral de trocas, que, tendo curso forçado, assegura a seu possuidor, nos casos que envolvem prestações pecuniárias, o poder de adquirir direitos subjetivos patrimoniais e de extinguir deveres jurídicos patrimoniais.

81 Convém advertir que, num sentido amplo, uma "riqueza nova", isto é, um acréscimo patrimonial, pode ter como causa tanto o aumento de valor do subconjunto dos direitos subjetivos patrimoniais quanto a diminuição de valor do subconjunto dos deveres jurídicos patrimoniais.

parece ser absolutamente inadequado falar que "patrimônio é renda acumulada" ou que "todas as incidências recaem sobre a renda".

BULHÕES PEDREIRA enuncia que existem basicamente duas concepções doutrinárias sobre renda propostas para o direito fiscal ou para as finanças públicas: a) a de renda como fluxo de satisfações, serviços ou riquezas (que equivale ao que outros autores denominam de teoria da renda-produto); e b) a de renda como acréscimo de riqueza ou do poder econômico (teoria da renda-acréscimo patrimonial).

Após fazer remição a alguns estudos clássicos sobre o tema (alguns já examinados nos subitens 2.1.1 a 2.1.3), BULHÕES PEDREIRA perfaz algumas críticas à teoria da renda-acréscimo patrimonial, quais sejam:

uma – a divergência doutrinária sobre o conceito de renda decorre do fato de os autores não se preocuparem com "o que é renda", e sim defenderem o que eles pensam que deve ser considerado renda pessoal como base tributável;

duas – que a doutrina da renda-acréscimo patrimonial revela uma preocupação com a redistribuição da renda, em vez da sua criação;

três – que a doutrina da renda-acréscimo patrimonial amplia o conceito de renda, contrariando seu conceito econômico e vulgar, com o objetivo de encontrar a medida mais justa para a capacidade contributiva individual;

quatro – que a busca da melhor e mais justa base tributária não deve "violentar o conceito de renda".[82]

Mais uma vez, BULHÕES PEDREIRA demonstra que rejeita a teoria da renda-acréscimo patrimonial.

Convém ressaltar que, diversamente do que esse jurista pontifica, a teoria da renda acréscimo patrimonial tem fundamento em teorias econômicas sobre renda, como se observou anteriormente quando se analisou o estudo de HORACIO BELSUNCE.[83] Nesse sentido, não parece adequado falar que os partidários da teoria da renda-acréscimo patrimonial "ampliaram o conceito de renda" ou que "violentaram o conceito de renda". Tal assertiva parte do pré-suposto que o conceito "único e verdadeiro" de renda é o definido pela "versão mais pura" teoria da renda-produto (ou da renda como fluxo, na linguagem desse autor), o que não procede. Não se quer com isso defender a teoria legalista sobre renda ou sustentar que inexistem limites para o conceito de renda. Muito pelo contrário, desde que se considere que a Constituição da República atribui algum sentido à expressão "renda e proventos de qualquer natureza", torna-se imprescindível que se consiga estabelecer seus limites, construir sua definição (mesmo que essa definição seja suficientemente ampla de modo a compreender as diversas teorias científicas sobre o tema).

---

82 *Ibidem*, pp. 2-10-2-12.

83 Cabe lembrar que SAY, MARSHALL e FISHER consideram que o simples acréscimo no valor de bens integrantes do patrimônio pode informar o conceito de renda. Sobre esse ponto ver o que se disse no final do subitem 2.1.1 do Capítulo III.

O que se pretende desde já alertar é que, ao se construir a definição do conceito de renda (acepção ampla), há que se ter em conta que a teoria da renda-acréscimo patrimonial é tão valiosa quanto a teoria da renda-produto (ou renda-fluxo), sendo descabido, portanto, conceber que a definição de uma deva prevalecer sobre a de outra, pois as duas teorias estão fundadas em discursos científicos que podem ser chamados de clássicos.[84]

Após criticar a teoria da renda-acréscimo patrimonial, BULHÕES PEDREIRA adota uma tese delicada. Argumenta que a renda pessoal pode ser definida não apenas como somatório de rendimentos, mas também como parcela da renda nacional recebida pelo indivíduo por meio de pagamentos e transferências de renda.

Como se demonstrará a seguir, considerando o próprio discurso desse jurista, é possível extrair os contra-argumentos para evidenciar a inadequação de se definir a *renda pessoal* a partir do que ele denomina de *renda nacional.*

BULHÕES PEDREIRA[85] admite que certos ganhos (p. ex., os ganhos de capital e os prêmios de loterias e de outros jogos) são considerados como elementos integrantes do cálculo da *renda pessoal*, apesar de não integrarem o cômputo da *renda nacional* (já que não resultam de atividade produtiva de bens ou serviços). Contudo, ainda assim, tenta justificar a correlação entre os conceitos *renda nacional* e *renda pessoal*, alegando que, apesar de aqueles ganhos não integrarem o conceito de renda nacional, eles traduzem situação de transferência de renda. Nas palavras do autor: "se a renda pessoal é definida como toda e qualquer participação na renda nacional, inclusive as resultantes de transferências de renda, o prêmio de loteria integra o conceito de renda pessoal sem que daí resulte qualquer incompatibilidade conceitual com a renda nacional."

É difícil aceitar a afirmação de BULHÕES PEDREIRA de que inexiste incompatibilidade conceitual entre o que ele define como *renda pessoal* e *renda nacional.* A sequência, a seguir exposta, de assertivas do próprio autor demonstra essa "dificuldade":

a) a *renda nacional* é "a soma de todas as remunerações pagas aos fatores de produção durante determinado período" (pp. 2-13);

b) a *renda pessoal* é a parcela da *renda nacional* recebida pelo indivíduo por meio de pagamentos e transferências de renda (pp. 2-13);

c) os ganhos de capital e os prêmios de loteria não integram o cômputo da renda nacional pelo fato de eles não resultarem de atividade produtiva de bens ou serviços (pp. 2-14);

d) os ganhos de capital e os prêmios de loteria traduzem transferência de renda, por conseguinte, eles integram o conceito de renda pessoal sem que daí resulte qualquer incompatibilidade conceitual com a renda nacional (pp. 2-14).

---

84 Por exemplo, a teoria econômica de SAY remonta ao ano de 1803 e, para ele, o aumento de valor de um bem deve ser considerado no cômputo de renda. Ver comentários no subitem 2.1.1 deste capítulo.

85 *Ibidem*, pp. 2-14.

Essa linha de raciocínio conduz a uma "embaraçosa" conclusão. A renda pessoal é parcela (parte) da renda nacional (todo). Porém, há grandezas (ganhos de capital e prêmios de loteria) que pertencem à parte (renda pessoal) e não pertencem ao todo (renda nacional). Como consequência, chegar-se-ia à seguinte conclusão: *a soma das partes (renda pessoal) é (ou pode ser) maior que o todo (renda nacional).*

Os conceitos "pagamento de renda" e "transferência de renda" utilizados por BULHÕES PEDREIRA quando correlacionou os conceitos *renda pessoal* e *renda nacional*, parecem inadequados ao discurso jurídico, o que será mais bem evidenciado adiante (momento em que também serão analisados os conceitos "pagamento de capital" e "transferência de capital").

Em certa passagem, esse jurista dá a impressão de reconhecer que a renda pessoal não deve ser tida como parte da renda nacional. Ele declara que "a renda pessoal pressupõe, portanto, a ideia jurídica da aquisição de bens e serviços pelos indivíduos, que é estranha ao conceito de renda nacional". Porém, diversamente do que se poderia esperar, ele afirma um pouco mais à frente: "não vemos, portanto, diferença essencial entre os conceitos de renda pessoal e nacional."[86]

Essa premissa assumida por BULHÕES PEDREIRA, no sentido de considerar que "a renda pessoal é parcela da renda nacional" é bastante relevante para a sua teoria, pois, em função de assumi-la, ele acaba afirmando que alguns acréscimos patrimoniais são excluídos do cômputo da renda pessoal. Segundo ele próprio enuncia:

"A noção de renda pessoal como participação na renda nacional exclui, entretanto, alguns valores compreendidos nas definições mais amplas propostas pela doutrina (como acréscimo ou acumulação de poder econômico). Referimo-nos às doações, heranças, e outras modalidades de transferência de capital, e ao aumento de valor de bens, isto é, às diferenças de valor não verificadas através de uma transação, mas que resultam apenas de nova avaliação do mesmo bem no patrimônio da pessoa. Esses valores não são computados na renda nacional, e também são excluídos da renda pessoal, na concepção aqui exposta."

E complementa:

"Mas essa exclusão não prova, como pretendem alguns autores , a impossibilidade e relacionar os conceitos de renda pessoal e nacional. A nosso ver esses valores não pertencem ao conceito de renda, mas ao de capital, e a tentativa de incluí-los na noção de renda resulta da confusão entre renda e aumento de poder econômico. Essa inclusão conduz a conceito arbitrário de renda, e impede a distinção nítida entre renda e capital".[87]

Ora, a inclusão daqueles valores (heranças, doações, outras modalidades de transferência de capital e o aumento de valor de bens) que informam acréscimos patrimoniais não importa desprezo pela distinção entre os conceitos de *Renda* e ca-

---

86 *Ibidem*, pp. 2-15.

87 *Ibidem*, pp. 2-15

pital (ou, em linguagem jurídica – *Renda* e patrimônio). Aceitar que aqueles ingressos informam o fato *Renda*, não implica a não distinção entre *capital* e *Renda*. Os partidários da teoria da renda-acréscimo patrimonial também firmam a clara distinção entre esses dois conceitos. Uma das formas frequentemente utilizadas para identificar e diferençar os conceitos *Renda* e *patrimônio* é a de considerar que:

a) *patrimônio* é a riqueza (o conjunto de direitos subjetivos patrimoniais e deveres jurídicos patrimoniais, isto é, avaliáveis em moeda) de que certa pessoa é titular em certo instante; e

b) *Renda* é acréscimo de riqueza, o acréscimo de valor patrimonial, verificado em certo período de tempo.[88]

Atesta-se, pois, que mesmo considerando uma definição preliminar e insuficiente do conceito *Renda* foi plenamente possível diferençá-lo do conceito *patrimônio*. Nessa preliminar comparação, já é possível perceber que a forma de surpreender esses conceitos é bem distinta:

i) o conceito *patrimônio* é surpreendido por meio de uma visão estática, instantânea – identifica-se a situação que se apresenta em dado momento;

ii) o conceito *Renda* é identificado por intermédio de uma visão dinâmica, e somente pode ser surpreendido quando se levam em conta fatos ocorridos ao longo de certo lapso de tempo.

Dessarte, o propósito de proceder essa preliminar distinção é o de demonstrar que é possível estabelecer a distinção entre os conceitos de *patrimônio* e *Renda*, mesmo adotando a teoria da renda-acréscimo patrimonial.

De certo modo, essa maneira de distinguir esses conceitos (a partir do critério temporal) foi expressamente considerada por BULHÕES PEDREIRA, ao dizer que "a noção de renda está ligada à ideia de um período de tempo" e "capital é sempre referido a determinado momento no tempo".[89]

Em seguida, BULHÕES PEDREIRA desenvolve uma argumentação na linha da tese (analisada anteriormente) que defende ser a *Renda* a fonte de todos os tributos, ou que todas as incidências recaem sobre a *Renda*. Ele preconiza que "o capital tem origem na renda: é a quantidade de riqueza criada pela poupança da renda percebida. Sob esse aspecto, todo capital é renda, embora renda já realizada e poupada.[90]"

Sem pretender repetir o que se disse linhas atrás, pode-se confrontar essa tese de que *todo capital é renda já realizada e poupada*, com o que o próprio BULHÕES PEDREIRA dissera, p. ex., sobre bens recebidos em herança e doação. Segundo esse jurista, os valores recebidos a título de herança e doação não deverão ser computados no cálculo da *Renda*, e que seriam hipóteses de transferência

88 Neste momento, não cabe aprofundar o exame das características definitórias do conceito Renda, o que será objeto de exame mais adiante – item 3 do Capítulo IV.

89 *Ibidem*, pp. 2-16.

90 *Ibidem*, pp. 2-16.

de capital. Dessarte, no tocante a esse aspecto, alguém poderia apontar uma contradição no discurso:

- se, de acordo com sua teoria, os bens adquiridos por certa pessoa (herdeiro ou legatário), provenientes de herança ou doação, apesar de integrarem o patrimônio, não constituem "renda",

- então não se poderia afirmar que *todo patrimônio é renda realizada e poupada*, nem seria admissível dizer que *todo patrimônio tem origem na renda*.[91]

BULHÕES PEDREIRA, de forma lapidar, reafirma a necessidade de o legislador infraconstitucional ao definir "renda tributável" respeitar o que dispõe o sistema constitucional de distribuição do poder tributário e ressalta a necessidade de se considerar que existe um conceito constitucional de renda (sentido amplo), que apresenta limites máximos e não pode ser alargado pelo legislador. Nas precisas palavras desse jurista: "o Congresso pode restringir ou limitar o conceito de renda e proventos de qualquer natureza constante da Constituição, mas não amplia-lo além dos limites compatíveis com a distribuição constitucional de rendas." [92]

Nessa linha, adverte que o sistema constitucional de distribuição da competência tributária distingue os impostos que incidem sobre o patrimônio e sobre a renda. E que essa situação, que era mais evidente na realidade da Emenda Constitucional nº 18/65, continua presente, apesar do critério de sistematização ter sido substituído pelo da distribuição em função da competência conferida às Pessoas Constitucionais.

Expostas essas ideia s, ele apresenta sua definição para o conceito constitucional "renda e proventos de qualquer natureza":

a) o conceito *renda* significa a participação da pessoa na renda nacional, e
b) o conceito *proventos de qualquer natureza* significa rendimentos, isto é, pagamentos ou transferências de renda.[93]

Como se percebe, a definição dos conceitos de *pagamento de renda*, *transferência de renda*, *pagamento de capital* e *transferência de capital* assume especial importância para compreender de que modo BULHÕES PEDREIRA concebe o conceito de *Renda* tributável. A partir do exame de seu texto, podem-se, resumidamente, apresentar as seguintes definições:

a) Pagamento de Renda – é um fluxo de moeda, bens e serviços que constitui uma remuneração de um fator de produção. A remuneração de um serviço pessoal (trabalho) denomina-se salário (acepção ampla), a remuneração de

91 Ao que parece, Bulhões Pedreira reconhece a imprecisão ou, pelo menos, a validade muito restrita, da sentença do tipo: "todo capital é renda, embora renda já realizada e poupada". Ibidem, pp. 2-16.

92 *Ibidem*, pp. 2-16.

93 *Ibidem*, pp. 2-17.

serviço de um fator não humano de produção, de sua propriedade, pode ser aluguel, juro, lucro, royalty.

b) Transferência de Renda – é um fluxo de moeda, bens e serviços que não remunera um fator de produção, mas simplesmente transfere a renda de alguém para outrem. Entre os exemplos, menciona os prêmios de loteria, o ganho de capital, o pagamento de tributos, a constituição de renda a favor de terceiro.

c) Pagamento de Capital – é um fluxo de moeda, bens e serviços que constitui prestações nas trocas de bens ou serviços objeto de aplicação de capital. A denominação "pagamento de capital" resulta do fato de haver troca de bens ou serviços entre dois patrimônios. Os bens a serem trocados já integram o patrimônio de cada uma das partes. O adquirente de um bem ou serviço vendido sempre perfaz troca de capital, pois substitui certa quantidade de capital que possui pelo bem ou serviço comprado. Adverte que a partir desse fluxo, que é de capital, pode ser realizado um rendimento, dependendo dos custos incorridos pelo vendedor ou produtor para entregar ou fornecer o bem, o que será evidenciado pelo levantamento da situação patrimonial antes e depois da troca. É o caso da empresa que a partir das vendas de bens ou serviços não pessoais (fluxo de pagamento de capital) pode apurar lucro operacional. Alerta, ainda, que "é a produção do bem ou serviço vendido pela empresa que gera a renda por ela percebida. A venda realiza renda já produzida pela empresa. ... a venda é apenas instrumento da realização da renda acumulada no estoque da empresa."[94]

d) Transferência de Capital – é um fluxo de moeda, bens e serviços, que tem por objeto renda já produzida e acumulada (patrimônio), onde o fluxo se processa somente em um sentido – o patrimônio sai de uma pessoa em direção a outra. É o caso da doação, da herança. A transferência de capital é unilateral sob o ponto de vista econômico (de disponibilidade de moeda, bens ou serviços), mas pode ser bilateral sob o ponto de vista jurídico. Dá como exemplo os empréstimos e as amortizações, os depósitos e retiradas em bancos etc.

Todos os conceitos apresentados têm algo em comum: são fluxos de moeda, bens e serviços. Porém, segundo uma "versão mais pura" da teoria da renda-produto, somente o primeiro deles – *pagamento de renda* (apesar de o nome ser pouco adequado, ao menos em termos jurídicos) – poderia ser considerado no cômputo da renda (sentido amplo), pois representa "riqueza nova" obtida como remuneração de uma fonte produtiva (fator de produção).

Os demais fluxos, segundo uma "versão mais pura" da teoria da renda-produto, não se enquadram no conceito de *Renda*, pois, como se infere das respectivas definições, são fluxos que não são remuneração de fonte produtiva.

---

94 *Ibidem*, pp. 2-21 e 2-22

Os fluxos denominados *pagamento de capital* e *transferência de capital*, como o próprio nome sugere, não são considerados *Renda* por BULHÕES PEDREIRA, melhor dizendo, são fluxos de direitos subjetivos patrimoniais que não entram no cômputo do fato *renda* (sentido amplo). Essa conclusão, vale repetir, é consonante com uma "versão mais pura, mais estrita" da teoria da renda-produto. Todavia, no caso de "pagamento de capital", ele admite que a partir desse fluxo pode resultar renda, o que será evidenciado à época do levantamento da situação patrimonial. O curioso é que esse jurista considera que existe *Renda* com a simples produção, sendo a venda necessária apenas para realizá-la.[95] Nesse caso, já haveria *Renda* mesmo antes de ocorrer qualquer fluxo financeiro, concepção que o aproxima da teoria da renda-acréscimo patrimonial.

Outro aspecto que causa surpresa é a consideração do fluxo denominado *transferência de renda* como sendo algo relevante para o conceito *Renda*, pois essa concepção não é compatível com uma "versão mais pura" da teoria da renda-produto. Inexistiria estranheza se BULHÕES PEDREIRA fosse partidário da teoria da renda-acréscimo patrimonial. Em tal circunstância, todos os fluxos por ele mencionados informariam (positivamente) o fato *Renda*, já que representariam ingressos de direitos subjetivos patrimoniais, fato relevante ao se pensar em *Renda* como acréscimo de valor patrimonial.

A questão que sobressalta é: por que o fluxo denominado "transferência de renda", que não decorre de remuneração de fator de produção, informa o conceito *Renda* ?

E mais: qual a diferença entre os fluxos "transferência de renda" e "transferência de capital"?

Segundo BULHÕES PEDREIRA, que caracteriza aquele fluxo é a circunstância de ele denotar uma transferência de renda de uma pessoa para outra, "a renda que caberia a um fator de produção é transferida para um terceiro".[96] E complementa: o pagamento de impostos é o exemplo típico.

Ora, ao que parece, o que se transfere ao Poder Público ao se pagar tributos em geral são recursos que integram o patrimônio de certa pessoa; é parcela do *patrimônio* não *Renda*.

Pagamento significa cumprimento de obrigação, cujo objeto é uma prestação (conduta) que se consubstancia num dar, num fazer ou não fazer.[97] Normalmente, paga-se uma obrigação tributária com a entrega de (dar) dinheiro (direito subjetivo patrimonial que integra o patrimônio de uma pessoa).

Logo, quando ocorre o pagamento de uma obrigação tributária, não se transfere a titularidade de *Renda*. Esse conceito não admite tal construção com sentido

---

95 *Ibidem*, 2-21–2-22.

96 *Ibidem*, pp. 2-20.

97 Clóvis Beviláqua, Direito das obrigações, pp. 34 e 125; San Tiago Dantas, Programa de direito civil II, pp. 27 e 54 etc.

jurídico. Em linguagem jurídica, que é passível de transferência é a titularidade de direitos subjetivos patrimoniais e de deveres jurídicos patrimoniais (ou obrigações ou dívidas patrimoniais). *Renda* (sentido amplo) é um conceito representativo do resultado de fatos ocorridos ao longo de certo período de tempo. Quando se cogita de transferência de alguma "riqueza", em termos jurídicos, já significa a transferência de direitos subjetivos que já são parte integrante de um patrimônio. Portanto, falar em "transferência de renda" como algo diferente de "transferência de capital" (isto é, de transferência de parcela do patrimônio, ou de forma mais analítica, de transferência de direitos subjetivos que integram um patrimônio) denota certa dose de imprecisão.

Poder-se-ia alegar que ao se falar de *transferência de renda* quer se dizer *transferência de rendimento*. A mesma crítica anteriormente realizada seria aqui pertinente. Não se transfere "rendimento" (conceito representativo de um determinado ganho ou de uma "parcela de renda", que independe de período de tempo)[98], mas sim, o que se transfere são direitos subjetivos avaliáveis em moeda, que são parte integrante de um patrimônio.

Os outros exemplos fornecidos de "transferência de renda" somente comprovam a imprecisão apontada. BULHÕES PEDREIRA assevera que: "as transferências de renda também podem processar-se entre indivíduos, como na constituição de renda a favor de terceiro, pelo proprietário de um imóvel." [99]

Constituição de renda sobre imóvel em favor de terceiro é uma espécie de direito subjetivo real expressamente prevista no Código Civil Brasileiro (arts. 749 a 754)[100]. Trata-se de um direito real sobre coisa alheia, temporário, que onera determinado bem imóvel, obrigando seu proprietário a pagar prestações periódicas, de soma determinada, e que pode ser constituído a título gratuito ou oneroso.[101]

Sendo conferido ao credor da *Renda* a título gratuito, pergunta-se: qual a diferença "da constituição de renda" para a "doação" no que tange ao "fluxo de bens", a ponto de esta ser considerada "transferência de capital" e aquela "transferência de renda" ? E sendo conferida ao credor da renda a título oneroso, qual a diferença para a compra e venda quanto ao "fluxo de bens", a ponto de esta ser considerada exemplo de "pagamento de capital" e aquela "transferência de renda"?

Ao que parece, nos dois casos não há qualquer diferença quanto à natureza do "fluxo de bens". No primeiro, tanto a *constituição de renda gratuita* quanto a *doação* são exemplos de transferência de direitos subjetivos patrimoniais já integrantes de certo patrimônio, o que para BULHÕES PEDREIRA caracteriza as

98 Conforme definição de Bulhões Pedreira. Idem, pp. 2-3.

99 *Ibidem*, pp. 2-21.

100 O texto do novo Código Civil – Lei nº 10406/2002, publicada em 11/01/2002 –, que entrará em vigor um ano após sua publicação (art. 2044), também dispõe sobre o instituto da constituição de renda (arts. 803 a 813).

101 Clóvis Beviláqua, Código civil dos Estados Unidos do Brasil, comentado, pp . 1210 e 1211.

situações de *transferência de capital*. No segundo, tanto a constituição de renda onerosa quanto a compra e venda são exemplos que envolvem "trocas de bens ou serviços objeto de aplicação de capital", o que para BULHÕES PEDREIRA caracteriza as situações de *pagamento de capital*.[102]

Dessarte, ao que parece, são pouco adequadas, pelos menos para os fins de identificar o conceito *Renda*, as classificações dos "fluxos de moeda, bens ou serviços" em "pagamento de renda", "transferência de renda", "pagamento de capital" e "transferência de capital".

Portanto, para os fins de identificar o conceito *Renda* e adotando-se as definições do próprio BULHÕES PEDREIRA, os "fluxos de moeda, bens ou serviços" poderiam ser considerados do seguinte modo:

a) se for adotada a *teoria da renda-acréscimo patrimonial* – todos os "fluxos de moeda, bens ou serviços" (que não são *Renda*, mas sim, para quem os recebe, simplesmente ingressos de direitos subjetivos patrimoniais) deverão ser considerados para o cômputo do fato renda (sentido amplo); ou

b) se for adotada uma "versão mais pura" da *teoria da renda-produto* – somente os "fluxos de moeda, bens ou serviços" denominados *pagamento de renda* e *pagamento de capital* (este último parcialmente e somente quando se caracterizasse como remuneração de atividade produtiva) poderiam informar (pois esses fluxos não são *renda*) o cálculo do fato renda (sentido amplo).

Pode-se concluir que, nessa obra de 1971, BULHÕES PEDREIRA parece ser partidário do que denomina *teoria da renda-fluxo* (que outros autores chamariam de *teoria da renda-produto*). Vale repetir que ele define o conceito constitucional de "renda e proventos de qualquer natureza" do seguinte modo:

a) o conceito *renda* significa a participação da pessoa na renda nacional, e

b) o conceito *proventos de qualquer natureza* significa rendimentos, isto é, são os fluxos de moeda, bens ou serviços que se qualificam como "pagamentos de renda" ou "transferências de renda". [103]

Esse posicionamento foi confirmado em estudos posteriores, tanto em obra publicada em 1979,[104] quanto em obra publicada 1989,[105] como também em parecer produzido no final de 1996,[106] quando o jurista teve oportunidade de retomar

102 *Ibidem*, pp. 2-21-2-22.

103 *Ibidem*, pp. 2-17.

104 *Imposto sobre a renda – pessoas jurídicas*, Justec, 1979.

105 *Finanças e demonstrações financeiras da companhia*, Forense, 1989.

106 Parecer proferido em 5 de dezembro de 1996 e publicado em forma de artigo no vol. 207 da Revista de Direito Administrativo, intitulado Imposto de renda – lucro da pessoa jurídica – compensação de prejuízos.

os principais aspectos de sua teoria, entre os quais destaca-se o relativo à definição do conceito constitucional de renda.

Na referida obra de 1979, há uma passagem que merece destaque. BULHÕES PEDREIRA, após reiterar as definições dos conceitos *renda* e *proventos* já adotados no estudo de 1971, observa que a definição de *renda* do CTN (como produto do capital, do trabalho ou da combinação de ambos) é "clássica" e já constava da legislação do imposto (Decreto-Lei nº 5.844/43, art. 10). Considera, porém, tal definição restritiva, pois somente compreende os pagamentos de renda, "não abrange as transferências de renda – a renda que é atribuída a pessoas independentemente de sua contribuição para a produção." Para esse jurista, as Constituições de 1946 e de 1967 referiram-se a "renda e proventos de qualquer natureza" com a finalidade de "evitar as interpretações de que o imposto não podia incidir sobre *transferências de renda*".[107]

Em seguida, BULHÕES PEDREIRA adverte que a definição produzida pelo legislador do CTN (art. 43) extrapola os limites do conceito "renda e proventos de qualquer natureza" da Constituição. Assevera que: "A intenção dos redatores do CTN parece ter sido ampliar o conceito constitucional de 'renda e proventos de qualquer natureza' para nele incluir as transferências de capital. A nosso ver, o CTN não define o conceito constitucional, mas conceito diferente – de 'acréscimo de poder econômico'. A constitucionalidade dessa definição ainda não foi submetida a qualquer teste."[108]

Essa conclusão de BULHÕES PEDREIRA guarda coerência com as definições por ele assumidas desde o estudo de 1971.

No estudo de 1996, BULHÕES PEDREIRA reitera que as pessoas ganham renda por meio de aquisição de direitos patrimoniais e que a renda pessoal é decorrente de fluxos financeiros (de moeda, bens econômicos, bens do patrimônio e direitos e obrigações patrimoniais), que, conforme visto anteriormente são classificados em: "pagamento de renda", "transferência de renda", "pagamento de capital" e "transferência de capital".[109]

Algumas observações merecem ser feitas sobre o tratamento de algumas das espécies de fluxos. Continua definindo "pagamento de renda" como sendo contraprestação de serviços produtivos fornecidos pelos titulares dos fatores de produção. Não há novidade quanto à definição do que denomina "transferência de capital". Contudo, ao dar exemplos dos fluxos classificados como "transferência de renda", refere-se a *doações ou subvenções para despesa.*[110] Isso causou certa surpresa, pois tanto nas obras de 1971 e 1989, quanto nesse mesmo estudo de 1996,[111]

107 *Imposto sobre a renda – pessoas jurídicas*, p. 175.

108 *Ibidem*, p. 176.

109 *Imposto de renda – lucro da pessoa jurídica – compensação de prejuízos*, p. 384.

110 *Ibidem*, p. 384.

111 Respectivamente, pp. 2-22, p. 247 e p. 385.

ele menciona *doação* (em termos genéricos) como exemplo de "transferência de capital". Para afastar uma possível contradição nesse último trabalho, ter-se-ia que considerar que: i) as "doações" em geral e as "subvenções para investimento e na emissão de alguns valores mobiliários" devem ser classificadas como "transferência de capital"; e ii) as "doações ou subvenções para despesa ou custeio" devem ser classificadas como "transferência de renda".

Quanto ao tratamento do denominado "pagamento de capital", afirma que "o fluxo de pagamento de capital, antes de entrar no patrimônio do vendedor ou produtor – é de capital e não renda; mas, dependendo dos custos suportados pelo vendedor ou produtor para entregar ou fornecer o bem, pode dar origem a ganho de valor financeiro que é denominado ganho de capital (na venda de bem do patrimônio) ou lucro da produção (na venda de bens ou serviços produzidos)."[112]

Ao que parece, BULHÕES PEDREIRA se não passou a ser partidário da teoria da renda-acréscimo patrimonial, ao menos não a critica como no trabalho de 1971. Essa "mudança de perspectiva" pode ser atestada pelo exame da seguinte passagem, cujo título é "Renda-Acréscimo Patrimonial":

"A renda não é o fluxo, mas o acréscimo patrimonial. O fluxo é curso do valor financeiro que vai acrescer ao patrimônio. E a elaboração doutrinária do conceito de renda tributável como medida da capacidade de pagar tributos demonstrou que a noção de renda como fluxo não abrange alguns ganhos que aumentam a capacidade contributiva das pessoas: a definição de ganho derivado do capital, do trabalho ou da combinação de ambos não se ajusta aos ganhos em sorteios, loterias e concursos, nem aos ganhos de capital e outras rendas extraordinárias, e a renda originária de pagamentos de capital não pode ser conhecida e mensurada enquanto fluxo, mas apenas pelos seus efeitos de acréscimo ao patrimônio de quem recebe o fluxo. Daí a preferência moderna pela definição da renda pessoal como acréscimo patrimonial, e não como fluxo."[113]

A única ressalva que continua o apartando da teoria da renda-acréscimo patrimonial é a pertinente aos fluxos classificados como "transferências de capital" (p. ex., herança e doação), que para ele não informam o fato renda (sentido amplo).[114]

BULHÕES PEDREIRA distingue o "acréscimo-renda" do "acréscimo transferência de capital" nos seguintes termos: "o acréscimo que é renda pode ser consumido, destruído, ou transferido para terceiro sem prejudicar o capital próprio; o que resulta de fluxo de transferência de capital entra no patrimônio como parte do capital próprio e seu dispêndio implica, necessariamente, diminuição desse capi-

112 *Ibidem*, p. 385. Essa concepção é de certo modo diferente daquela defendida na obra de 1971 (op. cit., pp. 2-21–2-22).

113 *Ibidem*, p. 385.

114 *Ibidem*, p. 387.

tal." Em prosseguimento, complementa com uma nova definição de renda *pessoal*: "Daí a definição de renda pessoal como 'valor financeiro que acresce ao patrimônio e pode ser despendido sem diminuir o capital próprio'."[115]

Sem pretender repetir todas as observações já realizadas sobre o fluxo "transferência de capital", convém alertar que, em todas as hipóteses de fluxo financeiro, o fenômeno que efetivamente se processa é o de uma pessoa transmitir para outra pessoa direitos subjetivos patrimoniais que já integram seu patrimônio, não havendo qualquer transmissão de *Renda*. Transmitem-se direitos subjetivos patrimoniais, não *Renda*.

BULHÕES PEDREIRA afirma que quando o acréscimo é de *Renda* ele pode ser consumido, destruído ou transferido para terceiro sem prejudicar o capital próprio. E quando é "acréscimo transferência de capital" o fluxo "entra no patrimônio como parte do capital próprio e seu dispêndio implica, necessariamente, diminuição desse capital."[116]

Essa distinção, não parece ser adequada, como será demonstrado adiante. Esse jurista dá como exemplo de "transferência de renda" (gera "acréscimo-renda") o fluxo proveniente de "pensões" ou de "prêmio de loteria".[117] e como exemplo de "transferência de capital" (gera "acréscimo transferência de capital") o fluxo decorrente de doação. Ora, nos dois casos (seja o de "transferência de renda" seja o de "transferência de capital"), o fenômeno é o mesmo no que tange ao ingresso de direitos subjetivos em determinado patrimônio e deve ser idêntica a classificação do respectivo "acréscimo" quanto ao critério "do efeito do seu dispêndio sobre o capital", como se atesta:

Primeira possibilidade – se for considerado o valor do patrimônio antes do respectivo acréscimo – é evidente que, nos dois casos, esse "acréscimo", ou com mais rigor, o valor do direito subjetivo patrimonial que implicou o acréscimo de valor patrimonial pode ser consumido sem afetar o "capital próprio" (patrimônio próprio) existente antes desse acréscimo;

Segunda possibilidade – se for considerado o valor do patrimônio depois do respectivo acréscimo – é evidente que, nos dois casos, esse "acréscimo", ou com mais rigor, o valor do direito subjetivo patrimonial que implicou o acréscimo de valor patrimonial não pode ser consumido sem deixar de afetar o "capital próprio" (patrimônio próprio) existente depois desse acréscimo.

Diante disso, parece que pelo critério "do efeito do seu dispêndio sobre o capital" é juridicamente impossível:

a) distinguir um fluxo financeiro ou mesmo o "acréscimo" dele decorrente, chamando um de "acréscimo-renda" e o outro de "acréscimo transferência de capital"; e

---

115 *Ibidem*, p. 387

116 *Ibidem*, p. 387.

117 Refere-se ao "prêmio de loteria" no livro Imposto de renda (pp. 2-14) e às "pensões" no artigo da RDA, vol. 207, p. 387.

b) firmar que o "acréscimo renda" é *renda pessoal*, enquanto o "acréscimo transferência de capital" é *capital* (patrimônio).

A mesma observação que foi feita anteriormente (em relação ao trabalho de 1971) pode aqui ser retomada:

"para os fins de identificar o conceito *Renda* e adotando-se as definições do próprio BULHÕES PEDREIRA, os "fluxos de moeda, bens ou serviços" poderiam ser considerados do seguinte modo:

a) se for adotada a *teoria da renda-acréscimo patrimonial* – todos os "fluxos de moeda, bens ou serviços" (que não são *Renda*, mas sim, para quem os recebe, simplesmente ingressos de direitos subjetivos patrimoniais) deverão ser considerados para o cômputo do fato renda (sentido amplo); ou

b) se for adotada uma "versão mais pura" da *teoria da renda-produto* – somente os "fluxos de moeda, bens ou serviços" denominados *pagamento de renda* e *pagamento de capital* (este último parcialmente e somente quando se caracterizasse como remuneração de atividade produtiva) poderiam informar (pois esses fluxos não são *renda*) o cálculo do fato renda (sentido amplo)."

2.5. A perspectiva de Henry Tilbery

Essa análise da visão de HENRY TILBERY acerca do conceito de "renda e proventos de qualquer natureza" teve como referência diferentes trabalhos desse jurista, concentrando-se em três estudos produzidos na década de 70 (em 1975, 1977 e 1978).[118]

HENRY TILBERY, no estudo de 1975, que tinha como propósito maior o de comentar os artigos do CTN que tratam do imposto sobre a renda e proventos de qualquer natureza, mesmo depois de se referir às diferentes concepções teóricas sobre o conceito *renda* (sentido amplo), parece adotar a concepção de que a Constituição apenas teve o condão de conferir o nome jurídico – *imposto sobre a renda e proventos de qualquer natureza* –, sendo do Código Tributário Nacional a atribuição de caracterizar esse imposto e de definir as duas espécies da matéria tributável – a *renda* e os *proventos.*[119]

---

118 Esses são os estudos que mais diretamente tratam do tema objeto desse trabalho e que foram especialmente examinados: o artigo intitulado Imposto sobre a renda e proventos de qualquer natureza (Artigos 43, 44 e 45), de 1975, que integra o livro Direito tributário 3; o livro A tributação dos ganhos de capital de 1977; e o livro A tributação dos ganhos de capital – 2 , de 1978.

119 Imposto sobre a renda e proventos de qualquer natureza (Artigos 43, 44 e 45), p. 83. Henry Tilbery levou em consideração o texto constitucional de 1967, já alterado pela Emenda nº 1 de 1969.

Na obra de 1977, HENRY TILBERY[120] observa inicialmente que o imposto sobre a renda alcançou um grande prestígio por ser considerado o imposto mais justo, que melhor mede a riqueza e que melhor se adapta às condições individuais (pessoais e familiares) dos contribuintes.

Após discorrer sobre as diferentes teorias sobre a renda tributável – teoria da fonte (ou da renda-produto), teoria do acréscimo patrimonial e teoria legalista – adverte que "do ponto de vista de direito tributário, o conceito renda, constante da lei, é realidade objetiva para todos os efeitos." E que os doutrinadores dos diversos países têm ao longo do tempo desenvolvido teorias que buscam fundamentar a sistemática da tributação da renda, que melhor se ajusta "ao regime vigente, às condições sócio-econômicas, aos postulados da justiça fiscal e às necessidades da arrecadação". Segundo ele, tudo isso, teria provocado uma alteração do conceito clássico de rendimento tributável.[121]

Nessa linha, ressalta que por preocupação com a função redistributiva da tributação houve, nos países mais desenvolvidos, uma ampliação tendenciosa da definição de renda, com o propósito de englobar no conceito de renda o aumento do patrimônio líquido de qualquer fonte e origem. E pontifica:

"Se a política fiscal de um país procura abranger, por motivos de justiça social, no campo da tributação, todo acréscimo de poder econômico das pessoas – não somente a renda na interpretação estrita da palavra – mas também acessões fortuitas e gratuitas, não há nenhum argumento em contrário. Somente acho que, do ponto de vista puramente teórico, o instrumento hábil não é a distorção do conceito da renda."[122]

A partir dessas passagens, é mister tecer alguns comentários.

HENRY TILBERY, não discorre sobre a existência (ou não) de um conceito constitucional de renda tributável, que, acaso existente, deveria ser obrigatoriamente respeitado pelo legislador infraconstitucional, seja o complementar seja o ordinário.[123] Nesse contexto, ele parece, por um lado, ter aceitado, pelo menos para fins de direito positivo tributário, a *teoria legalista* sobre renda tributável. Mas, por outro lado, defende, no mínimo para fins acadêmicos, o que denomina de concepção clássica de renda, qual seja, a da *teoria da fonte* ou *da renda-produto*. Além disso, critica a ampliação desse "conceito clássico de renda", de modo a permitir a tributação por intermédio do imposto sobre a renda de qualquer acréscimo patrimonial.

---

120 A tributação dos ganhos de capital, p. 4.

121 *Ibidem*, pp. 12-13.

122 *Ibidem*, p. 17.

123 Convém lembrar que, no estudo de 1975, ele considerou que a Constituição apenas conferiu o nome ao imposto, sendo do CTN a atribuição de definir a matéria tributável.

O discurso sobre a indevida ampliação do conceito *renda* por parte daqueles que preconizam a teoria da renda-acréscimo patrimonial não procede, como se teve oportunidade de examinar de forma minuciosa anteriormente.[124]

Ainda no trabalho de 1977, HENRY TILBERY destacou alguns aspectos interessantes sobre o tema da realização do ganho tributável. Preliminarmente, vale ressaltar que HENRY TILBERY não discorre sobre a necessidade de o ganho de capital ser um fato que deve ser combinado a outros (em sentido amplo e ainda impreciso, outros ganhos e outras perdas) para que se apure a ocorrência ou não do fato-renda tributável. Isto é, ele não analisa a questão de ser ou não constitucionalmente possível tributar por meio do imposto sobre a renda, de modo isolado, o ganho de capital.[125] Ao que parece, ele admite que o ganho de capital possa ser objeto de tributação pelo imposto sobre a renda de forma isolada.

HENRY TILBERY trata desse assunto quando examina "o aspecto temporal (momento) do fato gerador do imposto sobre ganhos de capital", dando até a impressão de tratar o ganho de capital como se fosse uma base de tributação distinta e, por conseguinte, um imposto diferente do imposto sobre a renda.[126]

Adverte que há duas alternativas quanto ao momento da ocorrência do fato gerador: a) ser o da sua realização; ou b) ser o do período de acréscimo de valor.

No primeiro caso, o fato gerador ocorreria no instante em que o bem fosse alienado por um valor que ultrapassasse a reposição de capital, surgindo a *mais-valia* (*realization basis*). No segundo, seria procedida uma avaliação periódica (anual), sendo o final do ano o momento da ocorrência do fato gerador, que corresponderia à valorização alcançada no período, independentemente de qualquer realização – equivaleria à mais-valia acrescida ao valor anterior (*accrual basis*).

Aspecto interessante dessa análise é o da consideração das vantagens e desvantagens de cada um dos sistemas. Convém observar que se superar o problema da tributação isolada do ganho de capital, isto é, na hipótese de se levar em conta que o fato-ganho de capital será avaliado em conjunto com outros fatos para finalmente apurar o fato-renda, a relevância da questão exsurge com maior clareza: é constitucionalmente possível tributar-se um acréscimo de valor patrimonial ainda não realizado? Se possível, é conveniente em termos de política fiscal?

A primeira questão, como já se expôs, não é tratada por HENRY TILBERY. Ele concentra sua atenção apenas em desenvolver o tema da segunda – a conveniência da tributação dos acréscimos provenientes de ganhos de capital ainda não realizados.

---

124 Ver subitem 2.1 (em especial o subitem 2.1.3) deste capítulo.

125 O tema referente à possibilidade constitucional de ocorrer a tributação definitiva e em separado de certas "espécies de renda e proventos" (rendimentos) será apreciado mais adiante – item 4 do Capítulo V.

126 A tributação dos ganhos de capital, p. 24.

Observa que há dois fortes argumentos contrários ao sistema da tributação do acréscimo proveniente de ganho de capital não realizado (*accrual basis*). O primeiro é o de que ele seria iníquo, pois se estaria tributando um benefício que nem teria entrado na disponibilidade líquida do contribuinte, podendo, inclusive, desaparecer posteriormente, antes mesmo de ser realizado. O outro importante argumento, que tem que ver com o denominado Princípio da Praticabilidade, é o de que haveria uma grande dificuldade administrativa para que se procedesse a apuração periódica de valorizações não realizadas.

Por outro lado, esclarece que o principal argumento contra o sistema da tributação somente quando o acréscimo se realiza é o problerma (Bunching) da acumulação em um único instante da mais-valia acrescida por vários anos, o que causa uma distorção quando existe a tributação progressiva. Nesse caso, todo o acréscimo ocorrido durante vários anos seria objeto de tributação em um só ano, quando, provavelmente, a incidência da norma teria como efeito a aplicação de uma alíquota mais elevada, se comparada com a que seria aplicável se o acréscimo não realizado fosse considerado em cada ano.

Alude a mais um argumento contrário ao sistema da tributação dependente de realização, qual seja, o de permitir que o contribuinte eleja o momento mais conveniente para ser tributado. Pois ele poderia antecipar ganhos para absorver prejuízos ou, de modo inverso, postergar os ganhos para um momento futuro, adiando a respectiva tributação.

Conclui, afirmando que a maior parte dos países optou pelo sistema de tributação dos acréscimos somente após a realização, por força das dificuldades administrativas em proceder avaliações globais e periódicas do patrimônio dos contribuintes.[127]

HENRY TILBERY, na obra de 1878, deixou claro seu entendimento sobre qual método de tributação do ganho de capital (ACCRUAL BASIS ou REALIZATION BASIS) foi adotado pela Constituição e pelo Código Tributário Nacional: "Não há dúvida que a redação tanto da Carta Magna como também do Código Tributário Nacional autoriza a tributação, pela lei ordinária, de ganhos de capital realizados, que são abrangidos pela expressão: 'proventos de qualquer natureza, assim entendidos os acréscimos patrimoniais ..'". E complementa, esclarecendo os limites desse conceito: "Estas palavras não dão cobertura à tributação da mais-valia acrescida ao valor anterior (ACCRUAL BASIS), ainda não realizada, mas referem-se ao acréscimo do patrimônio realizado pela alienação do bem por um preço que ultrapassa a reposição do capital (REALIZATION BASIS)."[128]

Apesar de o posicionamento de HENRY TILBERY não estar muito evidente (em especial quanto ao denominado conceito constitucional de Renda), uma possível conclusão pode ser construída: a de considerar que ele sustenta não existir

127 *Ibidem*, pp. 26-27.

128 A tributação dos ganhos de capital – 2, p. 27.

uma definição absoluta e única de *Renda* tributável,e que o legislador infraconstitucional (o complementar) tem atribuição para construir a definição do conceito de *Renda*. Contudo, parece entender que tal definição não deve extravasar certos limites, a ponto de construir-se um conceito que com o de *Renda* não se confunde (p. ex., o conceito de patrimônio).

2.6. As perspectivas mais recentes

Nesse tópico, serão examinadas três monografias publicadas no final do século XX (mais especificamente, nos anos de 1996, 1997 e 1998), as quais, além de se destacarem por sua elevada qualidade, têm em comum a circunstância de terem elegido o mesmo objeto de estudo, qual seja: o *imposto sobre a renda e proventos de qualquer natureza*.[129] Todos os trabalhos, apesar de tratarem do mesmo tema central, caracterizam-se por apresentarem a matéria com enfoques peculiares. Dos diversos aspectos estudados pelos autores, serão especialmente examinados neste momento aqueles que se relacionam com os critérios eleitos por cada um como necessários para identificar o conceito "renda e proventos de qualquer natureza" em sua dimensão constitucional.

O primeiro trabalho a ser analisado é o de ROBERTO QUIROGA MOSQUERA. Esse professor utiliza-se com habilidade do instrumental oferecido pela Semiótica para perquirir o conceito da expressão constitucional "renda e proventos de qualquer natureza". Para tanto, desenvolve uma percuciente pesquisa no texto da Constituição da República, a fim de localizar os termos "renda" e "proventos", e, a partir daí, construir os respectivos conceitos.

Inicia pelo exame da palavra "renda".[130] Observa que tal palavra aparece 22 vezes no texto constitucional, com cinco acepções diferentes, quais sejam:

a) primeira – construída a partir dos artigos 48 e 30 da Constituição, é a de "'renda' enquanto sinônimo de 'receitas tributárias e demais ingressos públicos'";

b) segunda – elaborada a partir dos artigos 43, 192 e 201 da Constituição, é a de "'renda' enquanto 'renda nacional, regional ou *per capita*'";

c) terceira – formulada a partir dos artigos 157 e 158 da Constituição, é a de "'renda' enquanto somatória de 'rendimentos'";

129 Os trabalhos mencionados, seus autores e ano de publicação são os seguintes: Renda e proventos de qualquer natureza: o imposto e o conceito constitucional, Roberto Quiroga Mosquera, 1996; Imposto sobre a renda – pressupostos constitucionais, José Artur Lima Gonçalves, 1997; e Imposto de renda: os conceitos de renda e de disponibilidade econômica e jurídica, Gisele Lemke, 1998. Os referidos trabalhos foram produzidos originalmente sob a forma de dissertação de mestrado, tese de doutorado e dissertação de mestrado, respectivamente.

130 Renda e proventos de qualquer natureza: o imposto e o conceito constitucional, pp. 48 e segs.

d) quarta – concebida a partir do inciso II do § 2º do artigo 153[131], é a de "'renda' enquanto 'rendimento do trabalho'"; e
e) quinta – formada a partir dos artigos 151 e 163 da Constituição, é a de "'renda' enquanto 'produto do capital'".

Após a pesquisa das acepções da palavra "renda", começa a examinar a expressão "proventos de qualquer natureza".[132] Assevera que tal expressão aparece 24 vezes no texto constitucional, com duas acepções diferentes, quais sejam:
a) primeira – formulada a partir dos artigos 40, 93 e 201 da Constituição e dos artigos 17, 20 e 53 do ADCT, é a de 'proventos' enquanto 'rendimentos da aposentadoria'"; e
b) segunda – construída a partir do artigo 151, inciso I, da Constituição, é a de "'proventos' enquanto 'valores recebidos pelos agentes públicos'".

Adverte que lhe parece mais acertada a interpretação que considera o termo "proventos" como sinônimo de valor recebido por aposentado (ex-agente público). Assim, acaba por defender (como sendo a interpretação mais correta) uma única acepção para "proventos" – a de rendimentos da aposentadoria.

Analisa de forma apartada a "locução adjetiva 'de qualquer natureza'"[133]. Assinala que a Constituição ao agregar a expressão "de qualquer natureza" ampliou o sentido da palavra "proventos". A locução completa passou a ter o significado de valores recebidos a qualquer título, de qualquer espécie, de qualquer origem, de qualquer fonte, sem que haja necessidade de que tais vantagens, decorram, exclusivamente, do trabalho, do capital ou da aposentadoria.[134]

Expostas essas acepções preliminares,[135] desenvolve toda uma argumentação que conduzirá ao conceito constitucional da palavra "renda" e da expressão "proventos de qualquer natureza" como "acréscimo patrimonial".[136]

Afirma QUIROGA MOSQUERA (acompanhando a lição de AMILCAR DE ARAÚJO FALCÃO) que o sistema constitucional brasileiro estabelece, de forma exaustiva, uma discriminação da competência tributária de cada uma das Pessoas Políticas, a qual apresenta um duplo sentido: a) positivo ou afirmativo – pelo que cada pessoa Política recebe da Constituição uma competência tributária para instituir determinados tributos; e b) negativo ou inibitório – segundo

131 Este texto pertence à redação da Constituição Originária, tendo sido "revogado" pela Emenda Constitucional nº 20, de 15/12/1998, a qual, segundo parte da doutrina, é de duvidosa constitucionalidade.

132 *Ibidem*, pp. 59 e segs.

133 *Ibidem*, pp. 64 e segs.

134 *Ibidem*, p. 66.

135 Os casos de ambiguidade envolvendo os enunciados da Constituição relativos aos vocábulos "renda" e "proventos", serão analisados no item 2 do Capítulo IV.

136 *Ibidem*, pp. 71 e segs.

o qual a Constituição recusa idêntica competência tributária às outras Pessoas Políticas.

Sustenta que a atribuição constitucional da competência tributária se perfaz pela prescrição de hipóteses de incidência com materialidades distintas. Consequentemente, o fato "renda" é diferente do fato "importação", o fato "proventos de qualquer natureza" é diferente do fato "propriedade". Os fatos que se constituem em materialidade dos tributos, em especial dos impostos, apresentam um ponto em comum – todos são índices de capacidade contributiva, reveladores de uma riqueza pessoal. Entende que o patrimônio (direitos e obrigações) de uma pessoa é o índice eleito pelo constituinte para realizar a atribuição constitucional da competência tributária.

Nesse sentido, preconiza que é a partir do patrimônio das pessoas que o Poder Público poderá obter as receitas tributárias tão relevantes para atender as necessidades públicas. Adverte que a tributação sobre o patrimônio (elementos patrimoniais) pode se realizar sob dois aspectos: o estático e o dinâmico. Aquela hipótese de tributação (sob o aspecto estático) aponta para elementos patrimoniais quando não sofrem mutação. Por sua vez, esta hipótese de tributação (sob o aspecto dinâmico) dirige-se para a mutação de elementos patrimoniais. Pontifica que "o imposto sobre a renda e proventos de qualquer natureza enquadra-se, sem sombra de dúvida, na hipótese de tributação do patrimônio sob o ponto de vista dinâmico", e que a palavra "renda" e a expressão "proventos de qualquer natureza" representam ingressos ao patrimônio de uma pessoa, recebidos de terceiros, que implicam acréscimo patrimonial.[137]

Com relação a esse ponto é preciso fazer duas observações:

uma – relativa à classificação do imposto sobre a renda e proventos de qualquer natureza como sendo um dos que tributam o patrimônio sob o ponto de vista dinâmico;

outra – concernente à assertiva de que a palavra "renda" e a expressão "proventos de qualquer natureza" representam ingressos ao patrimônio de um indivíduo, e que o *imposto sobre a renda e proventos de qualquer natureza* incide sobre o acréscimo patrimonial.

Quanto à primeira observação, salienta-se que QUIROGA MOSQUERA classifica todos os casos de tributação por impostos (federais, estaduais e municipais, exceto o imposto sobre serviços de qualquer natureza – ISS) em dois conjuntos:

i) os que tributam o patrimônio em sentido estático – ITR (art.153, VI – CR), IGF (art. 153, VII – CR), IPVA (art. 155, III – CR) e IPTU (art. 156, I – CR); e

ii) os que tributam o patrimônio em sentido dinâmico – todos os outros, exceto o ISS (art. 156, III – CR), que não é referido na classificação[138].

Ao que parece, ao classificar desse modo os tributos (apesar de exemplificar somente com impostos, o que suscita a dúvida se a sua classificação é aplicável a

137 *Ibidem*, pp. 96 e 97.

138 *Ibidem*, pp. 95 e 96.

todos os tributos ou apenas aos impostos), QUIROGA MOSQUERA não distinguiu duas diferentes situações:

a) a de patrimônio – conjunto de todos os direitos subjetivos e deveres jurídicos avaliáveis em moeda – enquanto conceito que representa a riqueza de uma pessoa e que, em última análise, suporta o cumprimento da carga tributária total (relativa a todos os tributos), e informa a capacidade contributiva subjetiva global; e

b) a de patrimônio enquanto "base econômica de incidência" de um determinado imposto – a base econômica de incidência é um índice de riqueza pessoal e que não necessariamente revela a capacidade de alguém suportar a carga total de tributos (capacidade contributiva subjetiva global), mas sim informa que alguém é titular de um fato-signo presuntivo de riqueza (BECKER), isto é, que alguém possui capacidade contributiva objetiva, conceito característico da espécie tributária "imposto".

É certo que o patrimônio pessoal é a grandeza que irá suportar o cumprimento das obrigações (deveres jurídicos avaliáveis em moeda) tributárias (e não tributárias), não só as decorrentes dos impostos, mas também as relativas às demais espécies tributárias.

Todavia, não parece adequado afirmar que o ICMS, por exemplo, é um caso de tributação (no sentido de base econômica) do patrimônio sob o ponto de vista dinâmico. Que se tributa é a circulação, a transmissão, de certos direitos subjetivos patrimoniais, não o patrimônio (conjunto de todos os direitos subjetivos e deveres jurídicos avaliáveis em moeda).

De igual modo, não se afigura adequado dizer que o IPTU, por exemplo, é um caso de "tributação (no sentido de base econômica) do patrimônio sob o ponto de vista estático". Que se tributa é a titularidade de um direito subjetivo patrimonial – o direito real de propriedade, não o patrimônio (conjunto de todos os direitos subjetivos e deveres jurídicos avaliáveis em moeda).

Assim, no sentido de base econômica, parece não existir no sistema constitucional brasileiro hipótese que, em rigor, possa ser considerada como de "tributação do patrimônio", seja em sentido "estático", seja em sentido "dinâmico".

Por outro lado, todas as hipóteses referidas pela Constituição podem ser consideradas como de tributação em que o patrimônio é a grandeza que suporta o cumprimento da carga tributária (fenômeno que se relaciona ao conceito de capacidade contributiva subjetiva global).

Logo, não parece adequado firmar que o "imposto sobre a renda e proventos de qualquer natureza" enquadra-se na hipótese de tributação do patrimônio sob o ponto de vista dinâmico.

Importa advertir que a classificação anteriormente comentada (*de tributação do patrimônio sob o ponto de vista dinâmico ou sob o ponto de vista estático*) não se confunde com a afirmação frequente de que o conceito *patrimônio* possui um caráter estático enquanto o conceito *renda* possui um caráter dinâmico. Como se observou anteriormente, tal assertiva relaciona-se com a forma de surpreender cada um desses conceitos, a qual é bem distinta: i) o conceito *patrimônio* é surpreendido por meio de uma visão estática, instantânea – identifica-se uma situação que se apresenta em dado momento; e ii) o conceito *renda* é identificado por intermédio de uma visão dinâmica, que somente pode ser surpreendido quando se levam em conta fatos ocorridos ao longo de certo lapso de tempo.

No tocante à segunda observação, (a de que a palavra "renda" e a expressão "proventos de qualquer natureza" representam ingressos ao patrimônio de um indivíduo, e que o *imposto sobre a renda e proventos de qualquer natureza* incide sobre o acréscimo patrimonial), cabe tecer os seguintes comentários.

A simples referência a situações em que a palavra "renda" e a expressão "proventos de qualquer natureza" apresentam (segundo esse professor) a acepção de "valores, dinheiros, remunerações recebidas em decorrência de uma atividade laboral, ou fruto do capital aplicado ou, ainda, fruto de outras fontes produtoras de rendimentos" e a dedução de que esses termos representam "ingressos ao patrimônio" não autorizam concluir que: o imposto sobre a renda e proventos de qualquer natureza incide sobre acréscimo patrimonial, e não sobre a mutação de elementos patrimoniais, independentemente de haver ou não acréscimo patrimonial.

Com essa linha de raciocínio, pode-se acabar aproximando conceitos que o próprio autor considera inconfundíveis: o de renda e o de receita ("ingressos ao patrimônio"). Isso fica reforçado pelo fato de todo ingresso (de direito subjetivo patrimonial), isoladamente considerado, implicar necessariamente acréscimo patrimonial.

O que se deseja é chamar a atenção para o fato de não ter ficado claro como, partindo do exame do texto da Constituição da República e do conceito "ingressos ao patrimônio", alcançou-se o conceito de "acréscimo patrimonial", que o autor preconiza ser o sentido da expressão constitucional "renda e proventos de qualquer natureza" como base tributável[139]. Essa passagem – do conceito "ingressos ao patrimônio" até o conceito "acréscimo patrimonial" – é esclarecida quando o professor MOSQUERA alude às lições da doutrina sobre o conceito de *Renda* tributável.[140] Essas lições dos doutrinadores, por seu turno, reportam-se àquelas teorias sobre renda tributável anteriormente examinadas (subitens 2.1.1 a 2.1.3 deste capítulo).

Em relação a esse ponto, é mister ressaltar que pelo exame de seu texto não há como se afirmar se QUIROGA MOSQUERA adotou alguma das teorias sobre renda como base tributável. Mais especificamente, se perfilhou a *teoria da renda-produto* ou a *teoria da renda-acréscimo patrimonial*, já que por reconhecer um conceito constitucional para a expressão "renda e proventos de qualquer natureza", pode-se dizer que ele considera a teoria legalista inadmissível no sistema jurídico brasileiro.

Mais dois critérios do conceito de *renda como base tributável* (repita-se, em sentido amplo), segundo o ponto de vista de QUIROGA MOSQUERA, merecem ser destacados: a necessidade de o acréscimo patrimonial ser apurado em determina-

---

139 *Ibidem*, p. 106.

140 *Ibidem*, pp. 104-116.

do lapso de tempo (aspecto temporal) e a necessidade de o acréscimo patrimonial ser o líquido.

Por fim, salienta-se que QUIROGA MOSQUERA enfatiza com propriedade a circunstância de que o conceito de *renda tributável* significa acréscimo patrimonial líquido, sendo necessário computar os ingressos e as saídas de direitos do patrimônio, ocorridos em determinado período de tempo, a fim de apurar se o saldo é positivo ou negativo. E conclui: "dentro de uma visão dinâmica do conceito de renda, ela consiste num diferencial entre a riqueza preexistente, as despesas efetivadas para a aquisição de riqueza nova e o ingresso que possa ser obtido, sempre tendo como referencial um espaço de tempo."[141]

O segundo trabalho a ser analisado é o do professor JOSÉ ARTUR LIMA GONÇALVES.[142] Depois de ter tratado de diferentes aspectos do sistema jurídico brasileiro, em especial, do sistema constitucional, ele inicia o exame do conceito constitucional de renda. Sustenta, por um lado, que o conceito de renda (refere-se à renda em sentido amplo) não está explicitado no texto constitucional e, por outro lado, que o conceito de renda não está à disposição do legislador infraconstitucional. A partir daí, conclui que é preciso deduzir um conceito de renda pressuposto pela Constituição.[143]

Destaca que existem no texto constitucional alguns conceitos que se aproximam do conceito de renda, quais sejam: faturamento, patrimônio, capital, lucro, ganho, resultado etc. Define esses conceitos do seguinte modo:

a) "faturamento" (referido pelo art. 195, I, da Constituição da República) – "é mero ingresso; é a soma dos valores das faturas; é a grandeza do conjunto de ingressos decorrentes do conjunto de faturas emitidas";[144]

b) "capital" (usado nos arts. 156, § 2º, I, 165, § 1º, § 2º e § 5º, II, 167, III, 170, IX, 172, 192, III, 222, § 1º e § 2º – da Constituição; e pelo ADCT, no art. 52, II) é "investimento permanente, de titulação de um patrimônio";[145]

c) "lucro" (aludido nos arts. 7º, XI, 172, 173, § 4º e 195, I – da Constituição; e no art. 72, III, do ADCT) é o "resultado positivo de atividade empresarial, de mais-valia obtida por sociedade empresária";[146]

---

141 *Ibidem*, p. 116. Esta última passagem corresponde à manifestação de Marçal Justen Filho, em estudo publicado na Revista de Direito Tributário, volume 63, Periodicidade do imposto de renda I, mais especificamente na parte em que ele distingue o conceito renda do conceito patrimônio (p. 17).

142 Imposto sobre a renda – pressupostos constitucionais, 1997.

143 *Ibidem*, p. 174.

144 *Ibidem*, p. 177.

145 *Ibidem*, p. 178.

146 *Ibidem*, p. 178.

d) "ganho" (referido nos arts. 201, § 4º e 218, § 4º – da Constituição) são "ingressos, de forma descompromissada da noção de saldo positivo";[147]
e) "resultado" (citado nos arts. 7º, XI, 20, § 1º, 71, VII, 77, § 3º, 109, V, 111, § 2º, 176, § 2º, 195, § 8º, 231, § 3º e 235, IX – da Constituição; e 12, § 1º do ADCT) "é tomado como situação terminal de um processo, sem qualificação valorativa relativamente à manifestação de capacidade contributiva";[148]
f) "patrimônio" (presente nos arts. 5º, XLV e LXXIII, 23, I, 24, VII, 30, IX, 49, I, 129, III, 144, 145, § 1º, 150, VI, "a" e "c", § 2º, § 3º e § 4º, 156, § 2º, I, 213, II, 216, § 1º e § 4º, 219, 225, § 1º, II e § 4º, 239, § 2º – da Constituição, e 36 e 51, § 3º, do ADCT) é o "conjunto estático de bens ou direitos titulados por uma pessoa, pública ou privada";[149] e
g) "fortuna" (art. 153, VII, da Constituição) é "conjunto estático de bens ou direitos".[150]

Expostas essas definições, ele passa ao exame do que chama de "conteúdo semântico mínimo do conceito constitucionalmente pressuposto de renda". E apresenta a seguinte definição: "saldo positivo resultante do confronto entre certas entradas e certas saídas, ocorridas ao longo de um dado período."[151]

LIMA GONÇALVES discorre sobre os critérios dessa definição. Esclarece que a expressão "saldo positivo" revela que para haver renda é fundamental a existência de um acréscimo patrimonial, no sentido de incremento ao conjunto líquido de direitos de uma pessoa. Explica que apenas certa entradas e certas saídas são relevantes para informar o conceito renda. Destaca, ainda, a necessidade de se considerar um certo período de tempo dentro do qual deverão ser computadas certas entradas e saídas.

Por último, após apresentar sua definição de renda, refere-se às lições da doutrina e às diferentes correntes teóricas sobre renda tributável. Conclui que, "qualquer que seja o conceito de renda adotado, presentes estão as noções de ganho patrimonial resultante de confronto entre elementos (ingressos e saídas) verificados ao longo de certo período."[152]

Como se teve oportunidade de expor anteriormente, segundo alguns partidários da *teoria da renda-acréscimo patrimonial*, o fato *Renda* pode prescindir da ocorrência de entradas e saídas, sendo suficiente, p. ex., a valorização de direitos subjetivos que integram um patrimônio. Dessarte, atesta-se que a definição apre-

147 *Ibidem*, p. 178.

148 *Ibidem*, p. 178.

149 *Ibidem*, p. 179.

150 *Ibidem*, p. 179.

151 *Ibidem*, p. 179.

152 *Ibidem*, p. 198.

sentada por LIMA GONÇALVES é menos extensa que a defendida por alguns integrantes da corrente teórica da *renda-acréscimo patrimonial*.

O terceiro trabalho a ser analisado é o de GISELE LEMKE.[153] Essa professora inicia seu elogiado estudo com uma breve abordagem da história do imposto sobre a renda. Em seguida, realiza uma acurada exposição das diferentes teorias sobre o conceito de *Renda* (teorias econômicas, teorias da renda-produto, teorias da renda-acréscimo patrimonial e teorias legalistas) fundada em grande parte no estudo de HORACIO BELSUNCE.

Após discorrer sobre as correntes teóricas sobre *Renda*, perfaz algumas observações. Adverte que a Ciência Jurídica não está atrelada aos conceitos apresentados pela Ciência Econômica, sendo certo que elas possuem objetos distintos. Considera que a teoria da renda-produto não pode ser aceita, pois isso importaria aceitar uma das teorias econômicas sobre renda, o que não é compatível com a autonomia da Ciência Jurídica. Refuta, pelas mesmas razões, a adoção da teoria da renda-acréscimo patrimonial. Enfim, preconiza que a teoria mais adequada é a legalista. Todavia, defende que essa corrente se biparte. Há uma teoria legalista em sentido estrito, segundo a qual o legislador ordinário pode fixar com liberdade a materialidade do imposto sobre a renda. E existe uma teoria legalista em sentido amplo, pela qual o ordenamento jurídico possui autonomia para estabelecer o que seja renda, porém o legislador ordinário precisa respeitar os parâmetros constitucionais.

Afirma que o fisco brasileiro prega a teoria legalista em sentido estrito, em virtude de a Constituição, apesar de mencionar o vocábulo *renda*, não o definir expressamente. Por sua vez, assevera que a posição mais adequada é a da teoria legalista em sentido amplo. Se assim não se entendesse, seria aberta a possibilidade de o legislador ordinário instituir o imposto sobre a renda, "tomando por base fatos que evidentemente não constituem renda, pois há que se pressupor a incorporação pela Constituição do significado mínimo dos vocábulos por ela utilizados. De outro modo, ruiria todo o sistema constitucional de repartição de competências tributárias."[154]

Desde já cabe assinalar alguns pontos, que caracterizam o posicionamento dessa autora. Apesar de refutar as teorias econômicas, da renda-produto e da renda-acréscimo, ela igualmente rechaça a teoria legalista em sentido estrito, pela qual o legislador ordinário teria total liberdade ao definir o fato *renda tributável*. Nesse sentido, acaba por defender uma "teoria legalista em sentido amplo". A questão que se apresenta é: que significa adotar essa teoria?

Segundo GISELE LEMKE, "há que se pressupor a incorporação pela Constituição do significado mínimo dos vocábulos por ela utilizados". E daí surge outra pergunta de fundamental importância para compreender seu conceito constitucional de renda tributável: qual é o significado mínimo dos vocábulos por

153 Imposto de renda: os conceitos de renda e de disponibilidade econômica e jurídica, 1998.

154 *Ibidem*, p. 30.

ela (Constituição) utilizados, em especial, o significado mínimo dos vocábulos que integram a expressão "renda e proventos de qualquer natureza", o que, inclusive, poderá esclarecer quais são os "fatos que evidentemente não constituem renda"? Essa questão não restou suficientemente esclarecida.

GISELE LEMKE, ainda, afirma que "existe um significado mínimo, que se poderia dizer incorporado à Constituição, para o conceito de renda". E complementa: 'tal significado, além de ser buscado nas teorias econômicas (sem que se adote necessariamente nenhuma delas, bem entendido) decorrerá substancialmente dos princípios constitucionais atinentes à matéria tributária."[155]

Por fim, convém salientar que, apesar de não ter esclarecido qual o significado mínimo do conceito *Renda*, GISELE LEMKE assevera que:

a) há "fatos que evidentemente não constituem renda", e

b) "o conceito de renda, em razão do princípio da repartição constitucional da repartição constitucional de competências, é diverso do de patrimônio e do de faturamento, estando vinculado ao fato 'acréscimo patrimonial'".[156]

155 *Ibidem,* p. 31.

156 *Ibidem,* p. 30 e nota de rodapé 1 na p. 60, respectivamente. Nesta nota, Gisele Lemke afirma que o conceito constitucional de renda "é aberto, porque não contém todos os elementos da definição de renda, deixando espaço para sua maior especificação pela lei complementar tributária."

Capítulo IV

A CONSTRUÇÃO DO CONCEITO CONSTITUCIONAL DE "RENDA E PROVENTOS DE QUALQUER NATUREZA" COMO BASE TRIBUTÁVEL E DAS CORRESPONDENTES NORMAS CONSTITUCIONAIS

1. A ATRIBUIÇÃO CONSTITUCIONAL DA COMPETÊNCIA TRIBUTÁRIA E A NECESSIDADE LÓGICO-JURÍDICA DE SE CONSIDERAR QUE A CONSTITUIÇÃO BRASILEIRA PRESCREVE UM CONCEITO DE "RENDA E PROVENTOS DE QUALQUER NATUREZA"

A questão primordial a ser apreciada neste ponto é a seguinte: é necessário conceber que existe no sistema jurídico brasileiro um conceito constitucional de "renda e proventos de qualquer natureza" como base tributável?

Essa questão encontra-se intimamente ligada ao tema das teorias sobre *Renda* tributável, pois, se existir necessariamente um conceito constitucional de "renda e proventos de qualquer natureza" como base tributável, isso importaria concluir que a teoria legalista sobre *Renda*, ao menos em sua versão mais extremada, seria inadmissível. De outro lado, na hipótese de se entender que esse conceito constitucional não existe, a conclusão seria exatamente a oposta: a teoria legalista extremada exsurgiria com total força, sendo certo que o legislador infraconstitucional possuiria ampla liberdade para definir o que é "renda" (sentido amplo) como base tributável.

A solução desse dilema requer, inicialmente, que se retome a premissa fundamental do sistema jurídico-positivo brasileiro, qual seja: o conjunto de normas jurídicas construídas a partir da Constituição da República Originária (não a derivada) é a norma-origem do Direito Positivo Brasileiro. Considerar essa premissa fundamental é o primeiro passo a ser dado no sentido da construção de um possível conceito constitucional de "renda e proventos de qualquer natureza".

A Constituição Brasileira apresenta uma relevante característica: ela estabelece, de forma minuciosa, um rígido sistema de repartição da competência tributária, ou com mais rigor, um rígido sistema de atribuição da competência tributária (pois ela já nasce demarcada, "repartida") para as Pessoas Políticas (arts. 145 e ss.), a fim de evitar possíveis conflitos de competência entre elas[1].

---

1 A doutrina tem enfatizado esse rígido sistema constitucional de atribuição da competência tributária. Nesse sentido, manifestam-se: Aliomar Baleeiro (*Direito tributário brasileiro*, pp. 75

ALIOMAR BALEEIRO,[2] em comentário ao art. 6º do CTN, que dispõe sobre a competência de os Entes Políticos instituírem tributos no Brasil, adverte para a índole constitucional e rígida do sistema brasileiro de atribuição da competência tributária: "A competência tributária, no sistema rígido do Brasil, que discriminou as receitas dos três níveis de governos do Estado Federal, retirando qualquer possibilidade de acumulação ou concorrência dum com o outro, é regida pela Constituição Federal."

Na mesma linha leciona AMÍLCAR DE ARAÚJO FALCÃO:[3]

"Em primeiro lugar, a atribuição de competência privativa tem um sentido positivo ou afirmativo: importa em reconhecer a uma determinada unidade federada a competência para decretar certo e determinado imposto. Em segundo lugar, da atribuição de competência privativa decorre um efeito negativo ou inibitório, pois importa em recusar competência idêntica às unidades outras não indicadas no dispositivo constitucional de habilitação: tanto equivale a dizer, se pudermos usar tais expressões, que a competência privativa é oponível *erga omnes*, no sentido de que o é por seu titular ou por terceiros contra quaisquer outras unidades federadas não contempladas na outorga."

Importa precisar o que significa a expressão "competência tributária":

competência tributária é a aptidão de produzir norma jurídica tributária (norma de conduta) de acordo com o estabelecido por norma constitucional de produção normativa.

A Constituição informa a competência de cada Ente Político para instituir normas tributárias. No tocante às espécies *taxa* e *contribuição de melhoria*, dispõe que a União, os Estados, o Distrito Federal e os Municípios podem instituí-las "em razão do exercício do poder de polícia ou pela utilização, efetiva ou potencial, de serviços públicos específicos e divisíveis, prestados ao contribuinte ou postos a sua disposição" – quanto às taxas –, e "decorrente de obras públicas" – quanto às contribuições de melhoria (art. 145, II e III). Isso, em princípio, pode sugerir que há uma competência legislativa necessariamente comum. Contudo, a competência

e segs.), Amílcar de Araújo Falcão (*Sistema tributário brasileiro*, p. 38), Rubens Gomes de Souza (*Compêndio de legislação tributária*, pp. 177 e segs.), Paulo de Barros Carvalho (*Curso de direito tributário*, pp. 155 e segs.), Ricardo Lobo Torres (Curso de direito financeiro e tributário, pp. 309 e segs.), Roque Antonio Carraza (Curso de direito constitucional tributário, pp. 411 e segs.), José Luiz Bulhões Pedreira (Imposto de renda, pp. 2-16), Geraldo Ataliba (Sistema constitucional tributário brasileiro, p. 106), Luciano Amaro (pp. 93 e segs.), Sacha Calmon Navarro Coelho (*Curso de direito tributário*, p. 68), Misabel Abreu Machado Derzi (nota no livro *Direito tributário brasileiro*, de Aliomar Baleeiro, pp. 78-79), José Artur Lima Gonçalves (*Imposto sobre a renda*, pp. 88 e segs.), Paulo Ayres Barreto (*Imposto sobre a renda e preços de transferência*, p. 52); Marçal Justen Filho (RDT 63/15-19), Hugo de Brito Machado (*A supremacia constitucional e o imposto de renda*, pp. 44 e segs.), José Afonso da Silva (*Curso de direito constitucional* positivo, pp. 655 e segs.) etc.

2 *Direito tributário brasileiro*, p. 75.

3 *Sistema tributário brasileiro*, p. 38.

para instituir taxas é mais bem definida à medida que a Constituição indica a Pessoa Política habilitada para exercer o poder de polícia ou para prestar o serviço público. E é mais bem definida em relação à contribuição de melhoria, quando a Constituição aponta a Pessoa Política habilitada para realizar determinada obra pública. Esses tributos – taxa e contribuição de melhoria – são denominados tributos vinculados justamente pelo fato de sua instituição depender de uma atuação estatal. Essa situação de fato, representada pela atuação estatal, é descrita pelo antecedente (fato gerador abstrato) da respectiva norma tributária, sendo, pois, de ocorrência necessária para que haja a incidência normativa, que provocará o nascimento da obrigação tributária prescrita no consequente da norma.

Por outro lado, o tratamento constitucional da competência relativa à espécie tributária "imposto" é bem mais minucioso. Por força da Constituição (Princípio da Capacidade Contributiva Absoluta), o fato descrito no antecedente da norma impositiva de imposto descreve uma situação que nenhuma relação tem com qualquer atuação estatal, daí ser denominado tributo não vinculado. Tal situação descrita no antecedente denota a titularidade de riqueza por parte de uma pessoa. Consequentemente, com o propósito de repartir entre os Entes Políticos a competência para instituir impostos, a Constituição prescreveu uma longa (mas não exaustiva) discriminação das situações que podem ser erigidas como critério material do antecedente ("fato gerador") e do consequente ("base de cálculo") das respectivas normas impositivas.

Dessarte, o método (principal) adotado pela Constituição Brasileira para atribuir competência para criar norma de imposto à União (art. 153), aos Estados e Distrito Federal (art. 155) e aos Municípios (art. 156) foi o de descrever diferentes situações de fato que poderão ser constituídas em critério material do antecedente ("fato gerador") e de parte do critério material do consequente (a "base de cálculo") das respectivas normas instituidoras de imposto.

Essa técnica de atribuição da competência para criar norma de imposto (descrição de **diferentes situações de fato** que poderão ser constituídas em critério material do antecedente – *fato gerador* – e em parte do critério material do consequente – *base de cálculo* – das respectivas normas), além de estar expressamente prevista nos artigos 153, 155 e 156 da Constituição, encontra-se confirmada em outras passagens constitucionais:

a) "*Art. 146. Cabe à lei complementar:*

...

III – estabelecer normas gerais em matéria de legislação tributária, especialmente sobre:

a) ***definição*** *de tributos e de suas espécies, bem como, em relação aos* ***impostos discriminados nesta Constituição****, a dos respectivos* ***fatos geradores, bases de cálculo*** *e contribuintes;*"

b) "*Art. 154. A União poderá instituir:*

I – mediante lei complementar, impostos não previstos no artigo anterior, desde que sejam não cumulativos e ***não tenham fato gerador ou base de cálculo próprios dos discriminados nesta Constituição****;*

> *II – na iminência ou no caso de guerra externa, impostos extraordinários,* ***compreendidos ou não em sua competência tributária****, os quais serão suprimidos, gradativamente, cessadas as causas de sua criação."*

Em função dos dispositivos constitucionais anteriormente mencionados (arts. 146, 153, 154, 155 e 156), é comum encontrar na doutrina a assertiva de que a competência para instituir normas de imposto pode ser privativa, residual e extraordinária. PAULO DE BARROS CARVALHO[4] pondera que, em rigor, somente a União Federal possui competência privativa, em decorrência do disposto no inciso II do artigo 154 da Constituição. Considerando essa arguta observação, propõe-se (para os fins deste trabalho) a seguinte maneira de classificar a competência para instituir normas de imposto:

a) Segundo o critério da situação bélica do país – a competência pode ser *extraordinária* ou *ordinária* – aquela, para existir, depende da iminência ou da existência de guerra externa (art. 154, inciso II); esta existe independentemente dessas circunstâncias.

b) A competência *ordinária*, segundo o critério da discriminação das situações de fato, que podem ser constituídas em critério material do antecedente ("fato gerador") e em parte do critério material do consequente ("base de cálculo") das normas impositivas de imposto, é assim classificável:

b.1) *discriminada* (denominada "privativa") – é aquela expressamente prevista nos arts. 153, 155 e 156 da Constituição – caracteriza-se pela prescrição das **diferentes situações de fato** que, em condições normais (ordinárias), poderão ser constituídas por cada uma das Pessoas Constitucionais, **de forma privativa, com exclusividade**, em critério material do antecedente ("fato gerador") e em parte do critério material do consequente ("base de cálculo") das respectivas normas impositivas de imposto;

b.2) *não discriminada* – (denominada "residual") – a prescrita no inciso I do art. 154 da Constituição – de titularidade exclusiva, privativa, da União, que se caracteriza, por um lado, pelo fato de não haver discriminação das situações de fato que poderão ser constituídas em critério material do antecedente ("fato gerador") e em parte do critério material do consequente ("base de cálculo") das respectivas normas impositivas de imposto e, por outro lado, pela determinação constitucional de que o imposto a ser criado não pode ter "*fato gerador ou base de cálculo próprios dos discriminados nesta Constituição*".

Como se atesta, em todas as "espécies de competência" atinentes aos impostos, a Constituição refere-se direta ou indiretamente à espécie de competência "ordinária discriminada".

---

4 *Curso de Direito tributário*, p. 157.

Ao dispor sobre a *competência extraordinária* (de índole excepcional), a Constituição prescreve que a União poderá instituir impostos "compreendidos ou não em sua competência tributária". O estar "compreendido ou não em sua competência tributária" quer dizer ser ou não de sua competência ordinária, seja a *discriminada* (denominada "privativa") seja a *não discriminada* (denominada "residual").

A *competência ordinária não discriminada*, por sua vez, também se reporta à (e até depende da definição da) competência ordinária discriminada. A Constituição prescreve que, para haver competência *não discri- minada*, é preciso que ela não invada o campo da competência *ordinária discriminada* (inciso I do art. 154).

Pelo exposto, percebe-se que o sistema constitucional de repartição de competência tributária atinente à espécie imposta tem como ponto de sustentação a *competência ordinária discriminada*, que, cabe repetir, se caracteriza por determinar as diferentes situações de fato, previstas pela própria Constituição, que, em condições normais (ordinárias), poderão ser constituídas, de forma privativa, com exclusividade, em critério material do antecedente ("fato gerador") e em parte do critério material do consequente ("base de cálculo") das respectivas normas impositivas de imposto por cada uma das Pessoas Constitucionais. Eis mais uma justificativa para a corrente afirmação doutrinária de que o binômio *fato gerador–base de cálculo* é determinante para o sistema tributário nacional.

A posição de destaque que a Constituição confere à competência ordinária discriminada pode ser de outro modo evidenciada:

i – só faz sentido prever uma *competência extraordinária* (a Constituição usa a expressão "impostos extraordinários" - art. 154 - I), por existir uma competência ordinária. O constituinte contrapôs a competência ordinária (regular, que representa a regra em condições normais) à competência extraordinária (que apresenta uma índole excepcional, pois está na dependência de uma situação extravagante – a iminência ou o caso de guerra externa).

ii – a *competência ordinária não discriminada,* para ser definida, suscita a definição prévia da competência ordinária discriminada, pois aquela somente exsurge quando, entre outros requisitos, não se invade o campo da competência ordinária discriminada.

iii – a *competência ordinária discriminada* é a única que, por força da Constituição, subsiste em condições normais e que pode ser definida de forma independente, sem necessidade de ser feita qualquer remição às outras espécies de competência:

Caracteriza-se pela prescrição das diferentes situações de fato que, em condições normais (ordinárias), poderão ser constituídas por cada uma das Pessoas Constitucionais, de forma privativa, com exclusividade, em critério material do antecedente ("fato gerador") e em parte do critério material do consequente ("base de cálculo") das respectivas normas impositivas de imposto.

Considerar que a Constituição atribui à *competência ordinária discriminada* uma posição preeminente, reforça a construção de um importante raciocínio:

a) se a *competência ordinária discriminada* se caracteriza pela determinação constitucional das diferentes situações de fato que poderão ser constituídas em critério material do antecedente ("fato gerador") e em parte do critério material do consequente ("base de cálculo") das respectivas normas impositivas de imposto,
b) então a Constituição, quando reparte a competência para criar impostos, prescreve um conceito para cada uma dessas "situações de fato", entre as quais encontra-se a designada pela expressão "renda e proventos de qualquer natureza".

Parece evidente que, ao descrever aquelas "situações de fato" que conformam a *competência ordinária discriminada*, a Constituição efetivamente assume que elas possuem um conceito que apresenta limites máximos, especialmente para fins de atribuição da competência tributária, os quais permitem não confundir o fato "renda e proventos de qualquer natureza", por exemplo, com o fato "propriedade territorial rural", ou com o fato "propriedade de veículos automotores", ou com o fato "serviços de qualquer natureza".

Um aspecto é de extrema relevância e precisa ser devidamente ressaltado:

Se fosse aceita a interpretação de que tais conceitos constitucionais não apresentam limites máximos, a exaustiva prescrição da *competência ordinária discriminada,* levada a termo pela Constituição, ficaria sem qualquer sentido, isto é, representaria um nada jurídico, pois o legislador infraconstitucional (complementar) teria a possibilidade de definir o fato "renda e proventos de qualquer natureza" como bem quisesse, podendo equipará-lo (confundi-lo), por exemplo, ao fato "grandes fortunas", ou mesmo igualá-lo ao fato "propriedade predial e territorial urbana", ou ainda ao fato "receita" (referido como situação que pode ser constituída em critério material do antecedente e do consequente de contribuição social - art. 195, I, alínea b - CRFB, com a redação da EC nº 20/98), sendo certo que os demais conceitos, de igual modo, poderiam ser livremente definidos pelo legislador infraconstitucional, já que não estariam definidos[5] pela Constituição. Essa interpretação, que implica um *sem sentido* constitucional, seria um flagrante absurdo, pois transformaria a Constituição em um nada jurídico. E toda interpretação que conduz ao absurdo merece ser total e veementemente rechaçada.

Essa conclusão é consonante com o ensinamento da doutrina mais abalizada, a qual insiste na assertiva de que **as palavras são utilizadas na Constituição com o fim de transmitir uma mensagem com sentido, com o propósito de designar algum conceito, o qual possui limites máximos, mesmo sendo conceito do tipo *indeterminado*.** Não se pode esquecer que a maior parte dos conceitos (jurídicos

---

5 O verbo *definir* está usado com o sentido de enunciação - exteriorização por meio de linguagem - da operação mental de demarcação do âmbito de um conceito (subitem 2.2 do Capítulo I).

ou não) é do tipo *indeterminado*, ou seja, é acometida de certa dose de *indeterminação*, fenômeno que é inerente ao próprio processo de conhecimento humano.[6] Contudo, se existe um conceito, há características definitórias que informam seus limites, que permitem identificá-lo e diferençá-lo de outros conceitos. Assim, o fato de se poder considerar que a expressão ***"renda e proventos de qualquer natureza" como base tributável*** representa um **conceito indeterminado** não importa em reconhecer que se trata de um conceito vazio, sem sentido, sem limites máximos, nem permite deduzir que o legislador infraconstitucional possui total liberdade para definir tal conceito.

Dessarte, se a Constituição tem o propósito de dispor sobre a repartição da competência tributária, os conceitos (mensagens com sentido) por ela utilizados apresentam conteúdos que não podem ser confundidos. Logo, é manifesto que o conceito "renda e proventos de qualquer natureza" não pode ser confundido com os conceitos:

a) "importação de produtos estrangeiros", "exportação, para o exterior, de produtos nacionais ou nacionalizados", "produtos industrializados", "operações de crédito, câmbio e seguro, ou relativas a títulos ou valores mobiliários", "propriedade territorial rural", "grandes fortunas" (art. 153 – conceitos relativos à competência ordinária discriminada da União);

b) "transmissão *causa mortis* e doação, de quaisquer bens ou direitos", "operações relativas à circulação de mercadorias e sobre prestações de serviços de transporte interestadual e intermunicipal e de comunicação, ainda que as operações e as prestações se iniciem no exterior", "propriedade de veículos automotores" (art. 155 – conceitos relativos à competência ordinária discriminada dos Estados e do Distrito Federal); e

c) "propriedade predial e territorial urbana", "transmissão *inter vivos*, a qualquer título, por ato oneroso, de bens imóveis, por natureza ou acessão física, e de direitos reais sobre imóveis, exceto os de garantia, bem como cessão de direitos a sua aquisição", "serviços de qualquer natureza, não compreendidos no art. 155, II, definidos em lei complementar" (art. 156 – conceitos relativos à competência ordinária discriminada dos Municípios).

---

6 Como se teve oportunidade de demonstrar anteriormente (subitem 2.2 do capítulo I): a questão atinente aos denominados *conceitos indeterminados* se relaciona com o processo de conhecimento e (re)constituição da realidade. A indeterminação (ou imprecisão) pode repousar em uma das seguintes situações: a) na dificuldade ao identificar e constituir um objeto específico (na construção do *conceito de um objeto específico*) – pois o sujeito cognoscente tem a possibilidade de estabelecer, eleger, infinitas características definitórias; b) na dificuldade de se criar uma classe de objetos (na construção do *conceito de classe de objetos*) que apresentem características definitórias comuns – pois o sujeito cognoscente também tem a possibilidade de eleger infinitos caracteres definitórios comuns para criar a classe de objetos; e c) na dificuldade de se verificar se um objeto específico (o *conceito de um objeto específico*) pertence ou não a certa classe de objetos (ao *conceito de classe de objetos*) – pelas razões já explicadas nos itens "a" e "b". O fato de não haver um consenso quanto à atribuição das características definitórias de um conceito é uma dificuldade existente em todas as áreas do conhecimento.

BULHÕES PEDREIRA também perfilha esse mesmo entendimento e leciona de maneira firme e elucidativa:

"A Constituição Federal autoriza a União a impor tributos sobre a 'renda e proventos de qualquer natureza'. No exercício do Poder Legislativo cabe ao Congresso Nacional definir, na legislação ordinária, o que deve ser entendido por renda, para efeitos de tributação. Mas ao definir a renda tributável o Congresso Nacional tem o seu poder limitado pelo sistema constitucional de distribuição do poder tributário, e fica sujeito à verificação, pelo Poder judiciário, da conformidade dos conceitos legais com os princípios da Constituição. O Congresso pode restringir ou limitar o conceito de renda e proventos de qualquer natureza constante da Constituição, mas não ampliá-lo além dos limites compatíveis com a distribuição constitucional de rendas."[7]

ROQUE CARRAZA, após asseverar que "há uma noção constitucional de renda, que não pode ser desconsiderada pelo legislador infraconstitucional (seja o complementar nacional, seja o ordinário federal)", chama a atenção para a importância da rigidez do sistema constitucional tributário brasileiro: "se admitirmos que o legislador federal é livre para colocar na hipótese de incidência da regra que cria *in abstracto* o IR um fato qualquer (p. ex., o recebimento de indenizações), estaremos, por igual modo, admitindo que o Congresso Nacional pode alargar a competência tributária da União definida na Carta Suprema. Isto é juridicamente um absurdo, em face da rigidez do sistema constitucional tributário brasileiro." E complementa: "Em suma, não é dado ao legislador ordinário federal considerar o que quiser como sendo 'renda' e 'proventos', sob pena de ele próprio demarcar sua competência tributária neste campo."[8]

JOSÉ EDUARDO SOARES DE MELLO, que igualmente adota esse entendimento, esclarece que "a pessoa política competente, segundo concebemos, deve estruturar o quadro normativo de conformidade com a diretriz básica constitucional sob pena de desnaturar o comando ínsito do imposto." E complementa: "No caso do imposto de renda a distorção seria patente se fosse nominado fato gerador do tributo a propriedade do imóvel de forma singela, sem se cogitar de proveitos monetários decorrentes de sua utilização, ou mesmo situações estranhas à capacidade contributiva (caso de mera locomoção de pessoa)."[9]

Portanto, levando em conta a necessidade de se considerar que a Constituição da República utiliza palavras com o fim de transmitir uma mensagem com sentido, com o propósito de designar algum conceito, o qual possui limites máximos, mesmo sendo conceito do tipo *indeterminado*, considerando a existência do rígido sistema constitucional de atribuição da competência tributária existente no Brasil, pode-se asseverar que há uma necessidade lógico-jurídica de se conceber que:

---

7 *Imposto de renda*, pp. 2-16.

8 *Curso de direito constitucional tributário*, pp. 581-582.

9 *Imposto de renda e proventos de qualquer natureza*, p. 300.

Um – a Constituição da República prescreve um conceito de "renda e proventos de qualquer natureza" como base tributável, isto é, existe um conceito constitucional de "renda e proventos de qualquer natureza", que poderá ser constituído em critério material do antecedente ("fato gerador") e em parte do critério material do consequente ("base de cálculo") da norma do respectivo imposto; e

Dois – o conceito constitucional de "renda e proventos de qualquer natureza" como base tributável (como todo e qualquer conceito) apresenta limites máximos, insuperáveis, de modo a permitir que ele seja diferençado de outros conceitos que igualmente servirão como base tributável ("fato gerador" e "base de cálculo") de outros impostos.

Demonstrada a necessidade lógico-jurídica de se considerar que existe um conceito constitucional de "renda e proventos de qualquer natureza" como base tributável, surge a questão: como é possível, a partir do texto constitucional, definir esse conceito?

Esse processo de construção da definição do conceito constitucional "renda e proventos de qualquer natureza" como base tributável será explicitado logo adiante (item 3). Antes, porém, será enfrentado um fenômeno que dificulta essa tarefa definitória, qual seja: a ambiguidade por polissemia referente à utilização das palavras "renda" e "proventos" no texto constitucional.

2. OS ENUNCIADOS DA CONSTITUIÇÃO RELATIVOS AOS VOCÁBULOS "RENDA" E "PROVENTOS" – CASOS DE AMBIGUIDADE POR POLISSEMIA

A atividade desenvolvida neste capítulo tem como finalidade a investigação do conceito da expressão constitucional "renda e proventos de qualquer natureza" qualificadora de uma espécie de imposto de competência da União Federal (art. 153, III – CRFB). Um procedimento que necessariamente deve ser levado a termo para alcançar esse objetivo é o concernente à pesquisa do sentido (acepção) em que as palavras "renda" e "proventos" foram utilizadas na Constituição. É conveniente, também, apreciar o sentido do termo "rendimento" utilizado na Carta Magna, em função de sua íntima ligação com aquelas expressões, especialmente em matéria tributária. Sem pretender ser exaustivo, far-se-á uma síntese dessas utilizações tanto no texto constitucional original quanto no texto decorrente de emendas constitucionais aprovadas.[10]

PRIMEIRO – Vocábulo "RENDA"

O termo "renda" (expresso tanto no singular quanto no plural) aparece no texto da Constituição Original 17 vezes (artigos: 30, III; 43, § 2º, IV; 48, I; 150, VI,

10 Em função do exclusivo propósito de identificação do sentido em que os termos "renda" e "proventos" foram utilizados, não serão analisadas possíveis inconstitucionalidades envolvendo emendas constitucionais, pois isso extrapolaria o âmbito dessa investigação.

a, c, § 2º, § 3º, § 4º; 151, II; 153, III, § 2º, II; 157, II; 158, I; 159, I, § 1º; 192, VII, 201, II).[11]

Tendo o texto original como referência, uma primeira conclusão parece incontestável: há ambiguidade por polissemia referente à utilização do vocábulo "renda". Esse mesmo termo é utilizado em 6 diferentes sentidos, quais sejam:

a) o de *receita pública auferida, arrecadada, de natureza tributária ou não* – aparece com este sentido por 2 vezes nos artigos – 30, III; e 48, I.

b) o de *renda regional* – que significa o somatório das remunerações atribuídas aos fatores de produção de uma determinada região do país e que equivale, no âmbito nacional, ao conceito de *renda nac*ional, a qual é informada pelo Produto Nacional Bruto – aparece com este sentido por 2 vezes nos artigos – 43, § 2º, IV; e 192, VII.

c) o de *poder aquisitivo de certa pessoa* – capacidade de um indivíduo (no caso, do segurado) adquirir bens ou serviços; conceito que não se confunde com o de renda *per capita* (parcela da renda nacional equivalente à sua divisão pelo número de habitantes de um país); a "renda *per capita*" representa uma média da "renda" (enquanto parte da renda nacional) dos habitantes de um país, não se confundindo com "poder aquisitivo de certa pessoa" (o segurado) – aparece com este sentido por 1 vez no artigo 201, II.[12]

d) o de *remuneração de títulos públicos* – aparece com este sentido por 1 vez no artigo 151, II.

e) como *base tributável* (presente na expressão "imposto sobre a renda e proventos de qualquer natureza") – aparece com este sentido por 5 vezes nos artigos – 153, III; 157, I, 158, I; 159, I; 159, § 1º.

f) com o sentido que pode ser equivalente ao de *base tributável* ou que pode ser o de *somatório de remunerações e ganhos* (de *rendimentos*) – é usado isoladamente (sem estar contido na expressão "imposto sobre a renda e proventos de qualquer natureza") no (sub)contexto do Sistema Tributário Nacional da Constituição em outras 6 oportunidades (artigos: 150, VI, a, c, § 2º, § 3º, § 4º; 153, § 2º, II).

O texto da Constituição Brasileira de 1988 sofreu inúmeras alterações até o final do ano de 2001. Foram ao todo 35 Emendas Constitucionais e 6 Emendas Constitucionais de Revisão. Levando-se em conta tais alterações, a palavra "renda" (no plural ou no singular) apareceu nas seguintes condições:

---

11 Daqueles dispositivos citados, dois tiveram sua revogação prevista, são eles: o inciso II do § 2º do art. 153 – de acordo com a redação da Emenda Constitucional nº 20/98; e o inciso II do art. 201 – de acordo com a redação da Emenda Constitucional nº 20/98.

12 Neste ponto, discorda-se da assertiva de Roberto Quiroga Mosquera, que se refere ao inciso II do art. 201 como se a acepção utilizada fosse a de "renda nacional, regional ou *per capita*" (pelo contexto, a de renda *per capita*). *Idem*, pp. 51-52.

a) com o sentido de *poder aquisitivo de certa pessoa*, capacidade de um indivíduo adquirir bens ou serviços; conceito que, conforme visto anteriormente, não se confunde com o de renda *per capita* – no inciso XII do art. 7º e inciso IV do art. 201, ambos com redação conferida pela EC 20/98.
b) com o sentido de *base tributável* (presente na expressão "imposto sobre a renda e proventos de qualquer natureza") – no inciso I do art. 72 (EC Revisão 1/94); no inciso II do art. 72 (ECR 1/94 e com a atual redação conferida pela EC 10/96); no inciso V do art. 72 (ECR 1/94, com a redação conferida pela EC 10/96 e com a atual redação conferida pela EC 17/97); no § 5º do art. 72 (ECR 1/94 e com a atual redação conferida pela EC 10/96); e no inciso II do § 5º do art. 72 (revogado pela EC 10/96); todos do ADCT.
c) com o sentido que pode ser equivalente ao de *base tributável* ou que pode ser o de *somatório de remunerações e ganhos* (de *rendimentos*) – é usado isoladamente (sem estar contido na expressão "imposto sobre a renda e proventos de qualquer natureza") – no art. 79 do ADCT (EC 31/2000).

SEGUNDO – Vocábulo "PROVENTOS"

O termo "proventos" (que só é utilizado no plural) aparece no texto da Constituição Original 16 vezes (artigos: 40, I, II, III, a, b, c, d, § 4º, § 5º; 93, VI; 151, II; 153, III; 157, I; 158, I; 159, I, § 1º; 201, § 6º). [13]

Há ambiguidade por polissemia referente à utilização do vocábulo "proventos" no texto constitucional. Esse termo é utilizado em 2 sentidos, quais sejam:

a) de *remuneração relativa à aposentadoria* – nos artigos – 40, I, II, III, a, b, c, d, § 4º, § 5º; 93, VI; 151, II; 153, III; 201, § 6º.
b) como *base tributável* (presente na expressão "imposto sobre a renda e proventos de qualquer natureza") – nos artigos – 153, III; 157, I; 158, I; 159, I, § 1º.

Levando-se em conta as diversas alterações no texto constitucional, a palavra "proventos" apareceu nas seguintes condições:

a) com a acepção de *remuneração relativa à aposentadoria* – nos artigos: 37, XI (com redação conferida pela EC 19/98); 37, § 10; 40, § 1º, I, II, III, b, § 2º, § 3º; § 7º, § 8º, § 11; 201, § 6º (todos com redação conferida pela EC 20 98); 100, § 1º-A (com redação conferida pela EC 30/2000); e no ADCT, nos artigos 17, 20, 53, V.
b) com a acepção de *remuneração relativa à aposentadoria e pensões* – no artigo 249 (com redação conferida pela EC 20 98).
c) com a acepção de *base tributável* (presente na expressão "imposto sobre a renda e proventos de qualquer natureza") – no inciso I do art. 72 (EC Revisão 1/94); no inciso II do art. 72 (ECR 1/94 e com a atual redação conferida pela

13 Dos dispositivos citados, os seguintes artigos tiveram sua redação alterada segundo a EC 20/98: 40, I, II, III, a, b, c, d, § 4º, § 5º; 93, VI; e 201, § 6º.

EC 10/96); no inciso V do art. 72 (ECR 1/94, com a redação conferida pela EC 10/96 e com a atual redação conferida pela EC 17/97); no § 5º do art. 72 (ECR 1/94 e com a atual redação conferida pela EC 10/96); e no inciso II do § 5º do art. 72 (revogado pela EC 10/96); todos do ADCT.

TERCEIRO – Vocábulo "RENDIMENTO"

O termo "rendimento" (expresso tanto no singular quanto no plural) aparece no texto da Constituição Original 10 vezes (artigos: 145, § 1º; 150, II; 153, § 2º, II; 155, II; 157, I; 158, I; 201, § 5º; 217, II; 239, § 3º; e no ADCT – art. 53, II).

Também há ambiguidade por polissemia referente à utilização do vocábulo "rendimento" no texto constitucional original. Ele é utilizado em 2 sentidos diversos, quais sejam:

a) de *remuneração ou ganho* – artigos – 145, § 1º; 150, II; 153, § 2º, II; 155, II; 157, I; 158, I; 201, § 5º; 239, § 3º; e no ADCT – art. 53, II;

b) de *eficiência* ou de *índice técnico* referente a determinada espécie de desporto – art. 217, II.

Considerando as diversas alterações no texto constitucional, a palavra "rendimento" (no plural ou no singular) apareceu nas seguintes condições:

a) sempre com o significado de *remuneração ou ganho* – artigos – 195, I, a (com a redação conferida pela EC 20/98); 201, § 2º (com a redação conferida pela EC 20/98); e no ADCT, art. 81 e § 1º (com a redação conferida pela EC 31/2000).

SÍNTESE

Uma vez examinadas as diferentes acepções dos vocábulos "renda", "proventos" e "rendimento" (e "rendimentos") no texto da Constituição da República, é mister tecer alguns comentários.

O texto da Constituição produzido pelo próprio Poder Constituinte Originário, em função de ser isento de quaisquer inconstitucionalidades provenientes de emendas constitucionais, assume papel preeminente no sistema jurídico brasileiro. Analisar esse texto é o primeiro passo a ser seguido no sentido da construção dos conceitos constitucionais, em especial o de *renda* como base tributável (sentido amplo).

Está patente que a Constituição Originária já apresenta ambiguidades por polissemia referente à utilização dos vocábulos "renda", "proventos" e "rendimento". Tal fato acaba por dificultar a definição dos respectivos conceitos. A consideração do contexto constitucional é o procedimento recomendado para afastar esse tipo de ruído do processo de construção de sentido.

Entretanto, esse procedimento (consideração do contexto constitucional), apesar de ser útil e relevante para afastar as ambiguidades por polissemia e avançar no processo de construção de sentido, não é suficiente para superar o problema da ***imprecisão do conceito*** *renda e proventos de qualquer natureza* como base tributável, que, por certo, é um relevante obstáculo a ser superado a fim de que finalmente seja construída a respectiva definição[14].

Ressalta-se que, mesmo para construir, de forma superficial e preliminar, os diferentes sentidos dos vocábulos "renda", "proventos" e "rendimento", foi preciso adotar certos (pré)conceitos de outros distintos objetos, estranhos ou não à matéria tributária, que acaso se pretendesse desenvolver um processo de construção de sentido de forma mais minuciosa, ter-se-iam outras tantas dificuldades.

O complexo processo que conduzirá à construção do sentido da expressão "renda e proventos de qualquer natureza" como base material de incidência do imposto de competência da União Federal (art. 153, III – CRFB) será demonstrado no próximo item deste capítulo.

3. A DEFINIÇÃO DO CONCEITO CONSTITUCIONAL DE "RENDA E PROVENTOS DE QUALQUER NATUREZA" COMO BASE TRIBUTÁVEL

A questão fundamental a ser respondida nesse ponto é a seguinte: como é possível, a partir do texto constitucional, construir a definição do conceito "renda e proventos de qualquer natureza" como base tributável?

É preciso, de modo preliminar, reafirmar o que se disse anteriormente: muitas definições do conceito constitucional "renda e proventos de qualquer natureza" como base tributável já foram construídas (algumas, inclusive, foram expostas e analisadas no Capítulo III), contudo, o que se pretende demonstrar é a efetiva possibilidade, e mais, a necessidade de se construir uma definição que se caracterize pela coerência, sem desprezar os valores mais elevados do sistema jurídico brasileiro.

A construção dessa definição coerente suscita o rigoroso respeito às premissas adotadas ao longo do presente discurso. Nessa linha, convém retomar dez relevantes premissas que informarão a construção do sentido do conceito "renda e proventos de qualquer natureza" como base tributável:

uma – o conjunto de normas jurídicas construídas a partir da Constituição da República Originária (não a derivada) é a norma-origem do Direito Positivo Brasileiro – premissa fundamental;

duas – a Constituição da República veicula tanto normas de produção normativa quanto normas de conduta;

três – as unidades do sistema jurídico são as normas jurídicas; os denominados princípios jurídicos estão contidos no antecedente ou no consequente das normas jurídicas;

14 Roberto Quiroga Mosquera desenvolveu um acurado estudo (*op. cit.*), com destaque para o exame do contexto constitucional, a fim de alcançar a definição do conceito constitucional de *Renda* tributável (ver subitem 2.6 do Capítulo III).

quatro – os princípios jurídicos gerais e os tributários que estão contidos em normas constitucionais de produção normativa apresentam uma elevada importância no processo de construção das normas tributárias, em especial, da norma do imposto sobre a renda e proventos de qualquer natureza;

cinco – as imunidades, que estão contidas no antecedente de normas constitucionais de produção normativa (as que informam a produção de normas tributárias), representam fundamentos constitucionais de validade para as normas tributárias, em especial para a norma do imposto sobre a renda e proventos de qualquer natureza;

seis – os termos "renda" e "proventos" são usados de forma ambígua na Constituição da República;

sete – a Constituição da República institui um rígido sistema de repartição da competência tributária entre as Pessoas Constitucionais, no qual se vislumbram três espécies de competência relativas aos impostos – a *ordinária discriminada* (denominada "privativa"), a *ordinária não discriminada* (denominada "residual") e a *extraordinária*;

oito – o sistema constitucional de competência tributária referente aos impostos tem como ponto de sustentação a *competência tributária ordinária discriminada*, a qual se caracteriza por determinar as diferentes situações de fato que, em condições normais (ordinárias), poderão ser constituídas, de forma privativa, com exclusividade, em critério material do antecedente ("fato gerador") e em parte do critério material do consequente ("base de cálculo") das respectivas normas impositivas de imposto por cada uma das Pessoas Constitucionais;

nove – o fato de se poder considerar que a expressão *"renda e proventos de qualquer natureza" como base tributável* representa um *conceito indeterminado* (como ocorre com a maior parte dos conceitos) não implica reconhecer que se trata de um conceito vazio, sem sentido, sem limites máximos, nem permite deduzir que o legislador infraconstitucional possui total liberdade para definir aquele conceito, pois se existe um conceito, há características definitórias que informam seus limites, que permitem identificá-lo e diferençá-lo de outros conceitos.

dez – é imprescindível considerar que a Constituição, ao descrever aquelas "situações de fato" que conformam a *competência ordinária discriminada*, assume que elas possuem um *conceito* que apresenta limites máximos (os quais, p. ex., permitem não confundir o fato "renda e proventos de qualquer natureza" com o fato "propriedade territorial rural", ou com o fato "propriedade de veículos automotores", ou com o fato "serviços de qualquer natureza"); se assim não fosse, o sistema de repartição constitucional de competência tributária concernente aos impostos (bem como a própria Constituição) seria um nada jurídico, o que representaria um absurdo, sendo certo que interpretações absurdas devem ser veementemente repudiadas.

É fundamental reiterar que a Constituição da República se apresenta em forma de texto, que, por sua vez, é composto por palavras. As palavras são signos simbólicos que exprimem um significado. As palavras são a expressão verbal de conceitos.[15] Portanto, para que seja possível considerar que a Constituição da República apresenta um texto com algum sentido, é necessário compreender que as palavras que o integram representam conceitos, os quais apresentam limites máximos. Em outros termos, a consideração de que a Constituição da República veicula conceitos com limites máximos é pressuposto necessário para a existência de um sistema com sentido; um sistema que não seja um nada jurídico.

Retomadas essas ideias, volta-se à questão central desse ponto: como é possível, a partir do texto constitucional, construir a definição do conceito "renda e proventos de qualquer natureza" como base tributável?

O texto constitucional não costuma apresentar definições dos conceitos por ele veiculados.[16] Se a Constituição é a norma fundamental do Direito Positivo Brasileiro, e se ela não apresenta a definição de seus conceitos (ou pelo menos da maior parte deles), como construir a definição de "renda e proventos de qualquer natureza" como base tributável?

O processo de construção de sentido do conceito constitucional "renda e proventos de qualquer natureza" pode ser mais bem compreendido pelo que será adiante desenvolvido.

De uma forma simplificada, é possível considerar que o processo inicial de aquisição de conhecimento por parte do ser humano realiza-se de dois modos básicos: ou existe uma pessoa que "conhece" a realidade e exerce a função de transmissor de conhecimento para outra pessoa ou, se não existe alguém para transmitir conhecimento, a pessoa tem que demarcar o mundo por conta própria. Nos dias atuais, o procedimento mais comum é o de um grupo social (pais, demais membros da família, amigos, professores etc.) transmitir para alguém recém chegado (p. ex., uma criança) as informações sobre a maneira pela qual o grupo demarca, constitui e atribui nomes aos objetos do mundo (conhecimento). Daí a importância de se perquirir o modo pelo qual o objeto "renda como base tributável" vem, ao longo do tempo, sendo concebido pela comunidade, em especial a jurídica.[17]

As atividades de demarcação, constituição e atribuição de nomes aos objetos demandam a eleição de certas características definitórias que vão permitir identificar um objeto e diferençá-lo dos demais. Quem vive em sociedade aprende: como essa mesma sociedade demarca e constitui o universo circundante; que características definitórias a sociedade elege para identificar um objeto individual ou uma classe de objetos; e que nomes ela atribui para designar um objeto individual ou

15 Sobre essas definições, ver subitem 2.2 do Capítulo I.

16 Cabe lembrar que *conceito* é uma representação mental de um objeto; é a ideia geral ou noção de um objeto. E que *definição* é a operação mental em que se demarca o âmbito de um conceito. Também se diz que *definição* é o produto da enunciação (exteriorização por meio de linguagem) dessa operação mental de demarcação de um conceito (subitem 2.2 do Capítulo I). Foi nesse segundo sentido que se empregou o termo "definições" nessa passagem.

17 Daí a grande importância daquele apanhado teórico de mais de 200 anos (1775 a 1998) sobre o conceito de *renda* (sentido amplo) como base tributável realizado no Capítulo III.

uma classe de objetos. E mais, o ser humano utiliza-se da linguagem como instrumento ideal para se comunicar e acelerar o processo de aquisição e transmissão do conhecimento. Em resumidas palavras, é dessa forma que, normalmente, o ser humano aprende a demarcar, constituir e dar nomes aos objetos do mundo. Ou seja, é assim que ele aprende a definir os conceitos dos objetos e das classes de objetos.[18]

Esse processo de aquisição e transmissão do conhecimento é comum a todos os objetos, sejam os da natureza, sejam os culturais. E é exatamente esse processo que deverá ser seguido para construir a definição do conceito constitucional "renda e proventos de qualquer natureza". A expressão "renda e proventos de qualquer natureza" pôde ser usada pelos constituintes originários pelo fato de já possuir um sentido, já revelar um conceito. Todas as palavras que integram a Constituição Brasileira expressam verbalmente um conceito. Se a Constituição deixa de definir (no sentido de exteriorizar por meio de linguagem a demarcação do conceito) o conceito "renda e proventos de qualquer natureza", isso não significa que tal conceito inexiste, nem que se trata de uma expressão vazia de sentido. O essencial é levar a termo a atividade de interpretação, o processo de construção de sentido.

Mas, se a Constituição não define (não exterioriza por meio de linguagem a demarcação do conceito), retorna-se à questão fundamental: como é possível, a partir do texto constitucional, construir a definição do conceito "renda e proventos de qualquer natureza" como base tributável?

Ao que parece, a resposta deve ser construída mediante a adoção do seguinte método:

a) em primeiro lugar, há que se investigar o contexto em que a expressão "renda e proventos de qualquer natureza" se encontra utilizada na Constituição. Como se viu, essa é uma forma adequada para tentar afastar os problemas relativos à ambiguidade por polissemia;

b) em segundo lugar, deve-se perquirir, numa perspectiva pré-constitucional, quais eram os limites máximos que a comunidade estabelecia para esse conceito. O que precisa ser investigado é o limite máximo que o conceito "renda e proventos de qualquer natureza" possuía, para fins de base de incidência de tributação por meio de imposto, no plano meramente teórico. Para tanto, é preciso não se limitar a quaisquer realidades jurídicas específicas (seja a inaugurada pela Constituição vigente seja a decorrente de qual-

---

18 Esse processo de construção da realidade foi desenvolvido no subitem 2.2 do Capítulo I, sendo retomadas nesse momento apenas as noções principais. Não se tratou, por extrapolar o que se pretendeu aqui focalizar, de outro aspecto pertinente ao processo de aquisição de conhecimento, qual seja, o processo de criação, de descoberta, de novos conceitos, independentemente de uma específica transmissão.

quer Constituição anterior), e buscar nos discursos teóricos sobre o tema as características definitórias que possibilitam a construção de uma definição pré-jurídico-positiva suficientemente ampla para compreender as diferentes concepções existentes; e

c) em terceiro lugar, tomando essa definição teórica extremamente ampla apenas como ponto de partida, é preciso combiná-la com todos os enunciados prescritivos originais da Constituição da República de 1988, a fim de construir (definir) um conceito amplo de "renda e proventos de qualquer natureza" como base tributável que seja o resultado da reunião de todos os valores constitucionalmente positivados.

Cada uma dessas etapas será explicitada de forma minuciosa logo à frente. Alerta-se, desde já, que esse procedimento (aplicável a todos os conceitos constitucionais) possibilitará uma melhor compreensão desse complexo fenômeno interpretativo, em que, a partir de *palavras* (signos simbólicos), chega-se a *conceitos*. É oportuno lembrar a lição de BOBBIO: "interpretar significa remontar do signo (*signum*) à coisa significada (*designatum*), isto é, compreender o significado do signo, individualizando a coisa por este indicada".[19]

1ª ETAPA

O primeiro passo a ser dado é o da consideração do contexto em que a expressão "renda e proventos de qualquer natureza" está utilizada na Constituição. Como se teve oportunidade de examinar, os termos "renda" e "proventos" são usados de forma isolada na Constituição com acepções diferentes das que eles possuem quando aparecem em conjunto na locução "renda e proventos de qualquer natureza". Essa expressão designa uma determinada espécie de imposto. Logo, a definição a ser construída tem que estar relacionada com as disposições constitucionais sobre tributos, mais especificamente, sobre impostos e, mais especificamente ainda, sobre o *imposto sobre a renda e proventos de qualquer natureza*. Todas as demais acepções que estejam fora desse campo semântico devem ser desprezadas.

2ª ETAPA

O segundo passo a ser dado é o da investigação dos limites máximos do conceito "renda e proventos de qualquer natureza" (como base tributável) segundo as diferentes concepções teóricas sobre o tema, não se limitando a qualquer re-

19 Norberto Bobbio, *O Positivismo Jurídico – lições de filosofia do direito*, p. 212. Convém aduzir que esse método proposto não colide, mas ao contrario, se harmoniza, com o que se disse acerca das três diferentes dimensões da linguagem do Direito Positivo: a dos suportes materiais, a das significações dos suportes materiais e a da ordenação das significações dos suportes materiais sob a forma lógico-estrutural das normas jurídicas (subitem 2.3 do Capítulo I).

alidade jurídica específica (seja a inaugurada pela Constituição de 1988, seja a decorrente de qualquer Constituição anterior).

A realidade jurídica inaugurada pela Constituição de 1988 somente poderá ser objeto de consideração na 3ª etapa, isto é, apenas depois de serem fixados, de forma preliminar e pré-jurídico-positiva, os conceitos constitucionais (2ª etapa). Em termos lógicos, a determinação dos conceitos constitucionais precede a construção das normas constitucionais. E, somente depois de construir as normas constitucionais, é que será possível construir o restante do sistema jurídico. Por isso, se disse que é preciso não se limitar a qualquer realidade jurídica específica, inclusive a inaugurada pela nova Constituição.

Por seu turno, a não limitação ao que prescreviam a Constituição revogada e a legislação infraconstitucional referente ao *imposto sobre a renda e proventos de qualquer natureza* vigente antes da Constituição de 1988 é medida indispensável para uma coerente construção do conceito constitucional "renda e proventos de qualquer natureza", como se demonstra a seguir:

a - se a premissa fundamental que informa a construção do sistema jurídico brasileiro é a de que "o conjunto de normas jurídicas construídas a partir da Constituição da República Originária (não a derivada) é a norma-origem do Direito Positivo Brasileiro";

b - se o conjunto das normas constitucionais é o fundamento de validade de todas as demais normas do sistema;

c - se apenas as normas que estejam de acordo com o previsto na nova Constituição são recepcionadas;

d - se para determinar as normas que foram recepcionadas pela nova Constituição é preciso que anteriormente sejam construídas as normas constitucionais, que por sua vez dependem da prévia construção dos conceitos constitucionais;

e - então, é logicamente inadmissível que se interprete a nova Constituição (que inaugura e fundamenta um novo sistema jurídico) segundo a Constituição revogada ou segundo a legislação infraconstitucional recepcionada ou produzida de acordo com a Constituição revogada.

A nova Constituição, por fundar um novo sistema, por instaurar uma nova realidade jurídica, requer que novos conceitos sejam construídos. Um exemplo parece evidenciar bem essa necessidade. É sabido que, antes de a Constituição de 1988 entrar em vigor, já havia uma definição no art. 43 do CTN dos termos *renda* (inciso I) e *proventos de qualquer natureza* (inciso II). Considerando esse fato, dois entendimentos poderiam surgir:

um - a Constituição de 1988, por ter adotado o nome "imposto sobre a renda e proventos de qualquer natureza", que já havia sido adotado na Constituição de 1946 (a qual vigia quando do advento do CTN) e também na de 1967, acabou por conferir status constitucional àquela definição do CTN. Por conseguinte, a Constituição não apenas recepcionou a definição do CTN, mas adotou-a como se fosse a própria definição constitucional;

dois – a Constituição de 1988, apesar de ter adotado o nome "imposto sobre a renda e proventos de qualquer natureza", que vem sendo adotado desde a Constituição de 1934, requer, em função de ela ter instaurado uma nova realidade jurídica, que o conceito "renda e proventos de qualquer natureza" seja (re)construído, sem quaisquer limitações que possam decorrer da legislação vigente antes ou depois dela (Constituição de 1988).

O primeiro entendimento contém um raciocínio conflitante. Como é possível sustentar que a Constituição recepcionou a definição contida no art. 43 do CTN sem antes considerar um certo *conceito constitucional* que permita concluir pela ocorrência de sua recepção? Ora, o raciocínio deve ser inverso. Primeiramente, é mister verificar qual é o conceito constitucional. Em seguida, deve-se construir a correspondente norma constitucional. E, finalmente, investigar-se a ocorrência ou não do denominado *fenômeno da recepção*.

A partir do ensinamento de KELSEN,[20] atesta-se a necessidade de, primeiramente, se construir a nova Constituição (novos conceitos e normas constitucionais), a qual "representa o escalão de Direito positivo mais elevado", para depois cogitar do fenômeno da recepção. KELSEN, ao lecionar que a Constituição "representa o escalão de Direito positivo mais elevado", deixa claro que ela surge como o novo e máximo fundamento de validade do sistema normativo e, portanto, é a nova Constituição que informará quais normas antigas serão recepcionadas. Em suas palavras:

"Uma grande parte das leis promulgadas sob a antiga Constituição permanece, como se costuma dizer, em vigor. No entanto, esta expressão não é acertada. Se estas leis devem ser consideradas como estando em vigor sob a nova Constituição, isto somente é possível porque foram postas em vigor sob a nova Constituição, expressa ou implicitamente, pelo governo revolucionário. O que existe, não é uma criação de Direito inteiramente nova, mas recepção de normas de uma ordem jurídica por uma outra; ... Com efeito, o imediato fundamento de validade das normas jurídicas recebidas sob a nova Constituição, revolucionariamente estabelecida, já não pode ser a antiga Constituição, que foi anulada, mas apenas o pode ser a nova."[21]

BOBBIO assim se manifesta sobre o fenômeno da recepção: "por recepção, entende-se o procedimento pelo qual um ordenamento incorpora no próprio sistema a disciplina normativa de uma dada matéria assim como foi estabelecida num

---

20 Hans Kelsen, *Teoria pura do direito*, pp. 240 e 224.

21 Nesse mesmo sentido: J.J. Gomes Canotilho, *Direito constitucional*, pp. 140 e segs.; Luís Roberto Barroso, *Interpretação e aplicação da Constituição*, pp. 54 e segs.; José Afonso da Silva, *Aplicabilidade das normas constitucionais*, pp. 216 e segs.; Celso Ribeiro Bastos, *Curso de direito constitucional*, pp. 113 e segs. etc.

outro ordenamento". E complementa essa ideia, ao esclarecer que "a recepção é um ato jurídico com o qual um ordenamento acolhe e torna suas as normas de outro ordenamento, onde tais normas permanecem materialmente iguais, mas não são as mesmas com respeito à forma."[22]

Em rigor, o fenômeno da recepção não parece implicar a simples absorção de normas anteriores. Também não parece certo dizer que pela recepção as normas anteriores "permanecem materialmente iguais". A nova Constituição representa um novo e fundamental conjunto normativo, que é composto e informado por novos conceitos e por novos valores. Assim, quando se diz que normas antigas são recepcionadas, isso designa um processo um pouco mais complexo. O intérprete, a partir de enunciados prescritivos já existentes anteriormente (leis, decretos etc.), (re)constrói as (novas) normas jurídicas, agora atendendo o disposto pela nova realidade constitucional. Esse modo de compreender o fenômeno da recepção reforça a necessidade de, preliminarmente, serem construídos os conceitos e as normas constitucionais, para somente depois cogitar da *recepção*.[23]

Há mais um importante aspecto que demonstra a incorreção do primeiro entendimento. Considerar que a definição de um conceito constitucional deve ser buscada em legislação infraconstitucional anterior (art. 43 do CTN) implica a defesa de uma absurda regra interpretativa, qual seja: a Constituição deve ser interpretada segundo a legislação infraconstitucional anterior. Isso contraria o primado fundamental já por diversas vezes repetido: *a Constituição, por veicular as normas de máxima hierarquia do sistema, inaugura uma nova realidade normativa – Princípio da Supremacia da Constituição*. Além disso, coloca às avessas o consequente *Princípio da interpretação das leis conforme a Constituição*. Como bem leciona CANOTILHO: "teríamos, assim, a *legalidade da constituição* a sobrepor-se à *constitucionalidade da lei*."[24]

Outro ponto contribui para a rejeição do primeiro entendimento. A Constituição de 1988 dispõe expressamente que compete à lei complementar es-

---

22 Norberto Bobbio, *Teoria do ordenamento jurídico*, pp. 169 e 177, respectivamente.

23 José Afonso da Silva, ao tratar desse fenômeno, afirma que "não se trata de mera recepção fria e passiva, porque, em verdade, como se disse acima, há uma recriação, uma revivificação" (*Aplicabilidade das normas constitucionais*, p. 219). Luís Roberto Barroso também destaca esse entendimento: "É preciso atentar, aqui, que, embora o texto da norma recepcionada permaneça o mesmo, poderá ela merecer uma leitura e interpretação diversas quando o novo ordenamento esteja pautado por princípios e fins distintos do anterior" (*Interpretação e aplicação da Constituição*, pp. 66 e segs.). Do mesmo modo, posiciona-se Jorge Miranda, que prefere o termo *novação* ao termo *recepção*: "As normas legais e regulamentares vigentes à data da entrada em vigor da nova Constituição têm de ser reinterpretadas em face desta e apenas subsistem se conformes com as suas normas e os princípios" (*Manual de direito constitucional*, tomo 2, p. 243).

24 J.J. Gomes Canotilho, *Direito constitucional*, p. 243.

tabelecer a definição dos fatos geradores e das bases de cálculo dos impostos discriminados na Constituição (art. 146, III, a). O *imposto sobre a renda e proventos de qualquer natureza* é um dos impostos discriminados na Constituição (art. 153, III). Se fosse adotado o primeiro entendimento, aquele dispositivo constitucional (art. 146, III, a) perderia sentido, pois a Constituição já teria adotado a definição do art. 43 do CTN (que foi produzido sob a égide da Constituição de 1946, com a alteração da Emenda 18/65) como se fosse a própria definição constitucional.

Se não bastasse tudo isso que foi dito, mais outro ponto contribui para a desaprovação do primeiro entendimento. Suponha-se que diferentes pessoas admitam, em princípio, a linha de raciocínio concernente ao primeiro entendimento – *a Constituição de 1988, por ter adotado o nome "imposto sobre a renda e proventos de qualquer natureza", que já havia sido adotado na Constituição de 1946 (a qual vigia quando do advento do CTN) e também na de 1967, acabou por conferir status constitucional àquela definição do CTN*. Porém, todas têm a preocupação de aprofundar a investigação da origem daquele conceito constitucional. Uma delas poderia observar: quando o CTN foi produzido, vigia o regime constitucional de 1946, que no âmbito tributário, foi totalmente afetado pela Emenda Constitucional nº 18/65 (art. 8º, II), a qual já mencionava a expressão "renda e proventos de qualquer natureza". Assim, o conceito constitucional deveria ser buscado na legislação infraconstitucional que vigia antes de a Emenda 18/65 entrar em vigor. Entretanto, uma segunda pessoa resolve ir mais além e adverte que, pelo fato de o texto original da Constituição de 1946 já se referir à expressão "renda e proventos de qualquer natureza" (art. 15, IV), o correto seria investigar a definição infraconstitucional vigente antes do advento da Carta de 1946. Todavia, uma terceira pessoa poderia, com razão, ir mais além ainda e ressaltar que a Constituição de 1934 (art. 6º, I, c) já fazia (e pela primeira vez no plano constitucional brasileiro) alusão àquela expressão, pelo que se deveria investigar qual era a definição infraconstitucional vigente antes de a Constituição de 1934 entrar em vigor. Outras pessoas, seguindo o mesmo procedimento, poderiam pretender buscar o fundamento para a "correta" definição numa realidade jurídica cada vez mais distante.

Se tal entendimento prevalecesse, o intérprete seria conduzido a uma jornada que não teria fim em busca da "primeira definição recepcionada", o que, além de ser um absurdo, afronta a máxima defendida de longa data pelos maiores teóricos do Direito do século XX, até hoje repetida: *a construção de um sistema jurídico depende do estabelecimento de um ponto de partida, que servirá de fundamento para a construção de todas as normas do sistema; costuma-se denominar Constituição a norma que representa o ponto de partida do Direito Positivo de um determinado país.*[25]

25 Norberto Bobbio pontifica, no prefácio de seu livro *Teoría general del derecho*, que as obras de Hans Kelsen (a segunda edição da *Teoria pura do direito* – 1960), de Herbert L. A. Hart (*O conceito de direito* – 1961) e de Alf Ross (*Direito e Justiça* – 1958) foram decisivas "para o desenvolvimento e formação da teoria geral do direito". Pois Kelsen, Hart e Ross, apesar de terem elaborado diferentes concepções teóricas, concordam num ponto: para que seja possível

O segundo posicionamento – *o de que a Constituição de 1988, apesar de ter adotado o nome "imposto sobre a renda e proventos de qualquer natureza", que vem sendo adotado desde a Constituição de 1934, requer, em função de ela ter instaurado uma nova realidade jurídica, que o conceito "renda e proventos de qualquer natureza" seja (re) construído, sem quaisquer limitações que possam decorrer da legislação vigente antes ou depois dela – a Constituição de 1988* – parece ser realmente o mais adequado.

Esse procedimento se impõe por ser:

a) resultado lógico e necessário da premissa fundamental do sistema jurídico brasileiro, denominada *Princípio da Supremacia da Constituição*, só cabendo falar no fenômeno da *recepção* após ser construída a nova realidade constitucional;

b) resultado lógico e necessário do *Princípio da Interpretação das leis em conformidade com a Constituição* (nunca o inverso, sob pena de acarretar uma flagrante inversão de valores);

c) a interpretação que respeita e confere sentido para o prescrito pela Constituição de 1988 em seu art. 146, III, "a".

Como se teve oportunidade de dizer, o conceito constitucional *renda e proventos de qualquer natureza* representa o limite máximo para o legislador complementar; este, ao definir tal conceito, pode adotar os limites máximos do conceito constitucional ou construir um conceito menos extenso, porém nunca construir um conceito mais amplo, sob pena de flagrante inconstitucionalidade (falta de fundamento constitucional de validade).[26]

Assim, de acordo com esse segundo entendimento, é necessário que: (i) preliminarmente, se definam os conceitos da nova Constituição; (ii) em seguida, com base nesses conceitos, se construam as normas da nova Constituição; (iii) para que, finalmente, seja possível determinar as normas do sistema anterior que foram recepcionadas.

Superado esse dilema de cunho metodológico, torna-se imperioso investigar os limites máximos do conceito "renda e proventos de qualquer natureza" (como base tributável) segundo as diferentes concepções teóricas sobre o tema, não se limitando a qualquer realidade jurídica específica (seja a inaugurada pela Constituição vigente, seja a decorrente de qualquer Constituição anterior).

Anteriormente (Capítulo III), foram examinadas 51 teorias sobre o conceito *renda* (sentido amplo), sendo que a primeira adveio em 1775 e a mais recente, em 1998. Trata-se de um material teórico relevante por várias razões, entre as quais se destacam: a) a reconhecida qualidade dos autores e dos trabalhos analisados; b) a

construir um sistema jurídico é necessário firmar um ponto de partida – a *norma fundamental* para Kelsen, a *última regra de reconhecimento* de Hart e a *norma superior pressuposta* de Ross.

26 Essa relação entre as normas *constitucionais de produção normativa relativas ao IR*, a norma *complementar de produção normativa relativa ao IR* e a norma *ordinária do IR* foi tratada no item 1 e subitens 1.1 e 1.2 do Capítulo II.

grande variedade de perspectivas acerca do conceito *renda*; e, especialmente, c) o longo período de experiência e de maturação (mais de 200 anos) das discussões sobre esse conceito, tanto no plano jurídico quanto no econômico, que representa um importante indicador do modo pelo qual esse conceito vem sendo concebido e utilizado pela comunidade nacional e estrangeira (dimensão semântico-pragmática).

A partir da análise dessas 51 teorias sobre o conceito *renda* (em sentido amplo), ficou evidenciado que:

i – desde que sejam superadas certas peculiaridades que envolvem as teses de alguns autores, pode-se dizer que existem três grandes correntes teóricas (de índole jurídica ou econômica) – a da *renda-produto*, a da *renda-acréscimo patrimonial* e a *legalista*;

ii – a *teoria legalista*, em sua versão mais pura ou estrita, por negar a existência de um conceito constitucional de renda, não demanda outros comentários além dos já realizados;

iii – a *teoria legalista*, em sua versão mais ampla ou "moderada", acaba por se confundir com uma das variantes da *teoria da renda-produto* ou da *teoria da renda acréscimo*;

iv – a *teoria da renda-produto* também pode ser considerada sob duas perspectivas – uma mais pura ou estrita e outra mais ampla;

v – a *teoria da renda-produto* em sentido amplo acaba por se confundir com uma das variáveis da *teoria da renda-acréscimo patrimonial*; e a *teoria da renda-produto* mais pura ou estrita, por estabelecer um número maior de características definitórias, produz uma definição menos ampla que a elaborada pela *teoria da renda-acréscimo patrimonial*;

vi – a *teoria da renda-acréscimo patrimonial*, apesar de também apresentar variações, é a que congrega as definições de âmbito mais amplo.

Duas observações relativas a essas teorias devem ser repisadas.

A primeira refere-se à circunstância de elas nem sempre estabelecerem uma clara distinção entre os termos *renda* e *rendimento*, mesmo reconhecendo (ainda que implicitamente) o fato de existirem dois conceitos inconfundíveis: a) a aquisição de um novo direito subjetivo patrimonial, que se realiza em certo instante e que decorre de um determinado fato jurídico;[27] e b) o acréscimo de riqueza que alguém obtém em determinado período de tempo, o qual é o resultado positivo da combinação de certos fatos que informam o acréscimo ou o decréscimo de valor de um dado patrimônio.[28]

27 Repita-se que há quem inclua no conceito de "rendimento" um simples acréscimo de valor de um direito (um bem), o qual não necessariamente seria provocado por (efeito jurídico de) um fato jurídico.

28 A tradição brasileira é a de denominar o primeiro conceito (a) de "rendimento" e o segundo (b) de "Renda".

A segunda está ligada ao fato de alguns autores sustentarem que a corrente teórica da *renda-acréscimo patrimonial* estendeu, de forma desarrazoada, o conceito *renda* (acepção ampla), que isso se deu sem qualquer fundamento em teorias econômicas e que a extensão foi motivada por uma preocupação exclusivamente fiscal. Alegam, ainda, que tal corrente é a responsável pela proliferação das *teorias legalistas*.

Em verdade, tais críticas não procedem. Em primeiro lugar, pelo fato de existirem várias teorias econômicas que conferem fundamento para a *teoria da renda--acréscimo patrimonial*. Em segundo, vários partidários dessa corrente justificaram suas posições, argumentando que a *teoria da renda- acréscimo patrimonial* é a que melhor atende os princípios da justiça fiscal e da capacidade contributiva.

Isto posto, considerando (a) que o propósito, nesse momento, é o de formular uma definição suficientemente ampla para compreender as mais diversas concepções teóricas, (b) a análise das 51 teorias sobre o conceito *renda* (em sentido amplo) produzidas ao longo de mais de 200 anos, e (c) que a *teoria da renda-acréscimo patrimonial* é a que estabelece as definições de âmbito mais lato, pode-se construir, de forma preliminar, a seguinte definição ampla para a expressão "renda e proventos de qualquer natureza" como base tributável:

Renda e proventos de qualquer natureza (ou ***renda*** em sentido amplo) é o acréscimo de valor patrimonial, representativo da obtenção de produto, da ocorrência de fluxo de riqueza ou de simples aumento no valor do patrimônio, de natureza material ou imaterial, acumulado ou consumido, que decorre ou não de uma fonte permanente, que decorre ou não de uma fonte produtiva, que não necessariamente está realizado, que não necessariamente está separado, que pode ou não ser periódico ou reprodutível, normalmente líquido, e que pode ser de índole monetária ou em espécie.

A definição formulada apresenta o mesmo conteúdo daquela construída ao final do exame das teorias da renda-acréscimo patrimonial.[29] Isso se justifica pelo fato de essa corrente ser a que constrói a definição mais extensa do conceito *renda* (em acepção ampla).

É mister insistir que essa preliminar (e ainda imprecisa) definição, de âmbito extremamente amplo, decorre de uma investigação da experiência da comunidade científica, sedimentada ao longo de mais de 200 anos, acerca do uso (costume) linguístico do termo *renda* (em acepção lata) ou da expressão "renda e proventos de qualquer natureza", não estando limitada pelo que esse ou aquele sistema jurídico-positivo dispôs a respeito.[30]

29 Ver subitem 2.1.3 do Capítulo III.

30 É últil destacar que o tema atinente aos limites do conceito constitucional de *Renda* foi objeto de apreciação pelo Supremo Tribunal Federal no RE nº 117887-6-SP. Nessa oportunidade, o pleno dessa Corte, por unanimidade, decidiu que esse conceito tem sido apreciado segundo duas diferentes teorias: a da *renda-produto* ou *renda-fluxo*; e a da *renda-acréscimo*. Restou,

3ª ETAPA

Essa definição preliminar e extremamente ampla construída serve somente de ponto de partida para a terceira e última etapa a ser percorrida no sentido da definição do conceito constitucional "renda e proventos de qualquer natureza" como base tributável. Agora, será preciso combinar essa definição preliminar e extremamente ampla com os enunciados prescritivos da Constituição da República de 1988, a fim de construir (definir) o conceito amplo de "renda e proventos de qualquer natureza" como base tributável, que represente o resultado da ponderação dos valores constitucio- nalmente positivados.

Essa compreensão sistemática da Constituição tem como propósito construir não apenas o conceito isolado "renda e proventos de qualquer natureza", mas construí-lo, também, no contexto das *normas constitucionais de produção normativa relativas ao imposto sobre a renda e proventos de qualquer natureza*: seja a norma que estabelece os requisitos para a produção da *norma complementar de produção normativa relativa ao IR*, seja a norma que estabelece os requisitos para a produção da *norma ordinári*a do IR.

Nessa linha, tudo que se disse sobre os Princípios Constitucionai[31]s assume especial importância, pois é preciso combinar todas essas noções com a definição ampla e preliminar anteriormente formulada (2ª etapa) a fim de que seja possível conceber de que forma o conceito "renda e proventos de qualquer natureza" se apresenta nas normas constitucionais de produção normativa relativas ao IR.

Sem ter a pretensão de esgotar o universo dos valores positivados que estão presentes na Constituição e que informam as *normas constitucionais de produção normativa relativas ao IR*, em especial, que informam o conceito "renda e proventos de qualquer natureza" naquelas contido, serão retomados alguns princípios anteriormente examinados, agora concentrando a atenção no que interessa mais diretamente ao subsistema constitucional pertinente ao IR.

Os princípios constitucionais relevantes para a construção do conceito "renda e proventos de qualquer natureza" são os mesmos que afetam os elementos, constitucionalmente referidos, "fato gerador" (com rigor, critério material do an-

---

ainda, estabelecido que aquilo que extrapolar o âmbito dessas definições (isto é, não for um acréscimo patrimonial, representativo da obtenção de produto, da ocorrência de fluxo de riqueza ou de simples aumento no valor do patrimônio – conforme subitens 2.1.2 e 2.1.3 do Capítulo III) não pode ser considerado *Renda*. Esse entendimento reitera o que já fora decidido no RE nº 89791, onde o relator, Min. Cunha Peixoto, assim esclareceu em seu voto: "Na verdade por mais variado que seja o conceito de renda, todos os financistas e juristas se unem em um ponto: renda é sempre um ganho ou acréscimo de patrimônio." Também nessa linha de a *Renda* representar um acréscimo de valor patrimonial: RE nº 71758-GB, RE nº 72014-SP etc.

31 As hipóteses de imunidade não foram referidas pelo fato de elas não conformarem diretamente o conceito "renda e proventos de qualquer natureza", o qual integra os critérios materiais do antecedente e do consequente da norma do IR. As hipótese de imunidade são determinantes para a conformação de outros critérios da norma do IR (p. ex., o critério pessoal, tanto do antecedente quanto do consequente).

tecedente) e "base de cálculo" (a qual está no critério material do consequente) que integram a norma do IR. De um modo mais analítico: o conceito constitucional "renda e proventos de qualquer natureza" integra o antecedente (o aspecto declaração prescritiva) da *norma constitucional de produção normativa* que estabelece os requisitos para a criação da *norma complementar de produção normativa relativa ao IR*; essa *norma constitucional* informará indiretamente (por meio desta *norma complementar*) o critério material do antecedente ("fato gerador") e um dos aspectos do critério material quantitativo do consequente – a base de cálculo – da *norma ordinária do IR*.

Os princípios constitucionais mais determinantes para a construção do conceito "renda e proventos de qualquer natureza" parecem ser: o da Igualdade, o da Universalidade, o da Capacidade Contributiva Objetiva, o da Capacidade Contributiva Subjetiva, o do Mínimo Existencial e o da Vedação da Utilização de Tributo com efeito de Confisco.

O Princípio Constitucional da Igualdade encontra-se presente em toda norma constitucional de produção normativa. Como se teve oportunidade de definir, o ***Princípio Constitucional da Igualdade*** *é o complemento, necessário (sempre presente) e condicionante (pois limita o conteúdo), do aspecto declaração prescritiva do antecedente de toda norma constitucional de produção normativa, portador de elevada carga axiológica, o qual determina que norma jurídica (válida, constitucional) poderá ser produzida, tratando igual ou desigualmente pessoas e coisas, desde que o critério de classificação eleito para igualar ou desigualar e a medida da igualdade ou da desigualdade no tratamento normativo estejam informados pelos valores presentes na Constituição da República, e que tal medida seja direta e* racionalmente proporcional ao critério de classificação eleito.

O Princípio Constitucional da Igualdade, que repugna todas as desigualdades e privilégios odiosos, conforma o conceito "renda e proventos de qualquer natureza", à medida que estabelece como regra, salvo disposição constitucional em contrário, a inclusão nesse conceito de todos os fatos (positivos e negativos) que contribuam para a identificação de acréscimos patrimoniais. Desse modo, fica reforçada a concepção do *patrimônio* como sendo uma universalidade e uma unidade, ou seja, *patrimônio* é o conjunto único (unidade) composto por todos (universalidade) os direitos subjetivos e de todos os deveres jurídicos avaliáveis em moeda (direitos e obrigações patrimoniais). Cogitar de *pseudodiferentes patrimônios* (ao menos em matéria relativa ao IR) importaria fomentar possíveis desigualdades sem qualquer fundamento constitucional, o que evidentemente caracterizaria flagrante hipótese de inconstitucionalidade.

Isso que foi dito tem relação com outro princípio, corolário do Princípio da Igualdade, que está expressamente mencionado pela Constituição (art. 153, § 2º, I) como sendo um dos que informa o conceito "renda e proventos de qualquer natureza" – o Princípio Constitucional da Universalidade.

Anteriormente, definiu-se: ***Princípio Constitucional da Universalidade*** *é o complemento, necessário e condicionante, do aspecto declaração prescritiva do* *antecedente das normas constitucionais de produção normativa relativas ao IR, portador de elevada carga axiológica, o qual exige que, ao se produzir a norma complementar de produção normativa relativa ao IR ou a norma do IR, seja, respectivamente, determinado ou incluído como critério material do antecedente e como base de cálculo (no critério material quantitativo do consequente) o conceito "renda e proventos de qualquer natureza", o qual deve ser informado por todos os fatos (positivos e negativos) que contribuam para a sua identificação, não importando quais sejam suas fontes, origens ou natureza.*

Portanto, está assentado que, à primeira vista (isto é, sem considerar outros princípios constitucionais), seja por força do Princípio da Igualdade, seja por força do Princípio da Universalidade, a Constituição requer que o conceito "renda e proventos de qualquer natureza" seja resultado da combinação de todo e qualquer fato (positivo e negativo) que possa informar a ocorrência de acréscimo de valor do patrimônio.

Quando se fala em "todo e qualquer fato (positivo ou negativo) que possa informar a ocorrência de acréscimo de valor do patrimônio", pretende-se evidenciar (e repisar) a necessidade de se considerar tanto o aspecto da *universalidade* – devem-se computar todos os fatos inerentes a uma pessoa que impliquem o aumento ou a diminuição de valor do seu patrimônio –, quanto o aspecto da *unidade* – pois, ao se cogitar o conceito acréscimo de valor patrimonial, é preciso ter em conta que patrimônio significa *conjunto de direitos subjetivos e deveres jurídicos economicamente apreciáveis, isto é, avaliáveis em moeda, que uma pessoa é titular*, sendo inadmissível, especialmente em matéria de IR, pensar em: a) uma pessoa como sendo titular de "diferentes patrimônios"; ou b) grupos de diferentes fatos que impliquem o aumento ou a diminuição de valor de "diferentes patrimônios". Essas situações importariam ofensa direta aos Princípios da Igualdade e da Universalidade, pois possibilitariam o surgimento de privilégios odiosos ou de tratamentos discriminatórios e iníquos, que acabariam por distorcer o conceito "renda e proventos de qualquer natureza", o que, consequentemente, caracterizaria flagrante hipótese de inconstitucionalidade.

Outros quatro princípios são também determinantes para a conformação do conceito "renda e proventos de qualquer natureza", quais sejam: o da Capacidade Contributiva Objetiva e da Capacidade contributiva Subjetiva, do Mínimo Existencial e o da Vedação da Utilização de Tributo com efeito de Confisco, que assim foram definidos:

a) ***Princípio Constitucional da Capacidade Contributiva Objetiva*** *é o complemento, necessário e condicionante, do aspecto declaração prescritiva do antecedente da norma constitucional de produção normativa (que dispõe sobre a criação de normas impositivas de imposto), portador de elevada carga axiológica, o qual exige que o antecedente da norma impositiva de imposto descreva um fato que ostente sinal de riqueza pessoal, e que o seu consequente prescreva a conduta (obrigatória) de o titular desta riqueza de entregar parte dela ao Estado;*

b) ***Princípio Constitucional da Capacidade Contributiva Subjetiva*** *é o complemento necessário e condicionante, do aspecto declaração prescritiva do antecedente da norma constitucional de produção normativa (que dispõe sobre a criação de normas tributárias), portador de elevada carga axiológica, segundo o qual, ao se determinar a carga de tributos a ser suportada por alguém, devem-se levar em consideração as respectivas características pessoais (nível de riqueza, estado civil, encargos de família, estado de saúde pessoal e familiar etc.), com o propósito de fazer com que cada um participe, de maneira equânime, no financiamento do Estado*;

c) ***Princípio do Mínimo Existencial*** *é o complemento, necessário e condicionante, do aspecto declaração prescritiva do antecedente da norma constitucional de produção normativa, portador de elevada carga axiológica, que estabelece, como requisito de validade das normas jurídicas, que estas possuam um conteúdo que seja consonante com a finalidade de se garantir ou de se proporcionar a cada pessoa um mínimo de riqueza que lhe permita atender as necessidades vitais básicas ou preservar a existência, tanto as próprias quanto as de sua família, com dignidade*; e

d) ***Princípio da Vedação da Utilização de Tributo com efeito de Confisco*** *é o complemento, necessário e condicionante, do aspecto declaração prescritiva do antecedente da norma constitucional de produção normativa, portador de elevada carga axiológica, que estabelece, como requisito de validade de normas jurídicas tributárias, a proibição de se instituir tributo que, por si só ou em conjunto, ofenda o direito de propriedade em sentido amplo (isto é, qualquer direito subjetivo patrimonial avaliável em moeda) ou viole a liberdade de se exercer uma atividade produtiva lícita, por inviabilizar a prática da mesma.*

Esses quatro princípios constitucionais precisam ser conjugados para que se tenha a adequada construção do conceito "renda e proventos de qualquer natureza" como base tributável.

O Princípio da Capacidade Contributiva Objetiva, que caracteriza a espécie tributária *imposto*, demanda que o conceito "renda e proventos de qualquer natureza" seja um "sinal de riqueza pessoal". Como se disse, o conceito "riqueza" tem relação com os direitos subjetivos e deveres jurídicos avaliáveis em moeda que um ou mais sujeitos de direito são titulares em dado instante ou que adquirem em certo período. Nesse contexto, uma interessante questão pode ser suscitada. Considerando (a) que a expressão "acréscimo de valor patrimonial" é representativa do núcleo da definição ampla e preliminar de "renda e proventos de qualquer natureza", (b) que a constatação de acréscimo patrimonial suscita a apreciação da variação de valor do patrimônio de uma (mesma) pessoa em certo período de tempo, (c) que, nesse período de tempo, ocorrem fatos que contribuem para o acréscimo (positivos) ou para o decréscimo (negativos) do valor do patrimônio, pergunta-se: como precisar quais são os fatos que determinarão o acréscimo ou o decréscimo de valor do patrimônio em certo período, isto é, quais são os fatos que determinarão a ocorrência ou não do fato "renda e proventos de qualquer natureza"?

Essa questão nuclear somente pode ser respondida se, além dos princípios já anteriormente expostos, houver a consideração dos Princípios da Capacidade Contributiva Subjetiva, do Mínimo Existencial e da Vedação da Utilização de Tributo com efeito de Confisco.

É corrente a afirmação de que o imposto sobre a renda e proventos de qualquer natureza é o imposto pessoal[32] por excelência, que é o imposto que melhor retrata a real capacidade contributiva de um indivíduo. Isso se dá pelo fato de certos critérios da norma do IR possibilitarem a consideração de características pessoais, que permitem a aferição da justa e adequada carga tributária a ser suportada, em função das condições econômicas de cada contribuinte. Essa possibilidade não tem relação apenas com os critérios pessoais (do antecedente e do consequente) da norma do IR, mas também com o critério material do antecedente ("fato gerador" abstrato) e a base de cálculo (no critério material quantitativo do consequente), ou seja, envolve peculiaridades do próprio conceito constitucional "renda e proventos de qualquer natureza".

Por outro lado, quanto aos Princípios do Mínimo Existencial e da Vedação da Utilização de Tributo com efeito de Confisco, convém lembrar que eles se encontram intimamente relacionados com o Princípio da Capacidade Contributiva Subjetiva: a capacidade contributiva tem início quando se supera o limite do mínimo existencial e não mais existe quando se alcança o efeito confiscatório. A partir dessa assertiva, é possível construir um raciocínio que permitirá alcançar a resposta anteriormente formulada: *quais são os fatos (positivos e negativos) que determinarão a ocorrência ou não do fato "renda e proventos de qualquer natureza"?*

Tendo em vista o propósito de se construir uma definição ampla do conceito "renda e proventos de qualquer natureza" e atendendo o que dispõe o princípio da Universalidade, pode-se concluir, sem maiores hesitações, que devem ser considerados todos os fatos (positivos) que contribuem para a ocorrência de acréscimos do valor do patrimônio. Esse tem sido o posicionamento corrente da doutrina (especialmente a que adota a teoria da renda-acréscimo).

A dificuldade surge quando se procura identificar quais são os fatos (negativos) que contribuem para a ocorrência de decréscimos do valor do patrimônio. A doutrina dominante, apesar de reconhecer que esse aspecto é igualmente determinante para a construção do fato *renda* (sentido amplo), não lhe tem conferido a mesma atenção. Não é demais insistir: o conceito "renda e proventos de qualquer natureza" é informado por fatos (positivos) que contribuem para o acréscimo e fatos (negativos) que contribuem para o decréscimo do valor do patrimônio (doravante também designados simplesmente "**fatos-acréscimos**" e "**fatos-de-**

32 Convém repetir que a doutrina tem aproximado e até identificado o princípio da Pessoalidade com o da Capacidade Contributiva Subjetiva (subitem 2.2 do Capítulo II).

créscimos", respectivamente). Trata-se de uma fórmula em que o fato "renda e proventos de qualquer natureza" é o resultado positivo[33] da combinação dos fatos-acréscimos e dos fatos-decréscimos.

É evidente que os fatos-decréscimos (normalmente chamados de *despesas, custos, gastos* ou *perdas*) contribuem negativamente para a ocorrência do fato *renda* (sentido amplo). A dúvida que se levanta é pertinente à determinação de quais fatos-decréscimos devem ser necessariamente deduzidos dos fatos acréscimos para a apuração do fato *renda* (sentido amplo). Em outras palavras, é imprescindível determinar quais são os fatos-decréscimos necessariamente dedutíveis (dos fatos-acréscimos) para fins de apuração do fato "renda e proventos de qualquer natureza".[34]

Para tanto, há que se estabelecer, de forma clara, o critério para a determinação de quais são os fatos (negativos) que contribuem para o decréscimo patrimonial (fatos-decréscimos), para que seja possível construir o conceito "renda e proventos de qualquer natureza".

O critério para a determinação do conceito *fatos-decréscimos* decorre, mais diretamente, da combinação dos Princípios da Igualdade, da Capacidade Contributiva Subjetiva, do Mínimo Existencial e da Vedação da Utilização de Tributo com efeito de Confisco.

Demonstrou-se, oportunamente, que, por força do Princípio da Igualdade, certos critérios *não devem* e outros *devem* ser utilizados pelos sujeitos competentes para estabelecer tratamentos iguais ou desiguais para pessoas e coisas no momento da produção das normas. Um dos critérios que, por força desse princípio, deve ser usado para desigualar é o critério *riqueza* e seu antônimo, a *pobreza*. Pelo Princípio da Igualdade, as normas jurídicas devem ordenar o convívio social no sentido da redução das diferenças econômicas entre pobres e ricos, equalizando a distribuição dos direitos subjetivos e deveres jurídicos patrimoniais. Cabe lembrar que esse é um dos "objetivos fundamentais da República Federativa do Brasil", como dispõem expressamente os incisos I a III do art. 3º da Constituição da República (na mesma linha, CRFB - art. 1º - III, art. 5º - LXXVI; art. 23, IX e X; art. 43 e §§; art. 151, I; art.165, § 7º; art. 170, VII etc.).

---

33 Na hipótese de o resultado da combinação dos fatos-acréscimos e dos fatos-decréscimos ser negativo, surge, em vez do conceito *renda* (sentido amplo), o conceito *prejuízo* (fiscal). A consequência dessa situação para o subsistema jurídico relativo ao IR será objeto de exame no item 3 do Capítulo V.

34 Importa desde já ressaltar: a expressão "necessariamente dedutíveis" somente pode ser usada como qualificadora dos fatos-decréscimos que devem ser necessariamente deduzidos dos fatos-acréscimos a fim de apurar a existência ou não do fato *Renda*. Tal expressão jamais pode ser usada com o sentido de fatos-decréscimos que serão deduzidos do fato *Renda*. Pois vale repetir: o fato *Renda* é o resultado positivo da combinação de fatos-acréscimos com fatos-decréscimos. Os fatos-decréscimos informam negativamente o fato *Renda*. Esse tema será retomado e desenvolvido no item 2 do Capítulo V.

Portanto, o conceito "renda e proventos de qualquer natureza" deve ser construído de forma ampla, para que, por meio do respectivo imposto, essa distribuição de riqueza possa ser levada a termo. Como se disse, a amplitude do conceito resulta, é produto, de dois elementos – os *fatos-acréscimos* e os *fatos-decréscimos*. Quanto aos primeiros, já se concluiu que todos devem ser computados para fins de apuração do fato *renda* (sentido amplo). Nessa linha, um raciocínio mais apressado poderia induzir à seguinte ilação: a construção de um conceito amplo de "renda e proventos de qualquer natureza" implica considerar que nenhum fato-decréscimo é necessariamente dedutível.

Essa conclusão – matematicamente acertada – seria tão apressada quanto imprecisa. Ela está eivada por um vício insanável, qual seja: por força do Princípio do Mínimo Existencial, há fatos-decréscimos (despesas, custos, gastos ou perdas) que necessariamente devem ser considerados para os fins de apuração do fato *renda* (sentido amplo). Assim, todos os fatos-decréscimos que se caracterizam por estarem relacionados ao atendimento das necessidades vitais básicas ou à preservação da existência, tanto as próprias quanto as de sua família, com dignidade, devem informar necessariamente o conceito "renda e proventos de qualquer natureza". E mais, apenas surgirá capacidade contributiva (subjetiva) quando alguém for titular de um montante de riqueza que ultrapasse os limites do mínimo existencial.

Decerto, há fatos-decréscimos que se caracterizam como simples consumo não necessário de riqueza (recém-adquirida ou acumulada), o qual não está voltado a, com dignidade, preservar a existência ou atender as necessidades vitais básicas, tanto as próprias quanto as de sua família. Por exemplo, despesas com a aquisição de produtos ou serviços supérfluos (automóveis de luxo, roupas de grife famosa, alimentos sofisticados etc.), indiscutivelmente, estão fora da classe dos fatos-decréscimos necessa- riamente dedutíveis.

Em suma, a pedra de toque para determinar quais fatos-decréscimos devem necessariamente ser considerados, especialmente os atinentes ao consumo de riqueza (direitos subjetivos patrimoniais), é a investigação da natureza do consumo – se os fatos-decréscimos estiverem relacionados ao *atendimento das necessidades vitais básicas ou à preservação da existência, tanto as próprias quanto as de sua família, com dignidade*, então eles se enquadram na classe dos que necessariamente informam o conceito "renda e proventos de qualquer natureza". Ainda é preciso ter em conta que uma tributação por meio do IR que não considere os *fatos-decréscimos necessariamente dedutíveis*, mesmo que não afronte os limites do mínimo existencial, pode representar uma tributação excessiva (que denote uma ofensa ao direito de propriedade em sentido amplo – isto é, qualquer direito subjetivo patrimonial avaliável em moeda – ou viole a liberdade de se exercer uma atividade produtiva lícita, por inviabilizar a prática da mesma), que implicaria uma ofensa ao Princípio da Vedação da Utilização de Tributo com efeito de Confisco e ao Princípio da Capacidade Contributiva Subjetiva.

O tema referente à determinação de quais fatos-decréscimos (despesas, custos, gastos ou perdas) necessariamente informam o conceito *renda e proventos de qualquer natureza* será retomado e mais bem desenvolvido no item 2 do Capítulo V, quando, inclusive, haverá oportunidade para se destacar certas peculiaridades que envolvem as pessoas físicas e as pessoas jurídicas.

Em função do exposto, já é possível construir a definição do conceito constitucional "renda e proventos de qualquer natureza" como base tributável:

Renda e proventos de qualquer natureza *(ou* ***renda*** *em sentido amplo ou simplesmente Renda) é conceito que está contido em normas constitucionais relativas ao imposto sobre a renda e proventos de qualquer natureza e que designa o acréscimo de valor patrimonial, representativo da obtenção de produto ou de simples aumento no valor do patrimônio, apurado, em certo período de tempo, a partir da combinação de todos os fatos que contribuem para o acréscimo de valor do patrimônio (fatos-acréscimos) com certos fatos que, estando relacionados ao atendimento das necessidades vitais básicas ou à preservação da existência, com dignidade, tanto da própria pessoa quanto de sua família, contribuem para o decréscimo de valor do patrimônio (fatos-decréscimos).*

Algumas observações sobre essa definição devem ser realizadas.

Tal definição, que foi construída com rigorosa obediência do método anteriormente traçado, aproxima-se, em termos de conteúdo, daquela definição ampla e preliminar anteriormente formulada (final da 2ª etapa). Aproxima-se, mas não é igual. Alguns critérios que lá estavam presentes foram aqui abandonados. São eles: ser "de natureza material ou imaterial, acumulado ou consumido, que decorre ou não de uma fonte permanente, que decorre ou não de uma fonte produtiva, que não necessariamente está realizado, que não necessariamente está separado, que pode ou não ser periódico ou reprodutível, normalmente líquido, e que pode ser de índole monetária ou em espécie".

Agora já é possível afirmar que a expressão "normalmente líquido" (excluída dessa última definição) é saturada de imprecisão, pois não esclarece nem indica os critérios para se apurar a "renda líquida". Dessarte, preferiu-se destacar, na definição, o modo pelo qual se determina o acréscimo de valor patrimonial, isto é, preferiu-se assentar que ele é formado a partir da soma de todos os fatos-acréscimos com certos fatos-decréscimos. E, mais, que os fatos-decréscimos, especialmente por força do Princípio do Mínimo Existencial, são apenas os fatos "*que, estando relacionados ao atendimento das necessidades vitais básicas ou à preservação da existência, com dignidade, tanto da própria pessoa quanto de sua família, contribuem para o decréscimo de valor do patrimônio (fatos-decréscimos)*". A mesma crítica pode ser feita quanto à expressão "acumulado ou consumido", que é substituída com vantagens pela consideração de a renda ser um *acréscimo de valor patrimonial apurado a partir da combinação de fatos-acréscimos com certos fatos-decréscimos.*

Os critérios ser "de natureza material ou imaterial, (...), que decorre ou não de uma fonte permanente, que decorre ou não de uma fonte produtiva, que não necessariamente está realizado, que não necessariamente está separado, que pode ou não ser periódico ou reprodutível, (...) e que pode ser de índole monetária ou em espécie" são também inadequados para essa definição. Isso em função de todos eles estarem voltados apenas para os fatos-acréscimos, sendo certo que os fatos-decréscimos são igualmente relevantes para a determinação do conceito "renda e proventos de qualquer natureza".

A expressão "representativo da obtenção de produto ou de simples aumento no valor de um patrimônio" foi mantida porque ela esclarece a ampla extensão da locução "acréscimo de valor patrimonial", além de fazer alusão às duas grandes teorias sobre *renda* (sentido amplo) como base tributável: as teorias da *renda-produto* e da *renda-acréscimo patrimonial.* Não mais se falou em "ocorrência de fluxo de riqueza", pelo fato de o uso dessa expressão também ressaltar somente os fatos-acréscimos, denotando desprezo aos fatos-decréscimos (no presente contexto, "fluxo de riqueza" parece significar aquisição de direitos subjetivos patrimoniais).

O critério de o acréscimo de valor patrimonial ser apurado *"em certo período de tempo"* assume relevante papel na definição. Trata-se de critério necessário, já que o fato "patrimônio" pode ser surpreendido de forma instantânea, enquanto o fato "renda e proventos de qualquer natureza", por designar um acréscimo de valor patrimonial, somente pode ser identificado se for considerada a situação do patrimônio de uma pessoa em certo intervalo de tempo. Apenas dessa maneira será possível determinar se, *em certo período de tempo,* houve acréscimo (renda) ou decréscimo (prejuízo) patrimonial. Mais adiante (item 1 do Capítulo V), será abordada uma questão que tem sido objeto de muita discussão, qual seja: a da existência ou não de um período mínimo para a apuração do fato *renda e proventos de qualquer natureza* como base tributável.

Uma última observação merece ser efetuada. A definição construída aplica-se tanto às denominadas *pessoas físicas* quanto às denominadas *pessoas jurídicas.* Entretanto, a parte da definição que se refere a fatos-decréscimos "que, estando relacionados ao atendimento das necessi- dades vitais básicas ou à preservação da existência, com dignidade, tanto da própria pessoa quanto de sua família, contribuem para o decréscimo de valor do patrimônio (fatos-decréscimos)" deve ser entendida de modo a compatibilizá-la com as características próprias das pessoas jurídicas. Logo, no tocante a estas, não cabe cogitar de fatos-decréscimos relacionados à "sua família".

4. AS NORMAS CONSTITUCIONAIS E A NORMA ORDINÁRIA DO *IMPOSTO SOBRE A RENDA E PROVENTOS DE QUALQUER NATUREZA*

Como se examinou anteriormente,[35] a Constituição, através de suas normas de produção normativa, informa (confere fundamento de validade a) todos os critérios da *norma ordinária do IR,* seja indireta, seja diretamente, mesmo que de modo não exaustivo. A *norma constitucional de produção normativa* que informa **indiretamente** a *norma ordinária do IR* é a que estabelece (diretamente) os requisitos para a criação da *norma complementar de produção normativa relativa*

35 Item 1 e subitens 1.1 e 1.2 do Capítulo II.

ao IR, que, por seu turno, estabelece (diretamente) requisitos materiais (conforme disposto pelo art. 146, III, a – CRFB)[36] e formais (conforme art. 59, parág. único – CRFB[37]) para a criação da *norma do IR*. E a *norma constitucional de produção normativa* que informa **diretamente** a *norma ordinária do IR* é a que institui, de forma imediata, autônoma, sem a interferência da norma complementar de produção normativa, certos requisitos formais e materiais para a criação da *norma ordinária do "imposto sobre a renda e proventos de qualquer natureza"*.

Combinando-se essas duas normas constitucionais de produção normativa, que contêm as *imunidades* e os *princípios constitucionais* relativos ao IR, é possível demonstrar os **requisitos para uma tributação constitucional por intermédio do *imposto sobre a renda e proventos de qualquer natureza***.

Convém lembrar que cada uma das *normas constitucionais de produção normativa relativas ao IR* (a que informa indiretamente e a que informa diretamente a *norma ordinária do IR)*[38] estabelece, em seu antecedente, os requisitos formais e materiais para a criação de outra norma (respectivamente, a *complementar de produção normativa relativa ao IR* e a *ordinária do IR*). Os requisitos formais encontram-se nos aspectos *sujeito de direito* e *procedimento*, prescritos pela Constituição quando ela dispõe sobre o processo legislativo (arts. 59 e seguintes). Os requisitos materiais, por sua vez, encontram-se no aspecto *declaração prescritiva*. Repisa-se que o legislador estabelece o conteúdo da norma a ser produzida, quando, no mundo dos fatos (em certo tempo e espaço), realiza sua declaração prescritiva.

Portanto, o primeiro passo para que se possa verificar se há uma tributação constitucional é perquirir se os requisitos constitucionais formais de validade (referentes aos aspectos *sujeito de direito* e procedimento) foram obedecidos. Superada essa etapa, volta-se a atenção para os requisitos constitucionais materiais de validade (atinentes ao aspecto *declaração prescritiva*). A fim de melhor analisar os requisitos constitucionais materiais de validade da *norma ordinária do IR*, serão focalizados cada um dos critérios dessa norma e destacado o modo pelo qual cada um deles é informado por aquelas duas normas constitucionais de produção normativa (repisa-se: *indiretamente*, pela que estabelece os requisitos para a produção da *norma complementar relativa ao IR*, e *diretamente*, pela que estabelece os requisitos para a produção da *norma do IR*). Assim, a Constituição (por meio de uma dessas duas normas) informa a *norma ordinária do IR* do seguinte modo:

a) quanto aos critérios do antecedente da *norma ordinária do IR*

a.1 – ***pessoal*** – informa, indiretamente, o *sujeito de direito* que deverá apa-

---

36 Quais sejam (em linhas gerais), os relativos à "definição do fato gerador, do contribuinte e da base de cálculo" (art. 146, III, "a" – CRFB).

37 A Lei Complementar nº 95, de 26/02/1998 (alterada pela lei Complementar 107, de 26/04/2001), dispõe sobre a elaboração, redação, alteração e consolidação das leis.

38 A estrutura dessas normas constitucionais de produção normativa foi mais desenvolvida no item 1.1 do Capítulo II.

recer como o titular de uma riqueza – por força dos Princípios da Igualdade, da Capacidade Contributiva Objetiva, da Capacidade Contributiva Subjetiva e da Generalidade, compreende toda pessoa que for sujeito do comportamento descrito no critério material do antecedente, isto é, toda pessoa que auferir "renda e proventos de qualquer natureza", exceto aquelas constitucionalmente e pessoalmente excluídas (pessoas imunes);[39]

a.2 – ***material*** – informa, indiretamente, que deve ser descrito um *comportamento* de um sujeito de direito *que seja sinal de riqueza* – por força dos Princípios da Igualdade, da Universalidade, da Capacidade Contributiva Objetiva, da Capacidade Contributiva Subjetiva, do Mínimo Existencial, da Vedação da Utilização de Tributo com efeito de Confisco, informa que o comportamento é o de alguém auferir "renda e proventos de qualquer natureza" (conforme definição construída no item 3 deste capítulo);

a.3 – ***temporal*** – informa, diretamente, o *momento* em que se deve considerar ocorrido o fato descrito no critério material do antecedente – pelos Princípios da Irretroatividade e da Anterioridade, somente poderá ser considerado o fato "renda e proventos de qualquer natureza" que ocorrer (tempo) *após o início da vigência da* (P. da Irretroatividade) e *a partir do exercício financeiro seguinte àquele em que houver sido publicada a* (P. da Anterioridade) lei relativa à criação ou modificação aumentativa (que implique aumento do valor a ser entregue ao Estado a título de tributo) da *norma ordinária do IR*;

a.4. – ***espacial*** – informa, diretamente, o *local* em que se deve considerar realizado o fato descrito no critério material do antecedente – pelos Princípios da Soberania, da Territorialidade e da Praticabilidade, poderão ser considerados os fatos-acréscimos e os fatos-decréscimos relevantes para a apuração do fato "renda e proventos de qualquer natureza" que ocorrerem (espaço) em local onde o Brasil tenha condições (em função de critérios de conexão – *residência, domicílio, nacionalidade*)[40] de exercer a sua soberania;

b) quanto aos critérios do consequente da *norma ordinária do IR*

b.1 – ***pessoal*** – informa quem serão os futuros sujeitos de direito da relação jurídica tributária;

b.1.1 – ***ativo*** – informa, diretamente, quem deverá ser o sujeito de direito, denominado *sujeito ativo*, que terá o "direito subjetivo" de exigir de outrem a entrega de certa importância em dinheiro – em função do Sistema Constitucional de Atribuição da Competência Tributária, esse sujeito, em princípio, é o mesmo que se apresenta como titular da competência tributária, no caso do IR, é a União Federal;

---

39 Nesse sentido, atentar para o disposto no art.150, inciso VI, alíneas "a" a "c" , §§ 2º a 4º, da Constituição.

40 Paulo de Barros Carvalho, *Justiça tributária*, p. 672; Alberto Xavier, *Direito tributário internacional do Brasil*, pp. 303-305.

b.1.2 - ***passivo*** - informa, indiretamente, quem deverá ser o sujeito de direito, denominado *sujeito passivo* (contribuinte), que terá o "dever jurídico" de entregar a outrem (ou de permitir que se lhe retire) parcela da riqueza de que é titular - por força dos Princípios da Igualdade, da Capacidade Contributiva Objetiva, da Capacidade Contributiva Subjetiva e da Generalidade, será toda pessoa que auferir "renda e proventos de qualquer natureza", exceto aquelas constitucionalmente e pessoalmente excluídas (pessoas imunes);[41]
b.2 - ***material***
b.2.1 - ***qualitativo*** - informa, indiretamente,[42] *qual* (*entregar* ou *permitir que retire*) e de que modo (*obrigatório*) a conduta é regulada - apesar de haver um conceito constitucional de tributo, a Constituição confere ao legislador complementar a competência (respeitados os limites máximos do conceito constitucional) para definir esse conceito;
b.2.2 - ***quantitativo*** - informa o *quanto* deve ser entregue - de modo indireto, quanto à identificação da riqueza - ***base de cálculo*** -, no caso, a "renda e proventos de qualquer natureza" (definida no item 3 deste capítulo - de acordo com o disposto pelos Princípios da Igualdade, da Universalidade, da Capacidade Contributiva Objetiva, da Capacidade Contributiva Subjetiva -, do Mínimo Existencial, da Vedação da Utilização de Tributo com efeito de Confisco), e, de modo direto, quanto à determinação da parte - ***alíquota*** - da riqueza que deve ser entregue ao sujeito ativo, a qual (alíquota) precisa estar em consonância com os Princípios da Igualdade, da Capacidade Contributiva Subjetiva, da Progressividade e da Vedação da Utilização de tributo com efeito de Confisco;
b.3 - ***temporal*** - informa, indiretamente,[43] o *momento* em que o sujeito passivo (contribuinte) deverá entregar parte (alíquota) de sua riqueza (base de cálculo) ao sujeito ativo - pelo Princípio da Capacidade Contributiva Objetiva e pelo Princípio da garantia constitucional à inviolabilidade do direito de propriedade (em rigor de todo e qualquer direito subjetivo patrimonial - art. 5º, *caput*, e inciso XXII; e art. 170, II - CRFB), somente depois de alguém auferir

41 Nesse sentido, observar o disposto no art.150, inciso VI, alíneas "a" a "c" , §§ 2º a 4º, da Constituição.

42 Informa indiretamente em função do prescrito pelo art. 3º do CTN, que dispõe sobre a definição de tributo. Importa firmar que é aplicável ao conceito constitucional "tributo" o mesmo raciocínio desenvolvido para construir o conceito constitucional "renda e proventos de qualquer natureza". Os conceitos "tributo" e "norma tributária" foram definidos no item 2.4 do Capítulo I.

43 Informa indiretamente em função do disposto pelo art. 146, inciso III, da Constituição, combinado com o art. 160 do CTN.

"renda e proventos de qualquer natureza" é que poderá entregar parte (alíquota) dela (base de cálculo);[44]
b.4 - ***espacial*** - informa, indiretamente,[45] o *local* em que o sujeito passivo (contribuinte) deverá entregar parte (alíquota) de sua riqueza (base de cálculo) ao sujeito ativo - pelo Princípio da Proporcionalidade ou da Razoabilidade. O local eleito para a realização do pagamento deve ser de fácil acesso para os contribuintes, de maneira a não lhes causar transtornos completamente desnecessários.

Pelo que foi demonstrado, atesta-se que **a Constituição** (por meio das duas *normas constitucionais de produção normativa relativas ao IR*) **informa, indiretamente** (pela que estabelece os requisitos para a produção da *norma complementar de produção normativa relativa ao IR*) **ou diretamente** (pela que estabelece os requisitos para a produção da *norma do IR*), **todos os critérios da *norma do* IR, ainda que de maneira não exaustiva**.

44 Evidentemente, somente se cogita de obrigação relativa ao IR se já tiver ocorrido (concretamente, no tempo e no espaço) o fato descrito no antecedente da norma, o qual, para se realizar, precisa atender o que dispõem, entre outros, os Princípios Constitucionais da Irretroatividade e da Anterioridade, que informam o critério temporal do antecedente da norma do IR.

45 Informa indiretamente em função do disposto pelo art. 146, inciso III, da Constituição combinado com o art. 159 do CTN.

Capítulo V

QUESTÕES ESPECIAIS

1. OS PERÍODOS MÍNIMO E MÁXIMO DE APURAÇÃO

O conceito constitucional "renda e proventos de qualquer natureza", informado por diferentes Princípios Constitucionais, foi definido como sendo *o acréscimo de valor patrimonial, representativo da obtenção de produto ou de simples aumento no valor do patrimônio, apurado, em certo período de tempo, a partir da combinação de todos os fatos que contribu*em para o acréscimo de valor do patrimônio (fatos-acréscimos) com certos fatos que, estando relacionados ao atendimento das necessidades vitais básicas ou à preservação da existência, com dignidade, tanto da própria pessoa quanto de sua família, contribuem para o decréscimo de valor do patrimônio (fatos-decréscimos).

O conceito "acréscimo de valor patrimonial" somente pode ser surpreendido por intermédio de uma visão dinâmica. Poder-se-ia pensar que, para tanto, basta considerar a situação do patrimônio de uma pessoa em dois momentos diferentes. Há, contudo, uma imprecisão nessa assertiva. Em rigor, o conceito "acréscimo de valor patrimonial" somente pode ser construído através do exame dos fatos-acréscimos e fatos-decréscimos, realizados **em certo período de tempo**, os quais informam a evolução do patrimônio de certa pessoa. Essa característica bem distingue o conceito "acréscimo de valor patrimonial" do conceito "patrimônio", pois este, ao contrário daquele, é surpreendido por meio de uma visão estática (apura-se o valor do patrimônio de uma pessoa existente em determinado instante).

Essa passagem merece destaque. Para que seja possível construir o conceito "acréscimo de valor patrimonial" (relativo ao *imposto sobre a renda e proventos de qualquer natureza*) não é suficiente a simples comparação do valor do patrimônio de uma pessoa em dois momentos diferentes (inicial e final). O que se apresenta como necessário é a consideração dos fatos-acréscimos e dos fatos-decréscimos relevantes, realizados **em certo período**, que informarão a ocorrência ou não de acréscimo patrimonial tributável.

Alguém poderia dizer que a distinção estabelecida é inútil e que esses dois procedimentos conduzem ao mesmo resultado. Entretanto, esses dois diferentes métodos de apuração levam, normalmente, a resultados completamente distintos, sendo certo que apenas o segundo é correto para os fins do *imposto sobre a renda e proventos de qualquer natureza*.

Ora, quando se realiza a simples comparação da situação patrimonial em dois momentos diferentes, despreza-se um importantíssimo aspecto da definição do conceito "renda e proventos de qualquer natureza", qual seja: nem todos os fatos-decréscimos devem informar esse conceito, mas somente aqueles que estão "relacionados ao atendimento das necessidades vitais básicas ou à preservação da existência, com dignidade, tanto da própria pessoa quanto de sua família".

Os exemplos a seguir transcritos podem bem elucidar essa importante e necessária distinção:

Primeiro: João era titular de um patrimônio no valor de 100 no momento 1 e passou a ser titular de um patrimônio no valor de 200 no momento 2. A evolução patrimonial de João, no intervalo de tempo entre os momentos 1 e 2, foi informada por fatos-acréscimos no valor total de 500 e por fatos-decréscimos no valor total de 400. Desse total, *estavam relacionados ao atendimento das necessidades vitais básicas ou à preservação da existência, com dignidade, tanto da própria pessoa quanto de sua família*, fatos-decréscimos no valor de 300.

Segundo: Pedro era titular de um patrimônio no valor de 100 no momento 1 e passou a ser titular de um patrimônio no valor de 200 no momento 2. A evolução patrimonial de Pedro, no intervalo de tempo entre os momentos 1 e 2, foi informada por fatos-acréscimos no valor total de 500 e por fatos-decréscimos no valor total de 400. Desse total, *estavam relacionados ao atendimento das necessidades vitais básicas ou à preservação da existência, com dignidade, tanto da própria pessoa quanto de sua família*, fatos-decréscimos no valor de 100.

Pois bem, acaso se pretendesse aferir o valor do acréscimo patrimonial de João e Pedro, ter-se-ia que atentar para o objetivo a ser alcançado:

a) se o objetivo é a apuração do acréscimo de valor patrimonial para fins do IR – há que se considerar como fatos-decréscimos somente os que *estavam relacionados ao atendimento das necessidades vitais básicas ou à preservação da existência, com dignidade, tanto da própria pessoa quanto de sua família*. Desse modo, João teve um acréscimo de valor patrimonial de 200, enquanto Pedro teve um acréscimo de valor patrimonial de 400.

b) se é para outros fins que não o do IR – o acréscimo de valor patrimonial de ambos seria obtido simplesmente pela comparação do valor do patrimônio nos momentos 1 e 2, em outros termos, o acréscimo corresponderia ao valor do patrimônio no momento 2 menos o valor no momento 1, que teria como resultado o mesmo valor de 100 para ambos.

A partir desses exemplos, chega-se a algumas relevantes conclusões:

Uma – por força do conceito constitucional "renda e proventos de qualquer natureza" como base tributável, a apuração do valor do acréscimo patrimonial para fins de IR é dotada de especificidade, qual seja, é informada pela combinação de todos os fatos-acréscimos com apenas certos fatos-decréscimos (os *relacionados ao atendimento das necessidades vitais básicas ou à preservação da existência, com dignidade, tanto da própria pessoa quanto de sua família*) **ocorridos em certo período de tempo**;

Duas – a simples comparação do valor de um dado patrimônio no início e no final de um período de tempo é insuficiente, e mais, pode conduzir a um resultado errado na apuração do valor do acréscimo patrimonial para fins de IR, pois fatos-decréscimos que não são necessariamente dedutíveis poderiam estar informando o valor do patrimônio no final do período.

Três – a fim de que se possa, para fins de IR, apurar corretamente o montante do acréscimo de valor patrimonial ocorrido **em certo período de tempo**, dois métodos (matematicamente equivalentes) podem ser utilizados, quais sejam:

a – computar o valor de *todos os fatos-acréscimos* (TFA), deduzir desse montante o valor dos *fatos-decréscimos necessariamente dedutíveis* (FDNecD), o resultado corresponde ao valor do *acréscimo patrimonial para fins de IR* (*Renda*) – em termos de fórmula: (*Renda* = TFA – FDNecD); ou

b – apurar o *valor do patrimônio ao final do período* (VPFP), deduzir desse montante o *valor do patrimônio no início do período* (VPIP) e somar o montante dos *fatos-decréscimos não necessariamente dedutíveis* (FDnãoNecD), o resultado corresponde ao valor do *acréscimo patrimonial para fins de IR* (*Renda*) – em termos de fórmula: (*Renda* = VPFP – VPIP + FDnãoNec)[1].

Nesse sentido, convém repisar que a noção de "período de tempo" relativa ao conceito *acréscimo de valor patrimonial para fins de IR* assume um peculiar sentido. Ela não somente indica dois instantes (termo inicial do período – quando é apurável um certo valor do patrimônio – e termo final período – quando é apurável um outro valor do patrimônio) a serem considerados para a apuração do fato Renda (sentido amplo). Em rigor, o *período de tempo* ("período de apuração") demarca o conjunto de *todos os fatos-acréscimos* e de certos *fatos-decréscimos* (os *necessariamente dedutíveis*) que durante ele ocorrem e que são relevantes para a apuração do fato Renda. É por essa razão que costumam afirmar que o conceito "renda e proventos de qualquer natureza" como base tributável somente pode ser surpreendido por meio de uma visão dinâmica, que se projeta em certo lapso de tempo.

Uma vez esclarecida a importância de se conceber o sentido apropriado da expressão "período de tempo" constante do conceito "renda e proventos de qualquer natureza", surge a questão: qual é o "período de tempo", para a apuração do fato Renda? Melhor dizendo, considerando a definição construída do conceito constitucional "renda e proventos de qualquer natureza", quais são os períodos mínimo e máximo para a apuração do *acréscimo de valor patrimonial* para fins de IR?

A questão relativa ao período máximo para a apuração do acréscimo patrimonial não tem suscitado maiores discussões seja na doutrina seja na jurisprudência.

1 O tema referente à identificação de quais são os fatos-decréscimos necessariamente dedutíveis será retomado e aprofundado no item seguinte (item 2 deste capítulo).

Entre os que tratam do tema, há quem se refira à tese de que o prazo máximo deveria ser o de um ano. Isso por força do sistema constitucional orçamentário, em especial pela determinação de a *lei orçamentária anual* (art. 165, § 5º - CRFB), que compreende todas as despesas públicas autorizadas e receitas públicas (inclusive as tributárias) esperadas, como o próprio nome sugere, ser anualmente renovada.

Ao que parece, o sistema constitucional orçamentário, que é informado por diversos princípios, não impõe que todas as receitas tributárias sejam anualmente renovadas e, por consequ ência, que o período máximo de apuração do fato Renda seja anual. De certo, entre os Princípios Constitucionais relevantes em matéria orçamentária encontra-se o do Equilíbrio Orçamentário, segundo o qual as despesas previstas devem ser consonantes com as receitas esperadas. Tendo em vista que as receitas de natureza tributária são as responsáveis pela maior parte dos recursos arrecadados pelo Estado, e que o imposto sobre a renda e proventos de qualquer natureza é um dos mais importantes para o financiamento da União, pode-se concluir que é recomendável (apesar de não ser necessário) que o período máximo de apuração do fato *Renda* seja anual.

Por outro lado, o tema do período mínimo para a apuração do fato *Renda* é o que tem suscitado os mais calorosos debates e as maiores controvérsias. Para facilitar o exame dessa questão, vale sintetizar as principais correntes a esse respeito:

a) o legislador infraconstitucional tem total liberdade para definir que entende por *Renda* e, por conseguinte, para considerar se é ou não relevante cogitar de um período de apuração, não tendo qualquer sentido supor que existe um período mínimo de apuração considerado pela Constituição;

b) a Constituição considera que existe um período mínimo de apuração e este é o de um ano;

c) a Constituição considera que existe um período mínimo de apuração, contudo ele pode ser inferior a um ano.

A posição defendida pela primeira corrente é típica daqueles partidários da *Teoria Legalista de Renda*, segundo a qual inexiste qualquer conceito constitucional de "renda e proventos de qualquer natureza", cabendo ao legislador infraconstitucional estabelecer a correspondente definição como bem lhe aprouver (a qual pode ou não envolver algum período de apuração) e, se for o caso, estabelecer a definição de um período para a apuração do fato *Renda*. Esse ponto de vista (de que inexiste o conceito constitucional), como se teve oportunidade de analisar quando se tratou da definição do conceito "renda e proventos de qualquer natureza", contraria vários Princípios Constitucionais, em especial, ofende premissas fundamentais do sistema jurídico pátrio, quais sejam: *a Constituição da República apresenta um texto com sentido e veicula as normas de máxima hierarquia do sistema jurídico brasileiro.*[2]

2 Consideram que compete ao legislador infraconstitucional a definição do período de apuração do IR, não cabendo cogitar de período mínimo imposto pela Constituição: Ricardo Mariz

A tese defendida pela segunda corrente opõe-se radicalmente à defendida pela primeira. Os partidários daquela corrente concebem que o período mínimo de apuração do fato *Renda* é o de um ano. Fundamentam esse entendimento em função de a Constituição dispor que a lei orçamentária, a qual disciplina o regime das receitas e despesas públicas, tem periodicidade anual. GERALDO ATALIBA apresenta-se como um dos mais representativos arautos dessa corrente . Para fundamentar seu posicionamento, desenvolveu um raciocínio nos seguintes termos:[3]

a) "é de total e inquestionável clareza que há uma solidariedade, uma unidade de visão das entradas e das saídas de dinheiro do Estado, e a Constituição dispensa-lhes um tratamento, sob esse aspecto, absoluta e inquestionavelmente unitário";
b) "A Constituição trata das receitas do Orçamento, das despesas e de como elas serão realizadas. O Orçamento na Constituição Brasileira é anual";
c) "o ritmo estabelecido pelas finanças públicas no Brasil é anual";
d) "o ritmo das receitas públicas juridicamente consideradas sob a perspectiva periódica é exatamente anual";
e) "O cidadão deve saber, antecipadamente, o que o Estado decide, isto no ritmo anual, que é imperativo da Constituição";
f) "Estas considerações que recolhemos e que positivamos no nosso Direito é que levam ao período anual, à periodicidade anual do imposto de renda".

Além desses argumentos trazidos por GERALDO ATALIBA, outros são desenvolvidos com o propósito de justificar o período mínimo de apuração do fato *Renda* como sendo o anual, quais sejam: a) o período não pode ser tão curto de modo a não ser significativo, nem tão longo que impeça sua renovação; b) a duração do período deve permitir a comparação entre exercícios sucessivos; c) o período deve compor um ciclo completo de estações, a fim de neutralizar influências sazonais; e d) o período de um ano reflete o ritmo normal em que se desenvolve a vida econômica e social.[4]

Considerando-se os argumentos expostos pela corrente que defende o período mínimo de apuração como sendo o anual, em especial esses últimos, algumas palavras merecem ser ditas.

Primeiramente, se é certo que a existência de leis do sistema orçamentário que devem ser renovadas anualmente (não apenas a *lei orçamentária anual*, como

de Oliveira (Caderno de pesquisas tributárias, vol. 11, p. 447); Wagner Balera (Caderno de pesquisas tributárias, vol. 11, p. 485); Ormezindo Paiva (RDT 63, pp. 42-43) e Sidney Saraiva Apocalipse (RDT 60, p. 108).

3 Geraldo Ataliba, RDT 63, pp. 20-22.

4 Esses argumentos são arrolados por Misabel Abreu Machado Derzi (em comentários à obra *Direito tributário brasileiro* de Aliomar Baleeiro, pp. 97-98), a qual destaca serem eles da autoria de Freitas Pereira (*A periodização do lucro tributável*, Centro de Estudos Fiscais, 1988).

também a *lei de diretrizes orçamentárias*) recomenda que o período máximo de apuração do IR seja anual, o mesmo não se pode dizer quanto ao período mínimo de apuração. Em outras palavras, não é possível sequer alegar que tal circunstância recomenda que o período mínimo de apuração do IR seja anual. Como se demonstrou anteriormente, o sistema de renovação anual da lei orçamentária tem que ver com a compatibilidade entre as receitas esperadas e as despesas autorizadas. Daí se firmar que é recomendável que o período máximo de apuração do fato Renda seja o *anual*. Isso tem que ver com a conveniência de o Poder Público ter a possibilidade de arrecadar valores relativos aos impostos discriminados na Constituição dentro de cada exercício financeiro (que hoje em dia coincide com o ano civil).[5] Tal fato, por evidência, é determinante para que seja possível alcançar o equilíbrio das contas públicas (entre receitas e despesas públicas), em consonância com o que prescreve o denominado Princípio Constitucional do Equilíbrio Orçamentário.[6] Dessarte, não há qualquer relação de causa e efeito entre a circunstância de a lei orçamentária ser anualmente renovada e a assertiva de que o período mínimo de apuração do fato Renda deve ser anual.

Ao contrário do que pretendem os defensores dessa tese, a consideração do sistema constitucional orçamentário recomenda que os impostos sejam arrecadados e, por conseguinte, previamente apurados, nos períodos mais curtos possíveis, pois é certo que a maior parte das despesas públicas são realizadas em períodos menores que o anual (as relativas à remuneração dos servidores públicos, por exemplo, têm periodicidade mensal). Considerando isoladamente esse motivo, o período mínimo de apuração do fato *Renda* deveria ser igualmente menor que o anual.

Afastado esse argumento, pode-se dizer que os demais argumentos trazidos à colação pelos partidários da segunda corrente (*a) o período não pode ser tão curto de modo a não ser significativo, nem tão longo que impeça sua renovação; b) a duração período deve permitir a comparação entre exercícios sucessivos; c) o período deve compor um ciclo completo de estações, a fim de neutralizar influências sazonais; e d) o período de um ano reflete o ritmo normal em que se desenvolve a vida econômica e social*) não impõem o período de um ano como sendo o mínimo (juridicamente admissível) para apuração do fato *Renda*, mas em verdade, conduzem à conclusão que esse é o período mais adequado, mais razoável, para tal fim.

Nesses termos, ao que parece, a tese de o período mínimo de apuração do fato *Renda* ser o de um ano não deve ser mais analisada como sendo reveladora da única possibilidade ou de uma evidente imposição constitucional, mas sim, como sendo indicadora do período supostamente mais adequado, mais razoável, mais justo, para a apuração do fato *Renda*.

Sob esse prisma, a determinação do período mínimo de apuração do fato *Renda* estará fundamentalmente informada pelo denominado Princípio da

5 Lei nº 4.320/64, art. 34.

6 Ricardo Lobo Torres, *Curso de direito financeiro e tributário*, pp. 108-109.

Razoabilidade ou da Proporcionalidade. Em outros termos, a identificação do período mínimo de apuração do fato *Renda* não decorre, de forma imediata, de qualquer enunciado constitucional específico, mas da compreensão dos diversos valores presentes no sistema jurídico nacional, em especial do Princípio da Justiça, sendo imprescindível realizar-se uma apropriada ponderação dos diversos valores constitucionalmente adotados.

Em função dessa nova perspectiva (qual seja, a de que período de um ano não é o período mínimo de apuração do IR por força de evidente determinação constitucional, mas sim, é considerado o período mais adequado, o mais razoável, o mais justo), tudo que for dito daqui para frente serve também como análise do que defende a terceira corrente anteriormente referida, qual seja – *a de que a Constituição considera que existe um período mínimo de apuração, contudo, ele pode ser inferior a um ano.*

Para melhor compreender essa questão, pode-se conceber que há nesse ponto dois interesses normalmente conflitantes:

a) o do Poder Público – que deseja arrecadar as receitas públicas, inclusive a relativa ao IR, no menor prazo possível; e

b) o do contribuinte – que deseja pagar a importância relativa ao IR (e, por conseguinte, apurá-lo) no maior prazo possível.

Há, em princípio, efetivamente um verdadeiro e insuperável conflito de interesses. De um lado, *o do Poder Público*, que justifica sua pretensão pelo dever de atender as necessidades públicas com máxima rapidez, pelo que precisa que as receitas, inclusive as decorrentes do IR, sejam arrecadadas com igual rapidez, o que demandaria um período de apuração o mais curto possível. De outro lado, *o do contribuinte*, que justifica a necessidade de o período de apuração do fato Renda ser o mais longo possível a fim de permitir a identificação de sua correta capacidade contributiva (subjetiva), o que permitiria afastar eventuais distorções provocadas por ganhos (fatos-acréscimos) ou por perdas (fatos-decréscimos) isolados, ocorridos de forma excepcional, extraordinária.

O tema, envolvendo relevantes e aparentemente conflitantes valores constitucionais, revela hipótese típica de aplicação do instituto da ponderação de bens jurídicos, o qual se encontra relacionado ao Princípio da Razoabilidade ou da Proporcionalidade. Esse princípio tem sido focalizado sob três aspectos:

a) *adequação* – a medida tem que ser apropriada ao fim a que se destina;

b) *necessidade* ou *exigibilidade* – deve se adotar a medida menos gravosa para atingir o objetivo; e

c) a *ponderação* – acurada avaliação dos interesses e valores jurídicos em jogo.[7]

---

7 Repisa-se (subitem 2.2 do Capítulo II) que o próprio Supremo Tribunal Federal vem aplicando o Princípio da Razoabilidade ou da Proporcionalidade em diversos julgados (em matéria tribu-

A solução desse conflito requer uma escorreita consideração dos diferentes e mais elevados valores envolvidos.

No sentido de se ter o menor período de apuração possível (isto é, inferior a um ano), poder-se-ia ressaltar, no Sistema Constitucional Brasileiro, a presença de alguns princípios do mais alto valor: a) dignidade da pessoa humana e do mínimo existencial (art. 1º, III e art. 170); b) justiça (art. 3º, I); c) solidariedade (art. 3º, I); d) erradicação da pobreza e da marginalização (art. 3º, III); e) redistribuição de rendas e redução das desigualdades sociais e regionais (art. 3º, III, art. 165, § 7º e art. 170, VII); f) bem comum (art. 3º, IV); g) igualdade (art. 5º e I); h) função social da propriedade (em rigor, de todos os direitos subjetivos avaliáveis em moeda ou direitos patrimoniais – art. 5º, XXII e art. 170, III).

Todos esses princípios constitucionais (alguns expressamente alçados à posição de *fundamentos* ou de *objetivos fundamentais* da República Brasileira) recomendam que os recursos públicos sejam obtidos com a maior rapidez possível, a fim de possibilitar igual rapidez e eficiência no atendimento das necessidades públicas, em especial das que apresentam um maior caráter de urgência, sempre em consonância com os mais elevados valores constitucionais.

Por outro lado, no sentido de se ter o período mínimo de apuração como sendo o de um ano, poder-se-ia salientar, no Sistema Constitucional Brasileiro, a presença de alguns princípios também do mais alto valor: a) dignidade da pessoa humana e mínimo existencial (art. 1º, III e art. 170); b) valorização do trabalho e da livre iniciativa (art. 1º, IV e art. 170); c) justiça (art. 3º, I); d) garantia do desenvolvimento nacional (art. 3º, II); e) bem comum (art. 3º, IV); f) igualdade (art. 5º e I); g) garantia do direito de propriedade (em rigor, de todos os direitos subjetivos avaliáveis em moeda ou direitos patrimoniais – art. 5º e XXII, art. 170, II); h) capacidade contributiva (a subjetiva – art. 145, § 1º); i) repartição constitucional da competência tributária (art. 145, I a III, § 2º, art. 153, art. 155 e art. 156); i) vedação da utilização de tributo com efeito de confisco (art. 150, IV); e j) progressividade (art. 153, § 2º, I).

Por força desses princípios (alguns também expressamente alçados à posição de *fundamentos* ou de *objetivos fundamentais* da República Brasileira), parte da doutrina defende que o período de um ano é o de menor duração a possibilitar a indicação, de modo mais justo e fidedigno, da real capacidade de uma pessoa contribuir por meio do IR com o financiamento do Estado. Assim ocorre, principalmente, em função de ele representar o intervalo de tempo correspondente a uma revolução da Terra em torno do Sol, que equivale ao transcurso das quatro estações climáticas (verão, outono, inverno e primavera), pelo que ficam

tária: ADIN nº 2040; RE nº 211043; e AGRAG nº 203186). A doutrina também tem destacado a relevância do Princípio da Razoabilidade, neste sentido: Paulo Bonavides, *Curso de direito constitucional*, pp. 356 e segs.; Luís Roberto Barroso, *Interpretação e aplicação da constituição*, pp. 198 e segs.; J. J. Gomes Canotilho, *Direito Constitucional*, pp. 386-388 etc.

afastadas as eventuais distorções provocadas por ganhos (fatos-acréscimos) ou por perdas (fatos-decréscimos) isolados, ocorridos de forma excepcional, extraordinária, decorrentes, especialmente, de fatores sazonais.

Como se atesta, há um típico conflito de importantes valores presentes no sistema brasileiro, que apresenta um dado peculiar: certos princípios constitucionais informam tanto um quanto outro posicionamento. É o que ocorre com os relativos a: a) dignidade da pessoa humana e mínimo existencial; b) justiça; c) bem comum; e d) igualdade.

Dessarte, em função de existir um verdadeiro embate de elevados valores do sistema constitucional brasileiro, torna-se imperioso sopesá-los de forma acurada e criteriosa, a fim de que seja possível alcançar uma solução que mais bem se ajuste ao sistema vigente. A ponderação desses valores constitucionais pode ser feita nos seguintes termos:

a) *Dignidade da Pessoa Humana* e *Mínimo existencial* – esses princípios fundem-se e informam, pelo ângulo daquele que necessita da repartição da riqueza proveniente dos impostos para ter uma vida digna, que a apuração do fato Renda deve tender a instantaneidade e, pelo ângulo daquele que entregará parte de sua riqueza a título de imposto (no caso, o contribuinte do IR), que o período mínimo de apuração seja anual, pois com isso fica reduzida a possibilidade de ocorrerem fatos extraordinários (em especial, os de índole sazonal) que distorçam o fato Renda, descaracterizando-o como um acréscimo de valor patrimonial (p. ex., uma pessoa é obrigada a pagar o IR por ter ocorrido, nesse curto período de apuração, um volume elevado de fatos-acréscimos extraordinários; num momento imediatamente seguinte, a mesma pessoa pode ficar com dificuldades para sobreviver por ser obrigada a realizar, extraordinariamente, despesas necessárias para sua existência digna).

b) *Justiça, Bem Comum* e *Igualdade* – do mesmo modo que o princípio relativo à *dignidade da pessoa humana*, esses princípios apresentam os dois ângulos anteriormente destacados, pelo que não são decisivos para a identificação do período mínimo de apuração.

c) *Valorização do Trabalho, Livre Iniciativa* e *Garantia do Desenvolvimento Nacional* – esses princípios recomendam que o sistema normativo do IR adote o período de apuração anual, pois este permite que sejam minimizadas as influências sazonais, de maneira a não desestimular ou inviabilizar a atividade produtiva continuada das pessoas.

d) *Solidariedade, Erradicação da pobreza e da marginalização, Redistribuição de rendas e Redução das desigualdades sociais e* regionais e *Função social da propriedade* – esses princípios apontam para o menor prazo possível de apuração do fato Renda, de modo a agilizar ao máximo a entrega de recursos por parte dos contribuintes ao Estado, a fim de que, com igual agilidade, ele consiga suprir, por meio de moeda, ou por outros bens ou serviços, as necessidades públicas, em especial a dos mais carentes.

e) *Capacidade Contributiva Subjetiva, Garantia do direito de* propriedade (*em rigor, de todos os direitos subjetivos avaliáveis em moeda ou direitos patrimoniais*) e *Vedação da Utilização de Tributo com efeito de Confisco* – esses princípios apontam para o período anual como sendo o mínimo para a adequada apuração do fato Renda, pois tal período é o que de forma mais justa tanto retrata o conceito *acréscimo de valor patrimonial* quanto revela a capacidade de alguém contribuir (entregando parte de sua riqueza) com o financiamento público, sem a ocorrência de possíveis distorções causadas pelos fatos-acréscimos ou pelos fatos-decréscimos extraordinários, principalmente pelos de índole sazonal.
f) *Repartição Constitucional da Competência Tributária* – esse preceito constitucional recomenda que se deve adotar como período mínimo de apuração do fato Renda aquele que permite diferençar adequadamente o (valor em espécie do) conceito "renda e proventos de qualquer natureza" (do valor em espécie) de outros conceitos também utilizados pela Constituição como base de cálculo, por exemplo: o de receita e o de faturamento (próprio das contribuições sociais do empregador), o de "produto importado" (próprio do II), o de "produto exportado" (próprio do IE), o de "produto industrializado" (próprio do IPI), o de "mercadoria vendida" (próprio do ICMS), o de "serviço prestado" (próprio do ISS e do ICMS). É cediço que quanto mais curto o período de apuração mais se torna difícil diferençar o conceito "renda e proventos de qualquer natureza" do conceito "receita" ou de conceitos correspondentes ao simples ingresso de direitos subjetivos decorrentes de operações de venda de mercadorias ou serviços, pois para todos esses conceitos é totalmente irrelevante o fato de ter sido necessário realizar certas despesas (*fatos-decréscimos necessariamente dedutíveis*) para que aquelas operações acontecessem e, principalmente, para que os sujeitos daquelas operações pudessem existir dignamente.
g) *Progressividade* – esse princípio, especificamente previsto para o sistema normativo do IR, indica que períodos de tempo muito curtos podem distorcer, dificultar ou mesmo inviabilizar a técnica da tributação progressiva, pois duas pessoas que no período de um ano tenham obtido igual montante de Renda, acaso se adotasse um período de apuração do fato Renda muito curto, poderiam sofrer uma tributação pelo IR totalmente desigual, distorcida, pois, por um lado, se pode deixar de tributar de forma mais gravosa (progressiva) aquele que experimenta fatos-acréscimos e fatos-decréscimos que se realizam de modo uniforme ao longo do ano e, por outro lado, pode-se tributar de forma excessivamente gravosa (progressiva) aquele que experimenta fatos-acréscimos que se realizam de forma concentrada em certas estações do ano. O exemplo a seguir é bastante elucidativo. Supondo que o período de apuração do fato Renda seja trimestral e que a tabela de progressividade esteja assim construída: base de cálculo de até 300 há isenção; entre 300 e

500 a alíquota é de 10%, entre 500 e 1000 a alíquota é de 15%; entre 1000 e 1500 a alíquota é de 20%; e acima de 1500 a alíquota é de 30%. Existem dois contribuintes que experimentam o mesmo acréscimo de valor patrimonial anual - 1200.[8] Um, por razões sazonais, concentra seus ganhos anuais nos três primeiros meses do ano, tendo no trimestre um acréscimo patrimonial no valor de 1800, passando o restante do ano tendo mais fatos-decréscimos que fatos-acréscimos. O outro tem o mesmo volume de ganhos anuais, porém distribuídos de forma constante ao longo de todo o ano - em cada trimestre experimenta um acréscimo de valor patrimonial de 300. Consequ ência, o primeiro será tributado com as alíquotas mais altas, em função de a base de cálculo apurada ter sido elevada, já que o acréscimo de valor patrimonial anual concentrou-se em um trimestre. Diversamente, o outro, que experimenta o mesmo acréscimo de valor patrimonial anual, não sofrerá qualquer tributação, pois se mantém, em cada trimestre, dentro do limite de isenção. A situação hipoteticamente formulada evidencia a distorção que o período de apuração do fato Renda inferior a um ano, por razões sazonais, pode provocar, o que, no exemplo aventado, caracteriza não apenas uma flagrante afronta ao *Princípio da Progressividade*, mas também aos *Princípios da Justiça*, da *Igualdade*, da *Capacidade Contributiva Subjetiva* e *da Vedação da Utilização de Tributo com efeito de Confisco*.

Sopesando todos esses valores constitucionais em jogo, é fundamental reafirmar: a determinação do período mínimo de apuração do fato Renda somente pode ser levada a termo mediante uma ponderação dos diferentes e até conflitantes valores constitucionais, não sendo produto da consideração imediata de um enunciado constitucional específico.

A conclusão mais adequada para esse dilema constitucional é a que revela o produto possível da combinação dos diversos valores constitucionais e que pode ser assim resumida:

considerando que, pelo ângulo do contribuinte, o período anual é o que de forma mais justa identifica a real capacidade de cada pessoa contribuir com o financiamento do Estado por intermédio do IR;

considerando que, pelo ângulo do Estado - o maior responsável pelo processo de atendimento das necessidades públicas e de redução das desigualdades econômicas e sociais -, o período anual não atende a exigência de se alcançar uma rápida arrecadação e aplicação de recursos;

8 Está desprezado no exemplo, para simplificar a demonstração, o efeito no patrimônio da carga diferenciada de IR que cada um acaba suportando, por ser adotado o período trimestral como o de apuração do fato Renda.

considerando que o dever de pagar um imposto somente pode surgir depois de realizado o fato que revela a existência de uma riqueza pessoal, que denota a respectiva capacidade contributiva tributária (objetiva), sendo, dessarte, inadmissível, no sistema constitucional vigente, o pagamento (antecipado) de um tributo antes de ocorrer o correspondente fato jurídico tributário ou fato gerador concreto;[9]

duas alternativas podem ser apontadas quanto à determinação do período mínimo de apuração do fato Renda:

Uma – *adotar-se o período anual para a apuração do IR*. Nesta hipótese, para atender os diferentes Princípios Constitucionais que apontam para um período de apuração menor, dever-se-ia prever, paralela e alternativamente, um sistema de incentivo para que ocorra, **de forma espontânea**, o pagamento antecipado do IR, que poderia se dar de uma só vez ou de forma parcelada (p. ex., à razão de 1/12 ao mês), tendo por referência uma base de cálculo presumida (p. ex., as receitas auferidas).

Duas – *adotar-se um período menor que o de um ano (porém não inferior ao mensal) para a apuração do IR*. Nesse caso, a fim de atender os diferentes Princípios Constitucionais que apontam para o período de apuração de um ano como sendo o mais justo e adequado, em especial os da Capacidade Contributiva Subjetiva e da Progressividade, dever-se-ia, **obrigatoriamente**, construir um sistema que possibilitasse ao máximo a eliminação das distorções provocadas pela ocorrência de fatos-acréscimos ou de fatos-decréscimos extraordinários, muitas vezes provocados por fatores sazonais. Por exemplo, poder-se-ia estabelecer um sistema de ajuste anual, com o propósito de identificar e compensar as distorções provocadas pela ocorrência de fatos-acréscimos ou de fatos-decréscimos extraordinários, de modo a proporcionar uma tributação justa e equânime se comparada à situação daqueles que experimentam acréscimos patrimoniais constantes ao longo do ano.[10]

Alguns esclarecimentos ainda devem ser feitos sobre essa dupla possibilidade.

Em primeiro lugar, a apresentação de duas alternativas aparentemente conflitantes decorre da necessidade de se ponderar os diferentes e relevantes valores constitucionais aplicáveis à matéria, além de significar um reconhecimento de que certa margem de liberdade foi conferida ao legislador infraconstitucional. Urge salientar que as alternativas foram elaboradas considerando a

---

9 Esse ponto será objeto de exame mais acurado nos itens 4 e 5 deste capítulo.

10 Esse sistema de correção de distorções e injustiças relativo ao IR tem ligação com o ponto concernente à "compensação de prejuízos fiscais". Essa matéria será objeto de específico exame no item 3 deste capítulo, estando vinculada à própria definição do conceito constitucional "renda e proventos de qualquer natureza".

construção de um sistema global referente ao *imposto sobre a renda e proventos de qualquer natureza*, de modo que o valor devido anualmente a título de IR, por pessoas que experimentam um mesmo acréscimo de valor patrimonial anual, tenda a ser o mesmo.

Em segundo lugar, na hipótese de ser adotado um período de apuração inferior ao anual, este, por força do Princípio da Razoabilidade, não poderá ser inferior ao mensal. Como se observou anteriormente, esse princípio tem sido considerado sob um tríplice aspecto:

i) a adequação – *a medida tem que ser apropriada ao fim a que se destina* – no caso em apreço, um prazo menor que o mensal, até poderia, numa visão bem limitada e isolada, ser considerado adequado ao fim de agilizar a obtenção de recursos e propiciar sua imediata aplicação para o atendimento de necessidades públicas;

ii) a necessidade – *a medida a ser adotada deve ser a menos gravosa para atingir o objetivo almejado* – ora, o período mensal tem sido o de menor duração no que tange à realização das despesas ordinárias dos Entes Constitucionais (entre as quais se destacam as despesas com pessoal), pelo que não é indispensável que o prazo seja inferior ao mensal para o atendimento das necessidades públicas, sendo certo que um prazo de apuração do fato Renda (de um acréscimo de valor patrimonial) inferior a um mês provocaria desnecessários distúrbios à vida social e à atividade produtiva dos contribuintes em geral; e

iii) a ponderação – *a adoção de certa medida deve ser precedida de uma acurada avaliação dos interesses e valores jurídicos em jogo* – já se enfatizou que a adoção do período de apuração de um ano é recomendada por vários princípios constitucionais e que, por outro lado, há vários outros princípios constitucionais que apontam para um período de apuração inferior ao anual. Todavia, a adoção de um período de apuração inferior ao mensal não encontra justificativa na Constituição, pois, como se disse, para suportar a realização de despesas públicas ordinárias, a arrecadação de recursos com periodicidade mensal é plenamente suficiente. Em outras palavras, no que tange à *ponderação* de valores para a adoção de um período de apuração do IR inferior ao mensal, existem, (a) de um lado, diversos princípios constitucionais que vão de encontro, que rejeitam essa alternativa, à medida que apontam para um período mínimo anual, e, (b) de outro lado, os princípios que indicam um período de apuração do IR inferior a um ano não exigem que ele seja inferior a um mês, em função de a realização das despesas públicas ordinárias ter, regularmente, como menor periodicidade a mensal. Por tudo isso, ponderando os valores em jogo, parece irrefutável a conclusão de que, na hipótese de se adotar um (de se optar pelo) sistema com o período de apuração do fato *Renda* menor que o anual, além das limitações anteriormente demonstradas, tal período não poderá ser inferior ao mensal. É preciso ressaltar que: a adoção de um período curto (inferior a um ano) para a apuração do fato Renda, pode implicar a distorção do conceito constitucional "renda e proventos de qualquer natureza"; já a adoção de um período de apuração do fato Renda inferior ao mensal implica o completo aniquilamento do conceito constitucional "renda e proventos de qualquer natureza", caracterizando, por consequ ência, hipótese de flagrante inconstitucionalidade.

2. OS FATOS-DECRÉSCIMOS QUE NECESSARIAMENTE INFORMAM O CONCEITO *RENDA E PROVENTOS DE QUALQUER NATUREZA* (A QUESTÃO DA "LIMITAÇÃO DA DEDUTIBILIDADE DE CUSTOS, DESPESAS E PERDAS DE CAPITAL" POR PARTE DO LEGISLADOR INFRACONSTITUCIONAL)

Esse tema é de fundamental importância para que se compreenda a correta definição do conceito constitucional "renda e proventos de qualquer natureza" como base tributável.

Há quem aprecie essa matéria procurando responder a seguinte questão: para fins de IR, qual a margem de liberdade do legislador infraconstitucional para determinar que "despesas" (mais precisamente, *fatos- decréscimos*) são necessariamente dedutíveis da *renda* (*renda ou proventos de qualquer natureza*) ?

Essa forma de encarar o tema parece ser inadequada, parece denotar forte imprecisão, considerando o sistema constitucional brasileiro. Parte-se do pressuposto que existem dois conceitos distintos e independentes:

(a) o de *renda* – grandeza que representa a base tributável do IR e que seria informada exclusivamente por fatos-acréscimos; e

(b) o de "despesas (fatos-decréscimos) necessariamente dedutíveis" – grandeza que deveria ser deduzida (diminuída, subtraída) da Renda, com o propósito de proceder a um "ajuste" do valor a ser pago a título de IR.

Essa imprecisão fica evidenciada quando se leva em consideração a definição do fato *renda*, a qual somente pode ser construída a partir da necessária combinação dos conceitos "fato-decréscimo" e "fato-acréscimo". Cabe lembrar a definição elaborada:[11]

> ***Renda e proventos de qualquer natureza*** *(ou* ***renda*** *em sentido amplo) é conceito que está contido em normas constitucionais relativas ao imposto sobre a renda e proventos de qualquer natureza e que designa o acréscimo de valor patrimonial, representativo da obtenção de produto ou de simples aumento no valor do patrimônio, apurado, em certo período de tempo, a partir da combinação de todos os fatos que contribuem para o acréscimo de valor do patrimônio (fatos-acréscimos) com certos fatos que, estando relacionados ao atendimento das necessidades vitais básicas ou à preservação da existência, com dignidade, tanto da própria pessoa quanto de sua família, contribuem para o decréscimo de valor do patrimônio (fatos-decréscimos).*

---

11 Item 3 do Capítulo IV.

Portanto, para que seja possível construir o conceito constitucional *renda e proventos de qualquer natureza* como base tributável, são igualmente relevantes e informadores tanto o conceito de fato-acréscimo quanto o conceito de fato-decréscimo. Repita-se: a grandeza (base tributável constitucional) *renda e proventos de qualquer natureza* é o resultado da necessária combinação de certos *fatos-decréscimos* (os necessariamente dedutíveis) com todos os *fatos-acréscimos.*

Daí ser possível concluir que a questão do modo como foi anteriormente apresentada parte de uma errônea concepção – a de que o conceito *renda e proventos de qualquer natureza* é informado somente por fatos-acréscimos. Esse desacerto se não fosse veemente rechaçado provocaria, entre outras consequ ências, a inadmissível confusão do conceito *renda e proventos de qualquer natureza* com conceitos do tipo "receita", "faturamento", "rendimento", "dinheiro ganho com a venda de produto, mercadoria ou serviço", "ingresso de direito subjetivo patrimonial obtido a qualquer título" etc.

A identificação de *acréscimo de valor patrimonial* (expressão nuclear do conceito constitucional *renda e proventos de qualquer natureza*) envolve obrigatoriamente a consideração de fatos-acréscimos e de fatos-decréscimos, realizados em certo período de tempo. Trata-se de uma fórmula, onde o fato "renda e proventos de qualquer natureza" é o resultado positivo[12] da combinação dos fatos-acréscimos e dos fatos-decréscimos.

Esse aspecto é bem destacado por ROQUE ANTONIO CARRAZA. Após firmar que "renda e proventos de qualquer natureza" são acréscimos patrimoniais, leciona com proficiência que tais acréscimos são "o *resultado* de uma subtração que tem por minuendo todos os rendimentos tributáveis num dado período de tempo, fixado por lei, e por subtraendo todas as despesas dedutíveis no mesmo espaço temporal."[13]

Feito esse esclarecimento preliminar, com mais rigor, aquela questão deve ser apresentada nos seguintes termos:

Quais são os fatos-decréscimos que necessariamente informam a construção do conceito *renda e proventos de qualquer natureza* como base tributável? Em outras palavras, qual a margem de liberdade do legislador infraconstitucional para determinar que fatos-decréscimos informarão o conceito *renda e proventos de qualquer natureza* como base tributável?

Uma observação parece ser imprescindível. O legislador infraconstitucional – seja o complementar seja o ordinário – pode, respectivamente, definir o correspondente conceito (art. 146, II, "a" – CRFB) ou instituir a norma do IR (art.. 153, III – CRFB), adotando um conceito de *renda e proventos de qualquer natureza* menos

12 Se o resultado da combinação dos *fatos-acréscimos* com os *fatos-decréscimos* for negativo, surge, em vez do conceito *renda* (sentido amplo) o conceito *prejuízo* (esse tema será desenvolvido no item 3 deste capítulo).

13 *Curso de direito constitucional tributário*, nota 188, p. 581.

amplo (jamais um mais amplo) que o permitido pela Constituição. Mais especificamente, pode o legislador infraconstitucional (o complementar ou o ordinário) determinar que certos fatos-decréscimos informarão o conceito *renda e proventos de qualquer natureza*, mesmo que por força da Constituição da República tais fatos-decréscimos não devam informar necessariamente o conceito de *renda e proventos de qualquer natureza.*

Assim, a questão que realmente suscita divergências é a relativa à determinação dos fatos-decréscimos que, por força da Constituição, são "necessariamente dedutíveis".

É preciso ter cuidado ao se falar em "fatos-decréscimos necessariamente dedutíveis", pois isso pode significar uma insistência naquela errônea tese de que existe um conceito de *renda e proventos de qualquer natureza* (*Renda*) que independe da existência de certos fatos-decréscimos, e que tais fatos-decréscimos apenas serviriam para "ajustar" (deduzir, subtrair, diminuir) o valor da *Renda*.

O uso das expressões "despesas dedutíveis" ou "fatos-decréscimos dedutíveis" somente pode ser aceito com o seguinte sentido: de *despesas* ou *fatos-decréscimos* que devem necessariamente ser deduzidos do montante de *fatos-acréscimos* com o objetivo de formar o conceito *renda e proventos de qualquer natureza.*

A fim de evitar qualquer mal-entendido, a questão pode ser assim apresentada: quais são os fatos-decréscimos que, por força da Constituição, necessariamente **informam** (em vez de *deduzem, subtraem* ou *diminuem* do) o conceito *renda e proventos de qualquer natureza* ?

A doutrina normalmente alude a uma dupla possibilidade que permite identificar quais são esses fatos-decréscimos necessariamente informadores do conceito constitucional *renda e proventos de qualquer natureza*:

um – eles devem ser realizados com o propósito de obter os fatos-acréscimos; ou

dois – eles devem ser realizados para a preservação ou manutenção da fonte geradora dos fatos-acréscimos.

Exatamente nesse sentido leciona RUBENS GOMES DE SOUSA no importante estudo publicado em 1952:[14]

"Em princípio, a dedutibilidade de quaisquer verbas para efeito de incidência do imposto de renda baseia-se na distinção entre as verbas que constituem encargos da renda e aquelas que constituem emprego, aplicação ou utilização da renda pelo seu titular". ..."Como encargos da renda definem-se, em primeiro lugar e evidentemente, as despesas necessárias à própria percepção daquela" ... "Mas não só essas: importa considerar também como encargos da renda as despesas necessárias à manutenção da integridade do capital".

RUBENS GOMES DE SOUSA esclarece, ainda, a concepção de *renda* (sentido amplo) como acréscimo patrimonial, indicando mais uma vez a necessária con-

14 O *imposto de renda e o seguro dotal*, RDA 27, p.16.

sideração de certos fatos-decréscimos: "Renda, com efeito, é tão somente aquilo que acresce ao patrimônio do seu titular, num determinado período de tempo, em excesso do capital empregado e das despesas necessárias à sua produção."[15]

Por último, esse jurista ressalta a imprescindibilidade de certos fatos-decréscimos para a construção do conceito de *renda* (sentido amplo) e para a distinção deste conceito do conceito "capital":

"A não incidência do imposto, quer sobre as despesas necessárias à produção da renda, quer sobre as despesas (ou sobre as reservas, ainda que não sejam rigorosamente despesas) necessárias à manutenção da integridade do capital, é portanto essencial em todo o sistema de imposto de renda que vise tributar efetivamente a renda, sem extravasar do seu alcance próprio para atingir também o capital."[16]

Vale lembrar que esse posicionamento adotado por RUBENS GOMES DE SOUSA vem sendo preconizado desde o século XVIII, como se teve oportunidade de examinar anteriormente[17].

Nesse sentido, ADAM SMITH em obra publicada em 1775, mesmo sem estar com suas atenções voltadas exclusivamente para a matéria tributária, já fazia referência à renda líquida como sendo a que se obtém ao deduzir da renda bruta os gastos de produção, assim como os gastos de consumo e de uso pessoal do beneficiário da renda, observando, ainda, que da "renda bruta" (receita, rendimento) deve se separar uma porção para reconstituir o capital.

JEAN B. SAY, em 1803, advertia que a renda é somente o produto líquido, aquilo que excede ao que foi gasto para obter certa riqueza.

THOMAS ROBERT MALTHUS, em 1820, preconizava que a renda ou utilidade é o produto líquido, isto é, já deduzidas todas as despesas necessárias para obter o produto.

ALFRED MARSHALL, em 1890, preceituava o conceito de *renda líquida* que seria obtida deduzindo da *renda bruta* os gastos que correspondessem a sua produção.

SELIGMAN, em 1911, defendeu que *renda* é aquilo que entra para um indivíduo acima de todos os gastos necessários para a aquisição (renda líquida) e que está disponível para seu próprio consumo.[18]

Hodiernamente, KLAUS TIPKE[19] também ressalta a importância do "princípio da renda líquida, no direito do imposto de renda, como subprincípio do princípio da capacidade contributiva" e assim concebe o conceito de *Renda*:

15 *Ibidem*, p. 16.

16 *Ibidem*, pp. 16-17.

17 Item 2.1.1 do Capítulo III.

18 Ainda nessa linha, encontram-se: Biersack, Quarta, Gerbino, Battistella, Allix, Lecercle, De Vitti De Marco, Ricci, Garelli, Haig, Gobbi,Griziotti, Einaudi, Vanoni e John Due (nos termos expostos nos itens 2.1.2 e 2.1.3 do Capítulo III).

19 *Op. cit.*, p. 521.

"Renda é todo acréscimo de valor que habilita o contribuinte a conduzir sua vida privada, a satisfazer suas necessidades particulares. O que o contribuinte aplica em objetivos profissionais não lhe fica disponível para a satisfação dessas necessidades. Portanto, as despesas que o contribuinte faz para objetivos profissionais podem ser deduzidas das bases da tributação (chamado *princípio da renda líquida*)."

De igual modo, posiciona-se PEDRO MANUEL HERRERA MOLINA:[20]

"*El principio del neto objetivo* – consecuencia de la capacidad económica – exige la deducción de los gastos originados por la actividad que genera los ingresos y la integración de las diversas partidas positivas y negativas que forman parte de la base imponible, así como de las pérdidas que no hubieran podido compensarse en otros ejercicios."

Esse entendimento de que o conceito *renda* (acepção ampla) é construído a partir da combinação de fatos-decréscimos e fatos-acréscimos, assentado por RUBENS GOMES DE SOUSA, com sustentação nos estudos "clássicos" da doutrina estrangeira sobre o tema, também tem sido adotado pela doutrina dominante nacional, atenta para a distinção entre o conceito *renda* (acepção ampla) e os conceitos *receita* e *patrimônio* (capital), por exemplo.[21]

JOSÉ LUIZ BULHÕES PEDREIRA é taxativo quanto à necessidade de certos fatos-decréscimos serem considerados para que se construa o conceito de "renda e proventos de qualquer natureza" como base tributável:

"IV – o acréscimo patrimonial que constitui renda tributável é formado pela diferença entre as receitas e os custos necessários para ganhá-las, e é inconstitucional a lei (a) que define como base de cálculo a receita bruta, ou uma porcentagem dessa receita, ou (b) que prescreve a determinação do lucro real computando receitas porém vedando a dedução de custos necessários para ganhá-las: se a lei ordinária veda a dedução de custos necessários, o tributo não incide apenas sobre renda, mas sobre renda e capital, pois a parte da receita bruta correspondente aos custos necessários é reposição de capital, e não renda;"[22]

---

20 *Op. cit.*, p. 321.

21 Perfilham esse ponto de vista: Geraldo Ataliba (RDT 63/36); Hugo de Brito Machado (*Imposto de renda – conceitos, princípios e comentários*, pp. 51 e segs.); Estevão Horvath (*Questões do temário*, pp. 32-33); Mizabel Abreu Machado Derzi (*Os conceitos de renda e patrimônio*, pp. 17 e segs.); Luciano Amaro (*Periodicidade do imposto de renda I*, RDT 63/28 e segs.); Sacha Calmon Navarro Coelho (*Periodicidade do imposto de renda II*, RDT 63/52-53); Américo Masset Lacombe (*Periodicidade do imposto de renda I*, RDT 63/33-34); José Artur Lima Gonçalves (*Imposto sobre a renda*, p. 209); Roberto Quiroga Mosquera (*Renda e proventos de qualquer natureza*, pp. 115-116); Gisele Lemke (*Imposto de renda*, pp. 63-64); Renato Romeu Renck (*Imposto de renda da pessoa jurídica*, pp. 160-162) etc.

22 *Imposto de renda – lucro da pessoa jurídica – compensação de prejuízos*, Revista de Direito Administrativo, volume 207, p. 401.

ROQUE ANTONIO CARRAZA, depois de esclarecer que o fato "renda e proventos de qualquer natureza" revela a existência de *acréscimo patrimonial* ou *riqueza nova*, leciona com propriedade que "Só podemos vislumbrar tais *acréscimos* se houver a incorporação de *riqueza nova* ao patrimônio preexistente. E *riqueza nova*, como é de compreensão intuitiva, pressupõe *valores líquidos*, vale dizer, expungidos dos gastos necessários à sua obtenção."[23]

RICARDO MARIZ DE OLIVEIRA[24] ressalta a inconstitucionalidade de se cobrar imposto sobre a renda sem a consideração dos custos essenciais: "No caso do imposto de renda, em que se tributa o acréscimo de patrimônio, não é possível pretender calcular o imposto sem a dedução de custos que são essenciais." Em seguida, fornece um exemplo que bem elucida a questão: "Por exemplo, na venda de um bem não é possível tributar a título de imposto de renda o preço bruto da venda, porque estaríamos frente à hipótese de incompatibilidade entre o fato gerador declarado e sua base de cálculo, passando esta a definir o tributo como imposto sobre a venda ou sobre a receita bruta, certamente inconstitucional se cobrado pela União pelo regime do imposto de renda."

MARÇAL JUSTEN FILHO,[25] após afirmar que, por força da Constituição, o conceito de *renda* (sentido amplo) não pode ser confundido com os conceitos de *receita*, de *faturamento*, de *patrimônio*, leciona que "o conceito de renda é um conceito relativo, que somente pode ser alcançado a partir da comparação entre duas ordens (a ordem dos desembolsos e a ordem dos ingressos), é imperioso que o legislador infraconstitucional construa a hipótese de incidência em todos os seus aspectos – material, tem- poral etc. – de molde a não violentar esse conceito de renda." MARÇAL JUSTEN FILHO alerta, ainda, para o risco de se descaracterizar o imposto sobre a renda e proventos de qualquer natureza, se não forem considerados os fatos-decréscimos necessariamente dedutíveis: "Se o legislador infra-constitucional, a pretexto de tributar a renda, tributar simplesmente o ingresso sem considerar, sem dar oportunidade, sem verificar o outro ângulo inafastável do conceito de renda (que é o ângulo do desembolso dos investimentos, das despesas necessárias à constituição do ingresso), nós não teremos mais o imposto sobre a renda, estará desnaturada a incidência; o tributo incidirá ou sobre o faturamento ou sobre o patrimônio, ou será um empréstimo compulsório. Afinal, não será mais o.imposto sobre a renda".

PAULO AYRES BARRETO, destacando a importância de se conceber adequadamente o conceito constitucional de *renda* (sentido amplo), é firme ao enunciar

---

23 *Curso de direito constitucional tributário*, nota 188, p. 585.

24 *A extinção da correção monetária das demonstrações financeiras – a tributação das variações monetárias ativas – a vedação da dedutibilidade de despesas e custos necessários*, p. 175.

25 *Periodicidade do imposto de renda I*, p. 18.

que "todos os custos e despesas necessários à produção de receita da pessoa jurídica devem ser a ela contrapostos, para fins de determinação da base de cálculo do imposto sobre a renda. As vedações infraconstitucionais à apropriação de custos e despesas desnaturam o conceito constitucional de renda, permitindo a incidência do imposto à mingua de acréscimo patrimonial."[26]

Como se disse e foi possível constatar por esse escorço, a doutrina (com certas variações) tem adotado dois critérios para identificar quais são os fatos-decréscimos que necessariamente informam o conceito constitucional *renda e proventos de qualquer natureza*:

um – eles devem ser realizados com o propósito de obter os fatos-acréscimos; ou

dois – eles devem ser realizados com a finalidade de preservar ou manter a fonte geradora dos fatos-acréscimos.

Apesar de existir um razoável consenso doutrinário quanto a esses dois aspectos, as posições doutrinárias nem sempre estão fundadas em disposições, em enunciados da Constituição da República. Importa não olvidar que a Constituição da República veicula as normas de máxima hierarquia do sistema jurídico; ela instaura o sistema jurídico, confere fundamento de validade às respectivas normas.

Considerando o disposto pela Constituição, em especial o estabelecido por alguns de seus mais relevantes princípios, foi possível construir o conceito constitucional *renda e proventos de qualquer natureza* como base tributável[27]. Essa definição evidencia quais são os *fatos-decréscimos* que informam o conceito constitucional *renda e proventos de qualquer natureza*: são somente aqueles fatos que "*estando relacionados ao atendimento das necessidades vitais básicas ou à preservação da existência, com dignidade, tanto da própria pessoa quanto de sua família, contribuem para o decréscimo de valor do patrimônio*".

Convém lembrar como se chegou a essa conclusão.

Em primeiro lugar, o objetivo em relação a tal definição foi o de construir um conceito de *renda e proventos de qualquer natureza* como base tributável bastante amplo, que teria a importante função de informar aos legisladores infraconstitucionais (o complementar e o ordinário) quais são os limites máximos desse conceito, até onde eles podem dispor sem que isso importe uma confusão com outros conceitos constitucionais ou represente uma invasão a outras áreas de competência tributária.

Em segundo lugar, considerando que por definição os *fatos-decréscimos necessariamente dedutíveis* contribuem para informar negativamente o âmbito do conceito *renda*, é certo que quanto maior for a quantidade desses fatos-decréscimos, menor será o âmbito do conceito *renda*.

Terceiro, para que se possa determinar os fatos-decréscimos que são necessariamente dedutíveis é mister atentar para a ponderação dos valores constitu-

---

26 *Imposto sobre a renda e preços de transferência*, p. 93.

27 Item 3 do Capítulo IV.

cionalmente relevantes nessa matéria, em especial: os Princípios Constitucionais da Igualdade, da Capacidade Contributiva Subjetiva, do Mínimo Existencial e da Vedação da Utilização de Tributo com efeito de Confisco.

Conforme examinado, por força do Princípio da Igualdade certos critérios não devem e outros devem ser utilizados pelos sujeitos competentes para estabelecer tratamentos iguais ou desiguais para pessoas e coisas no momento da produção das normas. Um dos critérios que por esse princípio deve ser usado para igualar ou desigualar é o critério *riqueza* e seu antônimo, a *pobreza*. De acordo com o Princípio da Igualdade, as normas jurídicas devem ordenar o convívio social no sentido da redução das diferenças econômicas entre pobres e ricos, equalizando a distribuição dos direitos subjetivos patrimoniais. A fim de que essa distribuição de riqueza possa ser realizada por meio do IR, o conceito "renda e proventos de qualquer natureza" deve ser construído de forma equânime e ampla.

Por outro ângulo, por força do Princípio do Mínimo Existencial, certos fatos-decréscimos devem ser obrigatoriamente considerados. Assim, é correto firmar que: todos os fatos-decréscimos que se caracterizam por estarem relacionados ao atendimento das necessidades vitais básicas ou à preservação da existência com dignidade, da própria pessoa ou de sua família, devem informar necessariamente o conceito "renda e proventos de qualquer natureza". Daí ser correto dizer que apenas surgirá capacidade contributiva relativa ao IR quando alguém for titular de um montante de riqueza que ultrapasse os limites do mínimo existencial.

Nesse sentido, não resta dúvida que os fatos-decréscimos que se caracterizam como simples consumo não necessário de riqueza (recém adquirida ou acumulada), consumo que não está voltado a, com dignidade, preservar a existência ou atender as necessidades vitais básicas, tanto as próprias quanto as de sua família (p. ex., despesas com a aquisição de produtos ou serviços supérfluos – automóveis de luxo, roupas de grife famosa, alimentos sofisticados etc.), estão fora da classe dos que necessariamente informam o conceito constitucional *renda e proventos* de qualquer natureza.

Dessarte, de acordo com a Constituição, são *fatos-decréscimos necessariamente dedutíveis* apenas aqueles relacionados ao *atendimento das necessidades vitais básicas ou à preservação da existência, tanto as da própria pessoa quanto as de sua família, com dignidade*.

Importa, ainda, destacar que uma tributação por meio do IR que não considerar os *fatos-decréscimos necessariamente dedutíveis* (o que por si só já desnatura o fato *Renda*), mesmo que não afronte os limites do mínimo existencial, pode representar uma tributação excessiva (que denote uma ofensa ao direito de propriedade em sentido amplo – isto é, qualquer direito subjetivo patrimonial avaliável em moeda – ou viole a liberdade de se exercer uma atividade produtiva lícita, por inviabilizar a prática da mesma), que implicaria uma ofensa aos Princípios da Capacidade Contributiva Subjetiva e da Vedação da Utilização de Tributo com efeito de Confisco.

Assentadas essas noções, uma questão merece ser adequadamente esclarecida. A Constituição refere-se a duas diferentes categorias de sujeito de direito (capaz de ser titular de direitos e obrigações), quais sejam, as denominadas *pessoas físicas* (ou *pessoas naturais*, na linguagem do Código Civil) e *pessoas jurídicas*.

A consideração dessas duas diferentes categorias de sujeito de direito é relevante para o tema dos fatos-decréscimos que necessariamente informam o conceito "renda e proventos de qualquer natureza".

Nos dois casos há um ponto comum: os fatos-decréscimos devem estar relacionados ao *atendimento das necessidades vitais básicas ou à preservação da existência, com dignidade*.

Quanto às pessoas físicas, pode-se identificar, em termos monetários, três grupos de *fatos-decréscimos necessariamente dedutíveis*:

a) os que equivalem a simples decréscimos no valor de um direito subjetivo patrimonial;[28]

b) os correspondentes a gastos que equivalem ao "mínimo existencial" ou, na locução constitucional, às "necessidades vitais básicas", cujo correspondente monetário, segundo indica a Constituição da República, art. 7º, item IV, pode ser considerado equivalente ao que deve ser instituído como salário mínimo nacional, o qual deve ser "capaz de atender às suas necessidades vitais básicas e às de sua família com moradia, alimentação, educação, saúde, lazer, vestuário, higiene, transporte e previdência social"; e

c) todos os outros valores que, no plano concreto, da realidade, devam necessariamente ser despendidos com a finalidade de preservar a própria saúde bem como a saúde dos membros de sua família, mesmo que superem o valor abstrata e genericamente fixado como salário mínimo.

Logo, para as pessoas físicas, somente aqueles gastos que precisam ser realizados para preservar a própria saúde ou a dos integrantes de sua família são ilimitadamente e necessariamente informadores do conceito constitucional "renda e proventos de qualquer natureza". Todos os outros dispêndios devem estar contidos no limite de gastos previstos na letra "b" e, se for o caso, na letra "a".

Poder-se-ia questionar:

uma – por que essa referência ao salário mínimo?

duas – por que apenas as despesas com saúde seriam ilimitadamente consideradas?

Sobre a primeira pergunta – a Constituição, quando se refere ao "salário mínimo", determina que ele deve ser capaz de atender necessidades vitais básicas. Como se disse, por força do Princípio do Mínimo Existencial, esse valor em moeda, no contexto constitucional, parece corresponder àquele mínimo que se precisa para viver com dignidade e que, por conseguinte, não pode ser objeto de tributação.

---

28 Por força dos Princípios da Igualdade, da Capacidade Contributiva (objetiva e subjetiva), da Praticabilidade e da Razoabilidade, a necessidade de se considerar a diminuição do valor de direitos subjetivos patrimoniais como *fatos-decréscimos* fica condicionada à correspondente consideração, por parte do legislador infraconstitucional (o complementar e o ordinário), do aumento do valor de direitos subjetivos patrimoniais como *fatos-acréscimos*.

Entretanto, não se quer dizer que o valor do salário mínimo especificamente fixado pelo legislador infraconstitucional em dado momento corresponde, obrigatoriamente, ao montante abstratamente previsto pela Constituição da República. Pode ocorrer que o legislador infraconstitucional estabeleça um certo valor para o salário mínimo e este seja insuficiente para atender o comando constitucional. Nesse caso, tem-se clara hipótese de inconstitucionalidade, passível de declaração pelo Supremo Tribunal Federal. Vale ressaltar que essa Egrégia Corte, em sua composição plena, já teve oportunidade de assim se manifestar, de forma unânime, quando do julgamento da Ação Direta de Inconstitucionalidade nº 1458-7/DF (Medida Liminar), Relator Min. Celso de Mello, como se atesta de parte da ementa a seguir transcrita:

"SALÁRIO MÍNIMO - SATISFAÇÃO DAS NECESSIDADES VITAIS BÁSICAS - GARANTIA DE PRESERVAÇÃO DE SEU PODER AQUISITIVO.

...

- O legislador constituinte brasileiro delineou, no preceito consubstanciado no art. 7º, IV, da Carta Política, um nítido programa social destinado a ser desenvolvido pelo Estado, mediante atividade legislativa vinculada. Ao dever de legislar imposto ao Poder Público - e de legislar com estrita observância dos parâmetros constitucionais de índole jurídico-social e de caráter econômico-financeiro (CF, art. 7º, IV) -, corresponde o direito público subjetivo do trabalhador a uma legislação que lhe assegure, efetivamente, as necessidades vitais básicas individuais e familiares e que lhe garanta a revisão periódica do valor salarial mínimo, em ordem a preservar, em caráter permanente, o poder aquisitivo desse piso remuneratório.

SALÁRIO MÍNIMO - VALOR INSUFICIENTE - SITUAÇÃO DE INCONSTITUCIONALIDADE POR OMISSÃO PARCIAL.

- A insuficiência do valor correspondente ao salário mínimo, definido em importância em importância que se revele incapaz de atender as necessidades vitais básicas, do trabalhador e dos membros de sua família, configura um claro descumprimento, ainda que parcial, da Constituição da República, pois o legislador, em tal hipótese, longe de atuar como sujeito concretizante do postulado constitucional que garante à classe trabalhadora um piso geral de remuneração (CF, art. 7º, IV), estará realizando, de modo imperfeito, o programa social assumido pelo Estado na ordem jurídica." (DJ - 20.09.1996)

É certo que em tais circunstâncias esse valor insuficientemente fixado também será imprestável como identificador dos limites do mínimo existencial para fins tributários. Caberá ao Poder Judiciário, se solicitado, determinar a inconstitucionalidade da tributação pelo IR que afronte os adequados e reais limites do mínimo existencial.

Sobre a segunda pergunta - cabe dizer que a consideração das despesas com saúde como sendo as únicas que devem informar, de forma ilimitada, o conceito "renda e proventos de qualquer natureza" tem que ver diretamente com o Princípio do Mínimo Existencial. Ora, se alguém necessita realizar despesas para preservar sua vida com dignidade, esses valores despendidos devem informar negativamente o conceito *renda* (sentido amplo), sob pena de se desrespeitar o valor maior de todo o sistema jurídico – a vida humana.

Poder-se-ia perguntar: outras despesas não deveriam também ser necessária e ilimitadamente consideradas, como é o caso das despesas com educação?

As despesas com educação, como também as com alimentação, lazer, vestuário, higiene, transporte, devem, por força da Constituição, ser necessariamente, mas não ilimitadamente, consideradas.

Essas despesas devem estar contidas naquele limite constitucionalmente indicado como sendo o do mínimo existencial. Se assim não fosse faltaria critério para estabelecer os respectivos limites máximos (Princípio da Praticabilidade). Até que montante, senão o relativo ao mínimo existencial, dever-se-ia necessariamente considerar os gastos com alimentação, lazer, vestuário, higiene, transporte? Que critérios seriam utilizados para tanto? Qual o nível de qualidade (que, entre outros fatores, evidentemente informa o respectivo valor) para cada uma dessas espécies de gastos? Que tipo de alimento e em que quantidade? Qual o nível de higiene? Que tipo de transporte (particular ou coletivo, de luxo ou popular)?

É fundamental não esquecer: à medida que se considera que esses gastos informam necessaria e ilimitadamente o conceito *Renda*, isso pode acabar afetando a própria capacidade de o Estado obter recursos por meio do IR e, por conseguinte, pode implicar a impossibilidade de ele cumprir objetivos fundamentais da República (CRFB, art. 3º), em especial o de "erradicar a pobreza e a marginalização e reduzir as desigualdades sociais e regionais" (inciso III).

Não há qualquer descaso quanto às despesas com educação. Talvez, depois da saúde, a educação seja o bem mais precioso que uma pessoa possa adquirir. Por esta razão, convém revelar que se cogitou, num primeiro momento, também se tratar de despesa necessaria e ilimitadamente dedutível para fins de IR.

Porém, a seguinte reflexão pareceu mais adequada e decisiva: (a) se um dos objetivos fundamentais da República Brasileira é o de "erradicar a pobreza e a marginalização e reduzir as desigualdades sociais e regionais"; (b) se a prestação de educação às pessoas mais pobres é um dos principais meios para alcançar esse objetivo; (c) se para o Poder Público fornecer educação aos mais carentes, ele precisa arrecadar recursos, entre os quais destacam-se os relativos ao IR; então, considerar que os gastos com educação privada são necessariamente e ilimitadamente dedutíveis para fins de IR, implica uma menor disponibilidade de recursos públicos para aplicação na educação dos mais pobres, que, ao contrário do determinado pela Constituição da República, acabaria aumentando as desigualdades econômicas e sociais.

Portanto, quando as despesas com educação foram consideradas como não sendo ilimitadamente informadoras do conceito *renda e proventos de qualquer natureza*, isso não importou, como poderia parecer à primeira vista, um descaso com a educação. Pelo contrário, ao assim proceder, atribui-se à educação um papel de especial relevância, pois se acredita que a existência e o funcionamento de um sistema público de educação de qualidade é um dos meios mais eficazes (senão o mais eficaz) para que um dia se tenha efetivamente "uma sociedade livre, justa e solidária", com menos desigualdades econômicas e sociais – objetivos expressos e fundamentais da República Federativa do Brasil (Constituição, art. 3º, incisos II e III, respectivamente).

Quanto às pessoas jurídicas, equivalente questão pode ser suscitada: quais são os fatos-decréscimos, no tocante às pessoas jurídicas, que devem necessariamente informar o conceito constitucional *renda e proventos de qualquer natureza* como base tributável ?

Como se disse anteriormente, são aqueles que estão relacionados ao *atendimento das necessidades vitais básicas ou à preservação da existência, com dignidade.*

É certo que não se pode aplicar à pessoa jurídica o mesmo raciocínio desenvolvido para a pessoa física. Não cabe, por exemplo, falar em despesas com a família ou com a saúde (a não ser num sentido metafórico).

Parece, contudo, haver um critério determinante para identificar esses fatos-decréscimos necessários e ele tem que ver com as peculiaridades que envolvem a existência da pessoa jurídica.

Quando se cria uma pessoa jurídica, dois elementos são materialmente essenciais: a) um patrimônio próprio; e b) uma finalidade ou um objetivo social.[29]

A pessoa jurídica apresenta uma interessante característica: ela possui um patrimônio próprio que deve estar sempre voltado ao atendimento de sua finalidade ou objeto social.

O patrimônio (conjunto de direitos subjetivos e deveres jurídicos avaliáveis em moeda) da pessoa jurídica não se confunde com o daqueles que a criaram (pessoas físicas ou mesmo outras pessoas jurídicas). Como leciona FRAN MARTINS:[30] "Constituída a pessoa jurídica, passa ela a ter patrimônio próprio. Esse patrimônio é, na sua fase inicial, formado pela contribuição que cada sócio efetuou ou prometeu efetuar para a sociedade." E complementa: "Esse patrimônio pertence à sociedade e não aos sócios; é justamente a totalidade do patrimônio que vai responder, perante terceiros, pelas obrigações assumidas pela sociedade."

A finalidade ou objetivo da pessoa jurídica não se confunde com a efêmera vontade de seus criadores. A efetiva razão de a pessoa jurídica existir deverá estar devidamente objetivada nos respectivos atos de constituição (contratos, estatutos etc.). É essa finalidade ou objetivo social que indica o sentido, o rumo, a ser seguido pela pessoa jurídica.

---

29 Nesse sentido: art. 19, do Código Civil (e art. 46 do novo Código Civil – Lei nº 10.406/2002); art. 120, da Lei de Registros Públicos; art. 302, do Código Comercial; arts. 2º e 3º, do Decreto nº 3.708/1919; arts. 1º e 2º, §§ 1º a 3º, da Lei nº 6.404/76.

30 *Curso de direito comercial*, pp. 236-237.

Esses dois elementos – patrimônio próprio e finalidade ou objetivo social – têm sido destacados pela doutrina como elementos determinantes para caracterizar a existência de uma pessoa jurídica.[31]

WASHINGTON DE BARROS MONTEIRO[32] resume, de forma clara e precisa, esse entendimento doutrinário, quando assevera:

"A constituição das sociedades e associações civis depende do concurso de dois elementos: o material e o formal. Compreende o primeiro: a) – os atos de associação; b) – o fim a que se propõe a pessoa jurídica; c) – o conjunto de bens necessários à consecução desse fim."[33]

Convém ressaltar um importante aspecto que bem demonstra uma determinante diferença ente o regime jurídico da *pessoa física* e da *pessoa jurídica*:

i – a *pessoa jurídica* não pode existir (adquirir personalidade) acaso não possua (não seja titular de) um patrimônio próprio, o qual tem como propósito permitir o alcançamento de suas finalidades ou objetivos sociais;

ii – a *pessoa física* existe (adquire personalidade) independentemente de ser titular de qualquer patrimônio – é bastante o nascimento com vida (art. 4º do Código Civil).[34]

Em função do exposto, pode-se dizer que esse binômio característico das pessoas jurídicas – *patrimônio próprio* e *finalidade* ou *objetivo social* – parece decisivo para apontar quais fatos-decréscimos devem informar necessariamente o conceito *renda e proventos de qualquer natureza* como base tributável.

A pessoa jurídica atua no sentido do cumprimento de seus objetivos sociais. Para tanto, precisa movimentar seu patrimônio, adquirindo direitos e obrigações. Esse patrimônio (conjunto de direitos subjetivos e obrigações avaliáveis em moeda) próprio permite que a pessoa jurídica exista (tenha personalidade jurídica) e atinja sua finalidade.

Dessarte, no que se refere às pessoas jurídicas, são necessariamente dedutíveis (dos fatos-acréscimos), isto é, informam necessariamente o conceito *renda e proventos de qualquer natureza* todos os fatos-decréscimos que estejam ligados ao processo de alcançamento da finalidade ou do objetivo social, sejam eles:

---

31 Nessa linha: Miguel Maria de Serpa Lopes (*Curso de direito civil*, vol. I, pp. 323 e segs.); Silvio Rodrigues (*Direito civil*, vol. I, pp. 71 e segs.); San Tiago Dantas (*Programa de direito civil*, vol. I, pp. 215 e segs.); Waldemar Ferreira (*Tratado de sociedades mercantis*, vol. II, pp. 256 e segs.); Fran Martins (*Curso de direito comercial*, pp. 232 e segs.) etc.

32 *Curso de direito civil*, 1º vol., p. 113.

33 O requisito formal a que Washington de Barros Monteiro se refere é a "maneira pela qual se constitui a sociedade ou associação", quando se leva o respectivo ato constitutivo a registro.

34 O texto do novo Código Civil – Lei nº 10406/2002 – traz disposição no mesmo sentido (art. 2º).

a) simples decréscimos no valor de um direito subjetivo patrimonial;[35]
b) fatos que são diretamente ligados ao processo de obtenção da finalidade da pessoa jurídica (p. ex., gastos com pessoal, com aquisição e manutenção de equipamentos, com aquisição de matéria prima; saída de direitos do patrimônio em função de negócios regulares praticados etc.);
c) fatos que podem não ser considerados como diretamente ligados ao processo de obtenção da finalidade da pessoa jurídica, mas que decorrem desse ou estão envolvidos nesse processo (p. ex., gastos com seguro de bens da pessoa jurídica, com tributos; perda ou destruição involuntária de bens etc.).

É pertinente proceder a uma breve referência às figuras denominadas "perda de capital" e "ganho de capital". Entre os fatos-decréscimos (necessariamente dedutíveis) *que podem não ser considerados como diretamente ligados ao processo de obtenção da finalidade da pessoa jurídica, mas que decorrem desse ou estão envolvidos nesse processo* encontram-se aqueles que tem que ver com a "perda de capital". Normalmente, diz-se que há "perda de capital", por um lado, e "ganho de capital", por outro lado, quando o valor obtido com a saída (voluntária ou involuntária) de um bem (direito subjetivo) do patrimônio é, respectivamente, inferior (perda) ou superior (ganho) ao seu valor (seja esse o valor pelo qual ele foi historicamente adquirido, seja esse o valor reavaliado em certo momento, seja esse o valor de mercado no momento da saída). Nas situações de "perdas de capital", podem coexistir fatos-acréscimos e fatos-decréscimos ou somente existirem fatos-decréscimos. Como exemplo da primeira, tem-se a hipótese de uma compra e venda – o valor obtido com a venda é fato-acréscimo, o valor do bem que saiu do patrimônio é fato-decréscimo. Como exemplo da segunda, tem-se a hipótese de perda da propriedade por usucapião – apenas ocorre o fato-decréscimo representativo da saída do bem do patrimônio. Fenômeno equivalente pode ocorrer com as situações de "ganhos de capital". Em qualquer caso, tanto os fatos-acréscimos quanto os fatos-decréscimos devem ser considerados para fins de IR.

Parece acertado firmar que, no sistema jurídico instaurado pela Constituição da República de 1988, para que se dê cumprimento aos Princípios da Igualdade, da Universalidade, da Capacidade Contributiva Subjetiva, do Mínimo Existencial, da Vedação da Utilização de Tributo com efeito de Confisco, da Razoabilidade e da Praticabilidade, é preciso observar, tanto para as *pessoas jurídicas*, quanto para as *pessoas físicas*, que:

a) a regra geral é a de que *todos os fatos-acréscimos* e aqueles *fatos-decréscimos considerados necessariamente dedutíveis* devem informar a apuração do

35 Neste caso, cabe proceder a mesma advertência que se fez quanto às pessoas físicas: por força dos Princípios da Igualdade, da Capacidade Contributiva (objetiva e subjetiva), da Praticabilidade e da Razoabilidade, a necessidade de se considerar a diminuição do valor de direitos subjetivos patrimoniais como *fatos-decréscimos* fica condicionada à correspondente necessidade de se considerar o aumento do valor de direitos subjetivos patrimoniais como *fatos-acréscimos*.

fato *Renda*, independentemente de terem ou não ocorrido os fenômenos da "perda de capital" ou do "ganho de capital";
b) os fatos (acréscimos e decréscimos) relacionados a certos negócios (p. ex., venda de bens móveis onde não haja um efetivo sistema de controle público sobre as condições e a própria realização da venda), principalmente por força do Princípio da Praticabilidade, podem ser excluídos do universo dos fatos que informarão o fato *Renda*, desde que tal disposição não seja prevista exclusiva e casuisticamente para as situações onde o resultado é a denominada "perda de capital";
c) se a exclusão referida na letra "b" for prevista apenas para as situações onde o resultado é o denominado "ganho de capital", isso representará um benefício fiscal concedido pelo legislador infraconstitucional (o complementar ou o ordinário), que poderá ser enquadrado em uma daquelas situações anteriormente analisadas, quais sejam: *isenção*; *isenção heterônoma*; *definição reduzida de critério normativo*; e *criação normativa reduzida* (subitem 3.1 do Capítulo II).

Outro ponto deve ser destacado. Ficam excluídos do conjunto de fatos-decréscimos que necessariamente informam o conceito *renda e proventos de qualquer natureza* todos aqueles fatos que são estranhos ou contrários ao processo de consecução do objetivo social (p. ex., liberalidades concedidas a terceiros, ligados ou não à pessoa jurídica).

Mais um ponto merece ser observado. Não ofende a Constituição da República, mas pelo contrário é com ela consonante, a criação de um sistema jurídico que permita ao Poder Público, respeitando o denominado Princípio da Realidade e atendendo a interesses da administração-fiscal, uma vez comprovando que certos fatos-decréscimos estão apenas aparentemente (simulação ou dissimulação) ligados ao processo de consecução dos fins da pessoa jurídica, acabar os desconsiderando para fins de IR. Encontram-se aqui compreendidas aquelas legítimas medidas voltadas ao combate da denominada evasão ilícita de tributos.

Outra questão precisa ser levantada. A utilização de certas presunções para desconsiderar alguns fatos-decréscimos como necessariamente dedutíveis (de fatos-acréscimos) é prática por vezes admitida e consonante com o denominado Princípio da Praticabilidade. Entretanto, tais presunções somente podem ser da espécie relativa ou *iuris tantum* (que admite prova em contrário), sendo absolutamente inadmissíveis e contrárias aos Princípios da Igualdade, da Capacidade Contributiva Subjetiva, do Mínimo Existencial, da Utilização de Tributo com efeito de Confisco, da Razoabilidade e da Realidade as presunções absolutas ou *iuris et de iure* (que não admitem prova em contrário).

Como se teve oportunidade de expor anteriormente.[36] o Princípio da Praticidade ou da Praticabilidade é aquele que informa a produção da norma abs-

36 Capítulo II, item 2.2. Neste sentido: Klaus Tipke (*Princípio da igualdade e ideia de sistema no direito tributário*, p. 523), Mizabel Derzi (*Legalidade material, modo de pensar "tipificante" e*

trata e geral, permitindo que o legislador faça uso de padronizações, presunções, pautas de valores, com o objetivo de facilitar a aplicação da norma, sem precisar aprofundar as investigações pertinentes ao caso concreto (fato real). Contudo, para que a aplicação desse princípio se perfaça de forma correta, é imprescindível que seja aberta a possibilidade de o interessado provar (administrativa ou judicialmente) que o padrão adotado por presunção não é compatível com a realidade. Em outras palavras, a presunção (padronização, pauta ou tabela de valores etc.) tem que ser sempre da espécie relativa (*iuris tantum*), que admita prova em contrário; nunca da espécie absoluta (*iuris et de iure*). Esta última, vale insistir, representa uma afronta direta aos Princípios da Realidade, da Razoabilidade, do Mínimo Existencial, da Utilização de Tributo com efeito de Confisco, da Igualdade e da Capacidade Contributiva (subjetiva)- esses últimos, princípios fundamentais, que sempre prevalecem sobre o da Praticidade, princípio técnico (na linguagem de KLAUS TIPKE).[37]

Após evidenciar que o conceito constitucional "renda e proventos de qualquer natureza" é informado tanto por fatos-acréscimos quanto por fatos-decréscimos, e que há certos fatos-decréscimos que necessariamente informam o conceito Renda, parece oportuno apreciar uma última questão.

Em 18 de outubro de 2000, foi publicada uma reportagem onde o Secretário da Receita Federal, EVERARDO MACIEL, pregava uma proposta no mínimo curiosa. Defendia que fosse alterada a sistemática do IR, nos seguintes termos:

a) que fosse adotada uma única alíquota (7,7 ou 10,0 %), sem qualquer progressividade, para todos os contribuintes; e

b) que fossem proibidas a dedução de toda e qualquer despesa, mesmo as relativas à saúde própria ou da família.

Segundo EVERARDO MACIEL, essa proposta teria duas grandes vantagens: i) permitir que se pague menos imposto (em especial a classe média), sem reduzir a arrecadação prevista segundo o sistema então vigente; ii) descomplicar o regime jurídico do IR, facilitando a vida dos contribuintes e acabando com a indústria daqueles que se beneficiam dessa circunstância.

A referida proposta suscita a seguinte questão: considerando o sistema jurídico brasileiro, é possível (tem fundamento constitucional de validade) a adoção de um regime jurídico para o IR, onde haveria uma alíquota única e a vedação a que qualquer fato-decréscimo informasse o conceito "renda e proventos de qualquer natureza", mesmo que ele fosse relativo à despesa com saúde própria ou da família?

---

praticidade no direito tributário, pp. 638 e segs.), Pedro M. H. Molina (*Capacidad económica y sistema fiscal*, pp. 70 e segs.), Gisele Lemke (*Imposto de renda*, p. 44) etc.

37 *Ibidem*, pp. 523 e 525.

Em função de tudo que se teve oportunidade de examinar, a resposta, parece induvidosa: trata-se de proposta flagrantemente contrária a Constituição da República.

A mencionada proposta é extremamente rica, especialmente no tocante à diversidade de Princípios Constitucionais que seriam afrontados. Sem pretender ser exaustivo, convém apontar algumas inconstitucionalidades. Afronta os Princípios Constitucionais da Igualdade, da Capacidade Contributiva Subjetiva, da Utilização de Tributo com efeito de Confisco e da Progressividade - pois pretende tributar igualmente pessoas que estão em situações jurídicas diferentes, principalmente com relação ao critério riqueza, desprezando as peculiaridades que informam as diferentes capacidades de cada um para contribuir com o financiamento público. Afronta o Princípio do Mínimo Existencial, visto que despreza os gastos com a saúde própria e da família, os quais como se demonstrou são necessariamente e ilimitadamente informadores do conceito "renda e proventos de qualquer natureza". Afronta o Princípio Constitucional da Proteção à Família, pois impede que sejam considerados os gastos com dependentes. Se tudo isso não bastasse, tal proposta de reformulação do IR ofenderia e distorceria completamente o conceito constitucional "renda e proventos de qualquer natureza" como base tributável e o sistema constitucional de repartição de competência tributária, já que, ao desprezar a consideração dos fatos-decréscimos necessariamente dedutíveis, faria com que o imposto recaísse sobre grandezas (conceitos constitucionais) que não se confundem com a *Renda*, tais como: a receita, o faturamento, o preço da mercadoria ou do serviço, o valor do bem recebido por doação ou herança, o valor recebido pela transmissão de um bem etc.

Enfim, além de ignorar esses diversos Princípios Constitucionais (que se configuram em direitos e garantias individuais e, portanto, têm o *status* de cláusulas pétreas constitucionais, conforme vem decidindo o próprio Supremo Tribunal Federal),[38] a adoção dessa proposta representaria a criação de nova espécie de imposto (que com o IR não se confundiria), sem respeitar os requisitos constitucionalmente previstos para tanto (art. 154, I, da Constituição da República).

3. A LIMITAÇÃO DA "COMPENSAÇÃO" DE PREJUÍZOS FISCAIS POR PARTE DO LEGISLADOR INFRACONSTITUCIONAL

Urge fazer uma preliminar observação: o regime jurídico da mencionada "compensação" de prejuízos fiscais não se confunde com o daquela "compensação" prevista no art. 170 do Código Tributário Nacional. Como se evidenciará melhor adiante, a "compensação" do art. 170 do CTN para existir depende da vontade do legislador infraconstitucional. Já a "compensação" de prejuízo fiscal é medida imposta pela própria Constituição da República.

38 Entre outras decisões: ADIn 939; ADIMC 712; RE 17.2058; RE 200972.

A "compensação" prevista no art. 170 do CTN refere-se à possibilidade de serem extintas dívidas tributárias mediante o encontro de direitos subjetivos patrimoniais e deveres jurídicos patrimoniais (obrigações), de que uma pessoa (contribuinte ou sujeito passivo tributário) e o Poder Público (sujeito ativo tributário) são reciprocamente titulares. Essa "compensação" para que possa ser realizada depende de lei autorizadora, como dispõe expressamente o art. 170 do CTN.

Coisa diversa é a denominada "compensação" de prejuízos fiscais na sistemática do IR. Essa "compensação" encontra-se inteiramente ligada ao próprio conceito constitucional "renda e proventos de qualquer natureza" e ao tema dos fatos-decréscimos que necessariamente informam esse conceito.[39]

O conceito "prejuízo fiscal" opõe-se ao conceito "acréscimo de valor patrimonial" (elemento nuclear do conceito constitucional *Renda*). Na sistemática relativa ao IR, este é o resultado positivo da combinação de todos os fatos-acréscimos (positivos) com certos fatos-decréscimos (negativos) realizados em certo período de tempo. Aquele (prejuízo fiscal) é o resultado negativo da combinação de todos os fatos-acréscimos (positivos) com certos fatos-decréscimos (negativos) realizados em certo período de tempo.

Conseque entemente, é condição necessária para que haja *prejuízo fiscal* que, em certo período de tempo, o montante de *fatos-decréscimos necessariamente dedutíveis* supere o montante de *fatos-acréscimos*. Daí ter sido afirmado anteriormente que o tema "prejuízo fiscal" está intimamente ligado ao tema dos fatos-decréscimos que necessariamente informam o conceito constitucional "renda e proventos de qualquer natureza".

Esse raciocínio merece ser mais bem desenvolvido.

Considerando:

a) que a sistemática da tributação das pessoas (físicas e jurídicas) por meio do IR precisa respeitar diversos princípios constitucionais, entre eles o Princípio do Mínimo Existencial;

b) que o fato "renda e proventos de qualquer natureza" (*Renda*) decorre da combinação de todos os fatos-acréscimos com aqueles fatos-decréscimos que são necessariamente dedutíveis;

c) que quando o produto dessa combinação é positivo, tem-se *Renda* e, quando o produto dessa combinação é negativo, tem-se *prejuízo fiscal*;

d) que a apuração de prejuízo fiscal decorre, exclusivamente, da circunstância de, em determinado período de tempo, o montante dos fatos-decréscimos que necessariamente informam o conceito constitucional "renda e proventos de qualquer natureza" ser maior que o montante de todos os fatos-acréscimos;

e) que os fatos-decréscimos que necessariamente informam o conceito constitucional "renda e proventos de qualquer natureza" são aqueles diretamente

---

39 O tema dos fatos-decréscimos que necessariamente informam o conceito constitucional "renda e proventos de qualquer natureza" foi desenvolvido no item 2 deste capítulo.

informados pelo Princípio Constitucional do Mínimo Existencial, ou seja, são aqueles que estão relacionados ao *atendimento das necessidades vitais básicas ou à preservação da existência, com dignidade*;

Então, pode-se concluir que:
a) a denominada "compensação de prejuízos fiscais" que se apresenta e se qualifica como imposição da Constituição da República representa a consideração compulsória (constitucionalmente obrigatória), em período(s) de apuração subsequ ente(s), daqueles fatos- decréscimos necessariamente dedutíveis (que necessariamente informam o conceito constitucional "renda e proventos de qualquer natureza" – *Renda*) que, no período de apuração do fato *Renda*, superaram o montante dos fatos-acréscimos;
b) o valor do prejuízo fiscal "a compensar" por força da Constituição corresponde exatamente ao saldo de valor dos fatos-decréscimos necessariamente dedutíveis que, em certo período, superou o montante do valor dos fatos-acréscimos e que deve ser obrigatoriamente considerado em período(s) de apuração subsequ ente(s), isto é, deve ser obrigatoriamente combinado, até sua total eliminação, com os fatos-acréscimos e fatos-decréscimos apurados nos período(s) subsequ ente(s);
c) qualquer tipo de limitação, seja quantitativa, seja temporal, que o legislador infraconstitucional estabeleça para a *"compensação" do prejuízo fiscal que se apresenta como imposição da Constituição* significa uma inaceitável ofensa ao conceito constitucional "renda e proventos de qualquer natureza", em função de esse conceito ser necessariamente informado por aqueles fatos-decréscimos que estão relacionados ao *atendimento das necessidades vitais básicas ou à preservação da existência, com dignidade*.

Convém ressaltar que o montante de prejuízo fiscal a ser obrigatoriamente compensado é somente o que corresponder àqueles fatos-decréscimos que necessariamente informam o conceito constitucional "renda e proventos de qualquer natureza".

Essa observação é relevante à medida que o legislador infraconstitucional pode determinar que certos fatos-decréscimos informarão (negativamente) a base de cálculo do IR, ainda que não sejam da espécie que necessariamente deve informar o conceito constitucional "renda e proventos de qualquer natureza". Desse modo, por se tratar de uma liberalidade por parte do legislador infraconstitucional, este pode a qualquer tempo excluí-la ou mesmo limitá-la para certos fins – p. ex., para os fins de não permitir que elas informem o montante de prejuízo fiscal a ser "compensado".

Insta relevar que tanto o fato *Renda* quanto o fato *prejuízo fiscal* são resultados, respectivamente, positivo e negativo, da combinação de todos os *fatos-acréscimos* com aqueles *fatos-decréscimos necessariamente dedutíveis*, realizados em certo período. Por consequência, a compensação do prejuízo fiscal apurado (relativo a um dado período) somente poderá ser levada a termo em período(s) subsequente(s).

A doutrina tem conferido especial destaque para outro aspecto pertinente ao tema da compensação de prejuízo fiscal. Costumam asseverar que quando uma pessoa experimenta um montante de fatos-decréscimos superior ao de fatos-acréscimos (incorre em prejuízo), de duas uma: a) ou essa pessoa teve que se desfazer de riqueza velha (patrimônio já acumulado e tributado pelo IR); b) ou essa pessoa teve que contrair dívidas com terceiros. Nas duas hipóteses, um ponto é comum – há um mesmo (de igual valor) decréscimo patrimonial. Por essa razão, pontificam que a compensação de prejuízo fiscal precisa ser realizada para que não se acabe tributando o patrimônio em vez da *Renda*. Aquilo que se adquire (fatos- acréscimos) até o montante do prejuízo fiscal representa mera recomposição patrimonial (da riqueza velha) e não acréscimo patrimonial (riqueza nova).

Essa concepção largamente defendida pela doutrina nacional[40] tem raízes naqueles estudos clássicos sobre *Renda*, os quais, como se teve oportunidade de examinar anteriormente (Capítulo III), já estabeleciam a distinção entre os conceitos *capital* (patrimônio) e *renda*.

Nessa linha de entendimento, JOSÉ LUIZ BULHÕES PEDREIRA[41] realiza um importante esclarecimento acerca da relação existente entre o conceito constitucional de *Renda* e a necessidade de se realizar a compensação de prejuízo fiscal, o qual merece especial destaque.

Inicialmente, informa que "a legislação brasileira desde 1947 admite a compensação de prejuízos durante prazo limitado a 3 ou 4 anos, mas as leis dos últimos anos eliminaram o limite de prazo com relação aos prejuízos apurados no ano de 1992 e a partir de 1º de janeiro de 1996". Observa que o fato de em diferentes países existir um prazo para que a compensação se realize, não autoriza a adoção de semelhante limitação temporal no Brasil. Nesse sentido, destacando a peculiaridade do sistema constitucional de atribuição da competência tributária no Brasil, explica que : "o regime de repartição de poder tributário constante da nossa Constituição, precisado por leis complementares, é peculiar ao direito brasileiro, e, com a ressalva de que não verificamos as limitações constitucionais de poder de tributar nos países acima referidos, é provável que na maioria deles, senão em todos, o prazo para compensar prejuízos seja matéria de política legislativa e não se coloque a questão da sua compatibilidade com um conceito constitucional de renda."

---

40 Entre outros: Mizabel Derzi (RDT 63, pp. 46-47); Hugo de Brito Machado (*A tributação do lucro e a compensação de prejuízos*, pp. 51 e segs.); Paulo Ayres Barreto (*Imposto sobre a renda e preços de transferência*, p. 93); Antônio Roberto Sampaio Dória (*A incidência da contribuição social e a compensação de prejuízos acumulados*, pp. 87 e segs); Gisele Lemke (*Imposto de renda – os conceitos de renda e de disponibilidade econômica e jurídica*, p. 84); Valdir de Oliveira Rocha (*Imposto de renda e compensação de prejuízos*, pp. 77 e segs.); João Dácio Rolim (*A compensação de prejuízos fiscais*, pp. 11 e segs.).

41 *Imposto de renda – lucro da pessoa jurídica – compensação de prejuízos*, Revista de Direito Administrativo, volume 207, pp. 403-404.

Em seguida, BULHÕES PEDREIRA estabelece a definição de *Renda* no sistema constitucional brasileiro, diferençando-a da definição de *capital*: "No nosso sistema constitucional, renda é acréscimo patrimonial, e a renda originária é acréscimo patrimonial, e a renda originária de receita bruta é – por definição – o valor da receita que excede os custos necessários para ganhá-la; *a parte da receita bruta que repõe custos é capital, e não renda*; a dedução do custo é requisito legal e lógico para a existência da renda, independentemente do prazo decorrido entre a época em que o custo é incorrido e a receita é recebida".

Prossegue, identificando a natureza do prejuízo fiscal no sistema do IR: "o prejuízo acumulado é custo necessário para que a pessoa jurídica ganhe lucro em exercícios subsequ entes, e a limitação do prazo para deduzir o prejuízo implica tributação de capital, e não de renda; e é incompatível com o conceito constitucional de renda a lei que estabelece prazo para a dedução de custos incorridos em exercícios anteriores, inclusive do prejuízo operacional."

Por fim, ao se manifestar sobre a constitucionalidade da limitação a 30% da compensação dos prejuízos de exercícios anteriores, BULHÕES PEDREIRA é taxativo: "É incompatível com o conceito constitucional de "renda e proventos de qualquer natureza", tal como explicitado pelo artigo 43 do CTN, a norma do artigo 42 da Lei nº 8.981/95 que, para efeito de determinar o lucro real que constitui a base de cálculo do imposto de renda das pessoas jurídicas, limita a 30% a compensação dos prejuízos de exercícios anteriores."

Comunga desse mesmo entendimento SACHA CALMON NAVARRO COELHO.[42] ao afirmar que "os prejuízos de exercícios anteriores devem ser totalmente absorvidos pelo lucro dos primeiros exercícios que se lhes seguirem, sob pena de, limitando-se esta dedução, ser o imposto de renda convertido em imposto sobre o patrimônio (o lucro tributável será, em parte, pura ilusão)."

JOSÉ ARTUR LIMA GONÇALVES enuncia que "os prejuízos, confrontados aos saldos positivos posteriores, devem ser totalmente recuperados antes que se possa cogitar da existência da renda (saldo positivo)." E complementa: "prejuízos anteriores têm que ser deduzidos do saldo positivo, para que se possa contemplar acréscimo real e efetivamente obtido; do contrário, estará sendo tributado o próprio patrimônio da sociedade empresária. É que prejuízo implica, sempre, uma redução de patrimônio".[43]

ROQUE ANTONIO CARRAZA,[44] ancorado no que determina o sistema constitucional brasileiro, bem sintetiza o posicionamento da doutrina dominante nacional, ao asseverar que a tributação por meio do IR, sem a dedução da totalidade dos prejuízos fiscais experimentados nos exercícios anteriores: "a) vulnera o conceito constitucional de renda"; "b) desatende aos princípios da generalidade, da progres-

---

42 *Curso de direito tributário brasileiro*, p. 456.

43 *Imposto sobre a renda – pressupostos constitucionais*, p. 181.

44 *Curso de direito constitucional tributário*, nota nº 188, pp. 585-586.

sividade e da universalidade"; "c) contraria o princípio da igualdade tributária", atenta "contra o caráter pessoal de que os tributos em tela devem revestir-se, por força do princípio da capacidade contributiva (art. 145, § 1º da CF)"; "d) leva a resultados que não refletem o conceito geral e universal de renda tributável, dando às exações em foco um colorido confiscatório, vedado pelo art. 150, IV, da CF"; "e) conspira contra o princípio da continuidade da empresa"; "f) cria, por via oblíqua, ... um empréstimo compulsório teratológico", ao arrepio do art. 148 da Constituição.

Dessarte, segundo esse entendimento doutrinário extensamente adotado, o montante de recomposição patrimonial (*riqueza velha recuperada* ou *recomposta*) tem natureza jurídica de patrimônio, não de *Renda* (acréscimo de valor patrimonial), e a Constituição da República, quando estabelece a repartição da competência tributária, distingue conceitos próprios de elementos do **patrimônio** (p. ex., quando alude ao Imposto sobre a Propriedade Territorial Rural - ITR - art. 153, VI - ou ao Imposto sobre a Propriedade Predial ou territorial Urbana - IPTU - art. 156, I) do conceito ***Renda*** (p. ex., quando se refere ao Imposto sobre a Renda ou Proventos de qualquer natureza - IR - art. 153, III).

Duas observações ainda devem ser feitas:

Primeira - ao que parece, o verdadeiro fundamento do entendimento de que *o montante de recomposição patrimonial* (equivalente ao valor do prejuízo acumulado anteriormente) *não possui natureza de Renda* decorre exatamente da consideração de que existem fatos-decréscimos que necessariamente informam o conceito constitucional "renda e proventos de qualquer natureza", e são esses fatos que, quando surgem em montante superior ao dos fatos acréscimos, fazem nascer a figura do *prejuízo fiscal*.

Segunda - o raciocínio utilizado para fundamentar a obrigatoriedade de se compensar prejuízos fiscais aplica-se tanto às pessoas jurídicas quanto às pessoas físicas, pois ambas experimentam fatos-decréscimos que informam necessariamente o conceito constitucional "renda e proventos de qualquer natureza", quais sejam, aqueles que estão relacionados ao *atendimento das necessidades vitais básicas ou à preservação da existência, com dignidade.*

Portanto, é imperativo que o regime jurídico atinente ao *imposto sobre a renda e proventos de qualquer natureza*, tanto o das pessoas jurídicas quanto o das pessoas físicas, preveja um sistema de compensação (consideração) do(s) prejuízo(s) fiscal(is) decorrentes daqueles fatos-decréscimos (os necessariamente dedutíveis) relacionados ao atendimento das necessidades vitais básicas ou à preservação da existência, com dignidade, sob pena de caracterizar-se flagrante afronta a diversos princípios constitucionais[45] e, especialmente, ao con-

45 Entre os Princípios Constitucionais afrontados destacam-se os seguintes: a) dignidade da pessoa humana e mínimo existencial (art. 1º, III e art. 170); b) valorização do trabalho e da livre iniciativa (art. 1º, IV e art. 170); c) justiça (art. 3º, I); d) garantia do desenvolvimento nacional (art. 3º, II); e) bem comum (art. 3º, IV); f) igualdade (art. 5º e I); g) garantia do direito de propriedade (em rigor, de todos os direitos subjetivos avaliáveis em moeda ou

ceito constitucional de "renda e proventos de qualquer natureza" como base tributável.[46]

4. A TRIBUTAÇÃO DEFINITIVA E EM SEPARADO DE CERTAS "ESPÉCIES DE RENDA E PROVENTOS" (RENDIMENTOS)

Preliminarmente, é mister esclarecer, quanto ao subsistema do *imposto sobre a renda e proventos de qualquer natureza*, o que significa a expressão *tributação definitiva e em separado de "certas espécies de renda e proventos" (rendimentos)*.

A doutrina reconhece a existência de dois conceitos diferentes, inconfundíveis:

a) a aquisição de um novo direito subjetivo patrimonial, que se realiza em certo instante e que decorre de um determinado fato jurídico;[47] e

b) o acréscimo de riqueza que alguém obtém em determinado período de tempo, o qual é o resultado positivo da combinação de certos fatos que informam o acréscimo ou o decréscimo de valor de um dado patrimônio.

No sistema brasileiro, costuma-se denominar o primeiro conceito de *rendimento* e o segundo de *Renda*. Adverte-se, mais uma vez, que há outros idiomas (onde o sistema constitucional tributário não é tão abrangente quanto o brasileiro) que utilizam uma mesma palavra para identificar esses dois diferentes concei-

direitos patrimoniais – art. 5º e XXII, art. 170, II); h) capacidade contributiva (a subjetiva – art. 145, § 1º); i) repartição constitucional da competência tributária (art. 145, I a III, § 2º, art. 153, art. 155 e art. 156) e j) vedação da utilização de tributo com efeito de confisco (art. 150, IV).

46 Essa matéria está sob apreciação do Supremo Tribunal Federal, como dá notícia o *Informativo STF nº 246*, cujo título é *RE e Efeito Suspensivo: Plausibilidade do Pedido*: "A Turma, negando provimento a agravo regimental, manteve a decisão que conferira efeito suspensivo a recurso extraordinário, já admitido para esta Corte, cuja matéria de fundo – não incidência, na espécie, da MP 812/94 com a consequente compensação integral dos prejuízos fiscais acumulados até 31.12.94 para fins de apuração do imposto de renda e da contribuição social sobre o lucro de contribuinte – encontra-se com julgamento iniciado pela Primeira Turma no RE 244.293-SC (v. Informativo 185). Considerou-se haver relevância na questão suscitada no recurso extraordinário e, ainda, o fato de que no julgamento já iniciado sobre o tema, o qual encontra-se suspenso em face de pedido de vista, há voto já prolatado favorável ao contribuinte. Precedente citado: PET 2.100-SP (DJU de 22.9.2000). PET (AgRg) 2.278-PR, rel. Min. Carlos Velloso, 16.10.2001. (PET-2278)." A posição até o momento adotada pelas duas Turmas, pode ser representada pela decisão no PET 2.100-SP: "EMENTA: Imposto de renda e contribuição social sobre o lucro. Compensação de prejuízos (Lei nº 8.981-95).Cautelar deferida para suspensão da exigibilidade do crédito tributário, podendo ser revista a medida, em função do resultado do julgamento do RE 244.293."

47 Repita-se que há quem inclua no conceito de "rendimento" um simples acréscimo de valor de um direito (um bem), o qual não necessariamente seria provocado por (efeito jurídico de) um fato jurídico.

tos, o que por certo contribui para que alguns tenham dificuldade de estabelecer a necessária distinção.[48]

Portanto, como facilmente se atesta, a *tributação definitiva e em separado de certas "espécies de renda e proventos"*,[49] em verdade, importa a tributação de *rendimento*, não de "renda e proventos de qualquer natureza". O conceito *rendimento* aproxima-se da noção de fato-acréscimo. Por sua vez, o conceito "renda e proventos de qualquer natureza" (conceito uno e global) é formado a partir da combinação de todos os fatos-acréscimos com certos fatos-decréscimos (os necessariamente dedutíveis). Segundo a definição anteriormente construída:

***Renda e proventos de qualquer natureza** (ou **Renda** em sentido amplo) é conceito que está contido em normas constitucionais relativas ao imposto sobre a renda e proventos de qualquer natureza e que designa o acréscimo de valor patrimonial, representativo da obtenção de produto ou de simples aumento no valor do patrimônio, apurado, em certo período de tempo, a partir da combinação de todos os fatos que contribuem para o acréscimo de valor do patrimônio (fatos-acréscimos) com certos fatos que, estando relacionados ao atendimento das necessidades vitais básicas ou à preservação da existência, com dignidade, tanto da própria pessoa quanto de sua família, contribuem para o decréscimo de valor do patrimônio (fatos-decréscimos).*

Assim, é absolutamente inaceitável confundir-se, em matéria constitucional tributária, o conceito *rendimento* com o conceito *renda e proventos de qualquer natureza* (*Renda*). Confundir esses conceitos implica desprezar o conceito constitucional de *Renda* e o sistema constitucional de atribuição da competência tributária, bem como representa afronta aos Princípios Constitucionais da Igualdade, da Universalidade, da Capacidade Contributiva Subjetiva, do Mínimo Existencial, da Vedação da Utilização de Tributo com efeito de Confisco e da Progressividade, como se evidenciará adiante.

O Princípio Constitucional da Igualdade, que impede a existência jurídica de quaisquer desigualdades e privilégios odiosos, conforma o conceito "renda e proventos de qualquer natureza" à medida que estabelece como regra, salvo determinação constitucional em contrário, a inclusão nesse conceito de todos os fatos (positivos e negativos) que contribuam para a identificação de acréscimos patrimoniais. Assim, impõe a consideração do *patrimônio*, para fins tributários, como

---

48 BULHÕES PEDREIRA observa que "em outros idiomas a expressão renda é usada nos dois sentidos, de renda global periódica e de rendimento." *Imposto de renda*, pp. 2-3. Cabe ainda lembrar que essa confusão terminológica remonta a antigas doutrinas econômicas, como se teve oportunidade de expor no item 2.1.1 do Capítulo III.

49 A expressão "espécies de renda e proventos" está entre aspas para que fique salientada a imprecisão por ela revelada, pois não cabe falar em *Renda* como base tributável possuindo diferentes espécies. Em rigor, que existe são diversos fatos-acréscimos que combinados com certos fatos-decréscimos informam o conceito *Renda*. Daí preferir-se o uso do termo *rendimento*, que representa um conceito que não se confunde com o conceito de *Renda*.

sendo uma universalidade e uma unidade, ou seja, *patrimônio* é o conjunto único (unidade) composto por todos (universalidade) os direitos subjetivos e de todos os deveres jurídicos avaliáveis em moeda (direitos e obrigações patrimoniais). Cogitar de *pseudodiferentes patrimônios* importaria fomentar possíveis desigualdades sem qualquer fundamento constitucional, o que evidentemente caracterizaria flagrante hipótese de inconstitucionalidade.

Nesse mesmo sentido, dispõe o Princípio Constitucional da Universalidade, corolário do Princípio da Igualdade e que está expressamente mencionado pela Constituição (art. 153, § 2º, I) como sendo um dos que informa, de modo específico, o conceito "renda e proventos de qualquer natureza". Por determinação desse princípio, o conceito "renda e proventos de qualquer natureza" deve ser informado por todos os fatos (positivos e negativos) que contribuam para a sua identificação, não importando quais sejam suas fontes, origens ou natureza.

Dessarte, está certo que, numa primeira apreciação (sem considerar outros princípios constitucionais), por força do Princípio da Igualdade e por força do Princípio da Universalidade, a Constituição requer que o conceito "renda e proventos de qualquer natureza" seja resultado da combinação de todo e qualquer fato (positivo e negativo) que possa informar a ocorrência de acréscimo (ou decréscimo) de valor do patrimônio. Desse modo, reitera-se a necessidade de se considerar tanto o aspecto da *universalidade* – deve-se computar todos os fatos inerentes a uma pessoa que impliquem o aumento ou a diminuição de valor do seu patrimônio –, quanto o aspecto da *unidade* – pois ao se cogitar do conceito acréscimo de valor patrimonial, é preciso ter em conta que *patrimônio* significa *conjunto* de direitos subjetivos e deveres jurídicos avaliáveis em moeda que uma pessoa é titular.

Logo, é inadmissível, especialmente em matéria de IR, supor: i) uma pessoa como sendo titular de "diferentes patrimônios"; ou mesmo ii) grupos de diferentes fatos que impliquem o aumento ou a diminuição de valor de "diferentes patrimônios". Tais situações (a) implicariam ofensa direta aos Princípios da Igualdade e da Universalidade, já que permitiriam a criação de privilégios odiosos ou de tratamentos discriminatórios e iníquos e (b) distorceriam o conceito "renda e proventos de qualquer natureza", caracterizando, por tudo isso, flagrante hipótese de inconstitucionalidade.

É cediço que a doutrina, nacional e estrangeira, pontifica que o conceito de *patrimônio* é universal, uno e indivisível, e que cada pessoa pode ter sua riqueza avaliada em função do conjunto de direitos subjetivos e obrigações de que é titular. Todavia, não se deve ignorar o fato de haver na doutrina a menção à possibilidade de serem criados, para fins específicos, "patrimônios especiais" ou "apartados".

A criação dos denominados "patrimônios especiais ou separados", em rigor, não importa a existência de uma pluralidade de patrimônios com distintos direitos e deveres, mas significa simplesmente a possibilidade de, respeitada a

Constituição, serem destacados, para determinados fins, certos elementos (direitos e deveres) integrantes de um mesmo patrimônio. Todavia, o patrimônio continua sendo um só.

O caráter universal e unitário do patrimônio é produto da concentração de todos (universalidade) os de direitos subjetivos e deveres jurídicos avaliáveis em moeda que um mesmo sujeito (unidade) é titular.

Vale observar que o caráter da universalidade do patrimônio, firmado pela doutrina nacional e estrangeira,[50] encontra-se, inclusive, disposto expressamente no art. 57 do Código Civil Brasileiro: "O patrimônio e a herança constituem coisas universais, ou universalidades, e como tais subsistem, embora não constem de objetos materiais."[51]

A questão da possibilidade de serem destacados alguns elementos do patrimônio mereceu acurada explicação por parte de J. M. CARVALHO SANTOS:[52]

"O patrimônio é princípio repetido a todo instante, compreende um complexo de relações jurídicas, com conteúdo econômico. Essa pluralidade de relações, porém, é reunida em uma união, numa universalidade, que tem inegavelmente uma unidade exterior. E a razão dessa unidade tem sua justificativa: a unidade meramente formal do patrimônio é resultado da univocidade do destino das relações aí contidas (a vida econômica), e especialmente pela ligação a um centro, a um único sujeito. Por isso, como autônomo é o sujeito (distinto de todos os outros), assim autônomo e distinto de todos os patrimônios é o patrimônio que a ele está ligado e que ele encabeça."

E complementa:

"Esta unidade, e aí está um ponto de grande importância para o esclarecimento do assunto, não é teoricamente incompatível com a formação no seio do patrimônio de subgrupos, ou menores agregados de relações jurídicas ativas e passivas, reunidos a seu redor em um agrupamento autônomo, e distinto das outras relações jurídicas contidas no patrimônio do mesmo sujeito. Em tal caso, os débitos que fazem parte do grupo são satisfeitos com os bens deste grupo de que fazem parte".

---

50 Nesse sentido: Clóvis Beviláqua (*Theoria geral do direito civil* e *Código Civil dos Estados Unidos do Brasil comentado*), J. M. Carvalho Santos (*Código civil brasileiro interpretado*, vol. II), San Tiago Dantas (*Programa de direito civil*, vol. I), Caio Mário da Silva Pereira (*Instituições de direito civil*, vol. I), Silvio Rodrigues (*Direito civil*), Roberto de Ruggiero (*Instituições de direito civil*, vol. I), Alberto Trabucchi (*Istituzioni di diritto civille*) etc.

51 O novo Código Civil Brasileiro – Lei nº 10406/2002 – contém disposição equivalente: "Art. 91. Constitui universalidade de direito o complexo de relações jurídicas, de uma pessoa, dotadas de valor econômico."

52 J. M. Carvalho Santos, *Código civil brasileiro interpretado*, vol. II, p. 61.

CAIO MARIO DA SILVA PEREIRA[53] elucida que as hipóteses apontadas como de divisibilidade de patrimônio (dote, comunhão parcial, substituições fideicomissárias etc.), em verdade não revelam pluralidade ou divisibilidade de patrimônio, mas sim que existe é a "distinção de bens de procedência diversa no mesmo patrimônio".

Outro aspecto precisa ser relevado. É importante não esquecer que o critério "riqueza" é constitucionalmente determinante para informar o quanto de recurso cada pessoa deverá entregar a título de imposto. Informa como cada um participará do custeio do Poder Público. A mensuração dessa riqueza deve se realizar da forma mais abrangente e mais equitativa possível, que é incompatível com a citada tributação, por meio do IR, definitiva e em separado de certas "espécies de renda e proventos" (rendimentos), pois esta despreza a existência do conjunto (unidade) de todos (universalidade) os direitos e deveres patrimoniais (patrimônio), conceito revelador da verdadeira riqueza de uma pessoa.

Admitir essa tributação definitiva e em separado de certas "espécies de renda e proventos" (rendimentos) ofenderia igualmente outros dois princípios determinantes para a conformação do conceito "renda e proventos de qualquer natureza", quais sejam: o da Capacidade Contributiva Subjetiva e o do Mínimo Existencial.

É corrente a assertiva de que o *imposto sobre a renda e proventos de qualquer natureza* é o imposto pessoal[54] por excelência, que é o imposto que melhor retrata a real capacidade contributiva de um indivíduo. Isso se dá pelo fato de sua sistemática possibilitar a consideração de características pessoais, que permitem a aferição da justa e adequada carga tributária a ser suportada, em função das condições econômicas de cada contribuinte. Tal possibilidade encontra-se relacionada com o próprio conceito "renda e proventos de qualquer natureza", que apresenta peculiaridades que permitem tal consideração.

O Princípio da Capacidade Contributiva Subjetiva está intimamente relacionado com o do Mínimo Existencial, pois a capacidade contributiva subjetiva tem início quando se ultrapassa o limite do mínimo existencial.

Ora, quando se pretende por meio do IR realizar uma tributação definitiva e em separado de certas "espécies de renda e proventos" (rendimentos) acaba se considerando, quando do cômputo da *Renda*, somente os fatos-acréscimos, desprezando (excluindo) aqueles fatos-decréscimos que necessariamente (por força da Constituição da República) informam o conceito constitucional "renda e proventos de qualquer natureza". Tal pretensão implica a impossibilidade de uma pessoa existir com dignidade, representando uma clara afronta ao Princípio Constitucional do Mínimo Existencial e, por consequ ência, ao Princípio da Capacidade Contributiva Subjetiva.

---

53 Caio Mario da Silva Pereira, *Instituições de direito civil*, vol. I, p. 339.

54 Convém repetir que a doutrina tem aproximado e até identificado o princípio da Pessoalidade com o da Capacidade Contributiva Subjetiva (subitem 2.2 do Capítulo II).

Urge, ainda, salientar que a tributação por meio do IR, de forma definitiva e em separado, de certas "espécies de renda e proventos" (rendimentos) mesmo que não afronte os limites do mínimo existencial, pode significar uma *tributação excessiva* (que represente uma ofensa ao direito de propriedade em sentido amplo – isto é, qualquer direito subjetivo patrimonial avaliável em moeda – ou que viole a liberdade de se exercer uma atividade produtiva lícita, por inviabilizar a prática da mesma), que implicaria uma ofensa ao Princípio da Vedação da Utilização de Tributo com efeito de Confisco e ao Princípio da Capacidade Contributiva Subjetiva.

Também o Princípio Constitucional da Progressividade, especificamente previsto como informador do *imposto sobre a renda e proventos de qualquer natureza* (CRFB – art. 153, § 2º, I), seria desrespeitado acaso se adotasse a tributação definitiva e em separado de certas "espécies de renda e proventos" (rendimentos), como bem elucida RICARDO MARIZ DE OLIVEIRA:[55] "Evidentemente que somente é possível aplicar-se o critério da progressividade aplicando-se também o da generalidade, isto é, abrangendo no fato gerador e em sua base de cálculo todas as rendas e proventos do período."

Se tudo isso não bastasse, importa asseverar que pretender, por meio do IR, realizar uma tributação definitiva e em separado de certas "espécies de renda e proventos" (rendimentos) significa dizer que o conceito constitucional "renda e proventos de qualquer natureza" pode ser considerado sinônimo de *receita*, *faturamento*, *preço de mercadoria* ou *preço de serviço*, o que denota um flagrante menosprezo a todos esses conceitos constitucionalmente adotados e, por consequência, ao *sistema constitucional de repartição de competência tributária.*[56]

Importa destacar que somente em circunstâncias extraordinárias é possível juridicamente (constitucionalmente portanto) haver uma tributação, por meio do IR, isolada (de rendimento) e definitiva. Isso pode ocorrer naquelas situações excepcionais onde não é possível apurar se uma determinada pessoa experimentou ou não acréscimo de valor patrimonial em certo período de tempo, pelo fato de o Estado-Fiscal não ter acesso ao conjunto de todos os fatos-acréscimos e de certos fatos-decréscimos que tal pessoa porventura venha experimentar em certo período de tempo. Exemplos típicos são (i) o da pessoa que não tem domicílio no território nacional e que aqui aufere algum rendimento e (ii) o do rendimento pago a quem tem um título ao portador. Como nesses casos o Estado-Fiscal brasileiro não teria instrumentos suficientes e adequados para verificar o conjunto dos fatos-acréscimos e fatos-decréscimos que informam o conceito Renda, é consonan-

---

55 *Os princípios fundamentais do imposto de renda e a tributação das aplicações financeiras*, p. 71. Vale ressaltar que esse autor chama de "generalidade" aquilo que muitos chamam de "universalidade". Segundo Paulo Ayres Barreto: "Não há como observar o princípio se a aplicação de alíquotas progressivas ocorrer sobre parcelas de renda (e não sobre a renda total)." *Imposto sobre a renda e preços de transferência*, p. 63.

56 Esse ponto foi objeto de acurada exposição no item 1 do Capítulo IV.

te com a Constituição, atendidos, especialmente, os Princípios da Razoabilidade e da Praticidade (ou Praticabilidade), haver a tributação, por meio do IR, isolada e definitiva, na fonte[57] ou não, do rendimento auferido.

Em suma, (i) considerando o que dispõem os Princípios Constitucionais da Igualdade, da Universalidade, da Capacidade Contributiva Subjetiva, do Mínimo Existencial, da Vedação da Utilização de Tributo com efeito de Confisco e da Progressividade (ii) considerando o conceito constitucional "renda e proventos de qualquer natureza" e o sistema constitucional de atribuição da competência tributária, (iii) considerando que o fato "renda e proventos de qualquer natureza" somente se consuma ao final de certo período de tempo, e (iv) considerando que existem condições normais, de acordo com os Princípios da Razoabilidade e da Praticabilidade, para apurar se uma determinada pessoa experimentou acréscimo de valor patrimonial em certo período, ***então***, pode-se asseverar que, somente após o término desse período, quando serão considerados todos os fatos-acréscimos e certos fatos-decréscimos (os necessariamente dedutíveis) durante ele ocorridos, o fato "renda e proventos de qualquer natureza" estará consumado e será possível juridicamente cogitar do surgimento da respectiva obrigação tributária, sendo, pois, totalmente inadmissível - inconstitucional - tributar, por meio do IR, de forma definitiva e em separado, certas "espécies de renda e proventos" (rendimentos).[58]

5. A SISTEMÁTICA DA *TRIBUTAÇÃO NA FONTE* (DEFINITIVA OU NÃO)

A sistemática denominada "tributação na fonte" tem sido cada vez mais utilizada com relação a diferentes espécies tributárias.

De modo preliminar e simplificado, pode-se dizer que essa forma de tributação se estabelece mediante a atribuição à fonte pagadora (a que, por razões diversas, perfaz pagamentos aos contribuintes) da obrigação de entregar ao Fisco certo valor em dinheiro equivalente àquele que o contribuinte deve a título de tributo.

---

57 A questão relativa à incidência na fonte do *imposto sobre a renda e proventos de qualquer natureza* sobre rendimentos pagos a qualquer título, nos termos dos artigos 157, I, e 158, I, da CRFB, será objeto de exame no item 5 deste capítulo.

58 Integram a doutrina mais especializada nessa matéria e destacam esse entendimento: Gilberto Ulhôa Canto, Ian de Porto Alegre Muniz e Antonio Carlos Garcia de Souza (*Imposto sobre a renda e proventos de qualquer natureza*); Paulo Ayres Barreto (*Imposto sobre a renda e preços de transferência*); Mizabel de Abreu Machado Derzi (*Periodicidade do imposto de renda II*), Hugo de Brito Machado (*A supremacia constitucional e o imposto de renda*), Ricardo Mariz de Oliveira (*Os princípios fundamentais do imposto de renda e a tributação das aplicações financeiras*); Marçal Justen Filho (*Periodicidade do imposto de renda II*); Gisele Lemke (*Imposto de renda ...*) etc.

Normalmente, por força da concentração na fonte pagadora do dever de recolher os tributos, são apontadas as seguintes vantagens desse sistema: a) aumento da agilidade e da certeza no processo de arrecadação; b) facilitação da atividade de fiscalização; e c) dificultação da evasão fiscal ilícita.

Como se atesta a sistemática da "tributação na fonte" atende relevantes e legítimos interesses da Administração Tributária. Todavia, a questão que se apresenta e que tem suscitado calorosos debates é a seguinte: sistemática da "tributação na fonte" é compatível com o sistema constitucional-tributário brasileiro relativo ao IR?

A resposta à pergunta antes formulada demanda o seguinte procedimento:

primeiro – definir de um modo mais preciso que significa essa denominada "tributação na fonte" em geral; e

segundo – verificar se essa sistemática geral atende o disposto na Constituição da República de 1988 sobre a matéria relacionada ao IR (em especial, os Princípios Constitucionais Tributários e o conceito constitucional de "renda e proventos de qualquer natureza").

A denominada "tributação na fonte" é, em verdade, uma espécie de *substituição tributária*, onde o substituto repassa aos cofres públicos quantia equivalente àquela originariamente devida pelo contribuinte. Como já se teve oportunidade de expor,[59] o denominado *substituto tributário*, que não se confunde com a figura do *contribuinte* (sujeito passivo tributário), atua como sendo um mero agente arrecadador do Estado-Fiscal (sujeito ativo tributário).

A *substituição tributária* pode ser definida da forma adiante exposta.

A *substituição tributária* é um fenômeno jurídico que decorre da coexistência de duas normas de conduta de natureza diversa e inconfundível:

uma – a norma jurídica **tributária**, que determina em seu consequente a obrigação de, a título de tributo, o contribuinte entregar certo valor em dinheiro ao Estado-Fiscal (que é representado pelo *substituto tributário*, mero agente arrecadador) ou permitir que o Estado-Fiscal (representado pelo *substituto tributário*, mero agente arrecadador) dele retire certa importância;

outra – a norma jurídica **administrativo-fiscal**, que determina em seu consequente a obrigação de o *substituto tributário* (que atua como órgão meramente arrecadador) entregar (repassar) ao Estado o dinheiro recebido ou retido do contribuinte.

Portanto, algumas observações relativas ao fenômeno da *substituição tributária* podem ser feitas:

a) a relação jurídica tributária somente se estabelece entre o contribuinte-substituído (sujeito passivo tributário) e o Estado-Fiscal (sujeito ativo tributário);

b) o *contribuinte-substituído* é o titular da capacidade contributiva objetiva, a qual é elemento característico da espécie tributária imposto;

---

59 Luís Cesar Souza de Queiroz, *Sujeição passiva tributária*, pp. 194 e segs.

c) o *contribuinte-substituído* é quem possui a riqueza, da qual parcela – alíquota – será entregue ao Estado-Fiscal a título de tributo;
d) a obrigação tributária do *contribuinte-substituído* estará cumprida quando ele tiver entregue certo valor ao *substituto tributário* ou quando o *substituto tributário* tiver retirado do *contribuinte-substituído* o referido valor, conforme dispuser a norma tributária;
e) o Estado-Fiscal (sujeito ativo tributário), na relação jurídica tributária, é representado por seu agente arrecadador, o *substituto tributário*;
f) na relação administrativo-fiscal, o *substituto tributário*, que está obrigado a dar (repassar) o valor entregue pelo *contribuinte-substituído* ou retido do *contribuinte-substituído*, é o sujeito passivo administrativo-fiscal, enquanto o Estado-Fiscal é o sujeito ativo administrativo-fiscal.

A sistemática da "tributação na fonte" relativa ao IR ("imposto da União sobre renda e proventos de qualquer natureza, incidente na fonte", na linguagem do art. 157, I, e do art. 158, I, da CRFB),[60] consiste exatamente naquela situação em que o *substituto tributário* retém o valor que ainda está em sua posse, mas a que já tem direito o *contribuinte substituído*.

O pressuposto para que qualquer pessoa seja tributada, em especial, para que seja obrigada a pagar certo valor a título de IR, é o de que ela realize o fato jurídico tributário – o fato "renda e proventos de qualquer natureza". A ocorrência, no tempo e no espaço, desse fato é que revela a existência de capacidade contributiva objetiva. Ocorrido o fato revelador da riqueza, o contribuinte passa a ter a aptidão real, concreta, de entregar parte dessa riqueza a título de IR. Isso é evidente e incontestável: uma pessoa somente pode ser obrigada a pagar o IR, se realmente, efetivamente, já tiver ocorrido (consumado) o fato "renda e proventos de qualquer natureza" (fato jurídico tributário ou fato gerador concreto).

Desse modo, repete-se o que foi dito no final do item anterior:

Em suma, (i) considerando o que dispõem os Princípios Constitucionais da Igualdade, da Universalidade, da Capacidade Contributiva Subjetiva, do Mínimo Existencial e da Progressividade (ii) considerando o conceito constitucional "renda e proventos de qualquer natureza" e o sistema constitucional de repartição da competência tributária, (iii) considerando que o fato "renda e proventos de qualquer natureza" somente se consuma ao final de certo período de tempo, e (iv) considerando que existem condições normais, de acordo com os Princípios da Razoabilidade e da Praticabilidade, para apurar se uma determinada pessoa experimentou acréscimo de valor patrimonial em certo período, ***então****, pode-se asseverar que, somente após o término desse período, quando serão considerados todos os fatos-acréscimos e certos fatos-decréscimos (os necessariamente dedutíveis) durante ele ocorridos, o fato "renda e proventos de qualquer natureza" estará consumado e será possível juridicamen-*

60 Esses dispositivos encontram-se transcritos mais adiante.

te cogitar do surgimento da respectiva obrigação tributária, sendo, pois, totalmente inadmissível – inconstitucional – tributar, por meio do IR, de forma definitiva e em separado, certas "espécies de renda e proventos" (rendimentos).

Assim, numa primeira consideração, parece certo afirmar que, em condições normais, a sistemática da "tributação na fonte" é incompatível com o regime constitucional atinente ao *imposto sobre a renda e proventos de qualquer natureza.*

Essa conclusão preliminar afigura-se inevitável. Como se disse anteriormente, a sistemática da "tributação na fonte" se estabelece mediante a atribuição à fonte pagadora (a que, por razões diversas, perfaz algum pagamento a contribuinte) da obrigação de entregar ao Fisco certo valor em dinheiro equivalente àquele que o contribuinte deve a título de tributo. No caso do IR, a "tributação na fonte" somente poderia ser realizada com base em algum pagamento (fato-acréscimo, rendimento) que certa pessoa ("fonte") faz a outra pessoa (beneficiária do pagamento, que experimentou um fato-acréscimo). Tal base (fato-acréscimo ou rendimento isolado) de modo algum pode ser confundida com o fato *Renda.*

Ora, conforme demonstrado, o conceito constitucional "renda e proventos de qualquer natureza" é formado a partir da combinação de todos os fatos-acréscimos com certos fatos-decréscimos (os necessariamente dedutíveis) que ocorrem em certo período de tempo. Ao ser efetuado um pagamento isolado, não há ainda a realização do fato "renda e proventos de qualquer natureza", mas somente a ocorrência de um ou mais fatos-acréscimos (rendimentos). Esta circunstância, por força da Constituição, impossibilita que se cogite de qualquer obrigação tributária referente ao IR.

Essa conclusão, que numa primeira análise se apresenta como algo evidente, incontestável, aparentemente, choca-se com a expressão "imposto da União sobre renda e proventos de qualquer natureza, incidente na fonte, sobre rendimentos pagos, a qualquer título" presente nos artigos 157, I, e 158, I, da Constituição da República:[61]

"Art. 157. Pertencem aos Estados e ao Distrito Federal:

I – o produto da arrecadação do imposto da União sobre renda e proventos de qualquer natureza, incidente na fonte, sobre rendimentos pagos, a qualquer título, por eles, suas autarquias e pelas fundações que instituírem e mantiverem;

...

Art. 158. Pertencem aos Municípios:

I – o produto da arrecadação do imposto da União sobre renda e proventos de qualquer natureza, incidente na fonte, sobre rendimentos pagos, a

61 Além desses dois dispositivos da Constituição Originária, a Emenda Constitucional de Revisão nº 1, de 01/03/94, que incluiu o art. 72 no ADCT, também fez referência à expressão "imposto sobre renda e proventos de qualquer natureza incidente na fonte sobre pagamentos efetuados, a qualquer título", como se verifica: *"Art. 72.* Integram o Fundo Social de Emergência: I – o produto da arrecadação do imposto sobre renda e proventos de qualquer natureza incidente na fonte sobre pagamentos efetuados, a qualquer título pela União, inclusive suas autarquias e fundações."

qualquer título, por eles, suas autarquias e pelas fundações que instituírem e mantiverem."

Portanto, a relevante questão que se apresenta nesse momento é a seguinte: como conferir sentido ao disposto nesses artigos, considerando o que se disse até o momento acerca do regime constitucional referente ao *imposto sobre a renda e proventos de qualquer natureza*, em especial o que se expôs a respeito dos Princípios Constitucionais informadores desse imposto e do conceito constitucional "renda e proventos de qualquer natureza" (é o *resultado da combinação de todos os fatos-acréscimos com certos fatos-decréscimos que ocorrem em certo período de tempo*)?

Numa primeira, isolada e literal análise desses dispositivos, sem maiores preocupações com o contexto constitucional (em especial, com os princípios constitucionais informadores do conceito *Renda*), três interpretações podem ser efetuadas, quais sejam:

a) o conceito constitucional "renda e proventos de qualquer natureza" pode ser considerado como sinônimo de *rendimento*;

b) o conceito constitucional "renda e proventos de qualquer natureza" significa o resultado da combinação de todos os fatos-acréscimos com certos fatos-decréscimos que ocorrem em certo período de tempo, contudo (b.1) pode haver, em condições normais, uma antecipada (durante o próprio período de apuração) tributação na fonte com base em rendimentos pagos, desde que seja realizado um procedimento de ajuste ao final do período, mediante a combinação com os demais fatos-acréscimos e fatos-decréscimos, bem como (b.2) pode haver, em situações excepcionais, uma tributação isolada (de rendimento) e definitiva;

c) o conceito constitucional "renda e proventos de qualquer natureza" significa o resultado da combinação de todos os fatos-acréscimos com certos fatos-decréscimos que ocorrem em certo período de tempo, contudo pode haver, em situações excepcionais, uma tributação isolada (de rendimento) e definitiva.

Alguns comentários precisam ser feitos sobre cada uma dessas interpretações, considerando o sistema constitucional-tributário brasileiro.

A primeira interpretação é totalmente incompatível com o sistema constitucional tributário instaurado pela Constituição da República de 1988. Por tudo que se teve oportunidade de demonstrar (em especial, Capítulo IV e itens 1 a 4 deste capítulo), pretender equiparar o conceito *rendimento* ao conceito *renda e proventos de qualquer natureza* representa: a) um desprezo à distinção tradicionalmente estabelecida pela comunidade jurídica e extrajurídica; b) um completo desrespeito ao sistema constitucional de atribuição da competência tributária; e, principalmente, c) uma flagrante afronta aos Princípios Constitucionais da Igualdade, da Universalidade, da Capacidade Contributiva Subjetiva, do Mínimo Existencial e da Progressividade.

A segunda e terceira interpretações têm dois pontos em comum. Ambas consideram: (i) que o conceito constitucional "renda e proventos de qualquer natureza" significa o resultado da combinação de todos os fatos-acréscimos com certos fatos-decréscimos que ocorrem em certo período de tempo; e (ii) ser possível haver, em situações excepcionais, uma tributação, por meio do IR, isolada (de rendimento) e definitiva.

A possibilidade jurídica de haver, em situações excepcionais, uma tributação, por meio do IR, isolada (de rendimento) e definitiva foi examinada anteriormente (final do item 4 deste capítulo). Trata-se daquelas situações extraordinárias onde não é possível apurar se uma determinada pessoa experimentou ou não acréscimo de valor patrimonial em certo período de tempo, pelo fato de o Estado-Fiscal não ter acesso ao conjunto de todos os fatos-acréscimos e de certos fatos-decréscimos que uma determinada pessoa porventura venha experimentar em certo período de tempo.[62]

Essa assertiva de que é possível juridicamente haver, em situações excepcionais, a tributação na fonte, isolada (de rendimento) e definitiva, por meio do IR, por si só, já é suficiente para conferir sentido ao disposto nos artigos 157, I, e 158, I, da Constituição da República. Desse modo, a questão anteriormente formulada encontra-se respondida.

Por outro lado, aquelas duas interpretações divergem em função de a segunda (letra "b") considerar que "pode haver, em condições normais, uma antecipada (durante o próprio período de apuração) tributação na fonte com base em rendimentos pagos, desde que seja realizado um procedimento de ajuste ao final do período, mediante a combinação com os demais fatos-acréscimos e fatos-decréscimos", o que não é admitido pela terceira (letra "c") interpretação.

Desse modo, uma nova questão (que corresponde exatamente ao ponto de divergência entre a segunda e a terceira interpretações) se apresenta: pode haver, em condições normais, uma antecipada (durante o próprio período de apuração, portanto, antes de ocorrer, de se consumar o fato *Renda*) tributação na fonte com base em rendimentos pagos, desde que seja realizado um procedimento de ajuste ao final do período, mediante a combinação com os demais fatos-acréscimos e fatos-decréscimos?

A solução dessa questão é mais delicada em função de estarem envolvidos valores constitucionais conflitantes, o que demanda necessariamente um adequa-

62 Exemplos típicos dessas circunstâncias excepcionais são os relativos a rendimentos pagos (a) à pessoa que não tem domicílio no território nacional e que aqui aufere algum rendimento e (b) a quem tem um título ao portador. Nas duas hipóteses, o Estado-Fiscal brasileiro não tem instrumentos suficientes e adequados para verificar o conjunto dos fatos-acréscimos e fatos-decréscimos que informam o conceito Renda. Portanto, é consonante com a Constituição, atendidos, especialmente, os Princípios da Razoabilidade e da Praticabilidade (ou Praticidade), tributar-se, por meio do IR, de forma isolada e definitiva, na fonte (ou não), o rendimento auferido.

do sopesamento desses valores. Os valores que informam a solução dessa questão são praticamente os mesmos que foram utilizados para resolver a questão concernente à periodicidade mínima de apuração do fato "renda e proventos de qualquer natureza", pelo que tais valores serão adiante retomados.

De um lado, considerar possível juridicamente essa *tributação na fonte antecipada* atende os valores constitucionais que apontam para a conveniência de se ter uma rápida arrecadação de recursos e a imediata aplicação dos mesmos, a fim de que possam ser atendidas as necessidades públicas. Nesse sentido, apontam os Princípios Constitucionais da: a) dignidade da pessoa humana e mínimo existencial[63] (art. 1º, III e art. 170); b) justiça (art. 3º, I); c) solidariedade (art. 3º, I); d) erradicação da pobreza e da marginalização (art. 3º, III); e) redistribuição de rendas e redução das desigualdades sociais e regionais (art. 3º, III, art. 165, § 7º e art. 170, VII); f) bem comum (art. 3º, IV); g) igualdade (art. 5º e I); e h) função social da propriedade (art. 5º, XXII e art. 170, III).

Todos esses princípios constitucionais (alguns expressamente elevados à condição de *fundamentos* ou de *objetivos fundamentais* da República Brasileira) recomendam que os recursos públicos sejam obtidos com a maior rapidez possível, com o propósito de possibilitar igual rapidez e eficiência no atendimento das necessidades públicas, especialmente, as que apresentam um maior caráter de urgência. Por esse ângulo, estaria justificada a possibilidade de haver, em condições normais, uma antecipada (durante o próprio período de apuração, portanto, antes de ocorrer o fato *Renda*) tributação na fonte com base em rendimentos pagos, desde que seja realizado um procedimento de ajuste ao final do período (momento em que ocorre o fato *Renda*), mediante a combinação com os demais fatos-acréscimos e fatos-decréscimos.

De outro lado, considerar impossível juridicamente (inconstitucional) essa *tributação na fonte antecipada* atende os valores constitucionais que apontam para uma justa tributação por meio do IR. Nesse sentido indicam os Princípios Constitucionais da: a) dignidade da pessoa humana e mínimo existencial[64] (art. 1º, III e art. 170); b) da valorização do trabalho e da livre iniciativa (art. 1º, IV e art. 170); c) justiça (art. 3º, I); d) bem comum (art. 3º, IV); e) igualdade (art. 5º e I); f) garantia do direito de propriedade (em rigor, de todos os direitos subjetivos avaliáveis em moeda ou direitos patrimoniais – art. 5º e XXII, art. 170, II); g) capacidade contributiva – objetiva e subjetiva – (art. 145, § 1º); h) repartição constitucional da competência tributária (art. 145, I a III, § 2º, art. 153, art. 155 e art. 156); i) vedação da utilização de tributo com efeito de confisco (art. 150, IV); e j) progressividade (art. 153, § 2º, I).

---

63 Nesse caso, tais princípios se referem àqueles que precisam da distribuição de recursos públicos para verem suas necessidades básicas atendidas.

64 Tais princípios, neste outro contexto, referem-se àqueles que terão que entregar parte de sua riqueza para o financiamento público.

A solução de relevantes e aparentemente conflitantes valores constitucionais suscita a aplicação do instituto da ponderação de bens jurídicos, que, conforme examinado, encontra-se relacionado ao Princípio da Razoabilidade ou da Proporcionalidade.[65]

Nessa linha, duas observações devem ser feitas preliminarmente:

Uma – os Princípios da Dignidade da Pessoa Humana e do Mínimo Existencial, Justiça, do Bem Comum e da Igualdade, desde que examinados isoladamente e por ângulos diferentes (o do que precisa da distribuição de recursos públicos para ver suas necessidades básicas atendidas e o do que terá que entregar parte de sua riqueza para o financiamento público), informam tanto um quanto outro posicionamento.

Duas – de todos os princípios mencionados, dois deles, por serem determinantes para a solução desse conflito de valores, são merecedores de uma análise especial, são eles – o Princípio do Mínimo Existencial e o Princípio da Progressividade.

O Princípio do Mínimo Existencial impõe, como requisito de validade das normas jurídicas, inclusive a do IR, que estas possuam um conteúdo que seja consonante com a finalidade de se garantir ou de se proporcionar a cada pessoa um mínimo de riqueza que lhe permita atender as necessidades vitais básicas ou preservar a existência, tanto as próprias quanto as de sua família, com dignidade.

Essa imposição do Princípio do Mínimo Existencial informa diretamente o conceito constitucional ***renda e proventos de qualquer natureza***. Esse conceito designa *acréscimo de valor patrimonial apurado, em certo período de tempo, a partir da combinação de todos os fatos que contrib*uem para o acréscimo de valor do patrimônio (fatos-acréscimos) com ***certos fatos que, estando relacionados ao atendimento das necessidades vitais básicas ou à preservação da existência, com dignidade, tanto as da própria pessoa quanto as de sua família, contribuem para o decréscimo de valor do patrimônio (fatos-decréscimos).***

Tendo em vista (a) que a *tributação antecipada na fonte* representa uma incidência apenas sobre fato-acréscimo (rendimento), (b) que isso implica um desprezo pelos fatos-decréscimos que necessariamente informam o conceito *Renda*, (c) que esses fatos-decréscimos são uma decorrência direta do Princípio do Mínimo Existencial,[66] é certo concluir que realizar essa *tributação antecipada na fonte* importa uma flagrante afronta a esse importante valor constitucional.

Imagine-se uma pessoa física que tem uma única fonte de rendimentos regulares e tem um salário mensal de 3000 reais. Tal pessoa é acometida de uma séria doença, sendo por essa razão obrigada a realizar despesas com a saúde

---

65 Como já se expôs, o Princípio da Razoabilidade ou da Proporcionalidade tem sido focalizado sob três aspectos: a) *adequação* – a medida tem que ser apropriada ao fim a que se destina; b) *necessidade* ou *exigibilidade* – deve se adotar a medida menos gravosa para atingir o objetivo; e c) a *ponderação* – acurada avaliação dos interesses e valores jurídicos em jogo.

66 Ver item 2 do Capítulo V.

que somaram o montante de 3000 reais. Para tanto, precisou, inclusive, contrair empréstimo com terceiros. Ora, está evidente que a *tributação na fonte antecipada* (por meio do IR) sobre o salário de tal pessoa revela, de forma clara, uma total afronta a Princípios Constitucionais Fundamentais da República Brasileira. Pois:

(i) é notório que há manifesta desigualdade econômica quanto à circunstância de uma pessoa receber de salário o valor de 3000 reais (fato-acréscimo ou rendimento) e realizar 3000 reais de gastos necessários para sua subsistência (fatos-decréscimos necessariamente dedutíveis) com a circunstância de outra pessoa receber de salário o valor de 3000 reais (fato-acréscimo ou rendimento) e realizar 1000 reais de gastos necessários para sua subsistência (fatos-decréscimos necessariamente dedutíveis);

ii) quem somente possui capacidade econômica para atender suas necessidades básicas, não revela qualquer aptidão para entregar parcela de riqueza pessoal ao poder Público a título de *imposto sobre a renda e proventos de qualquer natureza* (total ausência de capacidade contributiva objetiva e subjetiva);

iii) é princípio basilar de Direito que ninguém pode ser obrigado a entregar aquele mínimo de recursos de que necessita, que é essencial para sua sobrevivência com dignidade (*mínimo existencial* do contribuinte), mesmo que isso possa ser necessário para outrem (*mínimo existencial* pelo ângulo dos que se beneficiam da repartição de recursos públicos);

iv) mesmo que a *tributação antecipada na fonte* não ofenda os limites do mínimo existencial, em função de ela ignorar os fatos-decréscimos necessariamente dedutíveis, pode restar caracterizada uma tributação excessiva (que represente uma ofensa ao direito de propriedade em sentido amplo – isto é, qualquer direito subjetivo patrimonial avaliável em moeda – ou que viole a liberdade de se exercer uma atividade produtiva lícita, por inviabilizar a prática da mesma), significando uma ofensa aos Princípios da Vedação da Utilização de Tributo com efeito de Confisco e da Capacidade Contributiva Subjetiva.

Dessarte, por restar demonstrada flagrante afronta aos Princípios Constitucionais da Igualdade, da Capacidade Contributiva Objetiva e da Capacidade Contributiva Subjetiva, do Mínimo Existencial e da Vedação da Utilização de Tributo com efeito de Confisco, é mister asseverar que a *tributação antecipada na fonte* por meio do IR importa inaceitável hipótese de inconstitucionalidade.

Quanto ao Princípio da Progressividade, corolário do Princípio da Igualdade e que é expressamente previsto pela Constituição da República como informador do IR, vale firmar que ele também é desrespeitado quando se objetiva proceder a uma *tributação antecipada na fonte* por meio do IR. Basta se pensar na distorção que essa sistemática provoca quando se compara a situação de duas pessoas: uma – que possui uma única fonte de rendimentos no total de 5000 reais; outra – que possui cinco fontes de rendimentos (de igual valor) totalizando também 5000 reais. Supondo uma faixa de "isenção" de 1000 reais e duas faixas de alíquotas – de

15% até 3000 reais e de 25% acima de 3000 reais –, a primeira sofreria forte tributação antecipada na fonte, alcançando, inclusive, a alíquota máxima, enquanto a segunda não sofreria qualquer tributação por receber rendimentos (fato-acréscimo) em cada uma das fontes dentro dos limites da parcela de isenção. Está patente a distorção provocada pela sistemática da tributação antecipada na fonte, que, ao infringir o Princípio da Progressividade, igualmente atenta contra o Princípio da Igualdade.

Uma última observação precisa ser feita. Poder-se-ia argumentar que, em verdade, a *tributação antecipada na fonte por meio do IR*, como o próprio nome sugere não viola qualquer dos princípios constitucionais, pois somente representa uma antecipação de algo que vai ocorrer, vai se consumar no final do período de apuração. E mais, que essa agilidade na arrecadação atende vários princípios constitucionais.

Apesar de tudo que foi dito anteriormente, convém, mais uma vez, a fim de verificar se é juridicamente possível exigir-se o IR antecipadamente, realizar a ponderação dos relevantes valores jurídicos constitucionais em jogo, a qual pode ser assim resumida:

Considerando

que exigir um imposto *antecipadamente* significa cobrá-lo antes de ocorrer o respectivo fato gerador concreto (fato jurídico tributário);

que o fato "renda e proventos de qualquer natureza" designa um acréscimo de valor patrimonial que somente se consuma ao final de certo período de tempo;

que tal acréscimo de valor patrimonial é produto da combinação de todos os fatos-acréscimos com os *fatos-decréscimos necessariamente dedutíveis* ocorridos naquele período de tempo (Conceito Constitucional de *Renda*, Princípios do Mínimo Existencial, da Capacidade Contributiva Subjetiva e da Vedação da Utilização de Tributo com efeito de Confisco);

que o período mínimo de apuração do IR é o mensal, conforme a ponderação de relevantes valores jurídicos realizada no item 1 deste capítulo, a qual atendeu, de um lado, os princípios que apontam para uma rápida arrecadação e aplicação de recursos e, de outro, os princípios que recomendam uma tributação justa e equânime;

que esse período mínimo mensal somente é admissível, entre outras razões, em função de ser juridicamente impossível que o legislador infraconstitucional estabeleça qualquer limitação (seja quantitativa seja temporal) para a compensação de prejuízos fiscais provocados pela ocorrência de fatos-decréscimos necessariamente dedutíveis (item 3 deste capítulo);

considerando que se adotado o período mensal de apuração do IR, pelo Princípio da Razoabilidade ou Proporcionalidade, a tributação antecipada na fonte deixa de ser necessária para possibilitar uma rápida arrecadação e aplicação de recursos;

que a capacidade de certa pessoa contribuir com o financiamento público por meio de imposto (aptidão de entregar parte da riqueza de que é titular – capacidade contributiva objetiva) apenas exsurge com a ocorrência do fato que revela a existência de riqueza por parte dessa pessoa , no caso, o fato "renda e proventos de qualquer natureza";

que o Princípio da Capacidade Contributiva Objetiva é corolário do Princípio da Igualdade, pois é o critério riqueza que informará o modo de tratar as pessoas com igualdade em matéria de impostos;

então,

A sistemática de *tributação antecipada* (antes de ocorrer o correspondente fato jurídico tributário) *na fonte* por meio do IR implica o dever de entregar parte de (alíquota) algo que não se confunde com parcela (alíquota) do fato *Renda*, caracterizando, assim, flagrante hipótese de inconstitucionalidade.

Convém aduzir que não há óbice constitucional de se estabelecer uma sistemática de *tributação antecipada na fonte* por meio do IR, desde que seja prevista como uma opção conferida ao contribuinte, que poderá aceitá-la ou não. Em tal caso, por se tratar de uma alternativa concedida ao contribuinte, seria razoável considerar como base para essa *tributação antecipada* o montante dos rendimentos pagos por determinada "fonte". Contudo, importa ressaltar que nessa hipótese seria recomendável[67] que, ao final do período de apuração, fosse realizado um procedimento de ajuste, quando se teria que levando em consideração *todos os fatos-acréscimos* e os *fatos decréscimos necessariamente dedutíveis* ocorridos durante o período de apuração do IR, bem como todos os valores antecipadamente pagos.

Por fim, urge salientar que a Emenda constitucional nº 3/93, que previu a inclusão do § 7º ao art. 150 da Constituição, por ofender os princípios Constitucionais da Igualdade, da Capacidade Contributiva Objetiva e Capacidade Contributiva Subjetiva (direitos fundamentais do sistema jurídico brasileiro), revela hipótese de manifesta inconstitucionalidade (art. 60, § 4º, inciso IV, da Constituição da República), razão pela qual não tem o condão de autorizar a *tributação na fonte antecipada* por meio do imposto sobre a renda e proventos de qualquer natureza.[68]

---

67 O uso do termo "recomendável" se deve ao fato de não se tratar de algo necessário, pois o *regime da tributação antecipada na fonte* (que deve estar especialmente informado pelos Princípios da Praticabilidade e da Razoabilidade) seria uma opção do contribuinte.

68 A inconstitucionalidade do disposto na EC nº 3/93, defendida pela doutrina dominante, foi amplamente demonstrada em outra oportunidade. Luís Cesar Souza de Queiroz, Sujeição passiva tributária, pp. 235-248. É mister observar que o Supremo Tribunal Federal, em sua composição plena, julgando o tema da substituição tributária para frente relativa ao ICMS (RE nº 213396-5) acabou por considerar tal sistemática constitucional para os específicos fins do ICMS, ficando vencidos os Ministros Marco Aurélio, Carlos Velloso e Sepúlveda Pertence. Resta, sem apreciação o tema da substituição tributária para frente relativa ao imposto sobre a renda e proventos de qualquer natureza, cujo regime jurídico apresenta inúmeras peculiaridades, pelo que aquela decisão não serve de referência para o subsistema do IR.

6. O *IMPOSTO SOBRE A RENDA E PROVENTOS DE QUALQUER NATUREZA* E OS VALORES RECEBIDOS A TÍTULO DE HERANÇA E DOAÇÃO

A doutrina tem se manifestado de forma dissonante sobre esse tema. Basicamente, pode-se dizer que há duas correntes diametralmente opostas:

a) a primeira concebe que o valor recebido a título de heranç[a69] ou doação não pode ser submetido à tributação pelo IR;

b) a segunda entende que o legislador ordinário pode submeter o valor recebido a título de herança ou doação à tributação pelo IR.

Os partidários da primeira corrente defendem a tese de o valor recebido a título de herança ou doação não poder ser submetido à tributação segundo diferentes fundamentos. Desse modo, numa visão simplificadora, é possível identificar três subcorrentes, as quais adotam os seguintes fundamentos:

a.1 - tal tributação não pode ocorrer, pois a "*Renda*" (os fatos-acréscimos, rendimentos) deve provir de uma fonte patrimonial já pertencente à própria pessoa, pelo que somente constitui "*Renda*" aquilo que for obtido a título oneroso.

a.2 - tal tributação é inaceitável tendo em vista que o sistema constitucional de atribuição da competência tributária impõe uma distinção entre os conceitos de *patrimônio* e *Renda*, e a doação e a herança são hipóteses que caracterizam transferência de *capital*, não de *Renda*.

a.3 - tal tributação é inadmissível por força do sistema constitucional de repartição de competência tributária, que estabelece, de modo expresso, ser da competência dos Estados e do Distrito Federal a competência para instituir impostos sobre "transmissão *causa mortis* e doação, de quaisquer bens e direitos" (CRFB - art. 155, I), afastando assim a possibilidade de haver tributação pelo IR.

O ponto de vista adotado pelos partidários das subcorrentes referidas nos itens "a.1" e "a.2" têm um ponto em comum: eles refutam a possibilidade de o valor recebido a título de herança ou doação não poder ser submetido à tributação pelo IR em função de adotarem um conceito mais restrito de *Renda*. Para caracterizar o conceito *Renda*, eles exigem a presença de certos requisitos, que, segundo por boa parte da doutrina, não são necessários, os quais acarretam a construção de um conceito demasiadamente limitado.

A tese exposta no item "a.1" é defendida por MODESTO CARVALHOSA,[70] que assim se manifesta:

---

69 Os comentários feitos neste ponto acerca da "herança" também são aplicáveis às figuras do "legado" e do "codicilo", pois a Constituição da República faz alusão ao imposto de competência estadual sobre "transmissão causa mortis e doação, de quaisquer bens e direitos" (art. 155, I).

70 *Op. cit.*, p. 190.

"A renda deve provir de uma fonte patrimonial já pertencente à própria pessoa anteriormente. Dessa forma, somente constitui renda tributável, aquela originada no patrimônio preexistente da própria pessoa, ou seja, a obtida a título oneroso, entendida esta última palavra como o esforço ou o risco da aplicação de um patrimônio material ou imaterial, numa determinada atividade, pelo próprio indivíduo que irá pagar o tributo (a aplicação de capital = juros; trabalho = salário). Não é tributável, portanto, a renda acrescida ao patrimônio de uma determinada pessoa a título gratuito, por doação, herança etc."

MODESTO CARVALHOSA (cujo pensamento foi objeto de exame anteriormente – item 2.3 do Capítulo III) quando estabelece como requisito para a construção do conceito *Renda* a necessidade de ela "provir de uma fonte patrimonial já pertencente à própria pessoa anteriormente", acaba criando uma restrição indevida, sem sustentação constitucional, limitando excessivamente o conceito constitucional de *Renda*. Tal limitação não é compatível com um adequado procedimento de construção de um conceito constitucional, em especial do conceito constitucional de *Renda.*[71]

JOSÉ LUIZ BULHÕES PEDREIRA é o principal arauto da subcorrente referida no item "a.2". BULHÕES PEDREIRA, depois de se referir ao "sistema de distribuição constitucional de competência tributária, que distingue os tributos sobre o patrimônio, ou capital, daqueles sobre a renda",[72] esclarece seu ponto de vista ao asseverar que: "Pelas razões expostas no § 2.11 (16), entendemos que o conceito constitucional de renda não permite à lei ordinária sujeitar ao imposto sobre a renda as doações, as heranças e quaisquer outras modalidades de transferência de capital."[73]

Conforme demonstrado,[74] o entendimento de BULHÕES PEDREIRA é muito peculiar. Seu discurso encontra-se repleto de (pré) conceitos de natureza econômica, o que por vezes parece prejudicar sua aplicação ao sistema jurídico[75]. Nesse sentido, convém lembrar que para esse jurista o conceito constitucional de *Renda* pode ser definido como "a participação da pessoa na renda nacional" e que a expressão proventos de qualquer natureza "tem o sentido de rendimentos, ou seja,

71 O método de construção do conceito constitucional de Renda foi demonstrado no item 4 do Capítulo IV.

72 *Imposto de renda*, pp. 2-17.

73 *Imposto de renda*, pp. 2.18. GUSTAVO MIGUEZ DE MELLO acompanha esse entendimento e assim se manifesta: "Vimos acima (III.2), com o apoio em lição da doutrina, que nem todos os acréscimos patrimoniais configuram renda. Só configuram renda ou proventos a produção, as transferências de renda, mas não as transferências de capital, como é o caso das doações, heranças, subscrições de capital, subvenções para investimentos etc." *Imposto sobre a renda e proventos de qualquer natureza*, em Caderno de pesquisas tributárias, vol. 11, p. 228.

74 A perspectiva de BULHÕES PEDREIRA foi objeto de acurada análise no item 2.4 do Capítulo III.

75 É oportuno lembrar que segundo a teoria de alguns economistas clássicos (subitem 2.1.1 do Capítulo III), qualquer fato-acréscimo pode dar origem ao fato *Renda*.

de pagamentos ou transferências de renda".[76] Esse caráter peculiar da visão de BULHÕES PEDREIRA fez com que seu conceito de *Renda* tivesse uma extensão muito limitada, que explica seu entendimento de que os valores recebidos a título de doação e herança não podem ser submetidos à tributação pelo IR.

A subcorrente aludida no item a.3 tem como partidários GILBERTO ULHOA CANTO, IAN DE PORTO ALEGRE MUNIZ, ANTONIO CARLOS GARCIA DE SOUZA,[77] ALCIDES JORGE COSTA[78] e SACHA CALMON NAVARRO COELHO.[79]

Uma observação preliminar merece ser feita. Em trabalho conjunto realizado sob a égide da Constituição anterior, GILBERTO ULHOA CANTO, IAN DE PORTO ALEGRE MUNIZ e ANTONIO CARLOS GARCIA DE SOUZA assentaram[80] que pelo fato de os Estados terem competência para instituir impostos sobre a "transmissão, a qualquer título, de bens imóveis por natureza e acessão física e de direitos reais sobre imóveis, exceto os de garantia, bem como sobre a cessão de direitos à sua aquisição" (art. 23. I - CRFB 67/69), não haveria possibilidade de a União instituir tributação por meio do IR de doação ou sucessão *mortis causa*, desde que se tratasse de imóveis ou de direitos imobiliários. Contudo, tal impossibilidade inexistiria quanto aos bens móveis ou direitos não imobiliários, por não haver qualquer conflito com imposto estadual ou municipal.

Considerando a nova realidade constitucional (art. 155, I - CRFB de 1988), que estabelece a competência dos Estados e do Distrito Federal para instituir impostos sobre "transmissão *causa mortis* e doação, de quaisquer bens e direitos", e mantida a mesma linha de raciocínio anteriormente desenvolvida por eles, pode-se concluir que tais autores filiam-se integralmente a tese defendida pela subcorrente referida no item a.3.

ALCIDES JORGE COSTA, quando se pronuncia sobre a matéria, esclarece sua posição contrária à possibilidade de a herança e doação serem submetidas à tributação pelo IR. Nesse sentido, profere a seguinte lição:

"No que diz respeito a doações e heranças, creio não ser possível submetê-las ao imposto de renda por serem objeto de imposto específico, de competência dos Estados. É verdade que nada impede que o legislador constitucional crie dois impostos diferentes incidindo sobre a mesma matéria, embora seja desaconselhável

---

76 *Imposto de renda*, pp. 2-17. A possibilidade de o conceito de renda ser definido em função do conceito de renda nacional e a pertinência ao discurso jurídico e a coerência interna dos conceitos de "pagamento de renda", "transferência de renda", "pagamento de capital" e "transferência de capital" foram objeto de análise crítica no item 2.4 do Capítulo III.

77 *Imposto sobre a renda e proventos de qualquer natureza*, em Caderno de pesquisas tributárias, vol. 11, pp. 36 a 40.

78 *Conceito de renda tributável*, pp. 31 e32.

79 *Heranças, doações e o imposto de renda*, em Imposto de renda - alterações fundamentais - 2º volume.

80 *Idem*, pp. 36 a 40.

sob o ponto de vista econômico. No caso, contudo, parece-me que a Constituição retirou do campo do imposto de renda os acréscimos patrimoniais resultante de heranças e doações."[81]

SACHA CALMON NAVARRO COELHO posiciona-se no mesmo sentido e assim sintetiza seu ponto de vista: "Quanto à tributação pelo imposto de renda das heranças, legados e doações, verifica-se a sua impossibilidade por decisão expressa do constituinte que sobre eles criou o imposto sobre a transmissão de quaisquer bens, direitos e doações, e o entregou à competência dos Estados-membros." [82]

Ressalta-se que o fundamento dessa subcorrente (a.3) não tem que ver com um conceito mais restrito de *Renda*, mas sim está relacionado a uma adequada compreensão tanto do sistema constitucional de atribuição da competência tributária quanto da definição do fato gerador (abstrato) dos impostos sobre a "renda e proventos de qualquer natureza" (art. 153, III – CRFB) e sobre a "transmissão *causa mortis* e doação, de quaisquer bens e direitos" (art. 155, I).

A segunda corrente antes mencionada (letra "b") refuta essa conclusão de que o constituinte ao criar o imposto sobre a "transmissão *causa mortis* e doação, de quaisquer bens e direitos" teria afastado a possibilidade de haver a tributação pelo IR relativa aos valores recebidos a título de herança e doação. JOSÉ EDUARDO SOARES DE MELLO, LUCIANO DA SILVA AMARO.[83] ROBERTO QUIROGA MOSQUERA[84] E GISELE LEMKE[85] perfilham a tese de que o legislador ordinário pode submeter o valor recebido a título de herança ou doação à tributação pelo IR.

Uma adequada compreensão do fundamento da tese abraçada pelos partidários dessa corrente pode ser obtida pela leitura dessa passagem de ROBERTO QUIROGA MOSQUERA:

"Parece-nos que, ao contrário do que afirma Bulhões Pedreira, é justamente a repartição de competências tributárias a base viabilizadora à incidência do imposto sobre a renda e proventos de qualquer natureza sobre os valores recebidos a título de doação e herança. Aos Estados e Distrito Federal é dado o direito de criarem imposto sobre a mutação patrimonial que se constitui numa transmissão *causa mortis* (*herança, legado*) ou a *título gratuito* (*doação*), de direitos quaisquer. Já à União é atribuída competência para instituir o imposto prescrito no artigo 153, inciso III, da Constituição Federal, que incidirá sobre a mutação patrimonial que se constitui num acréscimo."[86]

---

81 *Conceito de renda tributável*, p. 32.

82 *Heranças, doações e o imposto de renda*, p. 222.

83 *O imposto de renda nas doações, heranças e legados*, pp. 103-112.

84 *Renda e proventos de qualquer natureza ...*, pp. 130-135.

85 *Imposto de renda ...*, pp. 71-74.

86 *Idem*, p. 133

E complementa observando que: "São dois fatos diferentes a sofrerem imposições de natureza tributária. Portanto, absolutamente viável tal procedimento."[87]

JOSÉ EDUARDO SOARES DE MELLO, que ressalta a necessidade de se respeitar os limites constitucionais, assevera que o legislador infraconstitucional "É livre para considerar como renda (tributável) o bem recebido a título de doação". Mais adiante, após observar que é vedado ao legislador ordinário alterar os contornos da materialidade do conceito constitucional "proventos de qualquer natureza", e depois de fazer alusão à definição do CTN, esclarece que: "interpretando a sistemática tributária chegamos à conclusão que os proventos abrangem as disponibilidades jurídicas não limitadas ao capital e ao trabalho (juridicamente protegidos) – caso de heranças, bem como as disponibilidades econômicas (situações não previstas em lei) dívida de jogo e situações ilícitas (ganhos em contrabando)."[88]

Nessa mesma linha, manifesta-se GISELE LEMKE: "No que se refere às transferências gratuitas (heranças, legados e doações), a melhor corrente parece ser aquela que tem por constitucional a incidência de IR sobre elas (e aqui alteramos a posição declarada em nossa dissertação de Mestrado). Realmente, se se aceita que renda em sentido amplo é riqueza nova, independentemente de *sua origem* ou destino, não há como se excluir as heranças e doações dessa definição."[89]

Ao que parece, boa parte das dúvidas que esse tema suscita tenderia a desaparecer se a questão fosse corretamente formulada. Normalmente, questiona-se: *o imposto sobre a renda e proventos de qualquer natureza incide sobre a herança ou a doação*?

Em rigor, dever-se-ia formular a pergunta nos seguintes termos:

os valores recebidos em decorrência dos negócios jurídicos (a título de) "transmissão causa mortis" (herança, legado e codicilo) e "doação" integram o conjunto de fatos-acréscimos que informam o conceito constitucional "renda e proventos de qualquer natureza"?

O que se deseja ressaltar com esse chamamento ao rigor terminológico é que a *norma ordinária do IR* não incide sobre os fatos (jurídicos, da espécie negócio jurídico) *herança* e *doação*, mas sim, sobre o fato de alguém auferir "renda e proventos de qualquer natureza" (*Renda*). Em outras palavras, a *norma ordinária do IR* incide sobre o fato de alguém experimentar um acréscimo de valor patrimonial, o qual é o resultado positivo da combinação de fatos-acréscimos e fatos-decréscimos.

LUCIANO AMARO bem ressalta a circunstância de serem diversas as materialidades dos fatos geradores (abstratos) do IR e do imposto sobre "transmissão *causa mortis* e doação, de quaisquer bens e direitos", quando alude a estudo por ele realizado no ano de 1988:

---

87 *Idem*, p. 134.

88 Imposto sobre a renda e proventos de qualquer natureza, pp. 302, 334 e 335.

89 *Idem*, p. 74

"Em estudo anterior, anotamos que a possibilidade de tributação de heranças, legados e doações pode ser examinada sob diferentes aspectos, conforme o suporte material eleito pelo legislador, que pode ser:

a) o fato da transmissão "causa mortis" ou da alienação a título gratuito; sobre que pode incidir o imposto estadual de transmissão, aplicável a quaisquer bens ou direitos (CF, art. 155,I);

b) o fato do ingresso patrimonial para o herdeiro, legatário ou donatário, como item integrante do acréscimo patrimonial passível de incidência do imposto de renda (CEF, a RTP, 153, III);

c) o fato da realização, na transmissão "causa mortis" ou gratuitas, do ganho de capital correspondente à diferença entre o custo de aquisição do bem e o seu valor na transmissão, também passível de submissão ao imposto de renda."

Portanto, os fatos "transmissão *causa mortis*" (herança, legado e codicilo) e "doação" são fatos distintos do fato *Renda* e em hipótese alguma podem ser com este confundidos. É certo que, para o sistema normativo do IR, cada direito subjetivo patrimonial que alguém recebe a título de herança ou doação assume especial relevância, pois se trata de um fato-acréscimo. Entretanto, como já se teve oportunidade de esclarecer, o conceito de *fato-acréscimo* não se confunde com o conceito *Renda* (resultado positivo da combinação de todos os fatos-acréscimos com os fatos-decréscimos necessariamente dedutíveis).

De igual modo, não há que se confundir o fato "prestação de serviço" ou o fato "transmissão onerosa e *inter vivos* de bens imóveis" com o fato "aquisição de renda e proventos de qualquer natureza". Em tais casos, por ocorrer o fato "prestação de serviço" há incidência do ISS (art. 156, III – CRFB) e por se realizar o fato "transmissão onerosa e *inter vivos* de bens imóveis" há incidência do ITBI (art. 156, II – CRFB).

Contudo, a simples ocorrência do fato "prestação de serviço" ou do fato "transmissão onerosa e *inter vivos* de bens imóveis" não importa a incidência da *norma ordinária do IR*, pois a realização desses fatos não significa a realização do fato "aquisição de renda e proventos de qualquer natureza" (obtenção de um acréscimo de valor patrimonial). Alguns fatos (p.ex., os valores recebidos em decorrência da realização daqueles negócios jurídicos – "prestação de serviço" ou "transmissão onerosa e *inter vivos* de bens imóveis") irão informar positivamente, enquanto outros fatos (fatos-decréscimos – despesas, custos, perdas etc.) têm o condão de informar negativamente a ocorrência do fato *Renda*.

Em suma, o fato de uma pessoa receber bens por "transmissão *causa mortis*" (por força de herança, legado ou codicilo) ou por "doação" (a) não importa a ocorrência do fato (gerador concreto) *Renda* e, por conseguinte, a incidência da *norma ordinária do IR*; (b) porém, importa a ocorrência do fato (gerador concreto) e a incidência da norma ordinária do *imposto sobre transmissão causa mortis e doação*.

7. A CONSTRUÇÃO DOS CONCEITOS DE RENDA E DE DISPONIBILIDADE NO ART. 43 DO CTN CONFORME A CONSTITUIÇÃO

O Código Tributário Nacional apresenta uma definição estipulativa de "renda e proventos de qualquer natureza" em seu art. 43, in verbis:

> Art. 43. O imposto, de competência da União, sobre a renda e proventos de qualquer natureza tem como fato gerador a aquisição da disponibilidade econômica ou jurídica:
> I – de renda, assim entendido o produto do capital, do trabalho ou da combinação de ambos;
> II – de proventos de qualquer natureza, assim entendidos os acréscimos patrimoniais não compreendidos no inciso anterior.
> § 1º – A incidência do imposto independe da denominação da receita ou do rendimento, da localização, condição jurídica ou nacionalidade da fonte, da origem e da forma de percepção.
> § 2º – Na hipótese de receita ou de rendimento oriundos do exterior, a lei estabelecerá as condições e o momento em que se dará sua disponibilidade, para fins de incidência do imposto referido neste artigo.

A partir desse enunciado do CTN algumas observações devem ser apresentadas.

Em primeiro lugar, é útil lembrar que essa definição contida no art. 43 do CTN foi elaborada com fundamento no que dispunha a letra "b" do art. 5º da Constituição de 1946, segundo a qual competia à União legislar sobre normas gerais de direito financeiro. A Constituição de 1967 (§1º do art. 19; mantido o mesmo sentido pelo §1º do art. 18 da EC nº 1/69) e a de 1988 (art. 146, III) passaram a se referir à competência de a União Federal, por meio de lei complementar, estabelecer normas gerais de direito tributário. Eis a razão pela qual se diz que o Código Tributário Nacional (que é uma lei ordinária – Lei nº 5.177/66) possui status de lei complementar.

Em segundo lugar, o CTN define, separadamente, o que é "renda" e o que é "proventos de qualquer natureza", em vez de apresentar uma definição única para a expressão constitucional "renda e proventos de qualquer natureza", além disso, ao determinar o fato gerador (abstrato) do imposto sobre a renda, alude à expressão "aquisição da disponibilidade econômica ou jurídica". Esses dois pontos são fundamentais para a identificação do modo pelo qual o conceito Renda foi firmado no CTN e precisam ser adequadamente esclarecidos.

Um caminho para encontrar a explicação do art. 43 do CTN ter sido assim redigido pode ser o de verificar o modo pelo qual, Rubens Gomes de Sousa (um dos autores do anteprojeto do CTN) compreendia essa matéria. Esse jurista realizou uma série de estudos acerca do tema imposto sobre a renda. Um dos últimos, foi produzido em 20 de junho de 1973[90], sendo especialmente importante por duas razões: uma – reflete as ideias mais recentes desse jurista sobre o tema imposto sobre a renda[91]; duas – contém uma síntese da sistemática do imposto sobre a renda, com a fixação dos conceitos fundamentais relativos ao tema. Entre os conceitos tratados por Rubens Gomes de Sousa, destacam-se os de: a) proventos; b) renda – sentido "clássico"; c) disponibilidade jurídica; d) disponibilidade econômica; e) realização; f) separação; e g) ganhos de capital.

Sobre o conceito de Renda, Rubens Gomes de Sousa referiu-se aos três elementos do que ele denominou de "conceito clássico de renda", quais sejam:

> *"(a) provir de fonte já integrada no patrimônio do titular (capital), ou diretamente referível a ele (trabalho). ou, ainda, da combinado de ambos; (b) ser suscetível de utilização pelo titular (consumo, poupança ou reinvestimento) sem destruição ou redução da fonte produtora: este requisito implica na periodicidade do rendimento, isto é, na sua capacidade, pelo menos potencial, de reproduzir-se a intervalos de tempo, pois do contrario sua utilizado envolveria urna parcela do próprio capital; (c) resultar de urna exploração da fonte por seu titular: este requisito exclui, do conceito de renda, doações, heranças e legados, tidos como acréscimos patrimoniais com a natureza de "capital" e não de "rendimento"."*[92]

Rubens Gomes de Sousa observou que ao lado do conceito de "renda", o sistema constitucional brasileiro, desde a Constituição de 1934[93] (a primeira que instituiu expressamente esse imposto) aludiu ao conceito proventos. Leciona que a intenção do legislador constituinte foi "a de designar inclusivamente outras modalidades de ganhos que não se enquadrem no conceito de renda."[94] Assim, ao examinar o conceito de "proventos", explica a razão de ser da inclusão dessa expressão e do consequente alargamento do que ele denominou de conceito "clássico" de renda:

> A princípio rigidamente aderida ao conceito 'clássico' de renda (supra: 2/3.2), a lei brasileira o veio ampliando pela incorporação de idéias adotadas da doutrina ou de legislações estrangeiras, outras que a francesa, sua inspiração original. Essa revisão ampliativa do conceito justifica-se pela verificação

90 *Pareceres – 3 – Imposto de Renda*. São Paulo: Resenha Tributária, Edição Póstuma, 1976, pp. 257-315.

91 Rubens Gomes de Souza faleceu no dia 14 de setembro de 1973.

92 *Idem*, p. 275.

93 Constituição de 1934: "Art. 6º Compete também, privativamente, à União: I, decretar impostos: ... c) de renda e proventos de qualquer natureza, exceptuada a renda cedular de immoveis;".

94 *Ibidem*, p. 274-275.

da relativa estreiteza de seus requisitos, especialmente o da periodicidade, como já notado em meu trabalho de 1951, citado. [95]

Oferece como exemplo de ganhos a que falta o requisito da periodicidade o do "lucro imobiliário", quanto às pessoas físicas, e o dos "resultados de transações eventuais" quanto às jurídicas. E complementa: "Esses tipos de ganhos, a que na linguagem jurídica se dá o nome de 'ganhos de capital' (tradução do inglês capital gains) ainda não são tributados sistematicamente no Brasil, mas enquadram-se no conceito de 'proventos' como o definiu o art. 43, II do CTN."[96]. Vale mencionar que ele entende ganhos de capital como sendo "resultados diferenciais de operações permutativas", esclarecendo que tal expressão está compreendida no conceito constitucional de proventos.[97]

Perfaz, ainda, um relevante esclarecimento acerca do elemento característico dos conceitos renda e proventos: "sublinho que, tanto em se tratando de 'renda' como de 'proventos', o elemento essencial do fato gerador é a aquisição da disponibilidade da riqueza nova, definida em termos de acréscimo patrimonial."[98]

Rubens Gomes de Sousa reitera o entendimento de que a disponibilidade da riqueza nova (acréscimo patrimonial) pode ser econômica ou jurídica. Aduz que a aquisição de disponibilidade econômica corresponde ao que os economistas chamam de separação da renda, isto é, a efetiva percepção em dinheiro ou outros valores, e que a aquisição de disponibilidade jurídica corresponde ao que os economistas denominam de realização da renda, que se dá quando a pessoa, embora ainda não tenha percebido, já possui um título hábil para tanto. E reafirma a conclusão de que a disponibilidade econômica envolve a jurídica, mas a recíproca pode não ser verdadeira, sendo certo que a aquisição de qualquer das duas é suficiente para caracterizar o fato renda (sentido amplo).[99]

O Supremo Tribunal Federal tem atribuído às expressões "disponibilidade econômica" e "disponibilidade jurídica" sentido semelhante ao adotado por Rubens Gomes de Souza, como bem exemplificam dois relevantes julgamentos realizados pelo Pleno (RE 172058 e ADI 2588), nos quais o debate acerca desse tema assumiu relevante papel. Eis a ementa da decisão unânime no julgamento do RE 172.058:

---

95 *Ibidem*, p. 277-278.

96 *Ibidem*, p. 278. Rubens Gomes de Sousa adverte que propôs à Comissão, de foi relator, que projetou a reforma tributária promulgada pela Emenda Constitucional n.º 18 de 1965 e, depois, o CTN, a substituição do termo "proventos" pela expressão "ganhos de capital", mas que foi vencido nessa parte. *Ibidem*, p. 276.

97 *Ibidem*, p. 278-279.

98 *Ibidem*, p. 277.

99 *Ibidem*, p. 277.

RECURSO EXTRAORDINÁRIO - ATO NORMATIVO DECLARADO INCONSTITUCIONAL - LIMITES. Alicerçado o extraordinário na alínea b do inciso III do artigo 102 da Constituição Federal, a atuação do Supremo Tribunal Federal faz-se na extensão do provimento judicial atacado. Os limites da lide não a balizam, no que verificada declaração de inconstitucionalidade que os excederam. Alcance da atividade precípua do Supremo Tribunal Federal – de guarda maior da Carta Política da República.
TRIBUTO - RELAÇÃO JURÍDICA ESTADO/CONTRIBUINTE - PEDRA DE TOQUE. No embate diário Estado/contribuinte, a Carta Política da República exsurge com insuplantável valia, no que, em prol do segundo, impõe parâmetros a serem respeitados pelo primeiro. Dentre as garantias constitucionais explícitas, e a constatação não excluí o reconhecimento de outras decorrentes do próprio sistema adotado, exsurge a de que somente a lei complementar cabe "a definição de tributos e de suas espécies, bem como, em relação aos impostos discriminados nesta Constituição, a dos respectivos fatos geradores, bases de cálculo e contribuintes" – alínea "a" do inciso III do artigo 146 do Diploma Maior de 1988.
IMPOSTO DE RENDA – RETENÇÃO NA FONTE – SÓCIO COTISTA. A norma insculpida no artigo 35 da Lei nº 7.713/88 mostra-se harmônica com a Constituição Federal quando o contrato social preve a disponibilidade econômica ou jurídica imediata, pelos sócios, do lucro líquido apurado, na data do encerramento do período-base. Nesse caso, o citado artigo exsurge como explicitação do fato gerador estabelecido no artigo 43 do Código Tributário Nacional, não cabendo dizer da disciplina, de tal elemento do tributo, via legislação ordinária. Interpretação da norma conforme o Texto Maior.
IMPOSTO DE RENDA – RETENÇÃO NA FONTE – ACIONISTA. O artigo 35 da Lei nº 7.713/88 é inconstitucional, ao revelar como fato gerador do imposto de renda na modalidade "desconto na fonte", relativamente aos acionistas, a simples apuração, pela sociedade e na data do encerramento do período-base, do lucro líquido, já que o fenômeno não implica qualquer das espécies de disponibilidade versadas no artigo 43 do Código Tributário Nacional, isto diante da Lei nº 6.404/76.
IMPOSTO DE RENDA - RETENÇÃO NA FONTE - TITULAR DE EMPRESA INDIVIDUAL. O artigo 35 da Lei nº 7.713/88 encerra explicitação do fato gerador, alusivo ao imposto de renda, fixado no artigo 43 do Código Tributário Nacional, mostrando-se harmônico, no particular, com a Constituição Federal. Apurado o lucro líquido da empresa, a destinação fica ao sabor de manifestação de vontade única, ou seja, do titular, fato a demonstrar a disponibilidade jurídica. Situação fática a conduzir a pertinência do princípio da despersonalização.
RECURSO EXTRAORDINÁRIO – CONHECIMENTO – JULGAMENTO DA CAUSA. A observância da jurisprudência sedimentada no sentido de que o Supremo Tribunal Federal, conhecendo do recurso extraordinário, julgara a causa

aplicando o direito a espécie (verbete nº 456 da Súmula), pressupõe decisão formalizada, a respeito, na instância de origem. Declarada a inconstitucionalidade linear de um certo artigo, uma vez restringida a pecha a uma das normas nele insertas ou a um enfoque determinado, impõe-se a baixa dos autos para que, na origem, seja julgada a lide com apreciação das peculiaridades. Inteligência da ordem constitucional, no que homenageante do devido processo legal, avesso, a mais não poder, as soluções que, embora práticas, resultem no desprezo a organicidade do Direito.

Desse julgamento, ressalta-se o seguinte trecho do voto do Ministro Carlos Velloso, que revela o entendimento adotado pela Corte:

> A disponibilidade econômica significa a obtenção de renda, significa ingresso real no patrimônio da pessoa, de moeda ou seu equivalente, ou a possibilidade de a pessoa dispor da renda. Já a disponibilidade jurídica significa ou traduz a possibilidade, tendo em vista disposições jurídicas ou contratuais, de o sujeito dispor de uma renda posta a sua disposição.[100]

Mais recentemente, essa mesma linha de entendimento acerca do sentido das referidas expressões foi adotada, ao menos pela maioria dos Ministros, no julgamento da ADI 2588, que foi assim ementada:

> TRIBUTÁRIO. INTERNACIONAL. IMPOSTO DE RENDA E PROVENTOS DE QUALQUER NATUREZA. PARTICIPAÇÃO DE EMPRESA CONTROLADORA OU COLIGADA NACIONAL NOS LUCROS AUFERIDOS POR PESSOA JURÍDICA CONTROLADA OU COLIGADA SEDIADA NO EXTERIOR. LEGISLAÇÃO QUE CONSIDERA DISPONIBILIZADOS OS LUCROS NA DATA DO BALANÇO EM QUE TIVEREM SIDO APURADOS ("31 DE DEZEMBRO DE CADA ANO"). ALEGADA VIOLAÇÃO DO CONCEITO CONSTITUCIONAL DE RENDA (ART. 143, III DA CONSTITUIÇÃO). APLICAÇÃO DA NOVA METODOLOGIA DE APURAÇÃO DO TRIBUTO PARA A PARTICIPAÇÃO NOS LUCROS APURADA EM 2001. VIOLAÇÃO DAS REGRAS DA IRRETROATIVIDADE E DA ANTERIORIDADE. MP 2.158-35/2001, ART. 74. LEI Nº 5.720/1966, ART. 43, § 2º (LC 104/2000).
> 1. Ao examinar a constitucionalidade do art. 43, § 2º do CTN e do art. 74 da MP 2.158/2001, o Plenário desta Suprema Corte se dividiu em quatro resultados:
> 1.1. Inconstitucionalidade incondicional, já que o dia 31 de dezembro de cada ano está dissociado de qualquer ato jurídico ou econômico necessário ao pagamento de participação nos lucros;

100 Inteiro teor do acórdão, p. 1554. BRASIL. Supremo Tribunal Federal. RE 172058. Disponível em http://redir.stf.jus.br/paginadorpub/paginador.jsp?docTP=AC&docID=219411. Acesso em 31.10.2016.

> 1.2. Constitucionalidade incondicional, seja em razão do caráter antielisivo (impedir "planejamento tributário") ou antievasivo (impedir sonegação) da normatização, ou devido à submissão obrigatória das empresas nacionais investidoras ao Método de Equivalência Patrimonial – MEP, previsto na Lei das Sociedades por Ações (Lei 6.404/1976, art. 248);
> 1.3. Inconstitucionalidade condicional, afastada a aplicabilidade dos textos impugnados apenas em relação às empresas coligadas, porquanto as empresas nacionais controladoras teriam plena disponibilidade jurídica e econômica dos lucros auferidos pela empresa estrangeira controlada;
> 1.4. Inconstitucionalidade condicional, afastada a aplicabilidade do texto impugnado para as empresas controladas ou coligadas sediadas em países de tributação normal, com o objetivo de preservar a função antievasiva da normatização.
> 2. Orientada pelos pontos comuns às opiniões majoritárias, a composição do resultado reconhece:
> 2.1. A inaplicabilidade do art. 74 da MP 2.158-35 às empresas nacionais coligadas a pessoas jurídicas sediadas em países sem tributação favorecida, ou que não sejam "paraísos fiscais";
> 2.2. A aplicabilidade do art. 74 da MP 2.158-35 às empresas nacionais controladoras de pessoas jurídicas sediadas em países de tributação favorecida, ou desprovidos de controles societários e fiscais adequados ("paraísos fiscais", assim definidos em lei);
> 2.3. A inconstitucionalidade do art. 74 par. ún., da MP 2.158-35/2001, de modo que o texto impugnado não pode ser aplicado em relação aos lucros apurados até 31 de dezembro de 2001.
> Ação Direta de Inconstitucionalidade conhecida e julgada parcialmente procedente, para dar interpretação conforme ao art. 74 da MP 2.158-35/2001, bem como para declarar a inconstitucionalidade da cláusula de retroatividade prevista no art. 74, par. ún., da MP 2.158/2001.

A passagem, adiante transcrita, do voto Ministra Ellen Gracie bem representa o sentido conferido às expressões "disponibilidade econômica" e "disponibilidade jurídica" pela Suprema Corte:

> No julgamento do RE n° 172.058-1/SC (Min. Marco Aurélio, DJ 13.10.95), onde se apreciou questão relativa à incidência do imposto de renda sobre o lucro líquido distribuído aos sócios nos termos do art. 35 da Lei n° 7.713/88, o Plenário desta Corte, abalizado pela opinião de diversos doutrinadores, sedimentou o entendimento de que a aquisição da disponibilidade econômica de renda consiste na percepção efetiva, pelo contribuinte, do rendimento em dinheiro (receita realizada), ao passo que a disponibilidade jurídica consiste

no direito de o contribuinte receber um crédito, mediante a existência de um título hábil para recebê-lo.[101]

A doutrina dominante também tem se posicionado nesse sentido. Por exemplo, Modesto Carvalhosa defende que disponibilidade econômica é "o efetivo recebimento em dinheiro ou em bens do acréscimo patrimonial" e disponibilidade jurídica é "a outorga efetiva de direitos creditícios, que representam acréscimo patrimonial".[102]

Gilberto de Ulhôa Canto, Antonio Carlos Garcia de Souza e Ian de Porto Alegre Muniz assim afirmam:

> Segue-se a questão de como distinguir a aquisição da disponibilidade "econômica" e a da "jurídica", modalidades referidas no texto sob comentário. Diz-se que há disponibilidade econômica quando alguém pode, efetivamente, tomar, usar e alienar bem ou direito. Jurídica é a disponibilidade quando o seu titular pode, embora não haja recebido fisicamente a coisa ou o direito, deles fazer uso ou tirar os proveitos resultantes do domínio porque a lei ou o contrato lho permitem, mesmo sem que seja preciso ter a sua detenção material.[103]

Sobre a relevância desse requisito da disponibilidade, Paulo de Barros Carvalho leciona que, numa visão mais ampla, "renda é, sempre e necessariamente, renda disponível, pelo que tributar renda indisponível importaria ultrapassar os limites postos pelo legislador do Código Tributário, para efeito de criar a regra-matriz da exação."[104]

Um ponto requer uma especial atenção: definir, separadamente, renda e proventos só se explica ante a o fato de alguns juristas (os partidários da teoria da renda-produto, entre eles Rubens Gomes de Sousa) entenderem que renda somente poderia designar acréscimo patrimonial decorrente de uma atividade produtiva, sendo necessário fazer uso da expressão proventos para designar outros acréscimos patrimoniais. Como demonstrado, segundo a teoria da renda-acréscimo patrimonial seria suficiente falar simplesmente renda, pois tal conceito abrangeria qualquer acréscimo no valor de um patrimônio, independentemente de ser derivado de uma atividade produtiva.

---

101 Inteiro teor do acórdão, p. 13. BRASIL. Supremo Tribunal Federal. ADI 2588. Disponível em http://redir.stf.jus.br/paginadorpub/paginador.jsp?docTP=AC&docID=630053. Acesso em 31.10.2016.

102 Imposto de renda – conceituação no sistema tributário da carta constitucional. *Revista de Direito Público*. São Paulo: Revista dos Tribunais, 1967, 193.

103 Imposto sobre a renda e proventos de qualquer natureza. *Caderno de pesquisas tributárias n.º 11*. São Paulo, Resenha Tributária, 1986, p. 5.

104 *Direito Tributário: linguagem e método*. 2ª edição. São Paulo: Noeses, 2008, p. 603.

É útil destacar que essa acepção mais ampla de renda (que entende que a mera valorização do patrimônio pode informar o fato renda) é defendida de longa data: desde 1803, por Jean Say[105]; desde 1890, por Alfred Marshall[106]; e desde 1906, por Irving Fisher[107]. Desse modo, resta evidenciado que a teoria da renda-acréscimo (inclusive essa vertente que defende a acepção mais ampla de renda), cuja excessiva extensão é criticada por Rubens Gomes de Souza, é tão "clássica" quanto a teoria da renda-produto, pelo que descabe falar que partidários da teoria da renda-acréscimo realizaram uma ampliação indevida do conceito de renda.

Mais um aspecto merece destaque. As expressões "disponibilidade econômica" e "disponibilidade jurídica" parecem ser aplicáveis somente aos fatos-acréscimos (ingressos de recursos em geral: rendimentos, receitas etc.), não propriamente ao fato renda (resultado positivo da combinação de fatos-acréscimos com certos fatos-decréscimos). Em rigor, não há como se ter título jurídico ("disponibilidade jurídica") para se exigir um acréscimo patrimonial, ou como se realizar em dinheiro ("disponibilidade econômica") um acréscimo patrimonial. O que se pode exigir com um título jurídico ("disponibilidade jurídica") é um direito subjetivo patrimonial (fato-acréscimo isolado). De igual modo, o que pode ser objeto de realização (transformação em dinheiro) é um direito subjetivo patrimonial (fato-acréscimo isolado).

Desse modo, duas conclusões seriam, inicialmente, possíveis:

a) o CTN, ao condicionar a caracterização do fato renda (sentido amplo) à existência de disponibilidade econômica ou de disponibilidade jurídica, acabou por adotar uma concepção segundo a qual renda é acréscimo patrimonial sempre decorrente da ocorrência de um ingresso ou fluxo de riqueza (aquisição de um novo direito subjetivo patrimonial), ainda que não seja relativo a qualquer atividade produtiva (como é o caso de uma doação ou herança recebida), pelo que a mera valorização de direitos subjetivos patrimoniais já integrantes do patrimônio não poderia ser considerada como fato-acréscimo para fins de apuração do fato renda; ou

b) o CTN, ao condicionar a caracterização do fato renda à existência de disponibilidade econômica ou de disponibilidade jurídica, acabou por adotar uma concepção segundo a qual a mera valorização de direitos subjetivos patrimoniais pode ser considerada um fato-acréscimo (sobre o qual ter-se-ia disponibilidade jurídica) para fins de apuração do fato Renda.

A primeira conclusão, pelo antes esposado, parece estar mais em conformidade com a mens legislatoris (pelo menos tendo em conta a posição defendida por RUBENS GOMES DE SOUSA) e é conforme uma definição mais restrita de renda.

105 *Tratado de economia política*. São Paulo: Nova Cultural, 1983.

106 *Princípios de Economia*. São Paulo: Abril Cultural, 1996.

107 *The Nature of Capital and Income*. New York: Macmillan, 1906.

Por sua vez, a segunda conclusão é plenamente compatível com o conceito constitucional de renda antes construído (item 3 do capítulo IV), em especial, considerando os mencionados princípios constitucionais da universalidade (art. 153, §2º, I) e da capacidade contributiva subjetiva (art. 145, §1º). Tendo em conta esta conclusão o legislador ordinário, ao instituir o imposto sobre a renda, tem a possibilidade de, com fundamento na Constituição e no CTN, adotar uma concepção (mais ampla), segundo a qual a mera valorização de direitos subjetivos patrimoniais pode ser considerada um fato-acréscimo (sobre o qual se teria disponibilidade jurídica) para fins de apuração do fato renda.

É mister não olvidar que, acaso o legislador ordinário faça a opção por considerar a mera valorização de itens do patrimônio como fato-acréscimo, é necessário que considere a mera desvalorização de itens do patrimônio como fato-decréscimo.

Como se disse, é preciso ter em conta que patrimônio significa conjunto de direitos subjetivos e deveres jurídicos economicamente apreciáveis, isto é, avaliáveis em moeda, que uma pessoa é titular. Portanto, é inadmissível, especialmente em matéria de IR, pensar em (a) uma pessoa como sendo titular de "diferentes patrimônios", ou (b) grupos de diferentes fatos que impliquem o aumento ou a diminuição de valor de "diferentes patrimônios". Essas situações importariam ofensa direta aos princípios da igualdade, da universalidade e da capacidade contributiva subjetiva, pois possibilitariam o surgimento de privilégios odiosos ou de tratamentos discriminatórios e iníquos, que acabariam por distorcer o conceito de renda ("renda e proventos de qualquer natureza"), o que, consequentemente, caracterizaria flagrante hipótese de inconstitucionalidade.

Considerar a mera valorização ou desvalorização de itens do patrimônio como, respectivamente, fato-acréscimo e fato-decréscimo para fim de apuração do fato renda representa a adoção de uma técnica de avaliação a mercado (segundo o valor vigente em condições normais de negociação) do patrimônio. Essa técnica de apuração de fatos-acréscimos e de fatos-decréscimos mediante avaliação a mercado dos itens do patrimônio (sistema do accrual basis) apresenta duas grandes desvantagens: (i) ser um método que se baseia em critério extremamente efêmero, pois o valor dos itens de um patrimônio apresenta grande variação (positiva e negativa) no tempo, havendo sério risco de a avaliação procedida em certo dia estar bastante alterada no dia seguinte, o que revelaria uma distorção do fato renda (vide a situação de enorme flutuação do valor dos ativos negociados atualmente nas bolsas de valores de todo o mundo); e (ii) tanto a Administração Fiscal quanto o contribuinte teriam sérias dificuldades em efetuar avaliações globais e periódicas de cada patrimônio.

Segundo Henry Tilbery, esta seria a razão pela qual a maior parte dos países optou pelo sistema de tributação dos acréscimos somente após a realização. Henry Tilbery adverte que há duas alternativas quanto ao momento da ocorrência do ganho tributável: a) ser o da sua realização; ou b) ser o do período de acréscimo de valor. No primeiro caso, o fato gerador ocorreria no instante em que o bem fosse alienado por um valor que ultrapassasse a reposição de capital, surgindo a mais-valia (realization basis). No segundo, seria procedida uma avaliação periódica (anual), sendo o final do ano o momento da ocorrência do fato, que corresponderia à valorização alcançada no período, independentemente de qualquer realização – equivaleria à mais-valia acrescida ao valor anterior (accrual basis).[108] Em outra oportunidade, esse jurista deixou claro seu entendimento sobre qual método de tributação do ganho de capital (accrual basis ou realization basis) foi adotado pela Constituição Brasileira e pelo Código Tributário Nacional: "Não há dúvida que a redação tanto da Carta Magna como também do Código Tributário Nacional autoriza a tributação, pela lei ordinária, de ganhos de capital realizados, que são abrangidos pela expressão: 'proventos de qualquer natureza, assim entendidos os acréscimos patrimoniais.'". E complementa, esclarecendo os limites desse conceito: "Estas palavras não dão cobertura à tributação da mais-valia acrescida ao valor anterior (ACCRUAL BASIS), ainda não realizada, mas referem-se ao acréscimo do patrimônio realizado pela alienação do bem por um preço que ultrapassa a reposição do capital (REALIZATION BASIS)."[109]

Importa, por fim, apreciar o disposto nos parágrafos 1º e 2º do art. 43 do CTN, cujos enunciados foram introduzidos pela Lei Complementar nº 104/2001 nos seguintes termos:

> *§ 1º A incidência do imposto independe da denominação da receita ou do rendimento, da localização, condição jurídica ou nacionalidade da fonte, da origem e da forma de percepção.*
> *§ 2º Na hipótese de receita ou de rendimento oriundos do exterior, a lei estabelecerá as condições e o momento em que se dará sua disponibilidade, para fins de incidência do imposto referido neste artigo.*

Esses dispositivos devem ser interpretados à luz do que prescreve a Constituição Brasileira. Assim, as referências a "receita" ou a "rendimento" devem ser compreendidas como sendo atinentes a simples fatos-acréscimos que precisam ser combinados com certos fatos-decréscimos, a fim de que se apure a ocorrência ou não do fato renda (acréscimo de valor patrimonial). Portanto, é certo firmar que, salvo exceção prevista pela Constituição, por meio do imposto sobre a renda não se pode tributar fatos acréscimos isolados (rendimentos, receitas, ganhos), sempre que for possível à Administração Fiscal verificar o conjunto dos fatos-acréscimos e dos fatos-decréscimos necessariamente dedutíveis (isto é, de fatos–decréscimos que devem ser necessariamente considerados, por força do princípio do mínimo existencial, para a construção do fato renda[110]) relativos ao contribuinte.

---

108 *A tributação dos ganhos de capital, 1978: nas vendas de participações societárias pelas pessoas físicas.* São Paulo: Resenha Tributária, 1978, p. 24-27.

109 *Idem*, p. 27.

110 Esse tema foi objeto de exame nos itens 2, 4 e 5 deste capítulo.

BIBLIOGRAFIA

ABBAGNANO, Nicola. *Dicionário de filosofia*. Tradução de Alfredo Bosi. São Paulo, Mestre Jou, 1982.

AFTALIÓN, Enrique e Vilanova, José. *Introduccion al derecho*. Buenos Aires. Abeledo-Perrot, 1988.

ALMEIDA, Napoleão Mendes de. *Gramática metódica da língua portuguesa*. São Paulo, Saraiva, 1995.

AMARO, Luciano. "Imposto de renda: regimes jurídicos". *In*: *Curso de direito tributário*. Volume 1. Belém, CEJUP, 1993.

________. "Imposto sobre a renda". *Revista de Direito Tributário*. São Paulo, Malheiros, 60: 210-220.

________. Periodicidade do imposto de renda I. *Revista de Direito Tributário*. São Paulo, Malheiros, 63: 15-39.

________. *Curso de direito tributário*. São Paulo, Saraiva, 1999.

ANDRADE, André Martins de. "Efeitos jurídicos da inconstitucionalidade do imposto de renda sobre o lucro líquido – ILL". *In*: *Imposto de renda – Questões atuais e emergentes*. São Paulo, Dialética, 1995.

ANDRADE, Mairo Caldeira de. "Imposto sobre a renda – A aquisição de disponibilidade jurídica ou econômica – Limite de sua incidência". *Revista de Direito Tributário*. São Paulo, Ed. RT, 43: 144-164.

APOCALIPSE, Sidney Saraiva. "Imposto de renda. Período-base. Deve ser anual?" *Revista de Direito Tributário*. São Paulo, Malheiros, 60: 106-108.

ARAÚJO, Jackson Borges de. *O controle judicial da (in)constitucionalidade da emenda à Constituição*. Recife, Inojosa Editores, 1995.

ATALIBA, Geraldo. *Hipótese de incidência tributária*. São Paulo, Malheiros, 1992.

________. *Instituições de direito e república*. São Paulo, 1984.

________. Emenda 3/93 (à Constituição de 1988) – Responsabilidade por fato futuro (§ 7º do art. 150). *Revista Trimestral de Direito Público*, vol. 4.

________. e Giardino, Cleber. "Responsabilidade tributária – ICM – substituição tributária (Lei Complementar 44/83)". *Revista de Direito Tributário*. São Paulo, Revistas dos Tribunais, 1985, 34:204-231.

________. e BARRETO, Aires. "Substituição e responsabilidade tributária". *Revista de Direito Tributário.* São Paulo, Revista dos Tribunais, 1989, 49:73-96.

________. "Imposto sobre a renda". *Revista de Direito Tributário.* São Paulo, Malheiros, 60: 210-220.

________. "Periodicidade do imposto de renda I". *Revista de Direito Tributário.* São Paulo, Malheiros, 63: 15-39.

________. "Periodicidade do imposto de renda II". *Revista de Direito Tributário.* São Paulo, Malheiros, 63: 40-68.

AULETE, Caldas. *Dicionário contemporâneo da língua portuguesa.* Rio de Janeiro, Delta, 1968.

BALEEIRO, Aliomar. *Limitações constitucionais ao poder de tributar.* Rio de Janeiro, Forense, 1974.

________. *Direito tributário brasileiro.* Rio de Janeiro, Forense, 1999.

________. *Uma introdução à ciência das finanças.* Rio de Janeiro, Forense, 2001.

BALERA, Wagner. "Imposto sobre a renda e proventos de qualquer natureza". *In*: *Caderno de pesquisas tributárias nº 11.* São Paulo, Resenha Tributária, 1986, 453-499.

BANDEIRA DE MELLO, Celso Antônio. *O conteúdo jurídico do princípio da igualdade.* São Paulo, Malheiros, 1995.

________. *Curso de Direito Administrativo.* São Paulo, Malheiros, 1995.

BANDEIRA DE MELLO, Oswaldo Aranha. *Princípios gerais de direito administrativo.* Tomo I. Rio de Janeiro, Forense, 1979.

BARBOSA, Rui. *Oração aos moços.* Rio de Janeiro, Casa de Rui Barbosa, 1949.

BARRETO, Aires Fernandino. Justiça tributária. *Aplicação do princípio da progressividade.* São Paulo, Max Limonad, 1998, 37-50.

BARRETO, Paulo Ayres. *Imposto de renda e preços de transferência.* São Paulo, Dialética, 2001.

BARROSO, Luís Roberto Barroso. *Interpretação e aplicação da constituição.* São Paulo, Saraiva, 1998.

BASTOS, Celso Ribeiro. *Curso de direito constitucional.* São Paulo, Saraiva, 1989.

BECKER, Alfredo Augusto. *Teoria geral do direito tributário.* São Paulo, Saraiva, 1972.

BELSUNCE, Horácio A. García. *El concepto de rédito en la doctrina y en el derecho tributario.* Buenos Aires, Depalma, 1967.

BEVILÁQUA, Clóvis. *Direito das obrigações.* Bahia, José Luiz da Fonseca Magalhães Editor, 1910.

________. *Theoria geral do direito civil*. Rio de Janeiro, Francisco Alves, 1929.

________. *Código civil dos Estados Unidos do Brasil, comentado*. Tomos I e II. Rio de Janeiro, Rio.

BIANCO, João Francisco. *Inflação e imposto de renda da pessoa jurídica*. Dissertação de mestrado. São Paulo, USP, 1993.

BITTAR, Djalma. *Relação jurídica tributária em nível lógico*. Dissertação de mestrado. São Paulo, PUC/SP, 1991.

BOBBIO, Noberto e outros. *Derecho, Filosofía y lenguaje*. Buenos Aires, Astrea, 1976.

BOBBIO, Norberto. *Teoria della norma giuridica*. Torino, Gianpichelli, 1960.

________. *Teoria dell' ordinamento giuridico*. Torino, Gianpichelli, 1960.

________. *Teoria do ordenamento jurídico*. Tradução de Maria Celeste Cordeiro Leite dos Santos. Brasília/São Paulo, UNB/Polis, 1990.

________. *Teoria General del Derecho*. Santa Fé de Bogotá, Colombia, Editorial Temis, 1994.

________. *O positivismo jurídico*. São Paulo, Ícone, 1995.

BONAVIDES, Paulo. *Curso de direito constitucional*. São Paulo, Malheiros, 2001.

BORGES, José Souto Maior. *Isenções tributárias*, Sugestões literárias. São Paulo, 1980.

________. *Lançamento tributário*. Tratado de Direito Tributário, volume 4. Rio de Janeiro, Forense, 1981.

________. *Obrigação tributária: uma introdução metodológica*. São Paulo, Saraiva, 1984.

BOSELLO, Furio. "A formulação da norma tributária e as categorias jurídicas civilistas". *In: Direito Tributário: Estudos em homenagem ao Prof. Ruy Barbosa Nogueira*. Brandão Machado (Coord.). São Paulo, Saraiva, 1984.

BOTTALLO, Eduardo Domingos. "Imposto sobre a renda". *Revista de Direito Tributário*. São Paulo, Ed. RT, 48: 107-125.

________. "Imposto de renda – Não-incidência sobre valores percebidos por pessoas jurídicas em razão de desapropriação de imóvel". *Revista de Direito Tributário*. São Paulo, Ed. RT, 36: 135-139.

BRITO, Edvaldo. "O excesso de retirada tributável como acréscimo patrimonial". *In*: *Imposto de renda: conceitos, princípios, comentários*. São Paulo, Atlas, 1996.

BUZAID, Alfredo. *Da ação direta de inconstitucionalidade no direito brasileiro*. São Paulo, Saraiva, 1958.

CANARIS, Claus-Wilthelm. *Pensamento sistemático e conceito de sistema na Ciência do Direito*. Tradução de Antônio Manuel de Rocha e Menezes Cordeiro. Lisboa, Fundação Calouste Gulbenkian, 1989.

CANOTILHO, José Joaquim Gomes. *Direito Constitucional*. Coimbra, Almedina, 1991.

CANTO, Gilberto Ulhôa, MUNIZ, Ian de Porto Alegre e SOUZA, Antônio Carlos Garcia de. "Imposto sobre a renda e proventos de qualquer natureza". *Caderno de pesquisas tributárias nº 11*. São Paulo, Resenha Tributária, 1986, 1-44.

________. "A aquisição de disponibilidade e o acréscimo patrimonial no imposto sobre a renda". *In*: *Imposto de renda: conceitos, princípios, comentários*. São Paulo, Atlas, 1996.

CARRAZA, Roque Antônio. *O sujeito ativo da obrigação tributária*. São Paulo, Resenha Tributária, 1977.

________. "Novas considerações sobre a intributabilidade, por via de imposto sobre a renda, das férias e licenças-prêmio recebidas em pecúnia". *Revista de Direito Tributário*. São Paulo, Revista dos Tribunais, 1991, 55: 156-161.

________. *ICMS*. São Paulo, Malheiros, 1994.

________. *Curso de direito constitucional tributário*. São Paulo, Revista dos Tribunais, 2001.

CARRIÓ, Genaro R. *Sobre el concepto de deber juridico*. Buenos Aires, Abeledo-Perrot, 1966.

________. *Notas sobre o derecho y lenguaje*. Buenos Aires, Abeledo-Perrot, 1990.

CARVALHO, Paulo de Barros. *Teoria da norma tributária*. São Paulo, Lael, 1974.

________. "Limitações ao poder de tributar". *Revista de Direito Tributário*. São Paulo, Revista dos Tribunais, 1988, 46: 146-160.

________. "Sobre os princípios constitucionais tributários". *Revista de Direito Tributário*. São Paulo, Revista dos Tribunais, 1991, 55: 143-155.

________. "Formalização da linguagem – proposições e fórmulas". *Direito – revista do programa de pós-graduação em direito* – PUC/SP. São Paulo, Max Limonad, 1995.

________. "O princípio da territorialidade no regime de tributação da renda mundial (universalidade)". *In*: *Justiça tributária*. São Paulo, Max Limonad, 1998.

________. *Direito tributário – fundamentos jurídicos da incidência tributária*. São Paulo, Saraiva, 1998.

________. *Curso de direito tributário*. São Paulo, Saraiva, 1999.

CARVALHOSA, Modesto. "Imposto de renda – conceituação no sistema tributário da carta constitucional". *Revista de Direito Público*. São Paulo, Revista dos Tribunais, 1967.

CERQUEIRA, Marcelo Paulo Fortes de. *Repetição do Indébito no Sistema Tributário Brasileiro.* Dissertação de Mestrado. São Paulo, PUC, 1998.

COELHO, Sacha Calmon Navarro. *Comentários à Constituição de 1988*. Rio de Janeiro, Forense, 1990.

________. *Curso de direito tributário*. Rio de Janeiro, Forense, 1999.

________. "Periodicidade do imposto de renda II". *Revista de Direito Tributário*. São Paulo, Malheiros, 63: 40-68.

________. *O controle da constitucionalidade das leis e do poder de tributar na Con*stituição de 1988. Belo Horizonte, Del Rey, 1992.

COMISSÃO DE REFORMA DO MINISTÉRIO DA FAZENDA. Evolução do Imposto de Renda no Brasil. Fundação Getúlio Vargas nº 25, 1996.

CONTI, José Maurício. *Princípios tributários da capacidade e da progressividade.* São Paulo, Dialética, 1997.

COPI, Irwing. *Introdução à lógica*. Tradução de Álvaro Cabral. São Paulo, Mestre Jou, 1981.

CORREA, Walter Barbosa. "Subsídios para o estudo da história legislativa do imposto de renda no Brasil". *In*: *Imposto de renda: conceitos, princípios, comentários*. São Paulo, Atlas, 1996.

COSTA, Alcides Jorge. "Imposto sobre a renda – A aquisição da disponibilidade jurídica ou econômica como seu fato gerador. Limite de sua incidência". *Revista de Direito Tributário*. São Paulo, Revista dos Tribunais, 1987, 40: 103-107.

________. "ICM – Substituição Tributária – Responsabilidade por retenção e recolhimento por operações ainda não realizadas". *Revista de Direito Tributário*. São Paulo, Revista dos Tribunais, 1988, 44:38-45.

________. "Capacidade Contributiva". *Revista de Direito Tributário*. São Paulo, Revista dos Tribunais, 1991, 55:297-302.

________. "Conceito de renda tributável". *In*: *Imposto de renda: conceitos, princípios, comentários*. São Paulo, Atlas, 1996.

________. "Rendimentos auferidos no exterior por pessoa jurídica". *In*: *Imposto de renda: alterações fundamentais*. São Paulo, Dialética, 1996.

DANTAS, San Tiago. *Programa de Direito Civil*. Volumes, 1, 2 e 3. Rio de Janeiro, Rio, 1979.

DENARI, Zelmo. *Curso de direito tributário*. Rio de Janeiro, Forense, 1993.

DERZI, Mizabel Abreu Machado. *Direito Tributário, Direito Penal e Tipo*. São Paulo, Revista dos Tribunais, 1988.

_______. "Periodicidade do imposto de renda II". *Revista de Direito Tributário*. São Paulo, Malheiros, 63:40-68.

_______. "Tributação da renda versus tributação do patrimônio". *Imposto de renda: questões atuais e emergentes*. São Paulo, Dialética, 1995, 99-115.

_______. *Os conceitos de renda e de patrimônio* (efeitos da correção monetária insuficiente no imposto de renda). Belo horizonte, Del Rey, 1992.

_______. "Legalidade material, modo de pensar 'tipificante' e praticidade no direito tributário". *In*: *Justiça Tributária*. São Paulo, Max Limonad, 1998.

DINIZ, Maria Helena. *A ciência jurídica*. São Paulo, Resenha Universitária, 1982.

DÓRIA. Antônio Roberto Sampaio. "A incidência da contribuição social e a compensação de prejuízos acumulados". *Revista de Direito Tributário*. São Paulo, Revista dos Tribunais, 1990, 53:87-89.

ECHAVE, Delia Tereza, URQUIJO, Maria Eugenia e GUIBOURG, Ricardo. *Lógica proposición y norma*. Buenos Aires, Astrea, 1991.

ENGISH, Karl. *Introdução ao pensamento jurídico*. Tradução de João Baptista Machado. Lisboa, Calouste Gulbenkian, 1983.

ENTERRÍA, Eduardo García de e FERNANDEZ, Tomas Ramon. *Curso de direito administrativo*. São Paulo, Revista do Tribunais, 1991.

FALCÃO, Amílcar de Araújo. *Sistema tributário brasileiro*. Rio de Janeiro, Edições Financeiras, 1965.

_______. *Fato gerador da obrigação tributária*. Rio de Janeiro, Forense, 1984.

_______. *Introdução ao Direito Tributário*. Rio de Janeiro, Forense, 1994.

FANUCCHI, Fábio. *A decadência e a prescrição em Direito Tributário*. São Paulo, Resenha Tributária, 1971.

FERRARI, Regina Maria Macedo Nery. *Efeitos da declaração de inconstitucionalidade*. São Paulo, Revista dos Tribunais, 1990.

FERRAZ JÚNIOR, Tércio Sampaio. *Introdução ao estudo do Direito*. São Paulo, Atlas, 1990.

FERREIRA, Waldemar. Tratado de sociedades mercantis. Volume II. Rio de Janeiro, Nacional de Direito, 1958.

GONÇALVES, José Artur Lima. *Imposto sobre a renda – pressupostos constitucionais*. São Paulo, Malheiros, 1997.

GORDILLO, Agustin. *Introducción al derecho administrativo*. Buenos Aires, Abeledo-Perrot, 1996.

GRAU, Eros Roberto. *Direito, conceitos e normas jurídicas*. São Paulo, Revista dos Tribunais, 1988.

GRECO, Marco Aurélio. *Dinâmica da tributação e procedimento*. São Paulo, Revista dos Tribunais, 1979.

GUERREIRO, Rutnéa Navarro. "Indedutibilidade de despesas operacionais". *In*: *Imposto de renda – Questões atuais e emergentes*. Coordenado por Valdir de Oliveira Rocha. São Paulo. Dialética, 1995.

GUIBOURG, Ricardo A., GHIGLIANI, Alejandro M. e GUARINONI, Ricardo V. *Introduccion al conocimiento cientifico*. Editorial Universitária de Buenos Aires, 1985.

GUIMARÃES, Carlos da Rocha. "O fato gerador do imposto de renda". *Caderno de pesquisas tributárias nº 11*. São Paulo, Resenha Tributária, 1986, 75-156.

GUSMÃO, Paulo Dourado de. *Introdução ao estudo do Direito*. Rio de Janeiro, Forense, 1989.

HART, Herbert L. A. *O conceito de direito*. Tradução de Armindo Ribeiro Mendes. Lisboa, Fundação Calouste Gulbenkian, 1961.

HORVATH, Estevão, e OLIVEIRA, Regis Fernandes de. *Manual de direito financeiro*. São Paulo, Revista dos Tribunais, 1999.

HORVATH, Estevão. *Lançamento tributário e "autolançamento"*. São Paulo, Dialética, 1997.

_________. "Questões do temário". *Revista de Direito Tributário*. São Paulo, Malheiros.

JAPIASSU, Hilton e MARCONDES, Danilo . *Dicionário básico de Filosofia*. Rio de Janeiro, Jorge Zahar Editor, 1991.

JARDIM, Eduardo Marcial Ferreira. *Manual de direito financeiro e tributário*. São Paulo, Saraiva, 1999.

JUSTEN FILHO, Marçal. "Capacidade Contributiva". *Caderno de Pesquisas Tributárias*. São Paulo, Resenha Tributária, 1989.

_________. *Sujeição passiva tributária*. Belém, Cejup, 1986.

_________. "Princípios Constitucionais Tributários". *Caderno de Pesquisas Tributárias*. São Paulo, Resenha Tributária, 1993..

_________. "Periodicidade do imposto de renda I". *Revista de Direito Tributário*. São Paulo, Malheiros, 63:15-39.

KANT, Immanuel. *Crítica da razão pura*. Tradução de Manuela Pinto dos Santos e Alexandre Fradique Morujão. Lisboa, Calouste Gulbemkian, 1994.

KELSEN, Hans. *Teoria geral das normas*. Tradução de José Florentino Duarte. Porto Alegre, Fabris, 1986.

________. *Teoria geral do Direito e do Estado.* Tradução de Luís Carlos Borges. São Paulo, Martins Fontes, 1990.

________. *Teoria pura do Direito.* Tradução de João Baptista Machado. São Paulo, Martins Fontes, 1991.

LACOMBE, Américo Masset.. "Periodicidade do imposto de renda I". *Revista de Direito Tributário.* São Paulo, Malheiros, 63:15-39.

LARENZ, Karl. *Metodologia da ciência do direito.* Tradução de José Lamego, Lisboa. Calouste Gulbenkian, 1983.

LEITE JÚNIOR, Orlando. *A regra-matriz do IVVC: sua textualidade.* São Paulo, Gonçalves, 1993.

LEMKE, Gisele. *Imposto de renda: os conceitos de renda e de disponibilidade econômica e jurídica.* São Paulo, Dialética, 1998.

LOPES, Miguel Maria de Serpa. *Curso de direito civil.* Volume I. Rio de Janeiro, Freitas Bastos, 1989.

________. *Curso de direito civil.* Volume II. Rio de Janeiro, Freitas Bastos, 1989.

MACARINI, Paulo. "Inincidência do imposto de renda sobre a diferença entre o custo de aquisição e o preço pago à pessoa física por bem expropriado". *Revista de Direito Tributário.* São Paulo, Revista dos Tribunais, 1980, 13/14: 309-320.

MACHADO, Brandão. *Imposto de renda: conceitos, princípios, comentários.* Breve exame crítico do art. 43 do CTN. São Paulo, Atlas, 1996.

MACHADO, Hugo de Brito. "Tributação autônoma de operações de renda fixa e operações em bolsas". *Repertório IOB de jurisprudência 8/93.* São Paulo, IOB, 1993.

________. *A tributação do lucro e a compensação de prejuízos. Imposto de renda: questões atuais e emergentes.* São Paulo, Dialética, 1995, 51-57

________. "Indenizações e impostos de renda". *In*: *Imposto de renda e ICMS – Problemas jurídicos*, São Paulo, Dialética, 1995.

________. "A supremacia constitucional e o imposto de renda". *In*: *Imposto de renda: conceitos, princípios, comentários.* São Paulo, Atlas, 1996.

________. "O âmbito constitucional do tributo e alguns dispositivos da Lei nº 9.249, de 26.12.95". *In: Imposto de renda: alterações fundamentais.* São Paulo, Dialética, 1996.

________. *Curso de direito tributário.* São Paulo, Malheiros, 2001.

MARIANO, Rose Ane Augusto. *A tributação da unidade familiar pelo imposto de renda.* Dissertação de mestrado. São Paulo, USP, 1987.

MARTINS, Fran. *Curso de direito comercial.* Rio de Janeiro, Forense, 1991.

MELO, José Eduardo Soares de. "Imposto sobre a renda e proventos de qualquer natureza". *Caderno de pesquisas tributárias nº 11*. São Paulo, Resenha Tributária, 1986, 293-342.

________. *ICMS – teoria e prática*. São Paulo, Dialética, 1995.

________. *Curso de direito tributário*. São Paulo, Dialética, 1997.

MELLO, Gustavo Miguez de. "Imposto sobre a renda e proventos de qualquer natureza". *Caderno de pesquisas tributárias nº 11*. São Paulo, Resenha Tributária, 1986, 157-244.

MICHELI, Gian Antônio. *Curso de direito tributário*. Trad. Marco Aurélio Greco e Pedro Luciano Marrey Jr. São Paulo, Revista dos Tribunais, 1978.

MIRANDA, Pontes. *Tratado de direito privado*. Tomo V. Rio de Janeiro, Borsoi, 1955.

MOLINA, Pedro M. H. *Capacidad económica y sistema fiscal: análisis del ordenamiento español a luz del derecho alemán*. Madri, Marcial Pons, 1998.

MONTEIRO, Washington de Barros. *Curso de direito civil*. Volume I. São Paulo, Saraiva, 1988.

________. *Curso de direito civil*. Volume III. São Paulo, Saraiva, 1985.

________. *Curso de direito civil*. Volume IV – 1ª parte. São Paulo, Saraiva, 1984.

MORAES, Vera Cecília Mattos Vieira. *Formas de lançamento no imposto de renda*. Dissertação de mestrado, São Paulo, USP, 1989.

MORAES, Bernardo Ribeiro de. "O objeto e o fato gerador do imposto de renda". *In*: *Imposto de renda: conceitos, princípios, comentários*. São Paulo, Atlas, 1996.

________. *Tributação das atividades ilícitas. Interpretação no Direito Tributário*. São Paulo, Saraiva-EDUC, 1975.

MOSQUERA, Roberto Quiroga. *Renda e proventos de qualquer natureza: o imposto e o conceito constitucional*. São Paulo, Dialética, 1996.

NEVES, Marcelo. *Teoria da inconstitucionalidade das leis*. São Paulo, Saraiva, 1988.

________. *A constitucionalização simbólica*. São Paulo, Acadêmica, 1994.

NINO, Carlos Santiago. *La validez del derecho*. Buenos Aires, Editorial Astrea, 1984.

NOGUEIRA, Rui Barbosa. *Curso de Direito Tributário*. São Paulo, Saraiva, 1990.

OLIVEIRA, José Marcos Domingues. *Capacidade Contributiva – conteúdo e eficácia do princípio*. Rio de Janeiro, Renovar, 1988.

OLIVEIRA, Ricardo Mariz de. *Fundamentos do imposto de renda*. São Paulo, Revista dos Tribunais, 1977.

________. "Imposto sobre a renda e proventos de qualquer natureza". *Caderno de pesquisas tributárias nº 11*. São Paulo, Resenha Tributária, 1986, 411-452.

________. "Os princípios fundamentais do imposto de renda e a tributação das aplicações financeiras". *Repertório IOB de jurisprudência 4/93*. São Paulo, IOB, 1993.

________. "A extinção da correção monetária das demonstrações financeiras - a tributação das variações monetárias ativas - a vedação da dedutibilidade de despesas e custos necessários". *In: Imposto de renda: alterações fundamentais*. São Paulo, Dialética, 1996.

PAIVA, Ormezindo. "Periodicidade do imposto de renda II". *Revista de Direito Tributário*. São Paulo, Malheiros, 63:40-68.

PEDREIRA, José Luiz Bulhões. *Imposto de renda*. Rio de Janeiro, Justec, 1971.

________. *Imposto sobre a renda - pessoas jurídicas*. Rio de Janeiro, Justec, 1979.

________. *Finanças e demonstrações financeiras da companhia*. Rio de Janeiro, Forense, 1989.

________. "Imposto de renda - lucro da pessoa jurídica - compensação de prejuízos". *Revista de Direito Administrativo*. Rio de Janeiro, Renovar, 1997, 207:379-404.

PEREIRA, Caio Mário da Silva. *Instituições de direito civil*. Volume II. Rio de Janeiro, Forense, 1991.

________. *Instituições de direito civil*. Volume IV. Rio de Janeiro, Forense, 1992.

________. *Instituições de direito civil*. Volume I. Rio de Janeiro, Forense, 1993.

QUEIRÓ, Afonso Rodrigues. "A teoria do desvio de poder em direito administrativo". *Revista de Direito Administrativo*. Rio de Janeiro, Fundação Getúlio Vargas, 1946, 6: 41-78.

________. "Os limites do poder discricionário das autoridades administrativas". *Revista de Direito Administrativo*. Rio de Janeiro, Fundação Getúlio Vargas, 1969, 97: 1-8.

QUEIROZ, Luís Cesar Souza de. *Sujeição passiva tributária*. Rio de Janeiro, Forense, 1998.

________. "Mandado de injunção e inconstitucionalidade por omissão". *Cadernos de Direito Constitucional e Ciência Política*. São Paulo, Revista dos Tribunais, 1998, 23: 197-237.

RÁO, Vicente. *O direito e a vida dos direitos*. São Paulo, Max Limonad, 1952.

________. *Ato jurídico*. São Paulo, Max Limonad, 1964.

REALE, Miguel. *Fontes e modelos do Direito*. São Paulo, Saraiva, 1994.

________. *Filosofia do direito*. São Paulo, 1998.

RENCK, Renato Romeu. *Imposto de renda da pessoa jurídica: critérios constitucionais de apuração da base de cálculo: uma proposta de interpretação sistemática do direito*. Porto Alegre, Livraria do Advogado, 2001.

REIS, Sebastião. "Conceito constitucional de renda e proventos de qualquer natureza na jurisprudência". *Revista de Direito Tributário*. São Paulo, Revista dos Tribunais, 1987, 39: 148-158.

RIBEIRO, Maria de Fátima. "Considerações sobre o imposto de renda na Constituição de 1988". *Imposto de Renda – Estudos nº 13*. São Paulo, Resenha dos Tribunais, 1990.

ROCHA, Valdir de Oliveira. "Imposto de renda e compensação de prejuízos". *In: Imposto de renda e ICMS: problemas jurídicos*. São Paulo, Dialética, 1995.

RODRIGUES, Sílvio. *Direito civil*. Volume I. São Paulo, Saraiva, 1993.

________. *Direito civil*. Volume II. São Paulo, Saraiva, 1993.

________. *Direito civil*. Volume V. São Paulo, Saraiva, 1993.

ROLIM, João Dácio. "A dedutibilidade das provisões referentes às obrigações tributárias – Artigos 7º e 8º da Lei nº 8.541/92 – Imposto de renda – Aspectos constitucionais". *Imposto de Renda – Estudos 39*. São Paulo, Resenha Tributária, 1994.

________. "A compensação de prejuízos fiscais – condições de juridicidade e necessidade – o direito comparado e o direito brasileiro". *In: Imposto de renda e ICMS: problemas jurídicos*. São Paulo, Dialética, 1995.

ROSS, Alf. *Sobre el Derecho y la Justicia*. Buenos Aires, Editorial Universitaria de Buenos Aires, 1994.

RUGGIERO, Roberto de. *Instituições de direito civil*. Volumes 1, 2, 3. São Paulo, Saraiva, 1971.

SANTI, Eurico Marcos Diniz de. *Lançamento tributário*. São Paulo, Max Limonad, 1996.

________. *Decadência e prescrição no direito tributário*. Max Limonad, São Paulo, PUC, 2000.

SANTOS, J. M. Carvalho. *Código civil brasileiro interpretado*. Volume II. Rio de Janeiro, Freitas Bastos, 1961.

SEABRA, Antonio Fernando. *Deslocamento do fato gerador – exigência de recolhimento antecipado do ICM e outros temas tributários*. São Paulo, José Bushatsky , 1982.

SILVA, José Afonso da. *Curso de Direito Constitucional Positivo*. São Paulo, Malheiros, 1996.

________. *Aplicabilidade das normas constitucionais*. São Paulo, Malheiros, 1998.

SOUZA, João Batista de. *Considerações sobre o fato gerador do imposto de renda*. Dissertação de mestrado. São Paulo, USP, 1981.

SOUZA, Rubens Gomes de, ATALIBA, Geraldo e CARVALHO, Paulo de Barros. *Comentários ao Código Tributário Nacional: parte geral*. São Paulo, Revista dos Tribunais, 1985.

SOUZA, Rubens Gomes de. "Imposto de renda e o seguro dotal". *Revista de Direito Administrativo*. Rio de Janeiro, Fundação Getúlio Vargas, 1952, 27: 12-33.

________. "Imposto de renda – Amortização das ações das sociedades anônimas". *Revista de Direito Administrativo*. Rio de Janeiro, Fundação Getúlio Vargas, 1957, 49: 475-493.

________. "O sistema tributário federal". *Revista de Direito Administrativo*. Rio de Janeiro, Fundação Getúlio Vargas, 1963, 72: 1-22.

________. "As modernas tendências do direito tributário". *Revista de Direito Administrativo*. Rio de Janeiro, Fundação Getúlio Vargas, 1963, 74: 1-32.

________. "A reforma tributária no Brasil". *Revista de Direito Administrativo*. Rio de Janeiro, Fundação Getúlio Vargas, 1967, 87: 1-16 .

________. "A evolução do conceito de rendimento tributável". *Revista de Direito Público*. São Paulo, Revista dos Tribunais, 1970, 339-346.

________. *Compêndio de legislação tributária*. São Paulo, Resenha Tributária, 1981.

________. Pareceres – 1 – Imposto de renda. São Paulo, Resenha Tributária, 1975.

________. Pareceres – 2 – Imposto de renda. São Paulo, Resenha Tributária, 1975.

________. Pareceres – 3 – Imposto de renda. São Paulo, Resenha Tributária, 1976.

________. "O fato gerador do imposto de renda". *Revista de Direito Administrativo – Seleção Histórica*. Rio de Janeiro, Renovar, 1991, 167-187.

TÁCITO, Caio. "Anulação de leis inconstitucionais". *Revista de Direito Administrativo*. Rio de Janeiro, Fundação Getúlio Vargas, 1960, 59: 339-353.

TILBERY, Henry. "Imposto sobre a renda e proventos de qualquer natureza". *In: Direito Tributário 3 – comentários ao código tributário nacional*. São Paulo, José Bushatsky, 1975, 73-131.

________. *A tributação dos ganhos de capital*. São Paulo, Resenha Tributária, 1977.

________. *A tributação dos ganhos de capital: nas vendas de participações societárias pelas pessoas físicas*. São Paulo, Resenha Tributária, 1978.

________. *A tributação dos ganhos de capital das pessoas jurídicas*. São Paulo, Resenha Tributária, 1978.

________. *Isenção de ganhos de capital das pessoas jurídicas*. São Paulo, Resenha Tributária, 1982.

TIPKE, Klaus. "Princípio de igualdade e idéia de sistema no direito tributário". *In: Direito tributário: estudos em homenagem ao Prof. Ruy Barbosa Nogueira*. São Paulo, Saraiva, 1994, 517-527.

TRABUCCHI, Alberto. *Istituzioni di Diritto Civile*. Padova, Cedam – Casa Editrice Dott Antonio Milani, 1986.

TORRES, Ricardo Lobo. *Tratado de direito constitucional financeiro e tributário – os* direitos humanos e a tributação: imunidades e isonomia. Rio de Janeiro, Renovar, 1999.

________. *Tratado de direito constitucional financeiro e tributário – o orçamento na Constituição*. Rio de Janeiro, Renovar, 2000.

________. *Normas de interpretação e integração do direito tributário*. Rio de Janeiro, Renovar, 2000.

________. *Curso de direito financeiro e tributário*. Rio de Janeiro, Renovar, 2001.

ULLMANN, Sthephen. *Semântica: uma introdução à ciência do significado*. Tradução de J. A. Osório Mateus. Lisboa, Fundação Caloute Gulbenkian, 1964.

VERNENGO, Roberto José. *Curso de Teoria General del Derecho*. Buenos Aires, Ediciones Depalma, 1988.

VILANOVA, Lourival. *O Problema do objeto na teoria geral do estado*. Tese para cátedra de Teoria Geral do Estado, Universidade de Recife, 1953.

________. *Lógica jurídica*. São Paulo, José Bushatsky, 1976.

________. "Teoria da norma fundamental". *In: Estudos em homenagem a Miguel Reale*. Organização Teófilo Cavalcanti Filho. São Paulo, Revista dos Tribunais, 1977.

________. *As estruturas lógicas e o sistema do direito positivo*. São Paulo, Revista dos Tribunais, 1977.

________. *A teoria da revolução*. Separata do anuário do mestrado da Universidade de Recife, 1979.

________. *Causalidade e relação no direito*. São Paulo, Saraiva, 1989.

WARAT, Luiz Alberto. *O direito e sua linguagem*. Porto Alegre, Fabris, 1984.

WINKLER, Noé. "Imposto sobre a renda – pessoa física – capacidade contributiva – distorções". *Imposto de renda – Estudos nº 1*. São Paulo, Resenha Tributária, 1987.

________. "Rendimentos. Conceituação. Enriquecimento injustificado. Renda consumida. Sinais exteriores de riqueza. Controle fiscal". *Imposto de renda – Estudos nº 5*. São Paulo, Resenha Tributária.

________. *Imposto de renda*. Volumes I e II. Rio de janeiro, Forense, 1997.

XAVIER, Alberto. *Os princípios da legalidade e da tipicidade da tributação*. São Paulo, Revista dos Tribunais, 1978.

________. *Direito tributário internacional do Brasil: tributação das operações internacionais*. Rio de Janeiro, Forense, 1997.